聖母マリアの御心崇敬

歴史的展開とその日本的・現代的意義

坂本 久美子［著］

教友社

目　次◎聖母マリアの御心崇敬

序論

まず、本稿が表題に掲げている「マリア崇敬」の言葉の定義を明らかにしておきたい。本稿はカトリック教会におけるマリア崇敬について論述する。「マリア崇敬」に類似した言葉として「マリア信心」が用いられることも多いが、一般的には、「マリア信心」はマリアの聖性と、マリアが神のみ業に参与した優れた行いに対して、キリスト者がマリアを讃えて祝うためのものであり、それが形をとったものを「信心業」と呼んでいる。「マリア崇敬」はマリアに対する尊敬の気持ちから、聖なる処女(おとめ)であり神の母としてのマリアの聖性を讃える行為に加えて、母として天の元后としてのマリアのとりなしを願い、マリアの愛と奉仕に倣って自己を奉献するという三つの具体的行為を伴うものである。(1) しかし、「信心」も「崇敬」も同じ devotion (dulia) に由来することから、本稿においては「崇敬」で統一することにする。

「崇敬」において、特に留意すべき点がある。崇敬は、マリアをはじめ聖人たちに捧げられたものでありながら、究極的には御子を通して御父に向けられたものであるということである。しかしながら、直接的に三位一体の神に捧げる「礼拝 adoration (latria)」と、マリアや聖人たちを通して間接的に神に捧げられる「崇敬 devotion (dulia)」

は、本質的にはっきりと区別されなければならない。

　マリア崇敬とは、カトリック教会や東方正教会に伝わる伝統的慣習で、キリスト者の生活に深く浸透している。特にカトリック教会においては、エフェソ公会議（四三一年）でマリアに対する最初の教義として「神の母（テオトコス）」が宣言されて以来、信徒たちの間でマリアに対する崇敬が高まり、民間信心へと発展していった。カトリック教会はマリアに対して、イエスの恵みと祈りを信仰者にとりなす方として、聖人の中でも特別な敬慕を示してきた。第二バチカン公会議（一九六二―一九六五年）は、マリア崇敬の目的を、健全で正当な教理の範囲の中で、時代と地域に合わせたやり方で母マリアを讃えることによって、子であるイエスが正しく知られ、愛され、讃えられ、そのおきてが守られるようにするためとし、一時的な不毛な感情や空しい軽信に留まらず、真の信仰から出る相応しいものでなければならないと明記した（『教会憲章』66参照）。

　こうして教会は、神の特別の恵みにより神の母に選ばれ、幼子イエスを産み、慈愛深く育て、聖家族を温かく支え、惜しみなく奉仕するナザレのマリアを、イエスの母として敬慕する。同時にマリアは、ローマ帝国の支配下にあった家父長制の強いユダヤ社会のただ中で、母として、女性として、貧しい民の一人として社会的抑圧に苦しみながらも、イエスの宣教活動に協力し、キリストの秘義に与って、キリストと共に貧しい人々、虐げられた人々、差別された女性に寄り添い、苦しみを共にし、彼らを励まし、解放と救いの実現のために献身した女性でもある。キリスト者は、苦しむ人々、弱く、貧しい人々の救いと解放のために、御子の救いのみ業に協力する全人類の母マリアに対して、深い崇敬を表すのである。

　ところで、世界の長いキリスト教史においては、マリア崇敬を生み出す現象が数多く見られてきた。特に聖母出現について、数千におよぶ出現の中から科学的・神学的に実証され、各地の司教と教皇庁によって公認されたものの代表として、イタリア・ローマの「雪の聖母」の出現（四世紀）、イングランド・ケンブリッジの「カルメル山の聖母」の出現（一五三一年）、メキシコの「グァダルペの聖母」の出現（一五三一年）、ブラジル・サンパウロの「アッパレシーダの聖母」の出現（一七一七年）、フランス・パリの「不思議のメダイの聖母」の出現（一八三〇年）、フランスの「ルルドの聖母」の出現（一八五八年）、ポルトガルの「ファティマの聖母」の出現（一九一七年）などが挙げられる。

グァダルペの聖母、ルルドの聖母、ファティマの聖母は、カトリック教会の世界の三大聖母出現であるが、中でもグァダルペの聖母が出現したメキシコ・テペヤックは最も多くの巡礼者を毎年迎えている。いずれの聖母出現においても顕現を受けたのは辺境地の貧しい労働者や子供たちであり、彼らへの出現とメッセージを通して、マリアは平和と救いをもたらした。こうした超自然的現象に対して、たとえ聖母マリアを深く崇敬するカトリック教徒であっても、懐疑的になることはごく自然な態度であろう。しかし、筆者はこうした聖母出現の聖地を何度か訪れ、様々な事情を抱えて母なるマリアに心からの信頼をもって必死で祈る世界中からの巡礼者の姿を目の当たりにするたびに、聖母出現という現象そのものよりも、出現したマリアを通してそれぞれの願いをこめて神に祈るそのひたむきな信仰こそが聖母出現の意義であり、マリア崇敬の表れなのではないかと痛感するのである。

つまり、聖母出現という奇跡は、人間が理屈で論証することのできる限界を越えて、神の働きによる恵み以外の何ものでもない。出現という物理的現象よりもむしろ、出現を通して聖母が子どもたちに託したメッセージそのものに意味があるのではないだろうか。聖母出現は歴史的・社会的・政治的・宗教的背景を伴って、そこに神学的メッセージが加えられることで、聖母出現の真の価値が見出だされ、聖母崇敬へと発展すると思われる。キリスト者は、特に苦しみの中にある時には共に寄り添い、優しい救いの手を差し伸べるマリアに対する深い愛と敬慕から、マリア崇敬という祈りの形へと促される。実際、こうした聖母出現の聖地においては、世界中からの巡礼者が荘厳な典礼や崇敬に参列し、苦境や絶望の中にある人々のために救いと解放を願いながら、慈しみ深い母なるマリアに賛美と感謝と願いの祈りを捧げるのである。

筆者が本稿のテーマにマリアの御心(みこころ)崇敬を取り上げた動機は、二つある。第一の動機は、「心」そのもののもつ人格的・霊的深さへの関心である。新約聖書の中で用いられるマリアの「心」は、マリアの内的生活の中心、マリアの本質そのものを表していることから、より深い次元でのマリアのペルソナを見出だすことを期待できる。さらに、マリアの御心には「汚れなき（いと潔き）」が加えられていることに注目したい。この言葉は、マリアの御心が純粋無垢で、世の汚れや闇、苦難に満ちた現実から乖離しているかのような印象を与える。世界各地の教会に見られる柔和で神秘的で荘厳なマリア像が与えるイメージの影響もあるだろう。しかしながら、実際にはマリアの御心は、聖霊の宿る神殿として神の恵みと愛に満たされた崇高な御心であると同時に、苦悩する人々の痛みや苦しみ、悲しみや闇の全てを身に負って共に傷つけられた御心でありながら、こうした苦しむ人々に寄り添い、励まし、導く一人の女性の御心でもある。したがって、「マリアの汚れなき御心」とは、神と人間、特に苦しみ悩む一人ひとりに向けるマリアの純粋な愛の御心を意味する。マリアの汚れなき御心についての神学的根拠を示すことは、マリアの真の人間性を見出だす上で大きな意味を成すと思われる。

第二の動機は、日本のカトリック教会にとって、長く苦しみに満ちたキリシタン迫害と深い関係性のあるマリアの汚れなき御心への崇敬と、その生き方としてのマリアの汚れなき御心の霊性に明確な神学的意義を示すことで、日本のカトリック教会のキリスト者が、マリアの御心崇敬をより深く理解し、現代の日本社会で苦しむ多くの人々の救いや解放という実践神学へと導かれるのではないかという期待が込められている。

そこで、本稿では、一七世紀のフランスにおいて、聖ジャン・ユード（Jean Eudes 1601-1680 以下、ユード）が、イエスの聖心崇敬との関連性の中から深めていった“Purissimi Cordis B.M.V.”（「マリアのいと潔(いさぎよ)き御心」、現「マリアの汚れなき御心」）の崇敬に見出だした神学を基盤にしながら、マリアの御心崇敬の日本的・現代的意義を明確にしていきたい。本稿の先行研究となったのは、Jean Eudes, *Le cœur admirable de la très sacrée Mère de Dieu*(2)(ジャン・ユード『賞賛すべきマリアの御心(3)』)である。これはユードが死の数週間に脱稿したものと言われているが、ここではマリアの御心崇敬がイエスの聖心崇敬との関係性の中で理解されることによって、神学と崇敬が統合されて典礼へと高められ、やがて、霊性神学へと発展していくことになったユードのマリアの御心崇敬について詳細に記されている。

先行研究で明らかになったことは、マリアの御心がイエスの聖心と同様に、三位一体の神の御心、すなわち、御子の身体的心、聖霊の霊的心、御父の神的心の結合であるという点である。三位一体の神や受肉したみことばの聖心のうちに、三つの御心が結合した一つの心を礼拝することと、神の母の御心のうちに、三つの御心が結合した一つの心を礼拝することは同じ目的をもっている(4)。このことは、マリアの御心には御子の聖心が完全に反映されている事実の表れである。イエスの最も優しい母であるマリアの御心は、イエスの燃え上がる愛のうちに現れる完全な神性と人性を映し出す美しい鏡である(5)。

ユードは同書の中でマリアの御心の崇敬を実践する方法として、一二の具体的項目を挙げているが、そこに含まれる中心的テーマが「償い(回心)」と「奉献」である(6)。ユードによるイエスの聖心(みこころ)とマリアの御心の類似性と、マリアの御心におけるイエスの聖心の映しという神学から、イエスの聖心崇敬の本質として示した「償い」と「奉献」が、マリアの御心崇敬においても同じ本質をもつことが、先行研究によって明らかにされた。

そこで、本稿では、マリアの御心崇敬の償いと奉献がイエスの聖心とどのように関わり、どのようなプロセスを経てキリストによる全人類の救い・解放の実現へと発展していくのかを、マリアの御心崇敬の聖書的・歴史的・神学的分析を通して、帰納法的アプローチで論述していくことにする。

本稿全体を貫く問いとして、「キリストによる解放と救いの実現のために、マリアの御心崇敬が生み出す、マリアの御心の霊性の必要不可欠の要素は何か」を挙げる。この問いへの回答を見出だすために、マリア神学的観点（第1章）、キリスト論的観点（第2章）、歴史的・土着化的観点（第3章）、実践神学的観点（第4章）の四部構成によって分析し、全人類の救済のみ業におけるマリアの御心崇敬の真価再考を図りたい。

第1章ではマリア神学的観点から、「マリアの御心崇敬とその神学」について論述する。神の恵みとして「神の母」の称号を与えられ、特別な崇敬を受けるほどのナザレのマリアにはどのような人間観が見られるのだろうか。マリアに向けられる崇敬の中でも特に、一七世紀にユードの功勲によりヨーロッパで発展した「マリアの汚れなき御心への崇敬」に注目し、その歴史的展開と共に神学的要素を見出だしていく。

第2章ではキリスト論的観点から、「マリアの御心崇敬とイエスの聖心崇敬の関係性」について述べる。マリアは神の恵みにより、キリストの最も親しい母であり弟子としてキリストに従い、キリストの死と復活の神秘に与り、救いのみ業に参与した。マリアの御心崇敬とは、マリアの御心を通してイエスの聖心に向けられる崇敬である。一七世紀にユードが示したイエスの聖心崇敬とマリアの御心崇敬の神学的考察に基づいて、一九世紀末から二〇世紀半ばにイエスの聖心崇敬についての指針を示し、マリアの御心崇敬へと発展させた四つの教導職の教えを見ていく。

第3章では歴史的・土着化的観点から、「マリアの御心崇敬の日本的受容の特質」について論述し、日本におけるマリアの御心崇敬の土着化を見る。日本のマリアの御心崇敬の独自性はどのような歴史的背景のもとに形成され、現代日本の教会の霊性にどのような影響を与えたのだろうか。二五〇年におよぶ厳しいキリスト教迫害期を経て、途絶えることなく受け継がれた日本独自のマリアの御心崇敬が、日本のキリシタンを迫害から解放した歴史を論述する。

第4章では実践神学的観点から、「現代におけるマリアの御心崇敬の実践神学的意義」について述べる。第3章で明らかになった迫害からの解放者マリアを、現代社会の危機的状況や抑圧された女性に解放をもたらすマリアと重ねて考察する。フェミニスト神学者のマリア観との融合と摩擦の中で、特に教皇ヨハネ・パウロ二世によって明らかにされたマリアの御心崇敬の実践神学的意義を、マリアの御心の霊性の中に見出だしていく。

こうして本稿は、問題提起した「キリストによる解放と救いの実現のために、マリアの御心崇敬が生み出す、マリアの御心の霊性の必要不可欠の要素は何か」の回答を提示することを目指している。

註

（1）E. R. Carroll/Eds. "Devotion to Mary, Blessed Virgin", in *New Catholic Encyclopedia*, vol.9, (Washington, D.C.: Thomson Gale, ^{2}2003), p. 266.

（2）J. Eudes, *Le cœur admirable de la très sacrée Mère de Dieu* (Paris: P. Lethielleux, ^{6}1935). 英訳版：J. Eudes, *The admirable Heart of Mary*, Trans. by the French by C. di Targiani and R. Hauser, (Washington D.C.: P. J. Kenedy & Sons, 1948).

（3）私訳。

（4）*Le cœur admirable de la très sacrée Mère de Dieu*, op. cit., pp. 11-17.

（5）*Ibid*., pp. 188-227.

（6）著書 *Le cœur admirable de la très sacrée Mère de Dieu* の中で、マリアの御心崇敬の具体的実践方法としてユードが挙げた一二項目とは、次の通りである。①神への立ち返り（回心）。②マリアの心を心とすること。③聖性、柔和、寛容、謙遜、純粋、献身、知恵、慎重さ、忍耐、従順、注意深さ、誠実さ、愛などのマリアの徳に倣うこと。④キリストに奉献されたあらゆる人々の心の中の女王であるマリアに、度々自分の心を奉献すること。⑤マリアの慈しみ深い母性愛に倣って、貧しい人々、寡婦、孤児、外国籍の人々を支え、助けを必要とする人々を守り、苦しむ人々を慰め、病人や囚人を訪ね、抑圧された人々を解放する慈善を行うこと。⑥全ての人の魂の救いを熱望すること。⑦聖人たちや修道会によるマリアの御心崇敬に倣うこと。⑧祝福された神の母の最も聖なる御心を通して、救い主が私たちに模範としての聖心を与えて下さったことを心に留めること。⑨聖なる御母の心に倣って、イエスの聖心と一つに結ばれるよう、イエスに全てを奉献すること。⑩宇宙を治めるマリアの御心に対して、「アヴェ・マリアの祈り」などの毎日小さな崇敬を行うこと。⑪人類にとって、マリアがあらゆる危険からの逃れ場、救いの砦、亡命の時の慰めであることを、尊敬と信頼を以て受け入れること。⑫マリアの祝日を祝うこと（*Ibid.*, pp. 598-608 私訳）。

第1章　マリアの御心崇敬とその神学

カトリック教会は古代から現代に至るまで性別、世代、民族、立場の違いを越えて、聖母マリアに対する特別な親しみを感じ、マリアへの孝愛を崇敬の形で表してきた。マリアについての記述が少ない中で、マリア崇敬を後押しする形で教導職が宣言した「無原罪の聖母」や「聖母被昇天」などの教義についても、諸教派からはマリアを女神化しているとの厳しい批判にさらされながらも、神の母マリアに与えられた神からの特別な恵みの表れとしてマリア神学を大切にしている。カトリック教会のキリスト者はマリアに、喜びの時には感謝を、苦しみの時には助けを、悲しみにある時には慰めを与える慈しみ深い母としての深い崇敬を表す。

信者数が日本総人口の約〇・三三八％[1]（二〇一九年一二月三一日現在）に過ぎない日本のカトリック教会においてのマリア崇敬の現状を把握するため、筆者は、二〇二〇年三月に東京都、長崎県、広島県のカトリックの信徒・司祭・修道者・神学生を中心に、「現代の日本の教会におけるマリアの御心崇敬の意義についてのアンケート[2]」を行った。同アンケートの設問4dの聖母マリアのとりなしによる助けを実感、あるいは実体験したという信徒の声のいくつかを紹介したい。

・どのような時というより何かにつけ幼い頃から「めでたし」を唱えてきたので、当たり前のことになっている。マリアへの崇敬が神に心を上げるきっかけになっている。

・愛だけで救っていただける。罰する神である場合にも、なんとか伝えてくださる。逆に、どうにもならないときの慰め。

・イエスの聖心に応えようと歩もうとしても、自分の弱さや罪によって思うように歩めない時、それでも事が前進してゆくのは、マリアの助けであると思っている。

・日常的に本当に生活の小さなことから、長い時間をかけて時に社会的レベルに及ぶことの成就のために、いつも寄り添い、導いて下さっていることを感じている。

・病気の癒しや困難な状況からの助け等、マリアに祈った願いが実現した。客観的な立証は困難だが、通常の「自然な」経過ではなく、マリアの助けによるものだと感じることがしばしばある。

・聖母が日本の教会をいかに導いておられるのか、殉教者をどんなに勇気づけられたのか、信徒発見のできごとも然り。抑圧されたキリシタンであっても、希望をもって生き続けることができたのは、聖母が日本の教会と共におられたからだと思う。

・苦しく孤独だったときに、マリア様に助けを求めることでイエス様の存在が再び近くに感じるようになり、マリア様へのお祈りのなかで様々な感謝や喜びに気づくことができた。

・人間の力ではどうすることもできない自然災害や病気の時、不安でいっぱいな時に、落ち着いて状況を受け入れて、的確な判断ができる「力」を与えていただくように祈る。祈ることによって守っていただけると安心することができて、不安から解放される気持ちになる。このことは祈りの効果だと思う。

・自分や人が追い詰められた状態に置かれた時、崖っぷちの感覚の時に、頭で考えるのではなく、必死でマリア様に取り次ぎを祈る。それが恵みや救いへと引き寄せていると実感している。マリアがおられるところに必ずイエスはおられるという信仰から来ていると思う。

アンケート結果から、老若男女、信徒・修道者を問わず、多くの人々が特に苦しみや不安、病気や孤独の闇にある時の心の拠りどころとしてマリアを崇敬していること、また、マリア崇敬を通して信仰の源である御父とキリストへと心が向けられていることが伺える。

第二バチカン公会議は、マリアをキリストの秘義と教会論との関係性の中で捉え直し、『教会憲章』第8章の中に組み込む形をとり、マリア崇敬が典礼に沿ったものであることや、正しいマリア崇敬のあり方について明確にした。マリア崇敬のきっかけを作ったエフェソ公会議の「神の母」宣言を受けて、『教会憲章』(67)は、神の母の独自の尊厳についての偽りの誇張、過度の偏狭を避けるよう神学者や説教者に呼びかけ、さらに、キリスト信者に対しては、空しい軽信ではなく真の信仰に基づくマリア崇敬を行うよう勧告している。

こうした教会の勧めを受けて、マリアの御心崇敬にその神学的根拠を示すことは、誇張や偏狭、空しい軽信を避ける上で助けとなり、真の崇敬を識別する一つの方法にもなるだろう。そこで、第1章では、「マリアの御心崇敬とその神学」について論じることにする。

第1節では、まず、現代のマリアの御心崇敬とその本質を明らかにした上で、マリアの御心崇敬の歴史的・典礼的発展を述べる。さらに、マリアの御心について聖書的観点から捉えることで、真の崇敬として必要な聖書・伝統・典礼に基づくマリアの御心崇敬の神学を明らかにする。

第1節　マリアの御心崇敬

「マリアの汚れなき御心」という言葉を聞いて、世の汚れを知らない清らかな少女のマリアの姿をイメージする人も多いことだろう。しかしながら、前述したように、マリアの御心の「汚れなさ」は、マリアの現実社会に蔓延する人々の苦しみや悲しみ、不正や悪、闇などから身を引いた、汚れを知らない超越的状態を表しているのではなく、むしろ、社会の闇、人々の苦悩、惨めさ、悲惨さの中に入り込み、世の人々の汚れや闇を自らの身に帯びた心の状態である。マリアの御心は聖霊の宿る神殿として神聖なものでありながら、同時に、時代と場所を越えてあらゆる人々の喜びと悲しみ、苦しみ、痛みに慈しみ深く寄り添い、慰め、支える母性愛に満ちた心であり、不正には立ち向かう勇敢な御心なのである。したがって、マリアの「汚れなき御心」とは、神と人々に向けられたマリアの純粋でひたむきな無償の愛の充満した心なのである。

キリスト者は、神と全ての人々に対する無償の愛に満ちたマリアの御心に深い崇敬を表すことによって、神の母の卓越性を認め、子として母マリアを愛し、母の徳に倣う（『教会憲章』67参照）。これこそ、真の信仰によるマリア崇敬と言える。

すでに初代教父の時代に始まっていたイエスの聖心崇敬が、マリアの“Purissimi Cordis B.M.V.”（「マリアのいと潔き御心」）崇敬へと発展し、教会から公に認められるようになったのは、ユードの偉大な功績による。マリアの御心への崇敬は、歴史も本質も目的もイエスの聖心への崇敬とは区別されながらも、両者の崇敬は必要不可欠の神学的要素によって結びつけられている。両者の関係性については次章で述べることにして、まずマリアの御心崇敬に焦点を絞ることにする。

1．マリアの御心崇敬の本質

「心」という言葉はしばしば、シンボリックで比喩的な意味を含んでいる。マリアの御心は、現実的な意味ではマリアの身体的母性において重要な役割を果たしており、精神的母性から溢れ出る愛情と直接関連がある。マリアの聖性の輝きと、マリアの生涯における偉大な神秘、特に神の母としての神秘は、マリアの愛と密接に結びついている。

マリアの御心崇敬は、まさにイエスの諸秘義と深く結ばれたマリアの様々な賜物や完全さ、彼女の愛と深く関わる全てのものを通して現れるマリアの完全な聖性や、彼女の内的生活に対して賛美と感謝を捧げる行為である。カトリック教会では現在、「マリアの御心の祝日」を記念日として祝っているが、この祝日について留意すべき点は、イエスの聖心の祭日の翌日に祝われているということである。「マリアの御心」の祝日の歴史的推移については後述することになるが、「イエスの聖心」が祭日として上位に置かれていること、イエスの聖心の祭日がマリアの御心の記念日に先行していること、イエスの聖心崇敬とマリアの御心崇敬が分かちがたく結びついていること、こうした関係性こそがマリアの御心崇敬に神学的論拠を与えるものとして非常に重要である。

キリスト者は、マリアの身体的「心」を崇敬の対象とすることで、物質的対象物を越えて、イエスの聖心の映しとしてのマリアの御心の愛、全人類の救いのために捧げられる母マリアの御心の慈愛、十字架上の御子の苦しみに重ねられたマリアの御心の苦しみ、特に弱者・苦しむ人々の救いを望むマリアの御心の強さなどの霊性を生きるよう促されていく。マリアの御心崇敬を通して人々の救いのみ業が実現されるためには「奉献」と「償い」が必要であり、これこそマリアの御心崇敬の本質と言える。(3)

この二つの要素は、一九一七年のファティマ（ポルトガル）に出現したマリアの言葉を通してはっきりと示されたものでもある。六回にわたる出現を受けた三人の子どもの一人ルチア（後にドロテア修道会のシスター・ルチア）が、一九四一年八月三一日にレイリーアファティマ教区の司教に宛てた「第三の回想録」によれば、第三回目（七月一三日）の出現は最も重要なマリアのメッセージを含んだものと言われている。

ファティマの聖母が子どもたちに出現した目的は、イエスの聖心とマリアの御心を通して、人類に対する慈しみの計画が実現されるために、人々にマリアの汚れなき御心崇敬が広められ、御心崇敬によって人々がマリアを愛し、ロシア戦争が終結して世界平和が実現し、罪びとの魂が救われるためであった。マリアは、哀れな罪びとたちが火の海のような地獄に行く様を子どもたちに見せた後、子どもたちに対して、主イエスのため、罪びとの回心のため、そして、マリアの御心に対して犯される罪の償いのために、自分自身を犠牲として奉献するよう求めた。人々がマリアの勧めに従って神に立ち返るならば、ロシアは回心し世界に平和が訪れるが、神に逆らい続けるならば、新たな戦争や飢餓、教会と教皇に対する迫害によって世界が滅ぼされてしまうとマリアは予告した。マリアは世界滅亡に至らないよう、ロシアをマリアの御心に奉献し、償いのために初土曜日（毎月第一土曜日）に聖体拝領をするよう子どもたちに懇願することによって、最終的にはマリアの汚れなき御心の勝利を宣言したのである。(4)

マリアが出現によって子どもたちに願ったのは、戦争という愚かな行為によって罪を犯した人間が、罪を悔い改めて神に立ち返る回心と、その償いとして自分自身を犠牲として捧げるために、キリスト者がマリアの御心崇敬を通して、イエスの聖心とマリアの御心を傷つけた罪びとに代わって償いを果たし、救いを必要とする罪びとのために自己を犠牲に奉献することであった。この「奉献」と「償い（回心）」に、マリアの御心崇敬は本質を見出している。

奉献の模範は、神の身分でありながら神と等しい者であることに固執せず、自分を無にして僕の身分になり、人間の姿で現れ、へりくだって、十字架の死に至るまでの従順を御父に示した（フィリピ２・５—８参照）イエス・キリストのケノーシス、すなわち「自己無化」である。マリアは、神の恵みによって神の母としての選びを受けた時から、御父への完全な従順のうちに信仰をもって“*fiat*”で受け入れ、神である御子の救いのみ業に協力するために、御心に満ち溢れる愛を神と全人類に余すところなく奉献した。同じように、マリアの御心崇敬を行うキリスト者もまた、自分を含めた罪びとの救いのために自己を犠牲にして奉献することにより、キリストやマリアが示した無償の愛、究極の愛を生きるのである。

罪びとが神のもとから離れ、イエスの聖心やマリアの御心の愛に逆らって深く傷つけたことに対して、キリスト者が罪びとに代わって罪を償う行為もまた、全人類の罪を赦すために人類の代償となったキリストの救いと、全人類の救いのためにとりなすマリアの償いを模範としている。キリスト者が神のみ旨に従って、マリアの御心崇敬を通して行う特に罪びとのための罪の償いも、彼らの救いのために行う自己奉献も、それらはキリスト者の神と罪びとに対する無償の愛と分け隔てのない慈しみのしるしなのである。

マリアの御心崇敬の本質が明らかになったところで、この崇敬が歴史の中でどのようにして生まれ、発展していったのかを見ていくことにする。

２．マリアの御心崇敬の起源と歴史的発展

新約聖書では「心」καρδία（希　ギリシア語）が、内的生活全体の中心、その源として用いられることが多い。「マリアの御心」もまたマリアの内的生活の中心、マリアの本質そのものと理解できる。さらに、「汚れなき御心」はマリアの本質が最も純粋に顕著に現れる場、マリアそのもの、あるいは、マリアが内在する神に向ける一途な混

じりけのない愛の充満した心と捉えることができる。

福音書に描かれたマリアの御心に関する記述の一つが、「――あなた自身も剣で心を刺し貫かれます――多くの人の心にある思いがあらわにされるためです」（ルカ2・35）である。こうした聖書の記述に基づいて、マリアの御心崇敬は初代教父の時代からすでに存在していた。古代キリスト教の最大の神学者と言われるオリゲネス（Origenes Adamantius ca.185-ca.254）は、「神の母」の称号を初めて用いた初代教父として知られているが、このルカ記述に対して、「マリアの御心を貫いた剣は何か」と問いを投げかけ、マリアの御心崇敬の兆しを示した。同じ頃、トルコの司教聖グレゴリオ・タウマトゥルゴ（S. Gregorio Taumaturgo 213-270）は、マリアの御心を「あらゆる神秘の受け皿」として表した。

オリゲネスの問いに答えるかの如く、一〇世紀のビザンティンの画家シメオネ・メタフラーゼ（Simeone Metafrase ?-ca.987）は、東方世界の長い伝統に基づいて、マリアの御心をイエスの受難と同じ場と捉えた。マリアの御心を貫いた剣は、十字架上のイエスのわき腹を貫いた槍と重ねて理解されるというわけである。

その後、中世から第二バチカン公会議までの時代、アウグスティヌス（Aurelius Augustinus 354-430）の「心の中での受胎」というテーマが典型的マリア神学になったが、それはやがて、マリアの霊的母性へと発展していった。アウグスティヌスが、信仰者・説教者の父と仰いだ聖アンブロシウス（Ambrosius Mediolanensis 339-397）は、模倣すべき全てのマリアの霊性はマリアの御心にあると述べた。(5)

中世、特に精巧でバランスのとれた「宗教的ヒューマニズム」が発展した一二世紀になると、命や色彩に満ちた生き生きとした形で、アウグスティヌスの「心の中での受胎」の考えが広がっていった。サン・ビクトールのフーゴ（Ugo di S. Vittore ca.1096-1141）もまた、みことばはまさしく先にマリアの御心に宿られ、次いでマリアの体に宿られたというテーマを明確に記した。一二世紀の他の霊的書物でも、一三世紀のはじめの聖ボナベントゥラ（S.

Bonaventura 1221-1274）の考えも同様であった。

マリアの御心崇敬において最も偉大な影響を与えたのはユードである。ユードはイエスの聖心とマリアの汚れなき御心について神学的解釈を与えた上で、イエスの聖心崇敬を軸として、その関連性の中でマリアの汚れなき御心崇敬を捉えた。イエスの聖心とマリアの御心に関するユードの中心的神学の表れとして、神と人々への深い愛に満ちたイエスの聖心を炎に燃える心臓のシンボルで表し、母マリアの御心を御子イエスの聖心を映し出す鏡とした。ユードがイエスの聖心とマリアの御心崇敬の発展のために尽くした業績は多く、マリアの御心とイエスの聖心に捧げられた修道会の創立、聖務日課とミサのための最初の固有の典礼、歴史と神学と崇敬（信心）を統合させた最初の研究、地方教会・普遍教会によるイエスの聖心とマリアの御心崇敬についての最初の承認とその後の大普及などである。

ユードがマリアの御心について特に強調した点を二つ挙げることができる。まずは、マリアの御心の特質である。マリアの御心は、マリアのあらゆる偉大さ、崇高さ、特権の泉であり源、全ての被造物にはるかに勝るあらゆる優れた特質の泉であり、このため、天の御父の第一の娘、御子の母、聖霊の花嫁、三位の神の神殿と呼ばれるほどの心である。さらに、謙遜、清さ、慈愛に満ちたマリアの御心は、全ての恵みの泉であり、彼女のあらゆる徳の泉と讃えられる。このため、マリアは神の母として相応しく、この最も崇高な尊厳としてのイエスを支えるためのあらゆる賜物と特権を所有するに相応しい女性である。

第二の強調点は、マリアの御心崇敬の真の対象となる神に向けられている。私たちが処女マリアのうちにイエスの母を讃えるのは、イエスの誕生や神殿奉献、エリザベト訪問、清めなどのような神秘や行いだけではない。また、マリア神学に見られるような神の母、父なる神の娘、聖霊の花嫁、三位一体の神殿、天と地の元后といった神の恵みとしてマリアに与えられた特権のためだけでもない。むしろ、キリスト者はマリアの御心崇敬を通して、マリアの御心の奥底から湧き出る神の恵み、すなわち、あらゆる聖性と神秘の泉と源、あらゆる行いの泉、あらゆる特質の源、そしてそこから溢れ出る神の愛と慈しみを讃えるのである。全ての聖なる神学博士たちによれば、愛と慈しみはそのものの価値の尺度であり、あらゆる聖性の源である(6)。

ユードはフランスの神秘家であり、ユードと同じ修道家族であったシスターマリー・デ・バレー（Marie des Vallées 1590-1656）の示現の影響を受けたことは確かであるが、その示現を自らの主張の支えにしたこともなければ、自らの働きの中でほのめかしたこともない。当時の作家の多くが、パレー・ル・モニアルの聖マルガリタ・マリア・アラコック（Marguerite Marie Alacoque 1647-1690）の示現に引き寄せられ、神学的基礎の部分をなおざりにして、示現をかなり一方的に取り扱う傾向が多く見られたのも事実である。しかし、ユードは、厳密に聖書と伝承と教会の教えに沿った神学に基づいて、「恩寵の不思議な業を前にして、敬虔な感情となって遡る神への愛(7)」をイエスの聖心とマリアの御心の究極的対象としたのである。

一九一七年七月の第三回目のファティマの聖母出現の詳細については前述した通りであるが、その時の出現では、地獄の幻視やロシア・ソビエト連邦の未来、世界と教会と教皇の試練の後に、マリアの御心の勝利が示された。マリアは、初土曜日に償いの聖体拝領と、マリアの御心へのロシアの奉献を頼むために、改めて出現することを約束した。実際、一九二五年一二月一〇日にはPontevedra（ポンテベドラ）で、一九二九年七月一二―一三日には、Tuy（スペイン）で出現した際、ルルドのコーヴァダイリアでの出現と同じように、一種の聖霊降臨あるいは黙示録のような現象を含んだものであった。

ファティマの聖母は、マリアの御心に関するあらゆるメッセージの真髄を伝えている。そのメッセージは、世界的・教会的次元の内容であったが、それがさらに深められ、内面化されていった。一九四二年以降、「ファティマの秘密」の最初の二つの秘密が広まると、ファティマでの出現は教会的・カリスマ的現象となり、この時からマリアの御心崇敬の歴史に新たな時代が始まった。[8]

こうした教会の動きの中で、マリアについての教えや崇敬、イエスの聖心崇敬に多大な関心を示した時の教皇ピオ一二世は、一九四二年に固有のミサ典礼文と聖務日課を伴ったマリアの御心崇敬を正式に承認し、世界をマリアの汚れなき御心に奉献した。この固有のミサ典礼文と聖務日課は本来、一七世紀にユードが作成したものであったが、紆余曲折を経て一八五五年に教皇ピオ九世によって承認されたものの、公に用いられることはなく、その約一〇〇年後にようやく教皇ピオ一二世によって日の目を浴びることになったものである。

その後、同教皇は、典礼に関する回勅『メディアトル・デイ *Mediator Dei*』（一九四七年）を発布し、典礼をマリア崇敬の規範と位置づけて御心崇敬の基礎を固めた。教皇ピオ一二世が示した典礼がマリアの御心崇敬に与えた影響を見ていくことにする。

3．マリアの御心崇敬と典礼

教皇ピオ一二世は、一九世紀末から欧米に広まりつつあった、典礼によって教会を刷新しようとする典礼運動の高まりの中で、パウロのキリストのからだの思想に基づく教会論についての回勅『ミスティチ・コルポリス *Mystici Corpolis*』（一九四三年）を受けて、教会の典礼に関する回勅『メディアトル・デイ *Mediator Dei*』（以下、MD）を発布し、救済史的・司牧的な教会生活の実践を教会の典礼と位置づけた。[9]

同回勅で教皇は、「祭礼（Sacra Liturgia）」[10]に対する信心業の役割を、「祭壇上の荘厳な奉献〔ミサ〕によりよく参加し、秘跡をより豊かに受け、神への祭儀を祝うよう力を与えて、祈りやキリスト教的節制への努力を励まし、神の恩恵の招きにただちに答え、救い主の徳に日々完全に倣うよう力づける」ことであり（MD35）、祭礼の優位を説いている（MD37参照）。

同回勅の後を継いで典礼刷新を行った『典礼憲章』（SC）も同様に、崇敬（信心）の行為は、「典礼の季節を考慮して整えられるべきであり、聖なる典礼に即し、何らかの形で典礼に由来し、人々を典礼に導くものでなければならない。典礼は本質的に、これらの行為にはるかにまさるものだから」（SC13）と記している。『典礼憲章』は「典礼」を、とくにミサにおいて最も優れた形で行われるキリストの過越の神秘の記念（SC47参照）、「教会の活動が目指す頂点であり、同時に教会のあらゆる力が流れ出る源泉」（SC10）と位置づけた。

したがって、『メディアトル・デイ』や『典礼憲章』が強調した真のマリア崇敬とは、典礼暦年に合わせてイエスの救いの諸神秘を祝う典礼、特にミサとの関係性を保ちながら、マリア崇敬を通して人々をイエスの救いの神秘に導く崇敬を意味している。教会は、典礼に相応しいマリア崇敬を行う中で、神の母マリアを、「御子の救いのわざから切り離すことができないほどのきずなで結ばれたかたとして、特別の愛を込めて敬い」、「あがないの卓越した実りを感嘆し、ほめ讃え」、自分を完全に神の恵みに委ねたマリアに倣って、神への信頼のうちに真の喜びを観想する（SC103参照）。

ユードが一七世紀に定めたマリアの御心の祝日固有のミサ典礼文と聖務日課は、回勅『メディアトル・デイ』を経て、『典礼憲章』においてようやく、キリストから託された全人類共同体と共に神への賛美の歌を絶え間なく歌い、一日の全てを聖化し、全世界の救いのためにとりなす祭司職の使命を果たすために必要不可欠なものであることが明らかにされた（SC83参照）。ユードが定めたマリアの御心の祝日の固有の典礼が認められるようになるまでに、実に三〇〇年間以上にわたる時間を要したのである。その歩みを振り返ってみる。

マリアの御心崇敬は私的な崇敬として始まっていたが、教会の公の崇敬として認められるようになったのは一七世紀前半である。イエスの聖心の祝日については、一六七〇年に最初の典礼祭儀が公的に行われたが、その三〇年余り遡る一六四三年二月八日にはすでに、ユードとその後継者たちによって、聖母の御心の祝日が私的に祝われていた。[11]

一六四八年二月八日、フランスのアウトゥン教区でマリアの御心の最初の典礼祭儀が行われたのを機に、ユードは、マリアの御心の祝日のために聖務日課とミサの貴重な典礼文の作成に取り掛かったが、一六六九年の段階では聖座はそれらの典礼文を承認しなかった。それは、マリアの御心の祝日そのものに対する拒否ではなく、イエスの聖心の祝日への配慮のためであった。このことは、一六六六年には教皇アレキサンドロ七世によって、一六六七―一六六九年には教皇クレメンス九世によって、マリアの御心に奉献された最初の信心会が認可されていたことから明らかである。

一七二六年、司祭ガリフェット（Joseph de Gallifet 1663-1749）の指導により、イエスの聖心の祝日とマリアの御心の祝日の両方を承認するよう聖座に願い出たが受け入れられず、代わりに、教皇ベネディクト一四世は、ローマにあるオンダの聖サルバトーレ教会の信心会の間で祝日を祝うことを許可した。

一八〇五年、教皇ピオ七世は、八月五日の雪の聖母の聖務日課とミサ式次第を用いて、小教区や修道会の中でマリアの御心の任意の祝日を祝うことを承認した。まもなく、マリアの御心に捧げる祈りや、教会法上認められた信心会が増えていき、一八〇八年一二月八日、ピオ七世は、その二年前にローマの聖エウスタキオ教会において創立していた信心会を大信心会へと昇格させた。

神のみ旨に従って行われたマリアの御心崇敬により、いくつかの驚くべき出来事が起こった。フランス革命中に起った奇跡として、一八三六年には Dufriche-Desgenettes 枢機卿の受けたインスピレーションによる「勝利のわれらの処女（Nostra Signora delle Vittorie）」大信心会がパリに設立され、一八三〇年にはパリのリュー・ド・バック（Rue de Bac）で聖カタリナ・ラブレに聖母が出現し、一八四九年にはアントニオ・マリア・クラレット（Antonio

Maria Claret 1807-1870）によるマリアの御心に捧げられた修道会をはじめ、いくつかの修道会が創立された。

こうしたマリアの御心崇敬の動きの中でも、当時はマリアの御心の祝日固有のミサ典礼文も聖務日課もなかったが、ついに一八五五年七月二一日に教皇ピオ九世によって、かつてユードが作成していたミサ典礼文と聖務日課に手を加えたものが認められ、採用された[12]。こうして、マリアの御心の祝日の固有の典礼が整ったことがきっかけとなって、マリアの御心に対する世界の奉献に向かう動きが始まった。一八六四年には、マリアの持つ「女王性」を正しいと認めた数名の司教たちは、マリアの御心への世界の奉献を教皇に願い出た。一九〇〇年九月には、教皇レオ一三世による司教会議での投票の結果、イエスの聖心に全人類を奉献した後、処女マリアに世界を奉献したいとの方向性が明確にされた。一八九七年、トリノでのマリア会議の際に、イタリアは聖座の同意のもとにマリアの御心に自国を奉献した。

二〇世紀になると、マリアの御心崇敬の典礼的大勝利をもたらす新しい三つの動きがあった。Bertha Petit（1870-1943）に示された、苦しみと無原罪の聖母の御心についての啓示（一九〇九年）、ファティマの聖母出現（一九一七年）、そして、ポルトガルの神秘家 Alessandrina de Balazar（1904-1955）へのマリアの御心の啓示である。これらの啓示を受けて、ファティマとポルトガル司教団は決定的な要望を聖座に提出し、一九四二年一〇月三一日、教皇ピオ一二世は、第二次世界大戦の終結を願って、世界をマリアの汚れなき御心に荘厳に奉献し、マリアの御心崇敬は教会の公の典礼に組み込まれるようになったのである[13]。

ところで、一九一七年のファティマの聖母出現以前まで、マリアの御心は、“cor purissimum”（「マリアのいと潔き御心」）、“cor santissimum”（「マリアのいと聖き御心」）“cor sacratum”（「マリアの神聖なる御心」）という名称が用いられていた。しかし、一九一七年、ファティマ出現の際にマリアが自身を“Immaculata Conceptio”（無原罪の聖母）と名乗ったことや、出現を受けたシスタールチアの証言などにより、“cor immacolato”（「マリアの汚れなき御心）に改められ、教会においても、典礼においても正式名称となった。[14]

一九四二年、教皇ピオ一二世は世界をマリアの汚れなき御心に奉献したが、その二年後の一九四四年、同教皇は、この聖母マリアに対する世界の奉献を記念して、聖母被昇天の祭日から八日目の八月二二日を「聖母マリアの汚れなき御心の祝日」（Festum Immaculati Cordis Beatae Mariae Virginis）と定め、固有のミサの典礼文と聖務日課を用いるようになった。[15]この祝日は一九六九年典礼暦の改正に伴い、教皇パウロ六世によってイエスの聖心の祭日の翌日の土曜日に移行された。現在では「聖母のみ心」の記念日として、イエスの聖心の祭日の翌日、聖霊降臨の祭日後の三番目の土曜日に記念されている。

やがて、教皇ピオ一二世が世界をマリアの汚れなき御心に奉献して一〇年を経た頃から、第二バチカン公会議後まで、イエスの聖心崇敬とマリアの御心崇敬は危機的状況を迎えることになる。一八五六年に「イエスの聖心の祝日」が定められた一〇〇周年記念に発表した回勅『ハウリエーティス・アクアス』（一九五六年）の中で、教皇ピオ一二世は、イエスの聖心崇敬（信心）の低迷ぶりを次のように記した。

しかし、教会がいつもイエスのいとも聖なる聖心信心を高く評価し、聖心信心がキリスト者の間で生まれ、広まっていくようあらゆる手段を尽くしてきたし、さらに、自然主義や感傷主義といった反論に対して、イエスの聖心信心を公然と擁護してきたにもかかわらず、過去においても、現在も、一部のキリスト者やさらには、カトリック信仰への関心や、自己の聖性のために情熱的に努めていると自称する人たちの間でさえ、この最も崇高な信心が同じ敬意と評価を受けていないのは嘆かわしいことだ。[16]

イエスの聖心崇敬の危機の原因となったのは、当時世界に蔓延した自然主義や感傷主義により、イエスの聖心についての神学的理解の不足や、「償い」についての誤った理解や実践、崇敬の中に巻き込んでしまう霊性の崩壊、誤った象徴主義などによるもので、これらはイエスの聖心崇敬に対する様々の偏見を引き起こした。マリアの御心崇敬についても、公会議以降までイエスの聖心崇敬と同様の危機を体験した。

第二バチカン公会議は、こうした危機を受けて両崇敬の刷新の必要性を痛感し、刷新によって民間信心を典礼による礼拝へと方向づけるよう努めた。刷新すべき点として挙げたのが次の三つである。⑴両崇敬の起源を聖書、伝承、教父の教え、刷新された神学的考察に基づいて刷新すること。⑵マリアの御心崇敬の古典的な実践を現代的に刷新すること。⑶償いの基本概念について神学的な説明を加えて、両崇敬を受肉と救いの偉大な神秘との深い関連性の中で捉えなおすことである。[17]

一九六四年一一月二一日第二バチカン公会議の第三会期の終わりに、教皇パウロ六世はマリアの御心崇敬の神学的基本に戻るべく、回勅『ハウリエーティス・アクアス』（一九五六年）に記された、マリアの汚れなき御心への全教会と全世界の奉献に触れ、この奉献が、キリストの救いのみ業におけるキリストとマリアの一致に基づく御心崇敬を促すためのものであることを世界と教会に思い出させ、マリアの御心への世界の奉献を新たに宣言した。[18]

第二バチカン公会議が目指した二つの崇敬の刷新と、『ハウリエーティス・アクアス』の指摘を受けて、教皇パウロ六世が呼びかけたマリアの御心への世界の奉献の更新により、マリアの御心崇敬から一つの重要な示唆が与えられたように思う。それは、マリアの御心崇敬は、イエスの受肉と全人格の救いの神秘を基盤にして、その汚れなき御心にイエスの聖心の秘義を映し出す形で、二つの崇敬が固く結び合わされているという事実である。マリアの御心の「汚れなさ」は、前述のようにマリアが神と人々に注ぐ愛の完全さであると同時に、御父のみ旨を観想し、究極の愛により全人類の救いのみ業を実現するイエスの聖心の秘義を見つめる心の清さとも言えるだろう。

実際、教皇ピオ一二世は『ハウリエーティス・アクアス』の中で、イエスの聖心崇敬とマリアの御心崇敬の結びつきを次のように述べている。

キリスト信者は、イエズスのみ心に対する信心に、神の生母のけがれないみ心に対する信心を固く結びつけるよう努力しなければならない。神は、人間のあがないのわざを行うにあたって、処女聖マリアがキリストと密接に結ばれることを望み、その結果として、その母の愛の苦しみによって、われわれが救われたのである。したがって、マリアを通じてキリストから神の生命を受けたキリストを信じる民が、イエズスの御心に対する信心を果たした後に、天上の母の最愛の心に、尊敬と愛と感謝と償いとをささげるのは当然のことである[19]。

ここで強調されているのは、御父は普遍的救済の実現のために「生母」マリアの協力を必要とし、御子の救いのみ業にマリアの愛と苦しみを与らせて普遍的救済を実現したことである。そのため、キリスト者がマリアの汚れなき御心に映し出された救い主キリストの愛の聖心を崇敬した後で、マリアへの御心に感謝と賛美と償いを捧げるのは当然のことと述べられている。キリスト者はマリアの御心崇敬を通して、御心に映る救い主キリストの聖心崇敬を行い、マリアと共にキリストの救いのみ業に参与しているのである。

同様のことは、典礼においても現れている。二〇〇一年、教皇庁典礼秘跡省は、*Directory on Popular Piety and the Liturgy – Principles and Guideline*（邦題＝指針『民間信心と典礼』――原理とガイドライン、以下『指針[20]』）を発表した。この指針の狙いは、信心業と典礼の緊密な関係を再認識するためである。第二バチカン公会議での典礼刷新の作業の段階では、公会議参加者の中にも信心業への軽視の雰囲気が漂っていた。二〇〇〇年を迎えた教会では、信心業が人間学的観点から再評価されるようになった一方で、典礼や公会議の指針にそぐわない事実も否めない。そこで、信心業と教会の典礼との密接な関係の再構築のため、同指針と手引きが示された。

『指針』（174）は、マリアの汚れなき御心の祝日とイエスの聖心の祭日との隣接に、両者の典礼的つながりのしるしを見て、次のように記す。

二つの隣接する祝日は、それ自身すでに緊密なつながりの典礼的しるしとなっている。つまり、救い主の聖心の秘義は、伴侶、弟子でもある母マリアの御心の中に投射、反映される。イエスの聖心の祭日がキリストの救いの諸秘跡を要約的に祝い、それらを源泉である聖心に再び導くように、マリアの汚れなき御心の記念も、御母の、御子の救いの業への心からの参与――受肉から死と復活、聖霊の賜物まで――を総合的に祝うものである。[21]

『指針』（174）は、イエスの聖心の祭日の翌日が、マリアの汚れなき御心の記念日であるという典礼的つながりに注目し、そこにイエスの聖心とマリアの御心の関係性を見ている。マリア崇敬の典礼の歴史ですでに見たように、マリアの汚れなき御心の祝日が、イエスの聖心の祭日の翌日に移動されたのは、教皇パウロ六世による一九六九年の典礼暦の改正時であり、それ以前は聖母被昇天の祭日から八日目の八月二二日であった。したがって、この解釈もこの半世紀の間に限ってあてはまるものではあるが、時のしるしを見極めて、信心業と教会の典礼との密接な関係を再認識するという指針の目的を考慮するならば、大変意義深いものである。

『指針』（174）によれば、両者のみ心のうちその中心となるのはイエスの聖心である。イエスの聖心は、全人類の救いのために槍で貫かれ、血と水による秘跡的教会が誕生した源であり、その救いのみ業によって、母マリアをはじめ全人類を救いに与らせる愛に満ちた聖心だからである。マリアはご自身の汚れなき御心に御子の受肉、死、復活の秘義の全てを映し出し、キリストの普遍的救済の業に参与する。イエスの聖心の祭日がマリアの御心の記念日に先行し、さらに、祭日と記念日という区別がされているところから、神であるイエスと人間であるマリアとの神学的差異は明らかにされながらも、救い主キリストの母として救いの神秘に与った人類の母マリアの御心は最も清く、イエスの愛の聖心に最も類似した心として崇敬の対象となっている。

以上、マリアの御心崇敬の典礼的位置づけの中でイエスの聖心崇敬との関係性を確認してきたが、次は、聖書に記されたマリアの御心についての記述を通して、イエスの聖心との関係性を見出だしていくことにする。

4. マリアの御心の聖書的起源

元来、聖書の世界では、「心」はヘブライ語では lēḇ、lēḇāḇ、ギリシア語では καρδία が同義語として用いられている。心は、神と人間との宗教的・倫理的関係性が基盤となっている。心は心理的・倫理的・宗教的生活全体の中心であり、人間の性格を形成する場である。また、心は人間が認識するところの中心という考えから、人間の内的生活の中心ともされていた。こうした考えから、旧約聖書では、心を人間論的に人間の霊的生活の中心、意志、生命の源、記憶、思考、内面と捉えている。

やがて、旧約聖書がギリシア語に翻訳された時、本来「心臓」を意味する καρδία が、lēḇ の訳語として用いられるようになり、lēḇ の持つ広い意味が新約でも受け継がれるようになった。したがって、新約の καρδία は、ギリシア的理解における生理学的意味での「心臓」や心的・精神的感情の中枢の意味よりはむしろ、ヘブライ語の lēḇ、lēḇāḇ に対応する意味で用いられている。[22]

実際、新約聖書の καρδία は、①物質的・身体的生活の場としての心（使14・17参照）、②内的生活全体の中心であり、その源としての心（マタ18・35、ルカ16・15、二コリ5・12、一テサ2・4、一ペト1・22、3・4参照）、③感情（ヨハ16・6、ヨハ16・22、ロマ1・24、ヘブ10・22参照）、④精神（ルカ24・25、使7・23、ロマ1・21、二コリ9・7参照）、⑤良心（ヨハ3・20f参照）、⑥内的中心（マタ12・40参照）という幅広い意味を含んでいる[23]。

聖書の中に描かれたマリアの御心についての直接的記述はごくわずかで、ルカ2・19、51、2・35に記されている。ルカ2・19（「マリアはこれらの出来事をすべて心に納めて、思い巡らしていた」）と2・51（「母はこれらのことをすべて心に納めていた」）では、マリアの御心はギリシア語原文では καρδία が用いられている。2・35（「あなた自身も剣で心を刺し貫かれます」）では、Ψυχή が用いられる。

ここで、καρδία と Ψυχή の違いに注目しながら、マリアの御心に関する三つの個所を通して、ルカが伝えようとしたマリアの御心についての中心的メッセージを明確にしていきたい。

（1）ルカ2・19、51：καρδία「心（καρδία）に納めていた」

・マリアはこれらの出来事をすべて心（καρδία）に納めて、思い巡らしていた。（ルカ2・19）
・母はこれらのことをすべて心（καρδία）に納めていた。（ルカ2・51）

現代の研究者たちによれば、この二つの個所は、語られる内容の重要性に読者の注意をひくために用いられた方法で、黙示的性質をもつ文学形態を表している。ちょうど同じ文学形態がダニエル書に見られる。ダニエルが「人の子」の幻を見た後の言葉、「わたしダニエルは大層恐れ悩み、顔色も変わるほどであった。しかし、わたしはその言葉を心に留めた」（ダニ7・28）、その同じ「心」である。この形態によって、キリスト者は、イエスの幼少期に表された諸神秘についての観想の中心に、マリアの御心を置くことができる。マリアの御心はキリストの諸神秘を観想するその泉である。[24]

マリアはキリストの諸神秘を観想する泉としての御心において、一切の出来事、すなわち、天使ガブリエルの神のお告げから、幼子について羊飼いたちが天使たちから告げられた救い主誕生までの出来事を全て「心に納めて（記憶に留めて）」、思い巡らしていた。マリアはこれら一連の可視的出来事の中に、神の介入とその真意を悟り、沈思黙考するのである。[25]

他方、51節の「これらのことをすべて」は、19節のこれらの出来事に加えて、神殿奉献の出来事（ルカ2・22―40参照）と神殿における少年イエスの出来事（ルカ2・41―51参照）、すなわち、マリアへのお告げ（マリアの御父への従順）から、今目にしている一二歳の少年イエスの出来事（イエスの御父への従順）までを含む。マリアはこれらの出来事の一つひとつを、「神の臨在によって注入された体験[26]」として受け入れ、人生における神の愛の啓示体験をご自分の御心のうちに注意深く思い起こし、記憶に留めていたのである。

出来事の全てに注意深く耳を傾け、忍耐強く心に思い巡らすマリアの態度に、信仰者の模範・原型を見ることができる。マリアは「神の母」になるとの神のお告げを受け入れていたにもかかわらず、御子と共に緊密に過ごす日常の中で、キリスト論的な啓示を未だ理解できていなかった。しかし、マリアはわからないながらも忍耐して神のみ旨を少しでも理解しようと努めていた。これがマリアの信仰であった。「神の母」となる特別の恵みを神から与えられたマリアですら、信仰は初めから完全だったのではなく、希望をもって神のみ旨に耳を傾け、キリストに従い続けたのである。

不可解な出来事を心に思い巡らし、記憶にとどめ、より深い意味を見極めながら忍耐して実を結ぶのを待つマリアの信仰は、種まく人のたとえに登場する「立派な善い心で御言葉を聞き、よく守り、忍耐して実を結ぶ人たち」（ルカ8・15）に重ねられている。イエスの死と復活を間近に体験してようやく、マリアは神の子としての御子の使命と、神の母としての自分自身の使命を完全に理解するに至った。これこそ、マリアの忍耐によって結んだ実りであり、イエスの昇天後も、教会の母として神の救いのみ業に協力し、イエスの恵みを人々にとりなす唯一無二の神の使命を果たしながら、豊かな実りをもたらし続けたのであった。[27]

以上のことから、ルカ2・19、51の「マリアの御心（καρδία）」は、「内的生活全体の中心であり、その源としての心」の意で用いられていると言える。マリアが心に思いめぐらすこれら二つの箇所から、マリアの御心が神のことばに聴従し、たとえ理解できなくとも忍耐して心の中に思い巡らし、神のみ旨を見極めながら神の子イエスを理解し、神の母としての自らの使命に応えようと努めたマリアのその信仰を養う場であることが明らかになった。

（2）ルカ2・35：Φυχή「あなた自身も剣で心（Φυχή）を差し貫かれます」

この子は、イスラエルの多くの人を倒したり立ち上がらせたりするためにと定められ、また、反対を受けるしるしとして定められています。――あなた自身も剣で心（Φυχή）を差し貫かれます。――多くの人の心にある思いがあらわにされるためです。

ルカ2・19、51（「心に納めていた」）と同様に、ルカ2・35の神殿奉献の場面においても神学的記述が見られる。ここでは、「心」と訳されたギリシア語原文として、καρδία の代わりに Φυχή が用いられていることに注目したい。Φυχή は本来、生命原理として身体の死に対置され、身体的生命、人間の生存そのものを表す。この身体的生命は食物によって維持される一方で、より高尚なものとの比較においてないがしろにされたりもする。ルカは「欲求の座」として Φυχή を用いているが、ルカ2・35のマリアの「心」は特に「感情の座」を表している。[28]

「あなた自身も剣で心（Φυχή）を差し貫かれます」。この解釈については諸説があるが、カトリック教会では伝統的に、イエスの身体的苦痛への忍耐と、母マリアの魂と心における苦しみへの忍耐とが結び合わされて理解されてきた。やがてイエスが受けなければならない十字架上での槍の一撃（ヨハ19・34参照）に、御子の苦しみを十字架のもとで内的に共に味わい、心を痛めるマリアの苦悩が、シメオンのこの預言で表現されたという点が強調されてきた。この説については特に諸教派の間で、ルカ福音書の受難の場面に母マリアについての直接的記述がないことを理由に否定されている。しかし、イエスの最も身近な血縁者である母マリアが、御父のみ旨への聴従者、信仰者の模範、イエスの救いのみ業への協力者として、イエスの受難の場面に立ち会っていたと考えるのはごく当然なことではないだろうか。

　福音書の中で、イエスの口を通して肉体的血縁関係について語られるのは、「神の御心を行う人こそ、わたしの兄弟、姉妹、また母なのだ」（マコ3・34―35）と、その並行箇所「わたしの母、わたしの兄弟とは、神の言葉を聞いて行う人たちのことである」（ルカ8・21）である。内容に大きな違いは感じられないが、マルコとルカの間では血縁関係の捉え方に大きな違いがある。

　まず、マルコは、母と兄弟たちをはじめ身内に対してイエスの厳しい態度を描いている。律法学者やファリサイ派と対立しながら奇跡を行い、多くの病人を癒すイエスは、人々の目には「気が変になっている」としか映らなかった。身内の者たちもまた、イエスの精神状態を疑い、イエスに公の活動から身を引かせようと、「イエスのことを聞いて取り押さえに来た」（マコ3・21）。さらに、イエスを引き取りに来た母上と兄弟姉妹たちが、外でイエスを捜していると知らされると（マコ3・33参照）、「神の御心を行う人こそ、わたしの兄弟、姉妹、また母なのだ」（マコ3・35）と、血縁関係を否定し、霊的親族関係を打ち立てたと解釈されている[29]。

　一方、ルカはマルコ福音書に見られるイエスと身内との緊張関係を払拭し、イエスの母と兄弟こそイエスの模範的な聴従者として描いている。種まく人のたとえと重ねてルカ2・19、51で見た通り、母マリアは、理解できないながらも心に思い巡らし、記憶にとどめ、より深い意味を見極めながら忍耐して実を結ぶのを待つ信仰者の模範であり、「立派な善い心で御言葉を聞き、よく守り、忍耐して実を結ぶ人」（ルカ8・15）なのである。したがって、「私の母、私の兄弟とは、神の言葉を聞いて行う人たち」（ルカ8・21）には、思い巡らしながら絶えず御父に聴従してきた信仰者の模範である母マリアに対する、イエスの祝福と賛美が込められている。こうして、ルカ福音書では、肉体的血縁関係にある身内と、「神の言葉を聞き、それを守る人」（ルカ11・27―28）は同等に置かれ、さらには、イエスの身内だけではなく「神の言葉を聞き、それを守る人」全てが、イエスの兄弟姉妹として受け入れられるのである(30)。

実際にシメオンは、イエスにはイスラエルの民を裁く権能も、救う権能も御父から与えられており、多くの人々の心にある罪があらわにされるために、イスラエルの民の反対を受けるしるしにさえ運命づけられていると予告した。この予告こそ、イエスが全人類を救うために十字架上で受ける受難と死であり、救われる者と裁かれる者の全ての罪を負うことを暗示している。

御子の母マリアもまた、同じ一人の人間としてイエスの裁きに与らなければならない。母マリアは、御子の十字架による死の苦しみの意味をまだ十分には理解できなくとも受け入れ、御子の苦しみの運命を共に歩まなければならない。このマリアの霊的苦しみが、シメオンの言葉を通してマリアの魂を貫く剣として表現されているのである。しかし、マリアは霊的苦しみの中にあっても、信仰のうちに思い巡らしながら御父のみ旨に従い続けたからこそ、恵みによって自らもイエスの救いのみ業に与り、さらに、教会の母として人々をイエスの救いに導く使命を果たし続けることができたのである。

受難におけるイエスの身体的苦痛に母マリアの霊的苦しみを重ねる理解は、後の神学者にも見られる。マリアを深く崇敬していた一二世紀神学者クレルヴォーのベルナルドゥス（Bernardus Claraevallensis 1090-1153）は、『聖母の被昇天の八日間中の主日の説教』（*Sermo in Dominica infra octavam assumptionis Beatae Virginis Mariae* 14, PL 183, 437-438）の中で、母マリアが御子の受難のために味わう心の痛み、精神的苦しみを、殉教者の肉体の苦しみと対比させて次のように記している。

　ああ聖なる母よ。まことに剣はあなたの心を刺し貫きました。……激しい痛みがあなたの心を刺し貫きました。それでわたしたちは正しい理由をもってあなたを殉教者以上のかただと呼ぶことができます。あなたは殉教者が肉体で苦しむよりもはるかに深く御子の受難に与ったからです。

　この個所について、前教皇ベネディクト一六世は、かつて教理省長官ヨゼフ・ラッツィンガー時代に、イエスの受難によってマリアが受けなければならない剣の傷の痛みを超えて、イエスの救いのみ業による救いへの希望を見た。彼は“‘Du bist voll der Gnade’: Elemente biblischer Marienfrömmigkeit”[31]の中で、次のように記している。

　「あなた自身も剣で心を刺し貫かれます」――それは、御子の受難の前兆であり、マリア自身の受難にもなるものである。この受難は、次に神殿に訪れる時には既に始まっている。……マリアは身を引き、イエスを彼の使命に入らせることによって、マリアを母とならせた神の御旨に、「はい」という受諾で完成させなければならなかった。彼女を母にしたあの「はい」を最後まで完遂しなければならない。イエスの公生活中の拒絶と、マリアが身を引くことは、「御覧なさい、あなたの子です」という言葉によって、十字架上で完成することになる大切な一歩となるのである。[32]

ラッツィンガーは、マリアの御心（Φυχή）を刺し貫いた心の痛みに、後にイエスが体験する十字架上の受難（ヨハ19・34参照）を重ねているが、マリアの感情的レベルでの苦しみを超えて、御父のみ旨の受託、すなわちイエスの人間としての自由のために、自分の感情や血縁関係から離脱すること、捧げることを優先するマリアの信仰と愛を描いている。

母マリアは、イエスの十字架上の身体的苦しみと同じ痛みを御心において味わっている。イエスが十字架上で示した罪深い人類に対するはらわたを突き動かされるほどの深い憐れみ、すなわち「スプランクニゾマイ σπλαγχνίζομαι」[33]こそ、十字架の下で剣で刺し貫かれるほどの痛みを伴う深い愛に満ちたマリアの御心（Φυχή）を表している。こうして、神の恵みによって、イエスがわが子以上に神の子であることを悟っていたマリアは、十字架上のイエスと共に全人類に対する極みまでの愛とゆるしを示すことによって、「イエスの母」としての母性から「教会の母」としての普遍的母性へと発展したのである。

―小結―

マリアの御心崇敬とは、剣で刺し貫かれたマリアの御心という物質的な対象物を超えて、マリアがキリストによる救いの協力者として神の恵みを受け、全人類の救いのために受けた恵みを人々にとりなすための特別な使命を受けているということを認識するためのものであり、マリアの御心崇敬における奉献と償いの実践によって手に入れることができる。

マリアは、神の恵みによって汚れなき御心に宿る聖性や完全性、そこから溢れ出る愛と慈しみを通して、罪深い人間のために恵みをとりなし、罪びとに代わって償いの祈りを捧げ、無償の愛で自己を奉献しながら罪びとを救い主イエスのもとへ導き続ける。同じようにキリスト者は、マリアの御心崇敬を行うことによってイエスの聖心とマリアの御心の愛に背いた罪びとの罪を償い、罪びとの救いのために自分自身をマリアの御心に奉献することによって、マリアと共に罪びとをキリストの救いのみ業に与らせるのである。

ユードは、マリアの御心崇敬をイエスの聖心崇敬との関係性の中で捉えることによって、マリアの御心崇敬に神学的根拠を与えた。さらに、ユードは、マリアの御心崇敬が教会に公に認められるために、マリアの御心の祝日固有のミサ典礼文と聖務日課を作成し、マリアの御心崇敬を典礼の中で位置づけるという偉業を果たした。ユードの作成した固有の典礼文と聖務日課がもととなって、一八五五年には教皇ピオ九世によって、一九四二年には教皇ピオ一二世によってマリアの御心崇敬が教会から正式に承認され、教皇ピオ一二世は世界をマリアの汚れなき御心に奉献した。現在のマリアの御心の記念日について留意すべき点は、イエスの聖心の祭日の翌日にマリアの御心の記念日を祝われることで、イエスの聖心とマリアの御心との緊密な関係性が強調された点にある。

マリアの御心に関する聖書箇所として、「心に納める」（ルカ２・19、51）と「あなた自身も剣で心を刺し貫かれる」（ルカ２・35）をあげた。イエスが神の子として聖心に受けなければならない身体的苦しみと、イエスの十字架の奉献に合わせてマリアが御心に受けなければならない霊的苦しみは、すでにシメオンによって予告された（ルカ２・35参照）。マリアは、日常生活の中で御子を通して示される神の啓示を心に思い巡らしながら（ルカ２・19、51参照）、信仰によって神のみ旨に従い続け、イエスの受難と復活を通して実現する普遍的救済のみ業に協力した。マリアは初めから完成された人、完全な信仰者だったのではなく、私たちと同じ一人の人間として、イエスの十字架上の死（ヨハ19・34参照）に向かうまでの精神的苦悩を「心（ψυχή）」（ルカ２・35）で受け止めながら、恵みによってより完全になっていったのである。

マリアの御心は、イエスの聖心の映し出す澄んだ心、御心に溢れる愛を余すことなく完全に神と人々に向ける汚れなき御心、神のみ旨の実現のために神に完全に捧げられた御心、イエスの受難と復活を通して実現する全人類の救いの実現のために、私たち一人ひとりに開かれた愛と慈しみの御心である。したがって、マリアの御心崇敬は、キリスト者にマリアの清く、汚れのない愛の心を心として、全ての人、特に罪に苦しみ悩む人々に代わって彼らの罪を償い、マリアの御心に自分自身を奉献することによって、無償の愛で人々の救いのみ業に協力することを促すのである。

ここまで、マリア崇敬の中でもより深い次元でマリアの内的生活の中心を表す御心にスポットを当てた崇敬について論じてきたが、次節では、マリア崇敬という全体の枠組みの中で、その根拠となる「恩恵」を中心としたマリアの姿を、新約聖書における神学的人間論を手掛かりに見る。さらに、マリア崇敬の歴史的発展を概観した後、歴史の中で形成されてきたマリア神学の中でも、マリアの御心と関連のある四つの教義、すなわち、聖なる処女「神の母」、無原罪の御宿り、聖母被昇天、恵みをとりなす方を取り上げ、マリア崇敬の神学的根拠を明確にする。

第2節　マリア崇敬の射程

キリスト教は古代から、神の母マリアに対する尊敬と感謝と賛美を表すためにマリア崇敬を行ってきた。特にカトリック教会は、母マリアの神に対する徹底した従順に信仰者の模範を見出だし、キリスト者一人ひとりの信仰の歩みを共にする慈しみと恵みに溢れた母マリアを心の拠りどころとし、キリストの救いのみ業に参与するために神の特別の恵みを受けたマリアに対して格別の崇敬を表している。

カトリック教会は、神に対する礼拝と母マリアに対する崇敬とを明確に区別している。マリア崇敬は、神の恵みによってイエスの母となる選びを受け、御父への信仰と完全な従順によって神の招きに応え、イエスを産み慈しみ深く育て、聖家族と人々に愛をもって奉仕し、イエスの救いの業の実現のために自分自身を惜しみなく差し出したナザレのマリアに対する崇敬である。

本来マリア崇敬は、神の恵みに満たされたマリアが、神のお告げに対して「わたしは主のはしためです。おことば通り、この身に成りますように（"*fiat*"）」（ルカ１・38）という受諾の言葉にその起源をもつ。キリスト者は、神の恵みを受け聖霊に満たされたマリアが、自己の存在の全てを神に委ねて「神の母」の使命を受諾したその信仰と、教会の模範、全人類の母として母性と処女性をもって神と人々に示した愛に対して、賛美と感謝を捧げてきた。お告げの *fiat* はイエスの十字架上の自己奉献まで続けられた。神の母として十字架の下で御子の奉献に合わせて自己を捧げ、全人類の救いに協力したマリアの深い信仰と慈愛に対する尊敬と孝愛から、キリスト者の間にはおのずとマリアに対する民間信心が生まれ、それが、「信仰者の信仰の感覚（sensus fidei fidelis）[34]」を通して真のマリア崇敬へと発展していった。

ところが、近年のカトリック教会における聖母マリアの位置づけ、特に「無原罪の聖母」（一八五四年）と「聖母被昇天」（一九五〇年）の教義宣言、マリア崇敬やマリア像などは、聖書的根拠のなさとマリアの神性化の疑いを理由に、プロテスタントをはじめ諸教派から厳しい批判にさらされるようになった。

こうした批判を是正する形でカトリック教会が公に宣言したマリア神学が、第二バチカン公会議の『教会憲章』（LG）第８章である。『教会憲章』は母マリアを、父の最愛の娘であり、聖霊の住む聖所であって、この優れた恵みの賜物によって、天上、地上の全ての他の被造物よりはるかに勝った恵みに満ちた方、信仰の模範として、孝愛の心をもって敬慕すると宣言した（LG53参照）。

第二バチカン公会議は、本来のマリア崇敬に立ち戻るために、聖母マリアのアイデンティティを再確認し、聖母マリアを教会の神秘の中に位置づけた。マリア神学を従来のイエス・キリストとの関係性のみならず、教会との関係性において捉え直すことで、伝統的組織神学によって抽象化されていた崇高な聖母マリアの姿から、聖書的・教会的・実践的具体性を帯びた一人の人マリアへと、キリスト者の意識が変えられた。

教会論的マリアは、将来の永続する国を目指しながら、地上を旅する教会の信仰の旅路に歩みを共にする姿で描かれる。高間で聖霊を待ち望みながら婦人たちやイエスの兄弟たちと心を合わせて熱心に祈っていたマリアは（使1・14参照）、やがて、聖霊降臨によって始まった、神の民と民族の歴史の中で繰り広げられるキリストの教会の旅路において、キリストの秘義に深く与りながら、民の先頭に立って旅する教会の歩みを導いた。マリアは教会の母として、旅する神の民、危機や困難の中にある兄弟たちが幸福な祖国に到達するまで、彼らに寄り添い、一人ひとりを慈しみ深く見守るのである（LG62参照）。

ところが、第二バチカン公会議から半世紀以上がたった今、カトリック教会におけるマリア崇敬は、ヨーロッパを中心とした伝統的キリスト教国における形骸化と、アジアや南米を中心とした白熱化の二極化が進んでいる。日本のカトリック教会ではどうなのだろうか。

前述の通り、筆者が三月に行ったアンケートによれば、マリア崇敬や信心業（ロザリオの祈り、聖母への祈り、聖母月やロザリオの月の祈り、聖マリアの連祷、マリアの御心崇敬など）が自分にとって身近なものかどうかの問いに、「非常に身近」、あるいは「どちらかといえば身近」と答えた人が九四％にも上った。さらに、イエスの恵みをとりなす聖母マリアの助けを実感したことがあるかどうかの問いに、「ある」と答えた人が七八％であった。[35] これらの回答から、現代の日本のカトリック教会においても、マリア崇敬や信心がかなりの割合で浸透していること、さらに、そうした崇敬や信心が感傷的・表面的なものではなく、聖母マリアの助けを具体的な信仰体験として実感していることが明らかになった。

日本はヨーロッパ・キリスト教の布教国であり、カトリック教会の信徒数はほんの一握りであるにもかかわらず、マリア崇敬は日本のカトリック教会の隅々にまで浸透している。その要因として二つ考えられるが、まずは、かつての日本のキリスト教迫害期にキリスト者の信仰を支えたマリア崇敬が、現代に至るまでカトリック教会とキリスト者一人ひとりの中に霊的遺産としてしっかりと継承されているためであろう。このことについては第3章で後述する。

もう一つの要因は、カトリック教会の特質とも言える「共同体性」にあると推察される。カトリック教会は初代教会がそうであったように、マリア崇敬を通して母なるマリアを中心に祈る共同体として一つに結ばれ、連帯性が強められる。世界のカトリック教会のマリア崇敬には時代や場所、文化や習慣、性や世代の違いによる温度差は見られるものの、一人ひとりがマリアを慕い、心のよりどころとして崇敬するその姿勢は不変であり、マリア崇敬と共同体性は相互に支え合う関係性にあると言える。

マリア崇敬は、特にカトリック教会や東方正教会のキリスト者の間では、現代においても色あせることなく大切にされている。カトリック教会の「アヴェ・マリアの祈り」が示す通り、二〇〇〇年前のナザレのマリアは、現代に生きる弱さや罪を抱えた全ての人が生きている今も、そして、やがて死を迎える時にも共にいて、一人ひとりのために祈る全人類の母であり、現代に生きるキリスト者もまた、教会や社会の中で具体的で現実的なマリア崇敬を行っている。

カトリック教会においては、恩恵との関わりなくマリアについては語れず、マリアがキリストの諸秘義との関わりにおいて、神の恵みに満ちた方であることにマリア崇敬の根拠を置く。ここでは、マリア崇敬の根拠となるマリアのキリスト教的人間観を明らかにし、マリア崇敬の歴史的発展の中で形成されていったマリア神学について論じる。

1．マリア崇敬の今と信仰者としてのマリアの模範

現在、カトリックの教会やミッションスクール、修道院や信徒の家庭では、十字架とマリア像、聖母マリアにまつわる絵画、写真、ロザリオ、メダイ、スカプラリオなどが見られる。多くのカトリック信徒が、それらの信心道具を用いて、マリアへの賛美と感謝を捧げ、神への取り次ぎを願い、ご保護を祈り求める。また、世界各地のマリア出現地への巡礼や聖母行列、聖母への祈り、聖母の祝祭日の典礼などもまた、現代のマリア崇敬の表れである。これらの信心業は、マリアを通して最終的には神に向けられた礼拝、賛美、感謝、願いの祈りである。

中でもロザリオの祈りはマリア崇敬の中心とも言える。教皇ヨハネ・パウロ二世は教皇在位二五年にあたる二〇〇二年一〇月に、使徒的勧告『おとめマリアのロザリオ』を発表し、二〇〇三年一〇月までの一年間を「ロザリオの年」と定めた。同使徒的勧告（2）の中で教皇は、ロザリオが、イエス・キリストの生涯の出来事をまとめた「喜びの神秘」、「苦しみの神秘」、「栄えの神秘」[36]を観想することによって、キリスト者をマリアの御心を通してイエスとの生ける交わりに与らせる祈りであると記している。同時にロザリオは、キリストの秘義を観想しながら、「聖母マリアへの祈り（アヴェ・マリアの祈り）」を繰り返す単純な祈りに載せて、キリスト者一人ひとりの事柄や親しい隣人、家族、国、教会、全世界の全人類の生涯に起こる全ての出来事を心に納めることができる祈りでもあると述べている。

教皇によれば、ロザリオは、キリスト者がマリアに伴われて行うキリストのみ顔の絶え間ない観想の霊的旅程であり、この旅路のうちにキリスト者はキリストとの友情を深め、キリストに似た者になることを目指すのである（15項参照）。

ロザリオの使徒、福者バルトロ・ロンゴ（Bartolo Longo 1841-1926）の言葉を借りるならば、ロザリオはキリスト者を神と結びつける「くさり」である。ロザリオはキリスト者を「主のはしため」（ルカ1・38）であるマリアと一致させ、最終的には神の身分でありながら、「しもべ」（フィリ2・7）の身分となられたキリストと一致させる（43項参照）。

現代においてもロザリオは、キリスト教の伝統的な観想の祈りの中で最も優れ、讃えられ、キリスト者に浸透したマリア崇敬であるが、その一つの身近な事例をここに紹介したい。二〇一八年七月に「長崎と天草地方の潜伏キリシタン関連遺産」として世界遺産に登録された一二の教会堂や聖地、集落、城跡の一つに、「外海の出津集落」がある。この集落の潜伏キリシタンは禁教期に、「おらしよ」を唱え、大判の無原罪の聖母マリアのメダルや聖画像、宣教師に見立てた仙人像などを密かに拝むことで信仰を実践したと言われている。

潜伏キリシタンの末裔に当たる、今は亡き筆者の祖父母は、幼少期の筆者ら小さな孫を近くに座らせては、カトリックの教えを説き、食事の時には食前・食後の祈り、朝晩の祈りやロザリオの祈りを一緒に唱えていたものだ。祖父は晩年、体調がいい時にはロザリオを片手に、角刀灘に向かう高台から五島列島を遠くに眺めながら、いつも聖母マリアに取り次ぎを祈っていた。いよいよ病苦で病床から起き上がれなくなると、「イエスのご受難と聖母の汚れなき御心にこの身を委ねます」と繰り返しながら、最期までロザリオの珠を手繰っていたという。祖母に至っては息を引き取る直前の言葉が、「きれいなマリア様がお迎えにいらしたよ」であった。厳しい迫害を体験した祖先から受け継いだ祖父母の強い信仰が、聖母マリアへの深い崇敬によって支えられたことの証しと思われる。

ロザリオの祈りと並んで、キリスト者になじみ深い他のマリア崇敬として、典礼暦におけるマリアの祝祭日をあげることができる。これは前述のように、第二バチカン公会議が崇敬を典礼と結び合わせることによって、崇敬の刷新を図ったことによるものである。現在カトリック教会が定めている、典礼と直接的に結びついた聖母マリアの祝祭日には次のものが挙げられる。

神の母聖マリア（祭日）　一月一日
神のお告げ（祭日）　三月二五日
教会の母聖マリア（記念日）　聖霊降臨の主日後の月曜日
聖母の訪問（祝日）　五月三一日
聖母の御心（記念日）　イエスの聖心の祭日の翌日（土曜日）
聖母被昇天（祭日）　八月一五日
天の元后聖マリア（記念日）　八月二二日
聖マリアの誕生（祝日）　九月八日
悲しみの聖母（記念日）　九月一五日
ロザリオの聖母（記念日）　一〇月七日
聖マリアの奉献（記念日）　一一月二一日
無原罪の聖マリア（祭日）　一二月八日

これらの祝祭日は、東方教会において四世紀末以降に成立したものが、西方教会にも広まっていったものであるが、『典礼憲章』（103）によれば、聖母マリアの祝日は神の救いのみ業に固い絆で結ばれ、キリストの過ぎ越しの秘義に深く関わったマリアに捧げられた日として祝われ、マリアに崇敬が表されるのである。

カトリック教会においてマリア崇敬がこれほどまでに支持される理由は、マリアの信仰にある。マリアが神から差し伸べられた恵み（ルカ1・28参照）に“fiat”（ルカ1・38）と応えたのは、ただマリアに働いた神の恵みとマリアの信仰によるものであった。聖霊を通しての神の招きに恐れや不安や驚きがあったにもかかわらず、「神にできないことは何一つない」（ルカ1・37）ことを信じた。マリアの信仰による従順は、お告げから十字架の下に至るまで生涯にわたって貫かれた。こうしてマリアは、恵みによって御子キリストの救いのみ業に与り、全人類の救いのためにとりなし、「神がわたしに偉大なわざを行われた」（ルカ1・49）という最初の信仰告白を最後まで生き抜いたのである。キリスト者はこのマリアの信仰を模範と仰ぎながら崇敬を表す。

2. マリア崇敬と神の似姿の回復

第二バチカン公会議は、カトリック教会におけるマリア神学とマリア崇敬の大きな刷新の時となった。公会議はマリア神学を『教会憲章』第8章に組み入れることによって、マリアがイエスの受肉と救いの秘義において果たす役割を、教会論との関連の中で捉えた。

『教会憲章』（9）が示す新しい教会論とは、従来の制度としての教会ではなく、神によって設立された神の民を中心とした教会である。新しい神の民は、キリストと聖霊に導かれて、十字架を担いながら永遠の都に向かって旅を続ける。時代も民族も、宗教の違いも越えて、全ての人が神の民となるよう神に招かれている。神の民一人ひとりには異なる役割が与えられているが、神の前ではどのような人も平等なのである。

『教会憲章』第8章は、こうした神の民の教会の中でマリアを捉えた。神の母であるマリアは信仰と愛とキリストとの完全な一致において、神の民としての教会の象型と言われている（『教会憲章』63参照）。地上の生活を終えて天に上げられ、復活の栄光に与ったマリアは、地上の旅する神の民（教会）にとっての終末的希望と慰めのしるし、神の約束のしるしとして、旅する神の民と共に歩み、キリストの復活へと導き入れるのである（同64、68参照）。

さらに『教会憲章』（65）は、マリア崇敬と神の似姿の回復を結びつける。旅する神の民であるキリスト者は、教会の象型、終末的希望と慰めのしるしであるマリアに敬愛の念をもって崇敬を表し、イエスの光のもとでマリアを観想しながら、畏敬の心で受肉の神秘に分け入る時、キリストに似たものとなる。パウロによれば、キリストこそ父なる神の完全な似姿（二コリ4・4参照）であり、神に愛されている人間はキリストに倣うことによって、キリストに似た者になる（一コリ11・1参照）。キリスト者が恵みによってキリストの受肉の秘義に与り、罪によって失われていた神の似姿（創1・27参照）を回復し、キリストに似た者となるために、マリア崇敬がキリスト者の信仰を目覚めさせるというのである。

神の似姿として造られたはずの人間が、アダムとエバの原罪によって罪の支配下に生きるものとなり、神の似姿性は不完全なものとなった。その人間の不完全な状態を回復するために、御父は「神の像」である御子を人間の世界に送られた。神である御子の受肉によって、神が人性をとって私たち人間と同じ姿で人間の世界に住まわれた。このことは、同時に、イエスの救いの恵みによって、私たち人間が神の似姿性を回復し、再創造され、救いの神秘に与ることを意味する。キリスト者の神の似姿性の回復は、キリストによる救いの恵みで十分ではあるが、マリアはこの回復のプロセスにおいて、マリア崇敬を通してキリスト者をキリストのもとへととりなすのである。

ここで、パウロの神学に沿って、キリスト者の神の似姿の回復のプロセスに注目したい。

イエスの十字架、死、復活の神秘と、復活による新しい命の創造を自らの神学の基盤とするパウロにとって、神の似姿の回復とは、罪に死に、イエス・キリストに結ばれて神に対して生きること（ロマ6・11参照）、古い自分を十字架に付けて、自らの内に生きるキリストと共に新しいいのちに与ること（ガラ2・19―20参照）を意味する。神の似姿である人間は、「キリストの満ちあふれる豊かさになる」（エフェ4・13）ことを目指す自らの努力と、神の恵みによって「栄光から栄光へと、主と同じ姿に造りかえられていく」（二コリ３・18）変容を統合させたダイナミックないのちを表している。[37]

しかし、人間がどれほど完全な栄光の似姿を手に入れたとしても、神と人間は本質的に異なっており、あくまでも「神の似姿」である人間は、神に備わる性質と同等に到達することができず、永遠に不完全である。父なる神と完全に同じ像になりうるのは、御父に備わる性質と等しい神の御子だけである。[38]このためパウロは、御子を原像である父なる神の映しとして、御父と御子を厳密な意味では区別しながらも、啓示された御子は父なる神と本質的に等しいと考え、この関係性を御子の受肉を通して、御子と人間との関係性へと発展させて、人間の変容、すなわち神の似姿性の回復を実現させようとしたのである。

人間の似姿性の回復は、キリストがケノーシスによって実現させた無償の恵みによるものであり、人間の功績によるものは何一つなく、ただ、恵みに対する人間の誠実な応答だけが求められる。罪に陥った人間は、キリストの救いのみ業によって新たに生まれ変わり、「神の像」である御子に似た者となるのである。パウロは「神の像」概念に啓示の要素を示しつつも、イエスの救いのみ業による人間の救済論的「再創造」を強調した。[39]トマス・アクィナス（Thomas Aquinas 1225-1274）も同様に、知性を通して人間の内に宿る神の似姿は、神の恩恵によって再創造され、ついには「栄光の似姿」に変えられて、キリストによる救済が完成すると説いた。[40]

こうしたパウロの神学を後押しする形で、プロテスタント神学者Ｅ・ブルンナーは、人間存在の神似像性について、形式的構造的側面と実質的側面の二つを区別している。前者は、理性と自由をもつ人間に対して神から与えられた構造的神似像性であり、後者は、人間の罪によって完全に失われた神の似像性が、恵みとイエス・キリストへの信仰を通して回復されるというものである。イエス・キリストによって神の似姿性を回復し、罪から解放された人間は、《中心を自己に持たない》、《脱自的な》存在として神の愛を受容する真の人間性に目覚めるのである。[41]

ブルンナーによれば、人間の罪とは自己中心性、すなわち、「人間の心がもはや神の愛を反映せず、自己と世界を反映している限り、彼はもはや神の像を担わない[42]」神から離反した状態である。キリストの十字架による救いのみ業こそ、神の似姿の回復をもたらす直接の要因であるが、同時に、神の恵みに応える人間の側からの応答、すなわち、自己中心性から解放されて救い主キリストの無償の愛に倣い、キリストに似た者となるよう求められているのである。

ところで、パウロは、ローマ7章において、イエスの受肉と十字架を通して成し遂げた、罪と死の支配下にある人間の神の似像性の回復のプロセスを、人間論の三つの概念、すなわち、「体（ソーマ：σώμα）」、「肉（サルクス：σάρξ）」、「霊（プネウマ：πνεύμα）」で記している。

まず、「体（σώμα）」は生物的・物理的意味での人間存在を意味する。ローマ7・24はパウロの神学的人間論を最も的確に表現したものとして知られている。

わたしはなんと惨めな人間でしょう。死に定められたこの体（σώμα）から、だれがわたしを救ってくれるでしょうか。

パウロにとって人間は、「体（σώμα）」という具体的な現実性を帯びたものである。しかしながら、人間の「体（σώμα）」は時間と空間の限られた中で生きる存在でありながら、自分を超えて自分を支配する罪と死の勢力、あるいは、主なる神の支配下にある存在なのである。キリスト者は、主が創造した者、主の所有に属する者として、その体と肢ともども、罪と不義への隷属から、義への奉仕へと解放され、生命へと召されており、神の「霊」（πνεύμα）を受けて新たな命に与る。キリスト者は神の「霊」（πνεύμα）の働きに「体（σώμα）」を委ね、「肉（σάρξ）」

と戦うよう絶えず招かれている。

「肉（σάρξ）」は旧約聖書的意味において、創造主である神と対比された「被造物としての地上の人間」という意味で用いられることが多いが、ローマ７・25、８・６―８のように、神や神の霊と対立した人間の本質や態度が罪との関連の中で捉えられている。

> わたしたちの主イエス・キリストを通して神に感謝いたします。このように、わたし自身は心では神の律法に仕えていますが、肉（σάρξ）では罪の法則に仕えているのです。（ロマ７・25）
>
> 肉（σάρξ）の思いは死であり、霊の思いは命と平和であります。なぜなら、肉（σάρξ）の思いに従う者は、神に敵対しており、神の律法に従っていないからです。従いえないのです。肉（σάρξ）の支配下にある者は、神に喜ばれるはずがありません。（ロマ８・６―８）

パウロによれば、「罪（ハマルティア：αμαρτία）」は、アダムの不従順によって世界に入り込み、全ての人間を支配するようになった。「肉（σάρξ）」なる人間は罪の支配下にあり、神との敵対関係の中で悲惨な状況に置かれる。人間は肉において世を支配しているようでいて、実は肉に支配されており、自分を隷属させる諸勢力によって死の状態にあるからである。

律法と罪の支配下にある人間の「肉（σάρξ）」としての存在に対立した概念が、「霊（πνεύμα）」である。洗礼によって与えられる神の「霊（πνεύμα）」は、罪の支配下にある人間を義とし、自由を与え、命に与らせる。パウロは「肉（σάρξ）」に従う生き方から「霊（πνεύμα）」に従う生き方への転換を次のように記す。

神の霊（πνεύμα）があなたがたの内に宿っているかぎり、あなたがたは、肉（σάρξ）ではなく霊（πνεύμα）の支配下にいます。キリストの霊（πνεύμα）を持たない者は、キリストに属していません。キリストがあなたがたの内におられるならば、体は罪によって死んでいても、〝霊〟（πνεύμα）は義によって命となっています。（ロマ8・9―10）

イエスの救いのみ業こそ神の恩恵の源泉であり、神の恵みによって一人ひとりに神の「霊」（πνεύμα）が与えられる。神の「霊」（πνεύμα）は、アダムの罪のためにかつては罪の支配下にあった「肉」（σάρξ）なる人間を無償で義とし、洗礼によって神の「霊」（πνεύμα）を注ぎ、キリストに属するものとする。神の「霊」（πνεύμα）に従う人には、イエスの救いを通して恵みと義がもたらされ、罪と死から解き放たれて新しい命に与る者となる[43]（ロマ5・17―21参照）。

神の「霊」に従って生きるとは、神の恵みに生かされることである。神の恵みに満たされ（ルカ1・28、30参照）、神の霊によって御子を宿した（ルカ1・35参照）人間の典型が、母マリアである。アダムの不従順によって世界に入り込んだ「罪」（αμαρτία）のために、死すべき「体」（σώμα）を帯びた現実的主体としての「肉」（σάρξ）なる人間に対して、原罪から解放された唯一の人間であるマリアは、神の救いの恵みをとりなす。こうして、イエスの救いのみ業を通して神の無償の恵みを受けた人は、マリアを通して神の似姿を回復する恵みが与えられ、神によって義とされ、新しい命が与えられる。新しく生まれ変わった人は、キリストの「霊」（πνεύμα）に従って、愛の業を伴う信仰の証しへと促される。「肉」（σάρξ）に従って神から離反して生きていた人間が、欲情や欲望もろとも十字架につけられたことでイエス・キリストのものとなり（ガラ5・24参照）、「霊」（πνεύμα）に従って生きる新しい人として再創造されるのである。

パウロがマリアについて記した唯一の箇所で、マリアは受肉の神秘に協力した「女」（ガラ４・４）として描かれている。パウロ神学の中心は、イエス・キリストの十字架、死、復活の神秘と復活による新しいいのちの創造であったことから、パウロが血縁関係ではなく、受肉の神秘におけるイエスとマリアの関係性を注視したことはごく当然であろう。受肉と救済の秘義の中で母マリアの果たしたとりなしの役割こそ、『教会憲章』65が示すマリア崇敬を通しての神の似姿の回復の根拠と言えるだろう。

マリア崇敬の根拠を、マリアの神への深い信仰と、神の似姿を回復させる神の恵み（霊）に見出だしたところで、福音書に描かれたマリア崇敬と、それを受け継いだマリア崇敬の歴史的発展について述べることにする。

３．マリア崇敬の起源と歴史的発展

新約聖書におけるマリア崇敬に関する直接的な記述はわずかながらも、キリスト者からマリアの母性に対する賛美、祝福、感謝、祈りの形として、福音の中にマリア崇敬の根拠を見ることができる。その最も中心となるのが、マリア崇敬の予告ともとれるエリザベト訪問におけるマリア自身の賛美の言葉、「今から後、いつの世の人もわたしを幸いな者と言うでしょう」（ルカ１・49）と、エリザベトから受ける賛美の言葉、「女の中で祝福された方」（ルカ１・42）である。エリザベトはマリアに「わたしの主のお母さま」（ルカ１・43）と呼びかけるが、これは古代キリスト者がイエスの母を讃える挨拶として用いていたもので、エリザベトから「救い主、王の后、母」マリアに向けられた心からの賛美である。

また、受胎告知の「おめでとう、恵まれた方。主があなたと共におられる。……あなたは神から恵みをいただいた」（ルカ1・28、30）という天使の呼びかけと、「わたしは主のはしためです。お言葉どおり、この身に成りますように」（ルカ1・38）というマリアの受託には、神からの恩恵への招きと、人間の側からの応答の原型が見られる。

さらに、エルサレムの神殿で幼子を主に献げた時に、シメオンが幼子を抱き、神への祝福の後にマリアへの祝福を表した言葉（ルカ2・34参照）もマリア崇敬の一つの表れと言えるだろう。イエスの最期の遺言として十字架上からマリアと弟子ヨハネに向けられた「婦人よ、御覧なさい。あなたの子です」、「見なさい。あなたの母です」（ヨハ19・26―27）には、全人類をマリアに託し、マリアを弟子のヨハネに託したイエスの、マリアに対する特別の崇敬態度を見ることができる。[44]

こうした聖書に見られるマリア崇敬は、古代教会初期の教父たちへと受け継がれた。一コリ15・22やローマ5・19の記述に見られるアダム・キリストの関係の延長に、エバとマリアを位置づけて、マリアを新しい命、従順による義に与る「第二のエバ」と捉える思想が、二世紀の護教教父で後に殉教したユスティノス（Ιουστίνος ca.100-165）や、エイレナイオス[45]（Ειρηναίος ca.130-202）の間に見られる。

イエスの母マリアへの崇敬の高まりは、カタコンベの壁画や外典にも見ることができる。ローマのプリシア・カタコンベをはじめ、六四～三一三年のキリスト教迫害期にカタコンベに残された多くの聖母画からは、迫害下にあって神からの恵みをとりなし、救いのみ業に協力するイエスの母マリアを心から慕い、崇敬するキリスト信者の信仰と愛を伺い知ることができる。

同じ頃、マリア崇敬は洗礼式の使徒信条にも影響を与えた。イエスが聖霊によって処女マリアから生まれたという聖書の記述に基づいて、「われは信ず、全能の父なる神を、そのひとり子、われらの主、イエズス・キリストを、すなわち聖霊によりて処女マリアより生まれ、……」（DS10-36）[46]という信条がすでに唱えられていた。また、伝統的にはローマのヒッポリュトス（Hippolytus of Rome 170-235）によるという「使徒伝承」のミサ奉献文も、マリアについて言及している。[47]

ところで、二、三世紀頃の教父たちは様々の異端に対抗したが、中でもイエスを御父と同一本質（ホモウーシオス）としてイエスの神性を主張するアタナシオス（Ἀθανάσιος 298-373）と、それを否定するアレイオス（Areios ca.250-336）との間で激しい論争が引き起こされた。アレイオスは従属説の思想を極端に推し進め、ロゴス・キリストが神ではなく、神の最高の被造物であるという主張に則って、キリストと父との同一本質を否定したため、ニケア公会議（三二五年）において彼は断罪されることになった。

五世紀に見られた異端は、コンスタンティノープルの総司教ネストリオス（Nestorios 381-451）である。彼はキリストにおける神性と人性の両性説を認めつつも、神格と人格はそれぞれ保たれたままで一つになることはなく、受肉によって神性が人性に統合されたと考えた。このため、人性としてのイエスを生んだマリアの「神の母（テオトコス）」を否定し、「キリストの母（キリストコス）」を唱えた。これに対してエフェソ公会議はネストリオスを異端として排斥し、正式なマリア教義として「神の母」を宣言したのである。「神の母」宣言と共に、マリア崇敬は最初の開花期を迎えることになった。

エフェソ公会議を記念して、教皇シスト三世（Sixtus ?-440）が、ローマにサンタ・マリア・マジョーレ教会を再建したのをきっかけに、マリアに捧げる多くの教会が建立された。四世紀末からマリアを祝う祝日が東方正教会で成立し、六世紀以降になると西方教会にも広まっていくことになった。東方正教会での最も古い祝日は、殉教者たちの天国での誕生を祝うための“*memoria Mariae*”の祝日であったが、この祝日は元々、新しいエバと考えられていた救い主の母、処女マリアが神のもとに帰ることを祝うクリスマスの典礼の一部であった。ローマ典礼では、六世紀以降、聖変化の前の諸聖人のとりなしを願う“communicantes”の祈りに、マリアが登場するようになった。[48]

これまで見てきた七世紀までのマリア崇敬が、「神の母」としてのマリアの崇高さに対する敬虔な賛美とするならば、八世紀以降は、天の元后、霊的母、完全な力を備えたとりなし人としてのマリアの役割により集中していったことを特徴とする。マリアの慰めと取り次ぎを願う祈りに、人々の関心が集中したことの表れとも言える。

中世盛期（一一―一三世紀）のマリア崇敬は、イエスの聖なる御名や受難、聖体における現存などを通してイエスの人間性を強調しながら、地上の教会と勝利の教会との間の共同体性を基盤にしていた。一〇五四年にキリスト教が東西教会に分裂後、西方教会のマリア崇敬は独自の形態に進んでいった。一二世紀のマリア崇敬の特色は、カルワリオでのマリアの慈悲と十字架上のイエスが弟子ヨハネをマリアに託した言葉（ヨハ19・26参照）の解釈、そして、被昇天の教義によるキリスト者に対する天上のマリアの支えの強調が、崇敬に強い影響を与えたことである。[49]特に、クレルヴォーのベルナルドゥスは、キリスト者が、「マリアを通してイエスに（per Mariam ad Iesum）導かれる」という伝統的なマリア神学の原則に従いつつも、西方教会独自のマリア崇敬を発展させるきっかけを作った。彼の影響により、人々の注目はマリアの救済的役割から、天にいて人々のために取り次ぎの祈りを捧げ、母の心をもって人々を仲介し、助ける役割へと移っていった。

一三世紀には、マリアへの賛美にマリア教義と信心が深く織り込まれるようになった。司教座聖堂のマリアへの奉献に合わせて、聖フランシスコ（S. Francis 1181-1226）、聖ドミニコ（Dominic 1170-1221）、聖ボナベントゥラ（S. Bonaventura 1221-1274）、大アルベルト（Alberto Magno 1193-1280）、トマス・アクィナス（Thomas Aquinas 1225-1274）、ドン・スコトゥス（Duns Scotus 1265/66-1308）など偉大な聖人や神学者たちが、マリア崇敬に傾倒した。この頃、西方教会におけるマリア崇敬は、マリアのご保護を願うカルメル会のスカプラリオ、マリア巡礼地、アヴェ・マリアの祈り、ロザリオの祈り、「天の元后聖マリア」や「悲しみの聖母」への信心、マリア画像や彫刻など様々の形で表されるようになった。

その一方で、マリアを「仲介者」とする中世の西方教会の行き過ぎたマリア崇敬に対して、一六世紀の宗教改革者たちからは厳しい批判にさらされた。しかし、ルターもカルビンもマリア崇敬そのものを否定したのではなく、福音書に現れる慎ましく、従順な処女マリアへの模倣を強調しすぎたマリア崇敬を抑えようとしたのである。彼らにとっては、「天の元后」や「霊的母」などの敬称は、唯一の仲介者キリストに対する名誉の毀損、恵みも唯一の源である神への冒瀆と映ったからである。教皇パウロ三世は、宗教改革を収束させ、カトリック教会の建て直しのためにトリエント公会議（一五四五―一五六三年）を招集し、地上の人間のためにとりなす処女マリアと諸聖人への崇敬を擁護した。しかし、カトリックもプロテスタントもそれぞれの立場を固めながら、特に、キリストの現存としての聖体の教義とマリア崇敬について激しい論争を繰り広げた(50)。

プロテスタントからのマリア崇敬への批判に対抗するかの如く、一七世紀のカトリック教会では、特にスペインやフランスでマリア研究が進み、マリア崇敬がますます過熱していった。なかでも、マリアの女王性や母マリアに頼る御子イエスへの模倣から生まれた「主の婢マリア」の実践が広まった。ピエール・ド・ベリュル枢機卿（Pierre de Bérulle 1575-1629）が創立した「フランス派(51)」において、マリア崇敬は、人となられたみことばロゴスの神秘に深く関連づけられるようになった。ジャン・ジャック・オリエ（Jean Jacques Olier 1608-1657）は、特に司祭神学生の内的生活にマリアの役割を発展させていく中で、ユードはマリアの汚れなき御心について論じた。

この時期は、マリアへの奉献を体験する中で味わう神との親しさの感覚と、完全な奉献を求める感覚の両方が広まった。このマリアへの奉献こそ、マリアを通してキリスト者をイエス・キリストへと導くものであった。奉献の最も有名な形としては、『聖母マリアへの真の信心』の著者、聖ルイ・マリー・グリニョン・ド・モンフォルト（Louis-Marie Grignion de Montfort 1673-1716）の「聖なるマリアの婢」がある。

一九世紀のマリア崇敬の特徴には二つあり、啓蒙主義とフランス革命の余波により、使徒的活動におけるマリアの役割に関心を寄せる多くの新修道会(52)の創立と、ルルドやラ・サレット、ノック、ファティマなどマリア出現の地への巡礼である。

続く二〇世紀のマリア崇敬は、教皇たちの働きかけによって活発な動きを見せた。教皇ピオ九世による「無原罪の御宿り」の宣言、教皇レオ一三世（一八一〇―一九〇三年）によるロザリオ崇敬についての回勅 "Augustissimae Virginis Mariae"（一八九七年）、教皇ピオ一〇世（一八三五―一九一四年）による霊的母性についての回勅 "Ad diem illum"（一九〇四年）、教皇ベネディクト一五世（一八五四―一九二二年）による第一次世界大戦中の「平和の元后」への絶え間ない訴えなどである。

この時代の教皇の中でも、特にマリアに対する深い崇敬を現していたのが、教皇ピオ一二世（一八七六―一九五八年）である。教皇は、「聖母被昇天」の教義宣言（一九五〇年）、マリアの汚れなき御心への世界の奉献（一九四二年）、イエスの聖心に関する回勅『ハウリエーティス・アクアス』（一九五六年）、神秘体に関する回勅 "Mystici Corporis" のマリアに関するエピローグ（一九四三年）、マリア年の宣言（一九四五年）、「天の元后マリア」の新祝日の制定[53]による記念式典、ルルド一〇〇周年宣言（一九五八年）などにより、マリアに関する教えや信心に多大な関心を示した。聖なる典礼に関する回勅 "Mediator Dei"（一九四七年）においては、マリア崇敬を人類の救いに対する揺るがない希望のしるしとし、教会に認められた他の信心も勧められるべきものではあるが、とりわけ典礼がマリア崇敬の規範となるべきであることを強調した[54]。

さらに、同教皇は、第二バチカン公会議を見据えて、ローマで行われた国際マリア論大会でのメッセージ "*Inter complures*"（一九五四年）や、マリアの女王性についての回勅 "*Ad caeli reginam*"（一九五四年）において、マリア神学とマリア崇敬のバランスをとるよう呼びかけた。教皇ピオ一二世の意向を受け継いだ教皇ヨハネ二三世もまた、ローマの聖職者たちへの講話の中で、教会の指導者側の言葉によって、イエスとマリアの尊厳を傷つけることのないために、イエスとマリアへの崇敬が過度にならないよう警告を与えた。このため、ロザリオ、スカプラリオ、ノべナ、巡礼などに見られた伝統的マリア崇敬は、聖書や秘跡、神学や教会そのものとの関係の必要性がより強調されるようになった。

こうした動きの中で迎えた第二バチカン公会議では、マリア崇敬が、聖書的・実践的・エキュメニカルな観点に照らして再評価された。前述したように、マリアがキリストの秘義と教会論との関係性の中で捉え直された結果、マリアに関する独立した憲章ではなく、『教会憲章』第8章の中に組み込まれる形をとり、マリア崇敬が典礼に沿ったものであることや、正しいマリア崇敬のあり方について明確にされたのは、第二バチカン公会議の大きな実りと言える。

しかし、第二バチカン公会議のマリア崇敬に対する慎重な態度の影響により、カトリック教会でのマリア崇敬の冷えと過熱という二極化が起こり、公会議以降一〇年余りの間にマリア崇敬は下降傾向をたどった。この現状を受けて、教皇パウロ六世は、使徒的勧告『マリアーリス・クルトゥス』（一九七四年）を発表し、マリア崇敬を三位一体の神秘とキリストと教会の中に統合させるだけではなく、聖書、典礼、エキュメニズム、人間学に照らし合わせた現代的マリア崇敬を発展させるよう勧めた。マリア崇敬を通してマリアの存在が国家的・倫理的・共同体的・文化的アイデンティティと関連づけられるならば、再び生き生きとしたマリア崇敬が教会と社会によみがえり、信仰が強められるであろうとの教皇の期待が込められていたのである。[55]

ここまで述べてきた通り、カトリック教会は、聖書の記述に従って、古代教父の時代から現代にいたるまで、神の恵みを人々にとりなし、全人類の救いのために御子イエスに協力する母マリアに対して崇敬を表してきた。マリア崇敬が盛んになりキリスト者の信仰を強める一方で、その本質が見失われ、諸教派からは行き過ぎた崇敬との批判を受け、その繰り返しの歴史を築いてきた。しかし、どれほど時代や場所が移り変わっても、キリスト者が慈愛深い母マリアに寄せる信頼と素朴な崇敬の本質は貫かれてきた。

第二バチカン公会議以降、現代的マリア崇敬は、聖書、典礼、神学、エキュメニズム、人間学などに照らし合わせた相応しいものが求められている。マリア崇敬の本質を基盤から支えるものの一つがマリア神学である。マリア神学の中でも、マリア崇敬と関わりの深い四つの教義について次に論述する。

4. マリア崇敬とその神学

マリア崇敬との関連から、代表的四つのマリア神学を取り上げる。まずは、民間信心的なものとして生まれ、やがてエフェソ公会議で宣言され、その後のマリア崇敬に大きなうねりをもたらした最初の教義「神の母」についてである。諸宗派に共通する唯一の教義として、キリスト者から大切にされてきたマリア神学の中でも最も中心的なものである。「神の母」でありながら、同時に終生処女として母性と処女性を併せ持った聖なる処女「神の母」は、マリア崇敬にどのような神学的影響を与えたのだろうか。

二つ目のマリア神学として、マリアに働いた恩恵の実りとも言える「無原罪の御宿り」、次いで、無原罪で始まったマリアの生涯が、死においても罪のなさが保たれたことを述べた教義「聖母被昇天」、最後に、全人類の救いのために神と私たちの間で「恵みをとりなす方」について述べる。

マリア崇敬の軸足となるマリア神学の本質を述べた上で、それぞれのマリア神学に現れるマリアが、三位一体の神とどのように交わり、キリストによる全人類救済のみ業にどのように関与していくのかを明らかにしていきたい。

(1) 聖なる処女「神の母(テオトコス)」

マリアに対する「神の母」の尊称は聖書に由来する。マリア神学に関する研究に資するマタイ、ルカ、ヨハネの福音書のうち、ヨハネは、カナの婚礼で二回、十字架の下で三回、マリアを「イエスの母」と呼んでいる。ヨハネの「イエスの母」には、肉身としてのイエスの母だけでなく、イエスが母マリアをメシア的活動に参加させようとする意図で用いた「教会の母」、「神の民の母」の意味も含まれている。

他方、前述の通り、マリア的源泉から示唆されたルカ福音書では、肉身としての「イエスの母」を超えて、「信仰者の模範としての母」を強調しているのが特徴である。生まれる子は「神の子」（ルカ1・35）であり、マリアはその「主のお母さま」（ルカ1・43）であることを天使やエリザベトの口を借りて告げている。さらに、同じルカが記した『使徒言行録』で「母マリア」が登場するのは、主の昇天の後、一二使徒と共に広間に集まり、聖霊を待ち望みながら熱心に祈っていた場面で、「彼らは皆、婦人たちやイエスの母マリア、またイエスの兄弟たちと心を合わせて熱心に祈っていた」（使1・14）と記されている通りである。

ルカがマリアを称賛しているのは血縁的母性のためだけではない。むしろ、神の言葉に聴従する母として、信仰を模範的に生きた霊的母性への称賛である。実際、「母上と御兄弟たちが、お会いしたいと外に立っておられます」（8・20）と告げる弟子に、イエスは「わたしの母、わたしの兄弟とは、神の言葉を聞いて行う人たちのことである」と答える。また、「なんと幸いなことでしょう、あなたを宿した胎、あなたが吸った乳房は」（ルカ11・27）と血縁の母マリアを讃えた女性に、イエスは「むしろ、幸いなのは神の言葉を聞き、それを守る人である」（ルカ11・28）と答えて、神のことばを聴き、無条件に受け入れる信仰者の模範マリアを誉め讃えるのである。[56]

マリアに「神の母」となることを実現させたのは、神からマリアに差し伸べられた恵み（ルカ1・28参照）と、その恵みに信仰によって応えたマリアの *“fiat”*（ルカ1・38）であった。聖霊を通しての神の招きに対して、マリアには戸惑いや葛藤があったはずである。しかし、「神にできないことは何一つない」（ルカ1・37）ことを「信じた」マリアは、「わたしは主のはしためです。お言葉どおり、この身に成りますように」（ルカ1・38）と、神の恵みを信仰のうちに自由に受諾した。マリアの信仰による従順は、お告げから十字架の下に至るまで生涯にわたって貫かれたものであり、特に闇の中にある時にこそ御父と御子を信じ、御父のみ旨を果たすために「神の母」としてイエスの救いのみ業に協力した。

こうした聖書の記述に基づいて「神の母」マリアに対する崇敬が浸透していったわけだが、「神の母」の教義が宣言されるより以前のすでに三、四世紀には、古代教会では「神の母」に向けた祈りが見られるようになる。その最古のものと言われる「スブ・トゥウム・プレシディウム *Sub tuum praesidium*」[57]は、エジプトの教会で盛んに行われ、アタナシオスも取り上げたもので、マリアの敬称「神の母」を引用した祈りと言われている[58]。

> 神の母よ、私たちはあなたのご保護に寄りすがります。いつ、どこでも私たちの
> 祈りを聞き入れ御助け（おん）をもってすべての危険から守ってください[59]。
>
> （『カトリック祈祷書　祈りの友』カルメル会編）

教義宣言以前に、神の母に対する“*Sub tuum praesidium*”の祈りがカトリック教会や東方正教会に広まっていた事実から、「神の母」の教義は、マリア崇敬の高まりの中で宣言されたということになる。既述のしたように、エフェソ公会議は、受肉によってイエスの神性が人性に統合されたことを根拠にマリアの「神の母（テオトコス）」を否定し、「キリストの母（キリストコス）」を唱えたネストリウス派を異端として、マリアの最初の教義「神の母」を次のように宣言した。

われわれは唯一のキリスト、唯一の子、唯一の主を宣言する。この混合することのない一致のために、われわれは聖なる処女が神の母であると宣言する。神であるみことばが受肉し、人間となって、受胎の瞬間から、彼女（マリア）から受けた神殿を自分に一致させたのである。(60)（DS272）

この宣言の中心となるのは、イエスにおいては全き神性と全き人性の二つの本性が、混合することなく一致していること、つまり、イエスの人性は、処女マリアの胎内における受肉の始めの瞬間から、ロゴスの神性と位格的に結合したということである。イエスの神性と人性の一致のために、処女でありながら「神の母」というパラドックスがマリアにおいて実現したのである。

教皇大レオ一世も同様に、キオスの司教ユリアスにあてた書簡 *"Lecit per nostros"*（四四九年）の中で、「肉体における主の出生は、人間と共通の点もあるが、それを超えている。すなわち、彼だけが（聖霊によって）処女を侵すことなく、情欲なく受胎し、生まれた。母の胎内で生長し、処女性を失うことなく出産した」（DS299）と述べて、マリアの母性と処女性を通してのイエスの真の神性と人性の結合を強調した。

やがて、エフェソ公会議での「神の母」（東方正教会においては「生神女」）宣言以来、四世紀末から八世紀にかけて、マリアを祝う祝日が東方正教会で成立し、西方教会にも広まっていくことになるが、*"Sub tuum praesidium"* の祈りで見られたような「神の母」にご保護ととりなしを求める祈りは、やがて、「最も恵み深い処女マリア」に取り次ぎを祈る「*Memorare* の祈り(61)」へと発展していった。

こうして、「神の母」の母性に対する崇敬は、時代と共にマリアの処女性への崇敬へと発展していった。聖書におけるマリアの処女性については、マリアの「どうして、そのようなことがありえましょうか。わたしは男の人を知りませんのに」（ルカ1・34）に基づいている。このマリアの問いに対する天使の答えは、マリアにとっては不可解である。「聖霊があなたに降り、いと高き方の力があなたを包む。だから、生まれる子は聖なる者、神の子と呼ばれる」（ルカ1・35）と。天使によれば、「処女でありながら母」、すなわち「処女母性」を可能にするのは、御父の遣わす聖霊だけである。いと高き神の力によってのみ、「処女でありながら母親」というパラドックスが可能になる。こうした聖書的根拠に基づいて、古代から教会は、処女マリアを純潔の至高の模範と仰いできた。

四大ラテン教父の一人であり、アウグスティヌスをキリスト教へ導いた師でもあるアンブロシウス（Ambrosius ca.340-397）は、処女懐胎により生まれたイエスは無罪という考えを主張し、これが後の「無原罪の聖母」の教義の牽引力となったことで知られている。アンブロシウスは、婚姻と処女性をバランスよく受け入れ、処女性についての著作を多く残したが、その中の一つに、妹マルチェリーナに向けて書かれたものがある。

されればマリアの生を純潔そのものと見定め、これに倣うように努めなさい。貞節と美徳は鏡のようにこれから映しだされるのです。これを生活の規範とし、何を矯正すべきか、何を行うべきか、何に依存すべきかを考え、美徳の明らかな規則を立てなさい。（*Sophocles*, 347）

アンブロシウスは、マリアの純潔のもたらす美徳として、「謙譲さ、信仰の旗、献身、家にあっては処女、キリストの聖職では盟友、寺院にあっては母親」（*Lampe*, 334）を挙げ、キリスト者の倣うべき模範として示している。[62]彼は、処女性のもたらす倫理的生活規範としての貞節と美徳を重要視し、マリアの処女性は、婚姻の否定でも節制禁欲の助長でもなく、あらゆる欲望から心身が解き放たれ、自らの内にある神性を汚れから保つために神が与えた恵みであると捉えた。

古代から、処女性が倫理的規範を生み出すものとして理解されていたのに対し、現代神学における処女性理解は、恩恵と深く関連づけられている。例えば、カール・ラーナーは、処女マリアの「神の母」の受諾と恩恵の関係について明らかにしている。マリアの“fiat”は信仰に基づく神への従順の表れでありながら、マリアの従順は、神の恩恵としての慈しみがもたらした結果であること、さらには、マリアの信仰に基づく恩恵の受諾は、神によってあらかじめ定められたものとして捉え、こう記している。

それゆえに、（マリアの）この信仰に基づく従順は、計り知れない神のいつくしみに基づいており、神の慈しみに先立つ原因ではなく、その結果でさえあった。マリアの信仰に基づく従順は、神がこの世に到来するための準備として、被造物の自由のうちに神によってつくられた前提条件でもあった。それは、自由でありながらも、恩恵に従順に従うことを条件としたものであった。(63)

処女マリアが「神の母」となることへの神の選びも、聖霊による恵みの充満も、受諾の“fiat”も、全てが神の恩恵の働きによるものであった。恩恵はマリアの神に対する全面的な開きの結果与えられるものであり、神と「恵みに満ちた方マリア」との深い愛の交わりがあって初めて、恵みが恵みとして働くということになるのだろう。神とマリアとの関わりにおいて先行するのは恩恵そのものであり、恩恵なしにマリアの信仰による“fiat”もあり得ない。恩恵とは人間を取り巻くあらゆる限界を超えて無条件に働くものであり、神の恵みへの人間の開きこそ、恩恵の実りを左右するのであろう。

イタリア人マリア神学者のステファノ・デ・フィオレス（Stefano De Fiores 1933-2012）は、ラーナーが意味するところの「恩恵」を聖霊の働きによる「神秘」に置き換えて、次のように記す。

マリアの処女性は「神秘」そのものである。というのも、それは科学的に実証できるものではなく、現代のキリスト者でさえも聖霊の働きを通して体験できる信仰者による証しだからである。これは肉体的行為を除外する必要があるという意味ではなく、（処女性の）神秘というものは、マリア自身の中にではなく、倫理的価値の文脈においてその意味を見出ださなければならないという意味である。[64]

ステファノ氏は、マリアの処女性を聖霊による「神秘」、つまり恩恵以外の何ものでもないと捉える。現代のキリスト者もまた、マリアと同じように聖霊の働き（恩恵）によって「処女性」を追体験できると述べている点が興味深い。さらに、ステファノ氏が、マリアの処女性を肉体の状態ではなく、むしろ処女性の倫理的価値に重きを置いているのは、古代のアンブロシウスが示したところの処女性理解と相通ずるものがある。ステファノ氏によれば、マリアの処女性を見る上で大切なのは、マリアの体と魂が聖霊を通して送られる御父からの恩恵にどれだけ開かれて、神の子を受け入れるに相応しくあるために、善悪の判断に基づいてどれほどの清さを自分自身の内に保ったかという倫理的価値に基づく受諾の自由さであろう。

前述の神学者たちがマリアの処女性を恩恵との関連性の中で捉えたのに対して、神学者ヨゼフ・ラッツィンガー（Joseph Alois Ratzinger　後の教皇ベネディクト一六世　1927-）は、マリアの母性と処女性を生物学的人間性の観点から眺め、そこに神の前にある人間の全体性を見出だした。彼によれば、神は人間を神にかたどって、しかも男と女として創造されたのであるから（創1・27参照）、人間の身体的特性としての男性性、女性性には、神学的な意味が含まれているというものである。したがって、マリアの母性と処女性は、マリア自身の生物学的側面と同時に、神の似姿に相応しい人間であるために神から与えられた恵みのしるしとして、神学的理解とは切り離せない。特に処女性は、創造物を包み込む真の保護者として、マリアのうちにその完全な姿が現れるのである。[65]

ラッツィンガーが、マリアの母性と処女性を神学的観点と生物学的観点から捉えたことは、マリアの母性と処女性が霊肉二元論的に理解されるべきものではないことを示唆する上で意義深い。マリアは私たちと同じ被造物の一人でありながら、神のみ業に協力するために恵みによって「神の母」として選ばれ、信仰のうちに神の選びを受諾し、聖霊によって御子を宿したことにより、マリアは生物学的処女性を保ったまま三位一体の神の交わりに招き入れられた。「神の母」となるために神から与えられた特別の恵みと、神の恵みに応える信仰によって、マリアの生物学的母性と処女性には神学的意味合いが付加されることになったのである。マリアの処女的母性とは、すなわち、マリアが神の招きによって「神の母」となることを受け入れ、清く聖なる処女として心と体を完全に神に明け渡したことによって、聖霊の働きを受けて実現したものである。このマリアの処女的母性こそ、マリアが全ての人を愛し、彼らに寄り添い、守り、慰め、イエスの救済のみ業へと導く使命のために必要不可欠な条件だったのである。キリスト者は、神の恵みに応えて「神の母」となることを信仰によって受け入れ、身も心も完全に神のものとして惜しみなく奉献し、全人類の救いのためにとりなしをしたマリアの処女的母性を讃えて、マリアを崇敬してきたのである。

マリアが「神の母」として神の選びを受け、神の救いの秘義に与るために、神はマリアにその存在の初めからあらゆる罪の汚れを免れた「無原罪の御宿り」という特別な恵みを与えた。

（２）無原罪の御宿り

カトリック教会では毎年一二月八日に「無原罪の御宿り」の祭日を祝う。これは、マリアが母アンナの胎に宿った最初の瞬間から、全ての人間に課せられた原罪の汚れから解放されていたという神秘である。パウロが示した神の似姿の回復のプロセスとして、「肉」(σάρξ)、「体」(σῶμα)、「霊」(πνεῦμα)の関係性については前述した通りであるが、パウロにとっては、自分自身が罪に売り渡された「肉」の人であり、自分の中に住んでいる「罪」が自分の望まない憎むべきことをさせるもの(ロマ7・14―21参照)、これが「原罪」なのである。つまり原罪とは、人祖アダムとイブが神を裏切った罪により、人間に自らの意志とは関係なく罪に傾かせるもととなるものである。この罪への傾きから解放された唯一の人、それが無原罪の御宿りの聖母である。マリアが原罪を免れたのはただ神の恵みによるもので、「神の母」としてキリストの救いの秘義に与り、罪の支配下にある全ての人を救い主キリストのもとへと導くためであった。

マリアの無原罪性をイエスによる浄化の結果と捉えたのは、中世のスコラ神学者を代表するカンタベリーのアンセルムス(Anselmus Cantuariensis 1033-1109)、ボナベントゥラ(Bonaventura 1221?-1274)、トマス・アクィナス(Thomas Aquinas ca.1225-1274)である。彼らは、マリアも他の人間と同じように、原罪をもったまま母の胎に宿ったが、キリストの救いのみ業によって原罪が取り除かれたとする説を唱え、結果として「無原罪の御宿り」の教義に否定的姿勢を示すこととなった。

トマスは、『神学大全』の中で無原罪の聖母を否定する理由を次のように記している。

> もし至聖なる乙女の霊魂がけっして原罪の汚れにとりつかれることはなかったのであれば、このことは万物の全的な救い主 universalis omnium Salvator としてのキリストの尊厳を毀損することになったであろう。……しかし、至福なる乙女はたしかに原罪の汚れを被りはしたが、母の胎から生まれる前にそれから浄められた。(66)

トマスによれば、もしもマリアの無原罪の御宿りを認めるとすれば、それはキリストによる普遍的救済の業との間に矛盾を生じさせ、キリストの尊厳を傷つけかねないというもっともな理由であった。このため、マリアは母の胎に宿った時には原罪の汚れを被っていたが、母の胎で身体が完成され、霊魂注入の後（post ejus animationem）、母の胎から生まれ出る前にそれから潔められたというのがトマスの主張であった。[67]

しかし、トマスは、「無原罪の御宿り」そのものを否定したのではない。トマスには、同教義が宣言した、マリアには恩寵によってただ一つの小罪も犯さなかったという最大の純潔が与えられることは認められたが、マリアが原罪の汚れから完全に守られていたことは肯定できなかったのである。その理由について、稲垣氏はさらに具体的に説明する。

言いかえると、乙女マリアが原罪の汚れを完全に免れていたことの肯定は、すべての救いと贖いはキリストの恩寵によるという信仰を危うくするものと受けとられたのである。……彼は万人の救い主であるキリストの尊厳を毀損するような尊厳をマリアに帰することは「偽りの尊崇」であり、彼女はそのようなものを必要としない、と考えたのである。[68]

トマスが「無原罪の御宿り」に対してとった否定的な姿勢は、全人類の救い主としてのキリストの尊厳を優位に置き、マリアもキリストの救いを受けて原罪を赦されるべきはずの者の一人とする基本原則からのものである。ここでトマスは、マリア崇敬の原則も明確に示していると思われる。すなわち、真のマリア崇敬とはその中心にキリストが在り、母マリアを通して御子キリストの尊厳を最大限に擁護するためのものである。マリアに働く恵みはキリストを通して御父から与えられたものであり、マリア崇敬は、母マリアを通して御子キリストが正しく礼拝されるための祈りの形である、という原点にキリスト者を絶えず立ち戻らせる。

トマスにおいて顕著に表れたキリストの尊厳とマリアの恩恵による特権との間のせめぎあいの中で、「最大限の論理」と呼ばれる神学的手法で解決しようとしたのが、ドン・スコトゥスである。スコトゥスは、「神がなし得て、かつそれが神が行うのに最上に相応しければ、神はそれを行っている」という信条を、教義「無原罪の御宿り」に当てはめて次のように述べた。

最も完璧な救い主は、唯一なる被創造物に対し可能なかぎり完璧な度合いのとりなしの資質を備えていたはず。この名誉にもっとも相応しい候補は、言うまでもなくその母親である。それに、救いの最も完璧な方法は、彼女を原罪から救い出すことではなく、原罪から外すことだった。(69)

スコトゥスは、トマスが救い主キリストの尊厳を重視する理由から「無原罪の御宿り」を否定したその意図を汲みつつ、神による最上の行為という信条に基づいて、キリストの救いのみ業として原罪を被ったマリアを救うのではなく、マリアを原罪から保護したという結論を下した。このスコトゥスの見解は、神であるキリストの尊厳に抵触することなく、マリアにおける神の恩恵の働きも、マリアの無原罪性も見事に筋を通した形となった。

一六世紀の宗教改革以降、プロテスタントの批判に対抗するかの如くマリア崇敬が急加速していく中で、聖母マリアの無原罪についての教義制定の要請を受けて、時の教皇ピオ九世は、一八四九年に回勅『ウビ・ピリウム *Ubi Prium*』を全世界の司教に送り、この教義制定の是非を尋ねた結果、九割以上の賛成を得た。教皇は出された八つの草案をもとに、一八五四年一二月八日、大勅書『イネファビリス・デウス *Ineffabilis Deus*』の中で、マリアの「無原罪の御宿り」の教義を制定した。同大勅書は、教義制定の理由を次のように記す。

したがって、彼女に、すべての天使および聖人よりもはるかにすぐれた天上のたまものを、神の宝庫から驚くほど豊富に与え、彼女がすべての罪のけがれから潔白で、非常に美しく完全に無罪であり、聖性に満たされていることを望んだ。これ以上のことを、神以外のだれひとりとして決して考えることはできない。（DS2800）

マリアが「神の母」となるための神の選びは、マリアがこの世に存在するはるか以前に遡る。神はマリアを最も優れた被造物として愛し、「神の母」として神のみ旨に協力する特別の使命を与えることを望んだ。このため、神はマリアの存在の最初の瞬間から彼女に完徳の恵みを与え、恵みによってマリアを原罪の汚れから解放して、聖性で満たしたのである。

こうして宣言された「無原罪の御宿り」の教義は次の通りである。

人類の救い主キリスト・イエスの功績を考慮して、処女マリアは、全能の神の特別の恩恵と特典において、原罪のすべての汚れから、前もって保護されていた。この教義は、神から啓示されたものであるので、これをすべての信者は固く信じなければならない。（DS2803）

マリアの無原罪性はマリア自身の功徳によるものではない。イエスの功績、すなわち、イエスの死と復活を通してもたらされた救いのみ業の栄光のために、御父からマリアに与えられた特別の恵みと特典によるものであることを宣言文は強調する。存在の初めから父なる神の恵みを受けたマリアは、御子の望みに従って母に選ばれ、御子から派出した聖霊に満たされ、御子を産んだことによって、全人類の救済という御父のみ旨の実現に向けて完全に神の意志に組み入れられた[70]。

「無原罪の御宿り」というカトリック教会がマリアに認めた特権に対して、諸教派からは、聖書的根拠が示されていないとの理由で厳しい批判にさらされている。神学者H・ニューマン（John Henry Newman 1801-1890）も聖公会のキリスト者であった時代には、同教義を批判していた一人である。ニューマンは後に、聖公会からカトリックへ改宗し、やがては枢機卿として列福されるに至ったが、聖公会時代には、マリアを全く認めないカルヴィニズムの立場をとっていた。しかし、カトリックの友人が遺した『聖務日課』でのマリアとの出会いや、マリアを第二のエバとする初代教父たちのマリア神学に触れる中でマリア崇敬への批判が薄れ、やがては熱心なマリア崇敬者となった[71]。

彼はマリアの無原罪を、中世神学者たちが示したようなイエスの救いによる罪の浄化の結果ではなく、人類創造の初めから、神意によって定められたイエスによる全人類の救済の実現のために、「神の母」マリアとしてあらゆる罪から解放されていた事実と捉えた。ニューマンはこう記す。

> 永遠から誕生された御子が、私たちを救い、全人類を贖うための永遠の天意により、有限の時間の中に生まれ出られました。そして私たちが「無原罪の御宿り」と呼ぶ特別なあり方でマリアへの免罪が決定されたのです。それはマリアが罪から浄化されるためではなく、存在の最初の瞬間に、罪から一線を画されることの命令であり、その結果、悪魔はまったくつけ入る隙が無かったのです[72]。

ニューマンの考えによれば、マリアの無原罪性は、創造の初めから父と子と聖霊の三位の神によって定められた、御子の受肉と救済の業を前提としており、御子ゆえにマリアに与えられた栄光の表れであった。マリアは御父のご計画により、母の胎に宿った瞬間から原罪を免れたとする教義の真意に沿うものであった。

さらに二〇世紀の神学者カール・ラーナーの「超自然的実存規定」に基づく、「無原罪の御宿り」の解釈を紹介する。ラーナーは、「神の自己譲与（Selbstmitteilung Gottes）」と「超自然的実存規定」を自らの神学の軸にしていることは周知の通りである。ラーナーの神学によれば、神は人間に対して、ただ単に何らかの超自然的真理、あるいは恵みを伝達するだけではなく、自己そのものを譲与する。この神の自己譲与は、キリスト者のみならず全ての人に向けられ、人間の意志による決定に先立って、恒常的に実存を規定している。神の自己譲与を受け止めるべく駆り立てられた人間は、受け止めることによってはじめて自分自身の本質を獲得するというものである。(73)

この超自然的実存規定に従って、ラーナーはマリアの無原罪性を現代の私たちに適応させようと試みた。ラーナーは、御子の救いのみ業によって、存在の初めから原罪を免れていたマリアのうちに働いていた神の恵みが、現代の罪深い私たち全人類にも同じように与えられるという考えをこう述べる。

マリアとマリアの無原罪の御宿りのうちに、永遠の慈しみが、罪人であるアダムとエバの子であり、罪人である私たち人類を、初めから包み込んでいることは明白で、それゆえに神は私たちを見捨てることのないことが明らかになる。初めは、魂のうちに恵みを知ることなくこの世に存在するようになった私たちは、自分たちが神の愛する子とされたのは、自分の力や、私たちに本来備わっている、誰からも奪われることがなく、同時に、気高い本質によるのでもないという真実を宣言する。むしろそれは、私たち罪人に、いかなる要求も功績も求めることなく、ただ私たちに与えられる完全に神の恵みによるものである。(74)

ラーナーは、カトリック教会という枠の中に閉じ込められていた「無原罪の御宿り」を、教派を超えて全ての人々に開かれたものとした。ラーナーは、「神の自己譲与」による御子イエスの救いのみ業によって、存在の初めから原罪を免れていたマリアの内に働いていた同じ神の恵みが、「超自然的実存規定」によって、現代に生きる私たち人間にも普遍的に与えられると説いた。

ただ神の恵みによってあらゆる罪の汚れを免れたマリアが、神の母としての神の選びを受け、神の招きに信仰をもって応え、御子イエスの救いのみ業に協力したのと同じように、自分たち人間もまた、自らの功徳や功績ではなく、神の無条件の恵みとマリアのとりなしによって、原罪と自己中心性が引き起こす罪から清められる。ここに、無原罪の御宿りの教義の現代実践的意義を見ることができるだろう。

ここまで、マリアが「神の母」として神に選ばれ、罪に縛られた全ての人を救い主キリストのもとへと導くために、母の胎に宿った最初の瞬間から恵みによって「無原罪の御宿り」を保証されていたことについて論述してきた。マリアにおける聖霊の働きによる恵みの充満が、生涯の最期まで保たれたことを証しするのが「聖母被昇天」の教義である。恵みに満たされて体も魂も天に上げられ、キリストと共に復活の栄光に与る恵みを受けたマリアの姿を、この教義のうちに見出だしていきたい。

（3）聖母被昇天

マリアの死についての直接的記述は新約聖書には見られないが、「聖母被昇天」の教義の基盤となった箇所は黙示録12章に記されている。この個所は聖母被昇天の祭日のミサで朗読されるが、ここに登場する「一人の女」は、天のエルサレム、キリストの花嫁である教会、あるいはそのかたどりであるイエスを生み、イエスと結ばれたマリアと理解されている。

創世記３・15にもあるように、新しいアダムに従属していた「新しいエバ」マリアは、地獄の敵との戦いにおいてキリストに密接に結びついて、キリストと共に罪と死の戦いに完全に打ち勝った（ロマ５・６、一コリ15・21―26参照）。キリストの復活の栄光が、罪と死への決定的勝利であったことに基づいて、マリアがキリストと共に罪に対して戦う戦いも、処女マリアの肉体の栄光によって、マリアの生涯の終わりを飾ったということに神学的根拠を置いている。[75]

「聖母被昇天」の教義制定は一九五〇年とごく最近のことであり、カトリック教会では毎年八月一五日に「聖母被昇天」の祭日として祝っている。五世紀のエルサレムでは、八月一五日には「神の母」を祝っていた。六世紀になるとこの日は「生神女就寝祭」として東方正教会で祝われるようになり、西方教会にも受け継がれた。七世紀には全教会に広まり、八世紀には「聖母被昇天」と呼ばれるようになったと言われている。

教義制定の具体的動きとしては、一八六三―一九四一年の間に、教皇レオ一三世や第一バチカン公会議（一八六九―一八七〇年）での教父たちからの要請があったものの、ようやく実現したのは、一九五〇年一一月一日諸聖人の祭日であった。教皇ピオ一二世は「聖母被昇天」の教義を次のように宣言した。

処女マリアに特別の慈愛を注いだ全能の神の栄光のため、万世の不朽の王であり罪と死の勝利者である子の栄誉のため、聖母マリアの栄光を増すため、そして全教会の喜びのために、神に向かって繰返して祈りをささげ、真理の霊の光を呼び求めたのち、無原罪の神の母、終生処女であるマリアがその地上の生活を終わった後、肉身と霊魂とともに天の栄光にあげられたことは、神によって啓示された真理であると宣言し、布告し、定義する。（DS 3903）

マリアはイエスの母としてイエスを宿し、生み、育て、最も側近くでイエスの死と復活の証人となった。マリアの最期を迎えた時、死と復活によって父なる神の救いのみ業を完全に果たし終えたイエスが、御父と共に最愛の母を一層尊敬し、母マリアの体を腐敗から守るために、霊肉共に天に上げることを望んだことには疑いの余地がない[76]。

「無原罪の聖母」についてと同様、教義「聖母被昇天」についても、ラーナーはその現代実践的意義を示して次のように述べる。

教会は、（聖母被昇天を通して）神の力と神の永遠の慈しみの事実を語っている。すなわち、救いの創始者であるキリストにおいてのみではなく、救いを必要としながらも、自分では何も手に入れられないが、真の救いに属するもの、現世においては無とはなりえないすべてのものを受け取らなければならない私たち、死すべき人間のうちにすでに起こっている事実を語っているのである[77]。

ラーナーは、「聖母被昇天」の教義のうちに、マリアの身体と魂のうちに成就された救いのみ業が、マリアと同様に身体と魂を備えつつ、社会的不安と危機の中で生きる全ての人間にとっても実現可能な希望を示す。マリアが死後、イエスの救いのみ業により、霊肉共に天に上げられてイエスの復活に与ったように、罪深く哀れな人間の肉体も、被昇天した母マリアのとりなしによって、キリストと共に復活し、永遠の命に与る恵みを受けるというキリスト者の信仰告白を明確に記している。

ラーナーとほぼ同じ時代を生きた司祭ピエール・テイヤール・ド・シャルダン（Pierre Teilhard de Chardin 1881-

1955）は、キリスト教的進化論を提唱し、二〇世紀の思想界に大きな影響を及ぼした。テイヤールの聖母被昇天に関する主張は独創的で、非常に興味深い。テイヤールは、エフェソ４・８–10を引用しながら、マリアの被昇天を主の昇天と対応関係に置き、マリアのうちにキリストとの一致を見出だして、マリアの普遍性と恵みの充満を論証した。

テイヤールによれば、マリアについてはキリストのように「低い所、地上に降りておられた」（descendit）（エフェ４・９）と言うことはできないにしても、キリストと同じように「すべてのものを満たすために、もろもろの天よりも更に高く昇られた」（ascendit, ut repleret omnia）（エフェ４・10）と言うことは可能で、このために、それ以降、処女マリアは完全な形でキリストと一致し、キリストのように「普遍的」で、キリストとともに「すべてのものを満たす」（replevit omnia）ことができるというものである[78]。

「昇天」したイエスと「昇天」させられたマリアとの間の能動と受動の違いは、何よりもまず、真の神としてのイエスと、被造物の一人としてのマリアの本性の相違を表しているだろう。しかし、神の恵みにより、体も魂も天に上げられてイエスの復活の栄光に与ったマリアは、復活の秘義において完全にイエスと一致している。だからこそ、イエスはマリアを介して、私たち人類を復活の栄光で満たすことができるのである。

「神の母」としての使命を果たすために、無原罪の御宿りから被昇天に至るまで神の恵みに満たされ、主の復活の秘義に与ったマリアは、天の栄光にあって今も罪深い人類のために祈り、神の恵みをとりなし、イエスによる救いのみ業へと導いている。そこで、最後のマリア神学として、御父のみ旨に従って、キリストによる救いの実現のために、神と私たちの間で恵みをとりなす方マリアについて論じることにする。

（4）恵みをとりなす方

教会は終末における神の救いの実現に向けて、この地上での旅を続けている。恵みに満たされたマリアは、神の救いの計画の中で地上を旅する神の民、危機や困難の中にある神の民が、永遠の救いの祖国に到達するまで、「教会の母」、「教会の象形」（LG63）として愛をもって神の民を慈しみ深く守り歩みを共にしている。このマリアに教会は「弁護者」、「扶助者」、「援助者」、「仲介者」の称号を与えて母なるマリアを讃えている。

しかし、プロテスタントは「仲介者」というマリアの称号に対して、神は唯一であり、神と人との間の「仲介者」はただ一人イエス・キリスト（一テモ2・5参照）という聖書の記述を理由に異議を唱えた。これに対して第二バチカン公会議は、御父のみ前で人間の罪の負債を負い、人間を御父に取り次ぐ仲介者イエスと、キリストから与えられる恵みを人間にとりなす仲介者マリアの役割を明確に区別した（LG62参照）。『教会憲章』が示したマリアの仲介についての理解は、第二バチカン公会議の主導的役割を果たした神学者カール・ラーナーの影響によるところが大きいと思われる。

ラーナーは、第一バチカン公会議が教義宣言した神論、すなわち、「創造主であり、われわれの主である唯一の神を人間理性の自然的な光によって確実に認識することができる」（DS3026）を引き合いに出しながら、この教義が教会の権限についてではなく、神の事柄における全ての人の自然本性的言語能力について語っているという見解を示した[79]。

こうした見解に基づいてラーナーが示した次の「マリアの仲介」についての記述は、ラーナーの根本確信の一つ、「神の不屈の普遍的救済意志[80]」を視野に入れたものと思われる。

本質的で体系的特徴をもつ第二バチカン公会議以前の神学は、「マリアの仲介」について、主に超自然的救済を目的として、上下垂直型の捉え方で、人間の終末に向かうあらゆる恵みの受容、懇願、分配などについて考察してきた。一方、より実在主義的で救済史的特徴をもつ公会議以降の神学は、教会的・社会学史的・人間学的実体を示しながら、左右水平型の捉え方で人間的視点からマリアの母性的役割を考察しようとするようになった。全人類のために働くマリアの母性性は、将来現される栄光にたどり着く前に、人間の全存在や全行動を抱え込むものであった(81)。

第二バチカン公会議以前の神学は、教義や権威や組織といった縦軸を重視した関係性の中にあった。こうしたカトリック教会に刷新と覚醒を呼びかけ、横軸の関係性を重視する中で人間一人ひとりに焦点をあてたのがラーナーであり、さらにはラーナーが主導的立場で率いた第二バチカン公会議であった。ラーナーの開かれた教会と神学の普遍化に向けての刷新の根底には、全ての人の救いを望む「神の不屈の普遍的救済意志」への確信があったと考えられる。

本来、恵みの源は神であり、恵みは神が所有するものであるが、その恵みを神の普遍的救済の実現のために神から無償で与えられ、さらにイエスの恵みを人間にとりなすのがマリアである。恵みなしにどのような人も永遠の救いに与ることは不可能であるし、どれほど神が恵みを人間に豊かに与えることを望んだとしても、マリアの仲介なしに神の恵みが人間に届くことはできない。ラーナーも同様にこう記す。

（しかし）神は、御自身の完全な恵みが御自身とキリストだけのものであり続けるにもかかわらず、その恵みを受け取る者自身が、まるで自分でその恵みを所有しているかのように感じることのできる方法で与えてくださる。……私たちは、マリアが救済史において果たし、永遠となった業のために、マリアはまことに、諸聖人との交わりの中で私たち全人類のとりなし人、あらゆる恵みの仲介者であるということができるのである。[82]

私たちのために恵みをとりなすマリアは、聖書の中では祈る姿で描写される。使徒たちは「皆、婦人たちやイエスの母マリア、またイエスの兄弟たちと心を合わせて熱心に祈っていた」（使1・14）。初代教会の初めから、教会の中には人々と共に祈り、父である神に賛美と感謝を捧げ、人々のために恵みをとりなすマリアがいた。マリアは、天に上げられた後も、地上においてと同じように、教会の母として人々と共に祈り、数々のとりなしによって教会に永遠の救いの賜物を得させ続けているのである（LG62参照）。

マリアのとりなしによって神の恵みを受けた教会は、母マリアと共に感謝の祭儀や聖務日課などの典礼を捧げて主を絶え間なく賛美しながら、全世界の救いのためにとりなす使命を受けている（『典礼憲章』83参照）。つまり、マリアのとりなしによって神の恵みを受け、イエスによる救いの秘義に招かれたキリスト者は、マリアの模範に倣って、信仰のうちに神に従い、「互いにとっての仲介者」[83]として他者を神の救いに導く使命を恵みとして受けているのである。ラーナーの言葉を借りるならば、「神の不屈の普遍的救済意志」の実現のために、神はマリアのとりなしと同時に、人間同士のとりなしも必要としているのである。

―小結―

カトリック教会のマリア崇敬の根拠は、*"fiat"* に示されるマリアの信仰にある。神の招きに対する恐れや不安があったにもかかわらず、「神にできないことは何一つない」（ルカ1・37）ことを信じたマリアは、受肉の秘義を従順に受け入れた。マリアの信仰による従順は、全くの神の恵みによるものであった。こうしてマリアは、恵みによって御子キリストの救いのみ業に与り、全ての人の救いのためにとりなし、「神がわたしに偉大なわざを行われた」（ルカ1・49）という信仰告白を最後まで貫いた。キリスト者は、このマリアの信仰を模範と仰ぎながら、マリアに深い崇敬を表す。

こうした聖書的根拠に基づいて、第二バチカン公会議は、マリアを旅する神の民としての教会論との関係性の中で捉え、マリア崇敬の刷新を図った。『教会憲章』（65）は、崇敬と神の似姿の回復を結びつけ、旅する神の民であるキリスト者がマリアに崇敬を表し、畏敬の念でマリアと共に受肉の神秘に分け入る時、キリスト者はマリアを通してキリストに似たものとなると記す。

パウロは、創世記1・27のキリスト教的人間観に基づいて、キリストこそ父なる神の完全な似姿（二コリ4・4参照）であり、神に愛されている人間はキリストに倣うことによって、キリストに似た者になる（一コリ11・1参照）と考えた。パウロは、人間を構成する「肉」（σάρξ）、「体」（σῶμα）、「霊」（πνεῦμα）を「罪」（ἁμαρτία）との関係性で捉えることによって、神の似姿の回復のプロセスをたどった。イエスの十字架、死、復活の神秘と、復活による新しい命の創造を神学の基盤とするパウロにとって、神の似姿の回復とは「罪」に死に、キリスト・イエスに結ばれて神に対して生きること（ロマ6・11参照）、「肉」なる古い自分を十字架に付けて、「霊」によって自らの内に生きるキリストと共に新しいいのちに与ることを意味した（ガラ2・19—20参照）。唯一の原罪から解放されたマリアは、マリア崇敬を通して、キリスト者に「霊」による新しいいのちに与る神の救いの恵みをとりなすのである。

こうして、カトリック教会は古代教父の時代から、神の恵みに満たされ、その恵みに従って全人類の救いのために御子イエスに協力する「神の母」マリアへの特別な崇敬が、民間信心的に行われてきた。やがて、教会はマリア崇敬に聖書や典礼、マリア神学などの神学的裏付けを徐々に加えることによって刷新を図り、キリスト教信仰から逸脱した過度のマリア崇敬を避けるよう細心の注意を払ってきた。このようなマリア崇敬に対する教会の慎重な姿勢を受けて、本稿もマリア崇敬に神学的根拠を示すため、「神の母」、「無原罪の御宿り」、「聖母被昇天」、「とりなす方」の四つのマリア神学を取り上げた。

「神の母」は四三一年のエフェソ公会議において、御父と同一本質であるイエスの神性と人性との混合することのない一致によって、マリアに与えられた初めての称号である。イエスの受肉の秘義は、マリアの生物学的意味での母体と処女体を介することなしには実現しなかった。マリアの処女的母性は、マリアが神の特別の恵みによって「神の母」となる招きを謙遜に受け入れ、聖霊の導きに従って、母でありながら清く聖なる処女として、心と体を神に明け渡したことによって実現したものである。マリアの処女的母性による御父への完全な奉献こそ、マリアが全ての人を愛し、彼らに寄り添い、守り、慰め、イエスの救済のみ業へと導く使命のために必要不可欠な条件であった。キリスト者は、神の恵みに応えて「神の母」となることを信仰によって受け入れ、身も心も完全に神のものとして惜しみなく奉献し、全人類の救いのためにとりなしをしたマリアの処女的母性を讃えてマリアを崇敬してきたのである。

マリアが「神の母」として神の救いの秘義に与るために、神はマリアにその存在の初めからあらゆる罪の汚れを免れた「無原罪の御宿り」という特別な恵みを与えた。トマスをはじめ中世スコラ神学者は、救い主イエスの尊厳を最優先するためにマリアの無原罪性を否定し、マリアの原罪はキリストの救いのみ業によって取り除かれたと主張した。これに対して、スコトゥスは、キリストの救いが原罪を被ったマリアではなく、マリアを原罪から保護することに向けられたという見解を示すことによって、マリアにおける神の恵みの働きとマリアの無原罪性を肯定した。

一八五四年の教皇ピオ九世による「無原罪の御宿り」の教義宣言文は、マリアの存在の始めからの無原罪性がマリア自身の功徳によるものではなく、イエスの死と復活による救いのみ業の功績として、御父からマリアに無償で与えられた特別の恵みと特典によるものであることを強調している。マリアは無原罪の御宿りによって、神の母として御子を宿し、全人類の救いの実現のために神のみ旨に完全に従ったのである。現代神学者カール・ラーナーは、「超自然的実存規定」によって無原罪の御宿りでマリアに働いた同じ恵みが現代の人々にも与えられ、全ての人がマリアと共にキリストの救いのみ業に参与する可能性を示した。

「聖母被昇天」の教義は、「神の母」、「無原罪」、「処女性」、「協贖者」というマリアの神学的特徴の延長線上にあり、マリアの完成した姿を表す。マリアは、天地創造の時から神の救いの計画の中に置かれ、「神の母」としてキリストの救いのみ業に参与する使命を神から与えられていた。キリストの救いのみ業に与るために、神の母マリアは心も体もその処女的母性と無原罪性によって、神のために浄化され、完全な状態で神に捧げられた。「聖母被昇天」の教義は、マリア自身が地上で果たした救いのみ業への徹底的な奉献に対する神からの報いとして、マリアに開かれた復活の栄光である。こうして、全人類のために天国の門を開いたマリアは、キリストの救いの協力者として、後に続く人類もまた復活の栄光に入り、永遠の救いに与ることができるよう天国からのとりなしを続ける。

「恵みをとりなす方」マリアは、初代教会において聖霊を待ち望みながら人々と共に祈り、父である神に賛美と感謝を捧げ、心を一つにあらゆるものを共有していた姿に見ることができる。さらに天に上げられた後も、マリアは教会の母として人々と共に祈り、教会に永遠の救いの恵みをとりなし続けている（『教会憲章』62参照）。神の母マリアは、イエスの救いのみ業に協力する使命を果たすために、聖霊の働きを通して神の恵みに満たされた。マリアは、神から受けた恵みを通して、救い主イエスと、救いに与る人々との間で祈りと恵みをとりなし、全人類の救いの実現に協力する。マリアによる恵みのとりなしを受けたキリスト者もまた、マリアの模範に倣って、神への賛美と愛の奉仕を通して、互いの救いに向けての仲介者となる恵みを受けるのである。

これら四つのマリア神学は、聖書を根拠としてキリスト者の間で生まれた民間信心が、長い時間をかけてカトリック教会のマリア崇敬を固め、やがて崇敬に神学的根拠を示すために宣言されたものである。四つのマリア神学の真髄に流れるのはキリストの受肉と救済の秘義であり、これらの教義は、子の功績によって崇高な仕方で贖われ、深い絆で子に結ばれ、神の子の母となる最高の役割と尊厳を与えられたマリアへの敬慕の表れと言える。

ところで、キリスト教諸教派がマリアに対する深い崇敬を示してきたことを確認したが、公会議を経ることなく教皇が独自で宣言した「無原罪の御宿り」と「聖母被昇天」の教義については、聖書的根拠のなさとマリアに与えられる過度の崇敬として、プロテスタントや東方正教会からは厳しく批判されている。第3節では、特に「無原罪の御宿り」に対するキリスト教諸教派からの批判の原因とも言えるそれぞれの恩恵と罪理解の違いに注目したい。

第3節　マリア崇敬と恩恵神学

キリスト教において、恩恵のシンボルとして聖書で用いられるのは、「救い」、「罪と死からの自由」、「神との和解」であり、これらは、聖霊の働きによって、キリストを通して父なる神から与えられるものである。聖霊の結実は、「愛、喜び、平和、寛容、親切、善意、誠実、柔和、節制」（ガラ5・22―23）であり、こうした聖書的シンボルで表される恩恵は、人間が神の命に参与することによって実現可能となる。恩恵は人間のうちに働く聖霊の存在であり、神は始めから人間との交わりの中で人間を愛し、自由にするために人間を創造された。神は人間一人ひとりのうちに聖霊を通して存在する。人間には、自らが生きる日常のただ中で、神からの愛を受け入れることも、拒否することもできる自由と愛が与えられている。こうして人間には、超越的出来事を日常の中で体験することができる恩恵が与えられているのである。(84)

神の恩恵と人間の罪との関係性においては、カトリック教会、東方正教会、プロテスタントとの間では強調点が異なる。カトリック教会は、罪を犯した人間が神の恵みによって罪の赦しを受け、神との人格的交わりの中でより人間らしい生活へと導かれる恩恵を重視している。カトリック教会は、超自然的神の恵みが全ての自然を包み、恵みによって人間本性は神の本性に転換していく「聖化」を目指す。つまり、罪を犯した人間が、神の救いの恵みによってキリストに似た者となるために霊的に変容する「神化」としても表現される。

他方、東方教会における神化理解は、人間本性が神の本性に転換するのではなく、救いの恵みに与ったキリスト者が神の存在領域に組み込まれることを意味する。プロテスタントは、罪を犯した人間が神の恵みの働きによって罪の赦しと癒しを受けながらも、人間の罪意識の深さが重視される。

こうした恩恵と罪理解の相違は、カトリック教会、東方正教会、プロテスタントのマリア崇敬にどのような影響を与えるのだろうか。

１．カトリック教会の恩恵論とマリア崇敬

まず、マリアにおける神の恵みの充満を受け入れるカトリック教会の罪と恩恵について論述する。「恵みは自然を包む」という恩恵論を掲げて、恩恵の無償性とその最重要性を主張し、後のカトリック教会の恩恵論を作ったのがアウグスティヌスである。人間の理解を超えた深刻な罪意識の高まりの中で、アウグスティヌスの恩恵論は生まれた。

アウグスティヌスは、恩恵についてペラギウスへの反駁の形で展開させた。アウグスティヌスは、治癒の恩恵の必要性を強調するために、人間の罪深さの普遍性を強調した。アウグスティヌスはローマ５・12を引用し、アダム

の罪によって全ての人が、人間のあらゆる力が理に適い、神の業に加えられるはずの神の計画から外されたことを主張した。アダムの堕落の後、人間の欲望は自らの理性と理性的神に対して反乱を起こす結果となった。こうした状態を正しく軌道修正したのがキリストである。キリストを信じ、キリストに従う人々は、神の霊の賜物により、徳の高い生活を取り戻すことができる。それでもなお、人々はいつも欲望による反乱の罪の後遺症に苦しむことになる。このため、アウグスティヌスは、人間をエゴの束縛から解放し、最高の善を愛する能力を与えることによって人間の自由を強め、そして、彼らを恩恵のもとまで引き寄せるものとして、恩恵を理解した。

さらにアウグスティヌスは、恩恵を自らの自由が罪と独占の習性にはまり込んでしまった堕落した人間性に働く霊と捉えた。罪の破壊によって弱体化するために、自分たちの心が力の及ばないところに放り出され生活が無秩序になる。真の自由を作り出す愛、つまり、自己を超越する愛に不足しているので、皆が真の自由を獲得できない。神の霊である恩恵だけが、堕落した人間を無慈悲な罪を犯す行いから自由にすることができる。神の霊は人間の自由を可能にし、自由を広げ、自己を超えた価値、最終的に最高に価値ある神に人間を開くことができる。今日的言葉で言えば、恩恵とは神の霊、人間の自己超越をもたらすものであるとの見解を示した(85)。

アウグスティヌスは著書『キリストの恩恵と原罪』において、ペラギウスの主張、すなわち、人がアダムの罪の模倣によって子孫を損なったという罪理解に基づく原罪の否定、幼児洗礼の必要性の否定、結果的に人間の無罪性に対して、原罪は根源の悪徳として本性を破壊しているため、幼児には再生の洗いによって罪責を取り払うための幼児洗礼の必要性を主張した。

ペラギウスの恩恵は、罪とは無関係に置かれていた。ペラギウスは、キリストを洗礼によって過去の罪を赦すことに制限し、恩恵も創造の恩恵に限定して、結果的には業績によるものと理解するに留まっていた。これに対して、アウグスティヌスは、堕罪の状態にある人間がキリストの救いによって救済されるというキリスト教の本来の恩恵理解によって反駁したのである。[86]

アウグスティヌスの恩恵論の基盤には、彼の深刻な罪悪感がある。彼にとっての罪意識とはまさしく自らの過去の体験に基づくものであり、神から離れて人間にすがる傲慢や道徳的邪欲であった。アウグスティヌスによれば、アダムは自らの自由意志と神の恩恵の助力によって、「罪を犯さないでいることができる」状態にあった。しかし、恩恵に寄りすがることなく、自分で立とうと高慢であったために意志が正しい方向性を失い、罪を犯さざるをえない状態に追い込まれてしまった。アウグスティヌスはここに、人間の自然本性の破壊をもたらした原罪の結果を見ていた。[87]

しかし、アウグスティヌスの原罪理解は、パウロの次の言葉の示す通り、イエスの救いのみ業によってもたらされた恩恵と不可分の関係にある。彼が最も関心を寄せたのは、罪によって「病んだ人間」に働く恩恵による癒しであった。アウグスティヌスは、「恵みの賜物は罪とは比較になりません。一人の罪によって多くの人が死ぬことになったとすれば、なおさら、神の恵みと一人の人イエス・キリストの恵みの賜物とは、多くの人に豊かに注がれるのです」（ロマ５・15）に、人間の罪をはるかに越えた神の恩恵の働きを読み取った。

ペラギウスは、このアウグスティヌスのアダムによる堕罪説を否定した。ペラギウスによれば、自らの自由意志によって道徳的責務を果たしうるアダムの後代の人々が、アダムの罪によって影響を受けることは考えられない。むしろ、アダムの罪は彼自身を害したのであって子孫に影響はなく、幼児は堕罪以前のアダムと同じ状態で生まれるというものであった。[88] ペラギウスは、神の創造の恩恵として与えられた律法と自由意志に従って、善を行う力も、善い意志をもたないことも、善行を実行しないことも全て人間の自由意志に基づくと反論した。

このペラギウスの「自由意志」理解に対して、アウグスティヌスは、自由意志によって自分の意志に従うはずの人間には、自分の意志に逆らって行動せざるを得ないという現実があり、それはまさしく人間の内に住まう罪によると論破した。これはまさしく、パウロの言葉を借りれば、「わたしは自分の望む善は行わず、望まない悪を行っている。もし、わたしが望まないことをしているとすれば、それをしているのは、もはやわたしではなく、わたしの中に住んでいる罪なのです。それで、善をなそうと思う自分には、いつも悪が付きまとっている」（ロマ7・19―21）状態なのである。

アウグスティヌスによれば、神の似姿として創造された人間アダムに与えられた恵みも、罪の支配によって、人間の本性的自由意志の力で義を行うことができなかった。この罪を克服するために、みことばの受肉と聖霊が恵みとして与えられ、ようやく人間の意志と行為は善に向かうことが可能となった。人間の自由意志と恩恵の関係を、彼は著作『恩恵と自由意志』で次のように記している。

> 善なる意志それ自体、存在し始めると、成長せしめられ、また〔実行を〕欲することが強く、完全であるがために、行おうと欲する神の命令を遂行し得るほど強大にされるのも、この恩恵によるのです。実際、善なる意志は、「あなたがたが〔守ることを〕欲するならば、あなたがたは掟を守るはずである」（シラ15・16）と記されているほどまで健強なのです。したがって、欲してはいてもできない人は、未だ自分が充分に欲していないことを知ることになるのです。[89]（『恩恵と自由意志』15章31）

人間には自由意志によって、善を選ぶ自由も、悪を選ぶ自由も併せ持っており、それを左右するのは罪に従うかどうかということである。しかし、たとえ悪に支配されていた人間であっても、善に立ち戻る強い意志と善を貫く強大な意志を、神は恩恵を通して人間に与えて下さる。したがって、神の強力な恩恵を受けながらも善を実行できないとすれば、それは人間の側の意志の弱さだとアウグスティヌスは考えた。

アウグスティヌスはこうした恩恵論をマリア崇敬に重ね合わせて、マリアのうちに恩恵の充満、すなわち、受胎と出産というキリストとの結びつきの中でのマリアの聖性、マリアの精神が信仰によって照らされたことを表す「神の母」マリアの恩寵のあふれを見出だした。アウグスティヌスは、マリアの出産前後の処女性の強調により、マリアの生涯にわたる神への徹底した献身と貞潔を通して、イエスの信仰の真理を確立させようとした[90]。アウグスティヌスが、神の恵みに満たされたマリアの信仰を讃え、その信仰ゆえに御子を宿したのが「心」であると強調したところから、アウグスティヌスにとってのマリアの御心崇敬の意義深さを推察することができる。事実、彼はこう記す。「聖マリアは信じることによって彼（イエス）を宿し、また信じることによって彼を生んだ……彼女は信仰に満たされて、胎内にキリストを宿らせるに前に、心にキリストを宿らせたとき、彼女は『わたしは主のはしためです。お言葉どおり、この身に成りますように』（ルカ１・38）と答えた[91]」（『説教集』215, 4: PL 38, 1074）。

神の恵みに満たされたマリアに信仰者の模範を重ね、マリアを心から慕い、マリア崇敬の模範を示したアウグスティヌスの示す恩恵論の中心には、絶えず救い主イエスとイエスの救いの協力者、母マリアがいた。こうして、アウグスティヌスは、原罪や自由意志による人間の限界や可能性を認めつつも、人間の自然を超えた超自然的恩恵の無償性とその重要性を強調しつつ、超自然的恩恵が自然本性を包み込むという中世恩恵論を打ち立て、それがトマスのスコラ神学的恩恵論へと引き継がれていった。

一三世紀になると、アリストテレス哲学が西洋にもたらされたことにより、自然本性に関する明確で正確な哲学的概念が、カトリック神学の恩恵論に取り入れられるようになった。トマスは、ギリシア教父の神化思想にアリストテレスの哲学を統合させた新しいスコラ神学的恩恵論を展開した。トマスは、恩恵によって自然本性の傷が癒される必要があると述べる一方で、恩恵の第一の機能は、神の本性と正しく分有するために、人間の自然本性を高めることであると明言した。トマスは、人間の自然本性を高めるための知性の必要性を強調した。[92]

トマスにとって、人間は神の本性を観想する中で至福を体験する。人間は、神の自由な決定によって、人間本性のあらゆる力と要求を無限に超える「超自然的目的」（finis supernaturalis）、すなわち「至福直感（一コリ13・12参照）」に招かれており、来世における神と人間との直接的な一致によって実現するものだが、神は、人間がすでにこの世において信・望・愛などによってその実現に向かうことを望んでいる。この人間本性を超えて「超自然的目的」に向かう人間の行為は、神から人間に与えられる「超本性的恩恵」（あるいは、「高揚的恩恵」gratia elevans）によるものである。こうして恩恵は、至福直感によって人間を三位一体の神との深い交わりに招き、人間に新しい存在様式をもたらす。恩恵は超自然的力によって人間本性を引き上げ、力づけるものとしてカトリック神学の本質となった。

恩恵は、アウグスティヌスをはじめとする多くの罪びとの傷を癒す治癒力であるが、それ以上に、何よりも恩恵は無償で人間本性を超えたところへと人間を引き上げ、新しい世界へと導く力をもっている。地上に存在するものは全て、受肉や至福直感によってどのような被造物本性のバランスをも超えながら、超自然的にならなければならない。受肉も至福直感も信仰者の日常の生活も、どのような場合でも、神はまさに神自身を人間と分かち合っているのである。トマスの言葉を借りれば、罪びとの固い心の再創造こそ、最初の創造よりも偉大な神のみ業であり、恩恵は、人の心の願いを満足させることのできる唯一の方としての神に向かう、人間の新しい「習性的恩恵 gratia habitualis」をもたらす。[93]

トマスは、罪深い人間が神の恩恵によって回心し、義とされる常住的状態を、アリストテレス哲学の概念を用いて「ハビトゥス habitus」と呼んだ。トマスによれば恩恵は、「神のみ旨に相応しくする恩寵 gratia gratum faciens」（後の「聖化の恩寵」gratia sanctificans）を受けたキリスト者が、「習性的恩恵」と「注入徳」に満たされて、神の本性、存在、生命等を分有し、このために人間の自然本性を超えて、神の似姿に近づき、さらに、「助力の恩恵」によって理性と意志が内的に照らされ、行為が促されるというものである[94]。

トマスにとって、人間の罪の赦しとは、神から与えられる恩恵によって人間が義とされた状態、すなわち、恩恵によって神の本性を分有することによって実現する、自然本性を超えた状態であるということである。トマスはこの状態を「神の似姿」と捉えている。トマスは『神学大全』において、御父の完全な似姿であるイエスの似姿性と、理性的不完全さゆえの人間の不完全な似姿性について、次のように明確に区別している。

そこで、人間のうちにある似像の不完全性を示すために、人間は単に似像といわれるのみならず、また、「似像にかたどって」*ad imaginem* といわれる。かかる表現によって、完全性を志向する者の有する何らかの動きが示されているのである。然し、神の御子については、それは「似像にかたどって」とはいわれえない。御子は、御父の完全な似像なのだからである[95]。

人間の似姿の不完全性を表すために用いられている「似姿へと *ad imaginem*」の表現は、範型である御父や、父の完全な似姿である御子キリスト、すなわち完全さへと向かう運動を示唆している。しかも、知性的で愛する存在としての人間は、自らの知性から発する言葉と、意志から発する愛を通して、神の形象を表現するのである。これはちょうど前述した、パウロの示した人間における神の似姿の回復のプロセスと重なる。

しかし、トマスの場合には、この回復を円環で捉えた点に特徴がある。トマスは、不完全な似姿である人間が範型である神から出て、イエスの受肉の神秘を通して神と出会い、「知性と愛」によってより完全な似姿へと立ち返る円環運動の中で生きていると考えた。トマスは、人間が神のもとへ還帰する行為に、恩恵を通しての神の業の完成を見ているのである。[96] 人間が神の似姿へと向かう円環運動においては、人間は神自身から動かされるものであると同時に、運動の主体にもなる。

佐々木氏は著作『トマスの人間論』の中で、究極目的に向かう運動における人間の主体性を次のように強調している。

「究極目的への運動において自由の主体である」という点が人間の「固有性」であり、「卓越性」に他ならない。しかしこのことは、同時に「必然性」であるとも言えよう。すなわち「たしかに人間は意思決定に関する自由を与えられているが、その目的を行使せずには、人間として生きてゆくことができないという意味で、それは人間存在に課せられた必然性」としてである。[97]

トマスもアウグスティヌスと同様に、人間救済における恩恵の絶対性を主張したが、トマスにおいて特徴的なものは、哲学的恩恵理解に則った、神の似姿性の回復に向かう人間の行為の主体性の強調であろう。トマスは、神から人間に与えられる「超本性的恩恵」を前提として、人間自らもまた、人間本性のあらゆる力と要求を無限に超える「超自然的目的　finis supernaturalis」、すなわち「至福直感（一コリ13・12参照）」に向かっての歩みの中で、行為の自由で自発的主体でなければならないという人間論を示した。

原罪を身に負った罪深い人間が神の似姿性を回復することができるよう、神の救いのみ業に自由で自発的に、主体的に与ったのが母マリアである。トマスは基本的に、アウグスティヌスの聖母神学を継承していると言えるが、トマスは特に、マリアの完全な聖性と救いの歴史における役割をマリア神学の基本原則と捉えながらも、マリア神学の中心を絶対的にイエス・キリストに置いていた。

トマスが、マリアの威厳ではなくイエスの尊厳を保つために、マリアの無原罪性を否定したことは先述した通りであるが、これは彼がマリアの聖性をキリストとの完全な結びつきにおいて理解していたためである。トマスは『神学大全』（III, 27, 3, ad 3）の中で、マリアの聖性の完全性を表すために、聖霊がマリアにおいて、キリストの受胎に向けての準備として、また聖霊の働きによって実現したキリストの受胎そのものを通じて、二度の潔め、すなわち聖化を行ったと記している。[98]

こうしてトマスは、アウグスティヌスから継承したマリア神学に基づいて、マリアの御心崇敬にも傾倒していた。トマスは、聖性の模範であるマリアの御心の中に、「聖化の恩寵　gratia sanctificans」の充満と、はっきりと映し出された神の似姿を見出だしていたことであろう。

現代のカトリック教会の恩恵論について、ラーナーの神学の中に見ていくことにする。ラーナーは、トマスのスコラ主義恩恵論を人格的な言葉に移し替え、恩恵論の基本原理を、「超自然的な恩恵の寛大な源泉としての神、存在と恩恵において無限なるものを知り、望み、求め続ける人間、啓示と恩恵の歴史的な様態」[99]とした。ラーナーは、超自然的神の恩恵は全ての自然を包んでいるとする、普遍的・現実的恩恵論を提示した。

ラーナーは、神の恵みの働きかけに応える人間の実在に注目した恩恵論を示した。それは、恩恵という抽象概念ではなく、救われ、義認を受けるべき存在、地上にある限り常に神の呼びかけのもとに生きている人間を対象とした恩恵論である。ラーナーは恩恵論を、神のイニシアティブによって人間の霊的存在の深みに働く啓示としての超自然的恩恵と、神から与えられる超自然的恩恵に対する人間の応答としての恩恵との関係性の中で捉えた。

ラーナーは、『サクラメント・ムンディ　*Sacramentum Mundi*』の中で、神と人間との相関関係の中で捉えた恩恵として、「創造されざる恩恵　gratia increata」と「創造された恩恵　gratia creata」[100]について触れている。「創造されざる恩恵」について、ラーナーは、「至福直観　visio beatifica」を用いて神学的解明を試みた。「至福直観」とは伝統的な神学概念で、神を直接に見るという人間の最終的完成状態を表すが、ラーナーはこの状態を神の自己譲与の完成と考えた。

ラーナーは、「創造されざる恩恵」を「至福直観」の中に現れる存在論的概念で捉えることによって、神と人間のコミュニケーションは単なる「創造された恩恵」の因果関係の結果ではなく、「創造されざる恩恵」が「創造された恩恵」より優位にあることを証明した。つまり、「創造された恩恵」は「創造されざる恩恵」の受け取りのための前提であるため、「創造されざる恩恵」は「創造された恩恵」に対して先行するものというのがラーナーの理解であった[101]。

「創造されざる恩恵」とは「神の自己譲与」であり、未だ隠されてはいるが、すでに今、人間精神に伝えられている神の存在のしるしとして、至福直観の存在論的前提と考えられる。他方、「創造された恩恵」は、神の自己譲与に対する人間の応答の表れとしての人間の変容を意味し、「聖化の恩恵」、「習性化された恩恵」である。それは、神の自己譲与に対応した一人ひとりの変容として現れ、人間精神にとって事実的な「超自然的実存規定」としての性格をもつ[102]。

神は恵みである聖霊を人間に与えて罪の赦しをもたらしつつ、人間の最終的な完成として無媒介の「至福直観」を人間に与える。神である方が、恵みと神の直観の中で人間に自己譲与しながらも、神としての絶対的存在の自立性を失うことなく、この自己譲与を受ける人間を聖化させ、神との直接的な交わりの出来事を実現させる。神の自己譲与を受けた人間は、「今すでに、神的本質に参与し、神性の深みを極める神の霊を与えられ、今すでに神の子」[103]と言えるのである。

ラーナーによれば、神の絶対的自己譲与において、御父は御子を通して聖霊において人間に御自身を与える。特に、受肉による位格的結合は、神の被造物に対する関わりの頂点であり究極的な根拠である。受肉を通して神は、創造した人間本性をご自分との一致に招き、究極的な救いに与る保証を与えた。こうして神のロゴスによって受容されたイエスの人間性は、全ての被造物が神との一致に至るための不可欠の仲介となったのである[104]。したがって、受肉によってもたらされた神の究極的自己譲与は、神の「無化」であると同時に、神性を保持したままの新たな人性の生起でもある。真の神であり、真の人であるイエスが、人間の日常の中で愛そのものとして御自身を啓示されることをラーナーはこう記す。

> ロゴスが自らを空しくして譲渡するとき、また譲渡する限りにおいて、新たに成るものであり、本質においても実存においても新たに生起するものである。この人間は、まさに人間として、自己譲与における神の自己表現なのである。神が御自身を空しくして譲渡されるとき、また御自身を愛そのものとして告げられるとき、さらには御自身の威光をこの愛の中に包み隠して、御自身を人間の日常性の中に示されるとき、そのときまさに神は御自身を表現されるからである[105]。

御子の受肉は、御子を通しての神の自己譲与である。御子は受肉によって人間のために神性を譲与しながらも、それを決して失うことなく、新たな人性を身に受けられた。こうして、イエスは、受肉により恵みの仲介者となったと同時に、三位一体の神の内面が私たち人間に示された。このことをラーナーは、『人間本性と恩恵』で次のように述べている。

> 世界は、自分が望むならば誰もが人間になることができるような神的人間の中の一人になるわけではなく、神が世界に静寂に自らを伝えるまさにその人になるだろう。受肉は、神の第二の位格である「みことば」という

ユニークな個性を映し出している。三位一体の外からの働きにより、私たちは彼らの内なる命を垣間見ることができる。[106]

受肉の神秘と人間の中で働く聖霊により、義認と聖化の恵みを受けた人間は、三位の神の「創造されざる恩恵」を通して与えられる無限の愛に応えて心を開けば開くほど、今ここで、神との直接的で無限の愛の交わりを体験することになる。やがて味わうはずの至福直観は、こうして私たちの日常性の中で前もって啓示されていることになる。

「神の自己譲与」として現れる「創造されざる恩恵」を受けた人間が、受けた恵みに相応しく応える時、人間本性は超自然的目的性、すなわち恵みによる神との人格的交わりへと秩序づけられる、いわゆる「超自然的実存規定」に則っている。「超自然的実存規定」は、すでに神からの恵みとしてアプリオリ（先験的）に方向づけられており、人間の恵みを受ける以前の純粋自然な状況、すなわち「純粋自然（ナトゥーラ・プーラ）」とは区別されている。

ラーナーは続ける。神の自己譲与を受け入れるという行為は、人間の主体的行為でありながら、それを可能にするのは、御自身を譲与し、かつ、人間によって受容される神が、あらかじめその行為を担っているからである。つまり、「超自然的実存規定」に従って神の自己譲与を受け入れ、神との人格的交わりに秩序づけられた人間の内面には、神の普遍的救済意志により、神の自己譲与を相応しく受け取ることができるよう、聖化の恩恵が与えられているのである。[107]

さらに、ラーナーは「超自然的実存規定」の対象をキリスト者に限らず、全ての人間に広げている。

神の自己譲与はそれを人格的に受諾することが可能となるための条件として、――何物にも拘束されぬ無償性に変わりはないが――すべての人間に与えられている、と考えなければならない。人間が原則的に神を人格的に受諾しうる、ということを前提にしているのである。なぜなら、神は、この神的自己譲与の全き受諾において成立する人間の完成を、ただ単に限られた人間のみならず、普遍的な救済意志をもってすべての人間に提供されたからである。(108)

トマスは人間救済の普遍性を「意志」による同意に見ていたが、ラーナーは、神の無償の恵みによって超越的なものを志向する人間の実存規定を、神に対する動的方向づけとしての信仰、愛、恩恵の賜物の行為に見ていた。ラーナーの人間論からは、人間存在がその根源においてキリスト教的実存であるという結論が引き出されるのである。「手探りのキリスト論」、「無名のキリスト者」の根拠はここにある。ラーナーが恩恵論で特に強調した、キリストを信じない人々、無神論者にも同じように開かれた、超越的なものを志向する全ての人間の実存規定理解は、全人類の救いを望むキリスト教信仰の本質そのものとも言える。

人間は神の自己譲与を受け入れる主体でありながら、それは自らの力や業績によるものではなく、あくまでも神の無償の恵みの働きによって人間の超越性が高められる。神は恵みとして人間に与えた超越を内から開いて、三位一体の神との親密な交わりに人を招き入れ、ご自分を人間の内面に譲与される。そこにあるのは、至福直観における神の自己譲与の完成である。

マリア神学に精通していたラーナーは、マリアへの深い崇敬を表した。ラーナーは、マリアのうちに救われ、義認された人間の典型を重ねて恩恵論の頂点にマリアを置いた。神の恵みによって聖化され、義と認められた人間の典型としての神の選びを受けたマリアは、聖霊の働きを通して心を神に開き、“*fiat*”の受諾で三位の神の譲与を自らの内で受けた。こうして、神の恵みを受諾し、神の母としてみことばの受肉の秘義に参与したマリアを通して、御子において神と人間の人格的一致が実現し、イエスの受肉によって全ての人に神の生命への超自然的参与の道が開かれ、神の救いのみ業が示されたのである。

ラーナーは、神の普遍的救済意志と「超自然的実存規定」に則って、全ての人が恵みとして与えられる神の自己譲与を自らの内に受け入れることができるよう、聖化の恵みを恩恵論の中心に捉え、その模範をマリアに置いて深い崇敬を現した。超自然的神の恵みが全ての自然を包んだ状態の中で、人間本性が恵みによって神であるキリストの本性へと変容されていくカトリック教会の聖化（あるいは神化）と、恵みに与ったキリスト者が神の存在領域に招き入れられる東方正教会の神化に見られる恩恵論の違いによって、双方のマリア崇敬にはどのような違いが現れるのだろうか。

2. 東方正教会の恩恵論の表れである「神化」とマリア崇敬

東方正教会は、恩恵に基づく救済理解を神化（テオーシス Θέωσις）という概念によって表した。神の恵みによる人間の神化は、ギリシア正教会の人間論をより高次なものへと引き上げる。ギリシア教父の恩恵理解は、キリストの受肉と三位一体の神秘を強調するヨハネ福音書に依拠している。みことばが人となり（ヨハ1・14参照）、キリストを信じるものに聖霊が約束されたこと（ヨハ14・26参照）によって、人間は神に似た者となって神の本性に与る恵みを受けた。神に似せて作られた人間は（創1・27参照）、イエス・キリストへの信仰によって聖霊を受けて神の子とされ（ガラ3・26参照）、神に倣う者となり（エフェ5・1参照）、神に似た者とされ（一ヨハ3・2参照）、こうして神の栄光と業によって、神の本性に与る者となる（二ペト1・4参照）のである。

ところが、自己を神化させるという東方神学に対するプロテスタントの批判は大きかった。カトリック教会にとっても、二〇世紀を代表する神学者の一人で、ドミニコ会司祭、イブ・コンガール（Yves M.J. Congar 1904–1995）によれば、神化の教説は西方と東方の分裂のきっかけを作ったと言われるほどに、受け入れがたいものであった[109]。

東方正教会は、神の「像（エイコーン）」に従って神に「似せて（ホモイオーシス）」造られた人間について、「神の子孫」（使17・29）であるという事実に基づいて、アダムとイブの堕罪により神との類似性を失ったものの、善を選ぶ自由意志やその能力は萌芽として残っており、神の像である事実は失っていないという理解を示した。東方正教会においては、受肉は単にアダムとイブの堕罪の結果として起こったのではなく、神が人間を救済する場として神によって引き起こされる恩恵の表れであると理解されている。東方正教会は、神の似像として造られた人間が、人祖の堕罪によって完全に罪の支配下にあることを強調するプロテスタントや、人祖の堕罪により堕落した人間本性に働く恩恵を強調するカトリック教会とは別の角度から、人間と罪と恩恵の関係性を捉えているのである。

こうした人間論に基づく東方正教会の救済論は、キリストが堕罪によって中断した人間の成長のプロセスをさらに進展させ、「こうして、時が満ちるに及んで、救いの業が完成され、あらゆるものが、頭であるキリストのもとに一つにまとめられ」（エフェ1・10）、終末の完成へと方向づける「再興（アナケファライオーシス）」であった。このため東方正教会は、「悔い改め」と「罪の赦し」によって、罪によってもたらされた死の運命を克服することを目指した救済論を展開した[110]。

東方正教会の神化は、キリストの受肉によって実現可能となった。神化論の起源と言われるエイレナイオスの「再統合（レカピトゥラツィオ）」説によれば、人間の神化は、人間が神の子になるために神の子が人間になったことを意味する。しかし、人間の神化は神との同化ではない。神の子性を本質的に有するのはキリストのみであり、人間が神の子となるのは自然本性的にではなく、神の恵みによって「映し」としてのみ、神の子性を有するという意味である。言葉を変えるなら、神化とは、人間の本性が神の本性に転換するのではなく、恩恵によって救われた者がキリストの存在領域に受け入れられるということである。

一人の人間の神化が、全人類の神化、さらには、全宇宙の神化へと発展することを、V・アムマーは次のように述べる。

いずれにせよ東方正教会のどの神学者たちも、キリストの出来事のうちに、全創造の刷新の始まりを見ている。キリストが人となり給うことで、個々の人間の神化が始まることは、それ以降の普遍的宇宙的神化の前提である。キリストの受肉によって、人間ばかりでなく、全宇宙的（コスモス）が再び神と一体となるのである。[11]

神化は純粋に恵みに満ちた神の働きである。神は、人間に対して自己贈与するケノーシス的愛である神への参与を恵みとして与え、人間は神の恵みによって変えられる。こうして、神化は人間一人ひとり、人類、そして宇宙に変容をもたらすのである。神化のイニシアティブはあくまでも神にある。人間はそれに対して受動的ではあるが、キリストが与えた救いに対して、自らの意志で決断しなければならない。つまり、人間の側にも、自分の救いに自分自身が協力する「シェネルギスム」が必要なのである。人間の側からの神化に向かう上昇の歩みが目指すのは「神直観」である。タボル山の変容の出来事（マタ17・1―13参照）におけるキリストの顔に輝いた光は、神の三位一体のしるしであるが、東方正教会はこの「タボルの光」に三位一体の神の認識、すなわち神観想における神との完全な一致を見て、神の光の神秘的観想体験を東方正教会の霊性の特徴とした。

東方正教会では、静寂の徹底的追求を意味する「ヘシュカズム」を通して、神化させる賜物としての聖霊の力によって人間が変容され、光となって現れる神を「見る」のである。しかし、人間は視覚の働きによって神の「本質（ウーシア）」を「見る」ことはできないし、神の「本質」に与ることもできない。なぜなら、神の「本質」は、接近不可能で不可知で伝達不可能な固有の「本質」だからである。人間が「見る」のは、神の「本質」の中で神が外へ発出し顕現し、自らを与える「働き(エネルゲイア)」なのである。(112)

ニュッサのグレゴリオスは、神的エネルゲイアに「十字架の死を超えて復活したキリストとの出会い」を重ね、その出会いに「より善く対応し意志する」という自己超越のかたち、すなわち「エペクタシス」を、人間の自然本性の開花と成就、神的生命に参与していく道筋、すなわち神化とした。死んで復活されたキリストとの出会いは、人間の生を根本的に変容するプロセスへと導き入れるからだ。

しかし、身体的存在者である人間にとって、神的生命に与る神化は一瞬にして無限な神と合一することではない。むしろ、神化とは罪を否定し、浄化し、超越していくという間接的で遠い変容の道なのだ。この神化の過程をニュッサのグレゴリオスは『雅歌講話』（第７講話244）の中でこう記す。

キリストとともに没薬（受難）に与る人は、確かに乳香（神性）にも参与していく。なぜなら、キリストとともに苦しむ人は、キリストの栄光にも与るからである（ロマ８・17）。そして一度神的な栄光のうちに生まれるならば、人は対立する汚れから切り離されて、誠に全体として美しい者となるであろう（エフェ５・27）。そのとき、われわれのために死んで甦ったキリストを通して、われわれもまた、そうした汚れ（罪）から離れしめられるのである。(113)

神の似姿に造られた人間は、アダムの罪によってその似姿性を失い、神から遠ざかって罪の闇に落とされた。失われた神の似姿を回復するのは、キリストを通して働く神の恵み、すなわちイエスの受肉、聖霊の注ぎと、そして、イエスの死と復活により、神の本性に与る神化のプロセスにおける変容体験である。

神化と並ぶ東方正教会神学のもう一つの特徴がマリア崇敬である。人間の神化を可能にしたキリストの受肉に直接的に関わったのが母マリアだからである。救い主イエスの母としての使命を神に託され、神の救いのみ業の実現のために生涯を捧げたマリアに対して、東方正教会は非常に特別な崇敬の念を生んだ。東方正教会のマリア崇敬は、旧約聖書や新約聖書などの聖典に由来するが、二世紀成立の『ヤコブ原福音書』からの影響も大きい。

四三一年のエフェソ公会議は、全教会の公式な教理として「神の母」という尊称を正式に認めたことは前述した通りである。東方正教会では「神の母」に代わって、神を生んだ者を意味する「生神女」と、永遠の肉体的貞潔と精神的純潔を意味する「永貞童女（アエイパルテノス）」という二つの概念によってマリア崇敬を規定した。また、東方正教会でマリアに与えられたもう一つの思想である「終生処女性」については、キリスト教で五世紀頃に一般化したもので、古代教会における禁欲主義の風潮と関係があると言われるが、聖書に基づくマリアの処女性に「終生」を加えた点は、カトリック教会と思想を同じくしている(114)。

マリアに対する深い崇敬を表す点において、東方正教会とカトリック教会は近い関係にあると言えるが、同じマリア崇敬と呼ばれるものであっても、マリアに働いた神の恩恵の偉大さを強調する東方正教会と、神の恩恵に満たされたマリア自身の崇高さを強調するカトリック教会との間には、恩恵理解の相違が見られる。

神化論に救済論の絶対的価値を置く東方正教会にとって、「生神女マリア」はあくまでも神の恩恵による選びを受けた一人の人間であり、カトリック教会が示す「無原罪の御宿り」や「聖母被昇天」といったマリアに対する特権は受け入れ難い。東方正教会が「無原罪の聖母」を否定する理由は、救い主の母となる特権はマリア自身に根拠があるのではなく、神の自由な選びによる恩恵の偉大さによるものであるからである。さらに、「聖母被昇天」についても、無原罪の御宿りという特権と無縁の人間であるマリアが、人間存在を根底から規定する死の運命と無縁であるはずがないと考える。むしろ、「生神女」となる神の計画に協力したマリアの生涯に神が与えたであろう特別な祝福として、マリアの死を「就寝」と表現し、その死が神のはかりしれない恩寵に満たされたと考えた。マリアの魂を抱いて昇天しようとするキリストの姿を描いた「生神女就寝」のイコンは、マリアの生涯が神の計画にとって何物にも代えがたい価値を有していたことを表現している[115]。

東方正教会は、カトリック教会と同様にマリアに働く恩恵を最重要視するものの、神化の思想に基づいて、恩恵論の主体はマリア自身にあるのではなく、マリアを恵みで満たす神にあるという神の絶対的権力を強調した点が、カトリック神学との違いであろう。カトリック教会と東方正教会が、神の恵みに包まれた方としてのマリアの人間観からくる恩恵論を受け入れつつ、恩恵の主体に違いを置く一方で、「信仰義認論」によってこの恩恵論に真っ向から対立したのがルターである。

3．プロテスタントの恩恵論とマリア崇敬

パウロ神学とアウグスティヌスの恩恵論は、一六世紀にマルティン・ルター（Martin Luther 1483-1546）によって復活することになる。ルターは恩恵論を信仰義認論との関係性の中で捉え、義認論の基盤をパウロの「人が義とされるのは律法の行いによるのではなく、信仰による」（ロマ３・28）に置いた。

パウロにとっての義認論の根拠は、「わたしたちの罪のために死に渡され、わたしたちが義となるために復活させられた」（ロマ４・25）キリストの十字架上の救いのみ業にある。パウロは、キリストが全ての人の救いのために十字架にかけられ、死んで復活されたことを受け入れる信仰によってこそ、神の前で罪人である人間も義とされるという義認論理解を示した。パウロによれば、人間を義とするキリストの人類救済のみ業への信仰でさえも、神からの全くの無償の恵みであり、律法の行為と義認の間には関係性はなく、全人類に開かれたものである[116]。

こうしたパウロの義認論に基づいて、ルターは自らの信仰義認論を示していった。ルターによれば、人間は自分の努力で義認を得ることはできないし、自力救済でもない。むしろ、義認は神の無償の賜物であり、キリストの救いのみ業による救済への信仰によって神から与えられる。そこにはまず神の招きと、救いに向けてのいくつもの段階がある。このためルターは、恩恵を「神の霊」という観点からよりも、「神のことば、イエス・キリスト」という観点から捉えた。人間が罪とのつながりを自分で切り離すことができるものは何もなく、人間の義認は神からの赦し、受け入れ、愛の癒しを通して、神の恩恵そのものであるキリストからのアプローチによって具現化するとルターは考えた。

さらに、ルターは、人間がキリストによって義とされ、神の恵みに満ちたみことばを信仰によって受け入れる時、人はキリストを通して神にすがらなければならないことを強調した。人間は罪人に対するこの神の義を通して、神秘的婚姻によってキリストの本性に与り、人間の内的変容が実現する。罪のしがらみからの解放は、神と人間との相互一致という関係性においてのみ起こり得るという理解に基づくものであった。ルターにとって信仰とは、単に知性ではなく神にすがる姿勢、すなわち信仰と愛に燃える神への自己の明け渡しなのである。

しかし、人間が過去に起こした罪や、未来に起こしかねない罪は完全に取り除かれることはできない。なぜならば、アウグスティヌスと同じように、恩恵を受けた人間は回復期の途上にあり、悪に染まったり誘惑を受けたりすることで、すぐに罪に傾きやすい弱さをもっているからである。それにもかかわらず、神の恵み深いみことばは、罪深い人間を寛大に受け入れ義とする。

ルターにとっての恩恵の最も基本的な効果は、もし人間が究極的に誰かを愛するとすれば、それは人間の成果によるものではなく、まず神が恵みとして惨めな状態にある人間を受け入れ、愛して下さるということである。アウグスティヌスやトマスが、恩恵を人間の自由の中で形を変え、力づけていくものと見なしているのに対して、ルターは、神の義がもたらす神の赦しの完全な無償性、優先性に場所を空けるために、人間の自由は最小化すると捉えている。ルターにとって、恩恵とはキリストの内に受肉した神の赦しのみことばであり、人間の義認はいつもキリストのうちにある神の義によるものなのである[117]。

宗教改革においてルターが信仰義認論の標語として掲げた「義人にして罪人」は、神による義と誘惑による罪を繰り返す回復途上にある人間の状態を述べたものであるが、ルターにとっての罪とは、道徳的罪科に限らず、道徳的・宗教的に素晴らしい行いをしているときの「高慢さ」や「自己中心性」、霊的な行いのさなかで忍び寄る「肉の欲」、神との出会いを求めつつも神を自分の救いのために利用しようとするねじれた信仰など、神の恵みを受ければ受けるほど強調される、人間の内に潜む罪意識であった。人間はキリストの救いによって与えられる恩恵により、外的には常に義と認められながらも、内的には完全に罪人であるというこの事実は変わらない。ここには、ルターの自己の罪深さへの真摯な反省と共に、救いの根拠を内なる自己ではなく恵みを与える外なるイエスに求めて生きる、神の恩恵への絶対的信仰が明確に示されている[118]。

こうしたルターの義認論を基盤として、プロテスタントの義は神とキリストにおいてのみ存在するものであり、「罪人でありながら、同時にあえて義人」である人間は、ただキリストの十字架の救いによる恵みに免じて義と認められるという義認論を示した。キリストの救いによる恵みと人間の内的罪意識との狭間の途上にありながら、神の恩恵に絶対的信仰を置くプロテスタントの「義認」に対して、カトリック教会は、十字架上のキリストの救いの恵みによって神の義が与えられるだけではなく、「信・望・愛」の徳が人間の心に注ぎ込まれることによって神の生命に招かれ、その聖性に参与しながら聖化の途上にある「義化」を唱えている点に、大きな相違を見ることができる。

プロテスタントの義認論はマリア崇敬理解にも大きな影響を与えた。ルターがマリアの偉大な崇敬者の一人であったことはよく知られているが、あるべきマリア崇敬について、自らの著書『マグニフィカトのドイツ語訳並びに講解』の中で、「マリアにとどまるのではなく、神にまで至り、そこにあなたの心をおくように神の母をさらに讃えなさい」と記している。

マリアに深い崇敬を示していたルターが、晩年になってマリア神学を拒否するようになった根拠は、マリアに働く恩恵ではなくマリア自身の業を強調するカトリック教会に対する批判であった。ルターは、一五一七年にウィッテンベルクの城教会入り口に「九五箇条の提題」を張り出す前後から、カトリック教会の功徳・報酬中心・自己の業による救いの信仰に対抗する形で、キリストによる救いのみ業を強調した。ルターのマリア神学についての見解も、キリストの存在論におけるマリア神学から、キリストの救済論の枠の中で捉えるマリア神学へと移行していった。さらに「無原罪の聖母」と「聖母被昇天」の二つの教義宣言を巡っては、人間の罪深さを自覚するプロテスタントにとって、マリアの無原罪性はマリアの神格化に等しく、さらに、マリアの聖化はキリストの救いの恩恵のみによるものとして徹底的に否定された[119]。

ルターは、神の母としての神の選びがマリアの功徳にあるではなく、キリストだけに与えられた絶対唯一の功徳によるものであり、神の恵みだけがマリアにキリストの功徳の受け取りを可能にさせるという根拠からマリア崇敬を認めたのである。したがって、マリアの功徳や功績を強調する過度なマリア崇敬は、キリストの尊厳を傷つける受け入れがたいものとして映ったのである。

―小結―

「神の恵みに満たされた」マリアの姿は、カトリック教会の人間観の模範であり、恩恵論の中心的概念である。

神からマリアに与えられた恩恵は、人祖が神から離反したことによって原罪を身に負うことを運命づけられた全人類の救済のために、キリストの救いのみ業に協力するという唯一の目的に向けられていた。

神は天地創造の時から、特別の恵みによってマリアを「神の母」として選び、原罪の汚れから守って母アンナの胎に宿らせ（「無原罪の御宿り」）、マリアはその信仰ゆえに神の選びを受け入れ、全人類の救いのためにイエスの受肉と救済の秘義に「とりなす」使命を恵みとして受けた。十字架の下で教会の母、全人類の母としての使命を受けたマリアは、イエスの死と復活の秘義に与った後、教会の神の民と共に祈る共同体の中心となり、聖霊の導きに従って御父のみ旨に従い続けた。天の栄光にあげられた被昇天の後も、地上を旅する罪深い人類のために祈り、神の恵みをとりなし、イエスによる救いのみ業へと導いている。カトリック教会は、マリアの生涯に聖性の表れとして教義を重ね合わせながら、心の拠りどころとしてマリアに深い崇敬を表すのである。

アウグスティヌスの聖母神学は、神の恵みに満たされたマリアの信仰が、キリストとの結びつきの中で自らの聖性を輝かせたというものであった。「恩恵は自然を破壊せず、むしろ完成する」というアウグスティヌスの恩恵論は、トマスのスコラ神学的恩恵論へと引き継がれ、トマスで完成を見ることになった。トマスもアウグスティヌスと同様に、人間救済における恩恵の絶対性を主張したが、トマスにおいて特徴的なものは、哲学的恩恵理解に則った神の似姿性の回復に向かう人間自身の、行為の主体性の強調であった。トマスは基本的に、アウグスティヌスのマリア神学を継承したが、トマスは特に、マリアの完全な聖性、および救いの歴史における役割をマリア神学の基本原則と捉えつつ、その中心を絶対的にイエス・キリストに置いていた。トマスがマリアの無原罪性を否定したのは、マリアの威厳ではなくイエスの尊厳を保つためであった。

ラーナーは、トマスのスコラ主義恩恵論を人格的で実践的な言葉に移し替え、恩恵論の基本原理を「超自然的神の恩恵は全ての自然を包んでいる」とする普遍的・現実的恩恵論を提示した。キリストの自己譲与による普遍的救済の業は、キリストを信じない人、無神論者も含めて全ての人に向けられていると捉えた点が、ラーナーの恩恵論の大きな特徴である。ラーナーは、マリアのうちに、神の恵みに満たされ、救われ、義とされた人間の典型を重ね、恩恵論の頂点にマリアを置いたが、恵みによるマリアの神のみ旨の受諾こそ、全人類に神の生命への超自然的参加を開いたと理解した。

超自然的神の恵みが全ての自然を包んでいるというカトリック教会の現代の恩恵論は、東方正教会においては神化と表現される。東方教会における神化とは、人間本性が神の本性に転換するのではなく、救いの恵みに与ったキリスト者が、神の存在領域に組み込まれることを意味する。神化に救済論の絶対的価値を置く東方正教会にとって、「生神女マリア」は、神の恩恵によって選ばれた一人の人間であり、カトリック教会が示す「無原罪の御宿り」や「聖母被昇天」といったマリアに対する特権を受け入れることはできない。東方正教会は、カトリック教会同様に、マリアに働く恩恵を最重要視するものの、神化の思想に基づいて、恩恵論の主体をマリア自身ではなく、マリアを恵みで満たす神に置く点がカトリック神学との大きな違いであろう。

「信仰義認論」によって、カトリックの恩恵論に真っ向から対立したのがルターである。ルターによれば、義認は罪の汚れに染まった人間に対する神からの赦し、受け入れ、愛の癒しを通して神から与えられる無償の賜物であり、キリストの救いのみ業による救済への信仰によって、神から与えられるものである。そのため、キリストの内に受肉した神のみことばこそ、神の恩恵であるとルターは考えた。ルターは、マリアの聖化がマリア自身の業によるものではなく、キリストの救いの恩恵のみによるものとして、「無原罪の聖母」と「聖母被昇天」の二つの教義を徹底して否定した。ルターにとってのマリア崇敬は、キリストの救いのみ業を中心に置いたマリア神学、イエスの功徳による救いのみ業をとりなすマリア、業によらず神の恩恵によって祝福されたマリアへと向けられていたからである。

以上、カトリック教会、東方正教会、プロテスタントにおける恩恵理解とマリアの人間観の違いを論じてきたが、諸教派の間で緊張を生み出す原因となっているカトリック教会のマリア崇敬のあり方について、「原点回帰」と「現代化」を求められているように思う。

まず、マリア崇敬の原点回帰について、『教会憲章』(66)は、マリア崇敬が神の恩恵によってキリストの諸神秘に関わった母マリアに対する崇敬であることを強調する。マリア崇敬の中心にはキリストの秘義があり、マリアへの崇敬が、子が正しく知られ、愛され、讃えられ、そのおきてが守られるためのものであるという原点に立ち戻らなければならない。そのために、典礼によるマリア崇敬に相応しく励み、マリアに対する過度の崇敬を避け、諸教派の兄弟たちと他の全ての人々を教会の真の教えに関して誤りに陥れることのないよう勧告している。

さらに、マリア崇敬の現代化については、ラーナーが現代の恩恵論として特に強調した、キリストを信じない人々、無神論者にも開かれた超越的なものを志向する人間の「超自然的実存規定」に従って、全人類の救いの実現のために、一人ひとりが母マリアの取り次ぎを祈りながら、マリアへの崇敬をそれぞれの立場で実践することである。処女であり神の母であるマリアの尊厳を敬虔に認める「崇敬」、母として、天の元后として恵みをとりなすマリアへの「懇願の祈り」、そして、マリアの徳に倣う「奉献」という三つの崇敬は、キリスト者のみならず、全ての人の救いのために、全ての人に開かれたマリア崇敬である。

第1章結論

まず第1節では、マリア自身をより深く現実的に理解するために、マリアの「御心」に注目した。「心」はその人の内奥や心に映る物事の本質まで明らかにするからである。マリアの御心を通して、救い主キリストの聖心との関係性の中から、救いの協力者マリアの御心の真意を理解できると期待した。

マリアの御心崇敬とは、剣で刺し貫かれたマリアの御心という物質的な対象物に留まらず、マリアの汚れのない御心に宿る愛と慈しみに向けられている。マリアの御心の愛こそ、まさに、汚れなき御心に映し出されたイエスの聖心の愛そのものである。それは、マリアが、キリストによる救いの協力者として神の恵みを与えられ、全人類の救いのために人々にキリストの恵みをとりなす特別な使命を果たすために、イエスの聖心と同じ心で神と人を愛したことによるものである。

私たちは、マリアの御心崇敬における奉献と償いの実践によって、マリアの御心を通してキリストの救いのみ業に与ることができる。私たちがマリアの汚れなき御心を崇敬する時、マリアもまた自身の汚れなき御心に宿る愛を通して、私たちと共に償いの祈りを捧げ、キリストの十字架に合わせて私たちと共に自己を奉献しながら、救い主イエスのもとへ人々を導き続けるのである。

こうした御心崇敬の本質に基づいて、教皇ピオ一〇世から「イエスとマリアのみ心の崇敬の父、博士、使徒」と称されたユードは、マリアの御心崇敬の根拠を、神の母、救いのみ業の協力者に相応しいマリアの謙遜、清さ、愛、慈愛に満ちた御心に見た。ユードにとって、マリアの汚れなき御心に宿る慈愛は、神と人々への愛に満ちたイエスの聖心の映しであった。典礼を通してマリアの御心崇敬を秘跡へと高め、イエスの聖心崇敬との深い結びつきに神学的根拠を与え、後の教導職を通して世界がマリアの汚れなき御心に奉献されるきっかけを作ったことは、ユードの遺した偉大な功であった。

さて、聖書はマリアの御心を、キリストの十字架の受難に合わせて受けるべきマリアの霊的苦難に結びつけている。このことはすでにシメオンによって予告されており（ルカ2・35参照）、マリアは日常生活の中で御子を通して示される神の啓示を、不可解ながらも信仰のうちに受け入れ、心に思い巡らしていた（ルカ2・19、51参照）。全人類の救いという神のみ旨だけを求めて、御子キリストと共に十字架に向かうマリアの御心は、神と人々に対する愛と慈しみ、神のことばを聴くための清さ、神のみ旨に従う謙虚さに満ちていた。マリアは初めから完成された人、完全な信仰者だったのではなく、私たちと同じ一人の人間として、イエスの十字架上の死に向かうまでの精神的苦悩（ルカ2・35参照）を、心に納めながら（ルカ2・19、51参照）、御父のみことばに信仰をもって従い続ける中で、恵みによってより完全になっていったのである。イエスの死と復活こそ、マリアの御心を変容させたと言えるだろう。

ところで、マリア崇敬のきっかけは、マリアが「恵みに満ちた方」（ルカ1・28、30）であるという事実に基づいている。パウロ神学が意味するところのキリスト教的人間観、すなわち「神の似姿」として創造された人間観は、恵みに満たされたマリアの人間観そのものと言えるだろう。

一方、人間に働く恩恵は罪との関係性において理解される。パウロは「世」、「世界」、「肉」（σάρξ）という言葉を用いて、世に支配され、罪の支配下で翻弄している人間の姿を重ねた。罪の支配下にある「肉」（σάρξ）なる人間の救いのために、神は恵みとしての「霊」（πνεῦμα）を送って無償で義とし、人間をキリストに属するものとした。パウロは、マリアのうちに、神の似姿性を失った人類の救いのために恵みをとりなし、復活の栄光に導く母マリアの姿を重ねた。こうして罪深い人間は、恵みに満ちたマリアのとりなしによって神の似姿性を回復し、再創造され、救いの神秘に与る者となったのである。

マリア崇敬は本来、民間信心として始まったものであるが、聖書や典礼、マリア神学などの神学的裏付けが徐々に加えられるようになった。まず、聖なる処女「神の母」で明らかになったのは、神であるイエスが真の人間となるためには、母マリアの生物学的意味での母体と処女体を介して生まれなければならなかったということである。さらに、聖なる処女「神の母」マリアの母性と処女性は、神からの特別の選びによって聖霊を通して与えられた恵みの先行と、神の招きに対するマリアの信仰による従順の応え“*fiat*”によって実現したということである。こうして、母性と処女性を通して完全に神のものとなって、父と子と聖霊の交わりに招き入れられたマリアは、全人類の救済のみ業に参与し、キリストの恵みを人間にとりなす役割を果たした。

神は、マリアを最も優れた被造物として愛し、「神の母」としてキリストの救いのみ業に協力する特別の使命を与えるために、マリアの存在の最初の瞬間から彼女に完徳の恵みを与え、恵みによって原罪の汚れから解放して聖性で満たした。これがマリアの処女母性であり、無原罪性であり、地上で果たした救いのみ業への徹底的な奉献に対する神からの報いとして、マリアに開かれた復活の栄光に与る「被昇天」である。

「無原罪の御宿り」と「聖母被昇天」の教義は、先述の「恵みに満ちた方」というマリアの人間観の実りとして宣言されたものであるが、カトリック教会からの神学的根拠の提示が充分でなかったために、教義宣言される以前から現代にいたるまで、マリアの威厳を保つのか、あるいは、救い主イエスの尊厳を保つのかの論争により、諸教派間、あるいはカトリック教会内においても緊張関係の中に置かれてきた。しかし、ドン・スコトゥスが、マリアもイエスの救いのみ業に与って原罪の汚れからあらかじめ守られたとする見解を与えたことで、「無原罪の御宿り」におけるイエスの尊厳もマリアの威厳も守られることになった。さらに、ラーナーの超自然的実存規定により、マリアの無原罪性は全ての人々に向けられ、宗教や教派を超えてキリストの救いのみ業に与る恵みが開かれた。

最後に取り上げたマリア神学「恵みのとりなす方」も、マリアの人間観そのものである。マリアは自分が受けた恵みを人々にとりなすことで、イエスの救いのみ業に参与することができる。私たちの救いのためにイエスの恵みをとりなし、私たちの祈りを御父に取り次ぐマリアの仲介なしに、罪深い私たちは恵みに応えることはできない。

以上四つのマリア神学は、聖書を根拠として、初代教会のキリスト者の間から信仰形態として生まれ、長い時間をかけて深められ、やがて教会によって定義されたものである。マリア神学の真髄に流れるのは、救いの歴史におけるキリストの神秘であり、子の功績によって崇高な仕方で贖われ、深い絆で子に結ばれ、神の子の母となる最高の役割と尊厳を与えられたマリア（LG53参照）に対するキリスト者からの敬慕の表れとしての敬称と言える。四つのマリア神学は全て、御父のみ旨に従って御子が恵みとして与える、全人類の救済のみ業への参与へと向けられたものである。キリストと教会の救いの神秘の中でこそ、マリア神学の本質が生かされるのである。

以上の通り、第2節では四つのマリア神学の概要について論述したが、第3節では、「無原罪の御宿り」を巡るプロテスタントと東方正教会からの主張に注目し、マリアの人間論を通して恩恵と罪理解のカトリックとの違いを明らかにした。

「神の恵みに満たされた方」は、マリアの霊性と人格を象徴するマリアの根本的人間観であり、カトリック教会の恩恵論の中心である。神からマリアに与えられた恩恵は、人祖が神から離反したことによって、原罪を身に負うことを運命づけられた全人類を救うために、キリストの救いのみ業に協力するという唯一の目的に向けられていた。カトリック教会は、恩恵に満ちたマリアに特別の崇敬を示す。キリストとの結びつきの中で、神の恵みに満たされ、神への信仰を貫いたマリアに恩恵の源を見ていたアウグスティヌスは、「超自然的恩恵は自然を包む」という中世恩恵論を示し、恩恵の無償性とその重要性を強調した。トマスは基本的に、アウグスティヌスのマリア神学を継承したが、トマスは特に、マリアの完全な聖性、および救いの歴史における役割をマリア神学の基本原則と捉えつつ、その中心を絶対的にイエス・キリストに置いていた。このため、トマスは「無原罪の御宿り」の教義を否定した。

ラーナーは、新スコラ主義恩恵論を人格的で実践的な言葉に移し替え、現代の恩恵論の基本原理を「超自然的神の恩恵は全ての自然を包む」という普遍的で現実的な恩恵論を示した。ラーナーは神の恵みに満たされたマリアの人間観を、カトリック教会の恩恵論の頂点とした。ラーナーによれば、神の恵みによるマリアの受諾こそ、全人類に神の生命への参与の道を開いたのである。

カトリック教会と東方正教会の恩恵理解の違いは、恩恵論の主体が受ける側に置かれるのか、あるいは与える側に置かれるのかによって生じるものであることが明確になった。東方正教会は「生神女マリア」に対する崇敬を深く表し、カトリック教会同様にマリアに働く恩恵を最重要視するものの、神化の思想に基づいて恩恵論の主体を、マリア自身にではなくマリアを恵みで満たす神に置いた。

一方、プロテスタントのルターは「信仰義認論」によってカトリックの恩恵理解に真っ向から対立した。ルターによれば、原罪の汚れに染まった人間でさえも、キリストの救いのみ業による救済への信仰によって義と認められ、神の赦しと愛による癒しを受けるというものであった。ルターは、マリアに対してはマリアの業そのものではなくマリアが神から受けた恩恵によって祝福された人としてマリアを崇敬した。

マリアを巡る恩恵理解の違いから、諸教派の間に起こる摩擦を緩和するためにも、カトリック教会は、第二バチカン公会議が示した真のマリア崇敬、すなわち、マリア崇敬の中心にはキリストの秘義があり、マリアへの崇敬が、子が正しく知られ、愛され、讃えられ、そのおきてが守られるためのものである（LG66参照）というマリア崇敬の原点に絶えず立ち戻る必要性がある。さらに、ラーナーの「超自然的実存規定」理解に基づいて、現代の教会と社会の要請に応えた実践的マリア崇敬を行うことが求められる。

こうして第1章で問題提起した、御父がイエスの聖心を通して実現した全人類の救いの御業に、母マリアは汚れなき御心を通してどのように関わり、その役割を果たしたのかに対する答えが明らかになった。

すなわちマリアの汚れなき御心は、イエスの聖心の完全な映しである。マリアはその汚れなき御心に、全ての人の救いのために槍で貫かれたイエスの聖心の痛みと、御父と全人類に注がれた究極の愛を映し出し、イエスと完全に同じ心と思いで全人類の救いのみ業に協力した。キリスト者は、マリアの汚れのない愛の御心に、恩恵の溢れと神への完全な従順による自己奉献、信・望・愛の徳の模範を見る。救いのみ業の協力者マリアが私たちキリスト者に示すこの模範は、キリスト者もまたキリストの恵みに応えて、他者と自分の救いのためにキリストの救いのみ業に協力する招きを受けていることの表れである。キリスト者はマリアの御心崇敬を通して、自己中心的にキリストの聖心を傷つけた自分自身と他者の罪を償い、神のもとへと共に立ち戻りながら、イエスの聖心とマリアの御心にあふれる深い愛と慈しみに倣って、全ての人をキリストの救いの恵みに導くために、自己を無償で奉献するというマリアの御心崇敬の意義が明確になった。その結果、マリア崇敬の究極目的がマリア自身に向かうのではなく、マリアを通して子であるイエスが正しく知られ、愛され、讃えられ、そのおきてが守られるようにすること（LG66参照）であることが明らかになった。

マリアの御心の「汚れなさ」がイエスの聖心を映し出す混じりけの無さ、神と人々に向けられる純粋で完全な慈愛を表すことについては既述した通りである。マリアの汚れなき御心は、その汚れなさゆえにイエスの聖心を映し出す鏡、イエスの燃える愛の聖心を心として追体験する同じ心である。そこで、第2章では、マリアの御心崇敬の基盤にあるイエスの聖心崇敬にフォーカスを当てて、教導職の教えからイエスの聖心崇敬の神学的根拠を明確にした上で、マリアの御心崇敬とイエスの聖心崇敬にはどのような神学的関係性が成り立つのかを論述していくことにする。

註

（1）カトリック中央協議会 司教協議会事務部広報課「カトリック教会現勢二〇一九」(https://www.cbcj.catholic.jp/japan/statistics/　閲覧日二〇二〇年九月四日)。

（2）同アンケートの趣旨は、現代の日本のカトリック教会において、マリアの御心崇敬がどの程度、どのような立場のカトリック信者の間に浸透しているか、さらに、現代のカトリック教会の抑圧や差別の意識の現状を把握するために、八〇名の信徒、司祭、修道者、志願者・神学生を対象にアンケートを行い、六八名（回答率85％）から回答を得た。設問と結果は次の通りであった。

1．あなたのカトリック教会での受洗はいつですか。

①幼児洗礼52％、②成人洗礼48％

2．あなたのカトリック教会における立場は何ですか。（　）内はどちらかに○をつけて下さい。

①信徒60％、②司祭・助祭8％、③修道者29％、④志願者・神学生3％

3．神学者R・R・リューサーは、『マリア――教会における女性像』（加納孝代訳、新教出版社、一九八三年）の中で、現代の教会は抑圧されている人々の代表であり、その人々がキリストの十字架の死に至るまでの謙遜によって解放され、真の人間性を回復されるべきであると述べています。

(a)あなたは現代の日本のカトリック教会全体を見た時に、弱者への抑圧があると感じますか？

①大いに感じる19％、②時々感じる49％、③あまり感じない22％、④全く感じない10％

(b)①～③と答えた人にお尋ねします。抑圧された弱者とは主にどのような方々ですか？

①女性17％、②外国籍の方25％、③高齢者15％、④若者、子ども13％、

⑤その他（LGBT、障害者、教会から離れた人、離婚者、個性的な人など）30％

(c)現代の日本のカトリック教会の中に抑圧があるとすれば、抑圧されている人が解放されるために、あなた自身が取り組んでいること、あるいは、取り組みたいと思うことがありますか？　回答は本稿241―242頁。

4．聖母マリアは御子イエスの救いのみ業に与り、抑圧された人々の解放に協力されました。

(a)あなたにとってマリア崇敬や信心（ロザリオの祈り、聖母マリアへの祈り、聖母月やロザリオの月の祈り、聖マリアへの連祷、マリアの御心崇敬など）は身近なものですか？

①非常に身近なものである69％、②どちらかといえば身近なものである25％、③あまり馴染みがない６％、④全く馴染みがない０％。本稿48頁参照。

(b)あなたは「マリアの御心」から何をイメージしますか？

①慈愛44％、②抑圧からの解放５％、③剣で貫かれるほどの心の痛み18％、④イエスの聖心13％、⑤不偏心６％、⑥その他15％（母性愛、恵みの仲介者、強さ、救いの御業の協力者など）

(c)あなたは、イエスの恵みをとりなす聖母マリアの助けを実感したことがありますか？

①ある78％、②特にない22％

(d)①「ある」と答えた人にお尋ねします。それはどのような時ですか？　回答は本稿20―21頁。

（３）J. F. Murphy, "Immaculate Heart of Mary" in *New Catholic Encyclopedia*, vol. 7, (Washington D.C.: Thomson Gale, [2]2003), p. 337.

（４）教皇庁教理省『ファティマ 第三の秘密』カトリック中央協議会、二〇〇一年、一八―一九頁。

（５）J. M. Alonso, "Cuore Immacolato", in *Nuovo Dizionario di Mariologia*, a cura di S. de Fiores e S. Meo, (Borgano Torinese: San Paolo, 1986), p. 402.

（６）*Ibid.*, pp. 402-403.

（７）ヘルマン＝ヨゼフ・レーリク「神化――救済論のエキュメニカルなキーワード」（宮井純二訳）『神学ダイジェスト』94号（二〇〇三年）、五七頁。

（８）J. M. Alonso, op. cit., pp. 403-404.

（９）教皇ピオ一二世回勅『メディアトル・デイ』小柳義夫訳、あかし書房、一九七〇年、一一二頁。

（10）同回勅邦訳に用いられる「祭礼　Sacra Liturgia」は、ミサ、秘跡全てを含む教会全体の公的な礼拝行為一般をさす。これに対して、「典礼　Liturgia」は、具体的な行為、特定の様式・形式を表すのに用いられている（同書、八―九頁）。

（11）ダイトン大学国際マリア研究所（University of Dayton-International Marian Research Institute）のホームページによれば、ユードとその後継者による聖母の御心の祝日は、一六四三年二月八日であったことが、次のように記されている。"Even two decades before the first liturgical celebrations in honor of the Heart of Jesus, St. John Eudes and his followers observed February 8th as the feast of the Heart of Mary as early as 1643."（https://

udayton.edu/imri/mary/i/immaculate-heart-of-mary-devotion.php　閲覧日二〇一九年六月二二日）。

（12）J. M. Alonso, op. cit., p. 404.

（13）*Ibid.*, p. 405.

（14）*Ibid.*, p. 399.

（15）C. Maggioni, *Benedetto il del tuo grembo. Due millenni dei pietà mariana*, (Cassale Monferrato : Portalupi Editore, 2000), pp. 171-174.

（16）次の原文からの私訳。“Verumtamen, quamquam Ecclesia Sacratissimi Cordis Iesu cultum tanta semper in aestimatione habuit et habet, ut eum ubique gentium vigere et in populos christianos quovis modo propagari curet, itemque adversus Naturalismi et Sentimentalismi, ut aiunt, commenta omni ope eum tutari enitatur, nihilo secius valde dolendum est, praeteritis temporibus ac nostra quoque aetate, nobilissimum hunc cultum non in eodem honoris aestimationisque loco esse apud christianos nonnullos, atque interdum apud eos etiam, qui se catholicae religionis adipiscendaeque sanctitatis studio animatos esse profiteantur.” (Pius PP. XII *Haurietis Aquas*)

（17）J. M. Alonso, op. cit., pp. 400-401.

（18）*Ibid.*, p. 405.

（19）DS3926. 原文：Quo vero ex cultu erga augustissimum Cor Iesu in christianam familiam, imo et in omne genus hominum copiosiora emolumenta fluant, curent christifideles, ut eidem cultus etiam erga Immaculatum Dei Genetricis Cor arcte copuletur. Cum enim ex Dei voluntate in humanae Redemptionis peragendo opere Beatissima Virgo Maria cum Christo fuerit indivulse coniuncta, adeo ut ex Iesu Christi caritate eiusque cruciatibus cum amore doloribusque ipsius Matris intime consociatis sit nostra salus profecta, congruit omnino ut a christiano populo, quippe qui a Christo per Mariam divinam vitam sit adeptus, post debita erga Sacratissimum Cor Iesu exhibita obsequia, etiam Cordi amantissimo caelestis Matris adiuncta pietatis, amoris, grati expiantisque animi studia praestentur. Cui quidem sapientissimo suavissimoque Dei Providentis consilio omnino concinit memorandus e consecrationis ritus, quo Ipsimet Ecclesiam sanctam itemque universum terrarum orbem Intaminato Cordi Beatae Mariae Virginis sollemniter dicavimus ac devovimus (cf., A.A.S.

XXXIV, 1942, p. 345).

(20) The Holy See, Congregation for Divine Worship and the Discipline of the Sacraments, *Directory on Popular Piety and the Liturgy – Principles and Guideline*, 2001（http://www.vatican.va/roman_curia/congregations/ccdds/documents/rc_con_ccdds_doc_20020513_vers-diretorio_en.html　閲覧日二〇一九年六月一三日）。

(21) 次の原文からの私訳。“The continuity of both celebrations is in itself a liturgical sign of their close connection: the mysterium of the Heart of Jesus is projected onto and reverberates in the Heart of His Mother, who is also one of his followers and a disciple. As the Solemnity of the Sacred Heart celebrates the salvific mysteries of Christ in a synthetic manner by reducing them to their fount, the Heart of Jesus, so too the memorial of the Immaculate Heart of Mary is a celebration of the complex visceral relationship of Mary with her Son's work of salvation: from the Incarnation, to his death and resurrection, to the gift of the Holy Spirit.”

(22) A. Sand, *καρδία*,『ギリシア語新約聖書釈義事典Ⅱ』荒井献、Ｈ・Ｊ・マルクス監修、教文館、一九九四年、三〇二頁。

(23) 新約聖書における *καρδία* の意味については、ギリシア語聖書 BGT（*Bible Works*）を参照。

(24) J. M. Alonso, op. cit., p. 401.

(25) 嶺重淑『ＮＴＪ新約聖書注解　ルカ福音書』日本キリスト教団出版局、二〇一八年、九八頁。

(26) リチャード・アラン・カルペパー『ＮＩＢ新約聖書注解４　ルカによる福音書』太田修司訳、ＡＴＤ・ＮＴＤ聖書註解刊行会、二〇〇二年、八六頁。

(27) メルガ・メルツァー＝ケラー「ルカ福音書のマリア――信仰の模範、弟子の典型、希望のしるし」（別宮幸徳訳『神学ダイジェスト』92号（二〇〇二年）一一九―一二〇頁。

(28) A. Sand, *Φυχή*, 前掲書、五五四頁。

(29) メルガ・メルツァー＝ケラー、前掲書、一二三頁。

(30) 同書、一二三―一二七頁。

(31) Joseph Ratzinger, “‘Du bist voll der Gnade’: Elemente biblischer Marienfrömmigkeit” (1988), in Joseph Ratzinger and Peter Henrici, ed. *Credo: Ein theologisches Lesebuch* (Cologne: Communio, 1992), pp. 103-116. 英訳版：Joseph Ratzinger, “‘Hail, Full of Grace’: Elements of Marian Piety According to the Bible” in *Mary,*

The Church at the Source, Vatican: Libreria Editrice Vaticana, 1997, pp. 61-79.

(32) *Ibid.*, p. 76.

(33) 善きサマリア人のたとえ（ルカ10・25―37）をはじめ、イエスがたびたび福音の中で用いたギリシア語の「スプランクニゾマイ　σπλαγχνίζομαι」は本来、はらわたが引き絞られるほどの痛みを伴う深い愛を意味し、「憐れに思う feel compassion」と訳される。

(34) International Theological Commission, Sensus Fidei in the Life of the Church no.64, June10, 2014.（http://www.vatican.va/roman_curia/congregations/cfaith/cti_documents/rc_cti_20140610_sensus-fidei_en.html　閲覧日二〇二〇年一月一五日）。

(35) アンケート結果については註2参照のこと。

(36) 教皇ヨハネ・パウロ二世はロザリオの年を記念して、キリストの公生活中の主な出来事を黙想するために、ロザリオの三つの神秘に「光の神秘」を新たに加えた。

(37) C. J. Chereso, "Image of God", in *New Catholic Encyclopedia*, vol.7,（Washington, D.C.: Thomson Gale, ^{2}2003), p. 322.

(38) トマス・アクィナス『神学大全』（3）山田昌訳、創文社、一九七四年、第三五問題、第一・第二項。『神学大全』（7）高田三郎・山田昌訳、創文社、一九六五年、第九三問題、第一c第二項。

(39) 堀田雄康「ヨハネの『ロゴス』とパウロの『神の像』」『神学ダイジェスト』30号（一九七三年）七―一八頁。

(40) 『神学大全』（7）、前掲書。

(41) E・ブルンナー『ブルンナー著作集3　教義学Ⅱ　創造と救贖についての教説』佐藤敏夫訳、教文館、一九九七年、七二―七三頁。

(42) 同書、七四頁。

(43) 朴憲郁「パウロの人間論――ローマの信徒への手紙7章を中心に」『罪と恵み――神の前に立つ人間』岩島忠彦・井上英治編、サンパウロ、一九九六年、四六―六七頁。

(44) 片岡小一郎編『聖母崇敬史大要』中央出版社、一九五四年、一九―三八頁。

(45) エイレナイオスの「第二のエバ」思想は『異端反駁』第三巻二二・三―四に描かれている。それによれば、アダムは「来たるべき方の予型」であり、新しいアダムであるイエスは、アダムから拡がった全ての民族、および人間の全ての言語と「諸世代」をアダムその人とともに、自らのうちに再統合する方、第二の結びで第一のものを解放する方である。同様に、新しいエバ、マリアも、エバへの回帰現象によって、エバが不信仰によって縛ったものを、新しいエバが信仰によって解いたという考えを示した。「第二のエバ」に関するエイレナイオスの特徴は、「神が人祖の罪と死に服するのを許したのは、より大きな善を引き出すため」という考えに基づいて、否定的に理解される創世記の記述を、神の人祖に対する好意と捉えた点にある（エイレナイオス『キリスト教教父著作集第3巻Ⅰ』小林稔訳、教文館、一九九九年、一一六―一一七、一三六頁）。

(46) デンツィンガー・シェーメンメッツァー『カトリック教会文書資料集（改訂版）』浜寛五郎訳、エンデルレ書店、二〇〇二年。（以下、DS）

(47) E. R. Carroll, op. cit., p. 266.

(48) *Ibid.*, p. 268.

(49) *Ibid.*

(50) *Ibid.*, p. 269.

(51)「フランス派」とは、一七世紀のフランス宗教精神の黄金時代を意味する。「『新しい敬虔（Devotio moderna）』またはドイツ神秘思想の多くの要素がフランスへ流入し、広い層にわたって受け入れられるようになった。それらは、歴史上稀なほど高い才能と宗教性をもつ一七世紀の人の精神の糧とされ、あるいは彼らによってさらに別の形でつくり変えられた。このようにして、ガリカニズム的宮廷司教や国王から知行を受ける聖職者の世紀に、驚くほど深い宗教的精神性が刻み込まれ、一七世紀はその意味で〈偉大な世紀〉となった」。フランス派（Ecole française）の四巨頭としては、ベリュル、コンドラン、オリエと並んでジャン・ユードがあげられる（ヘルマン・テュヒレ他『キリスト教史6　バロック時代のキリスト教』上智大学中世思想研究所編訳／監修、平凡社、二〇〇六年、四二、五五、一〇五頁）。

(52) マリアニスト、汚れなきマリアのオブレート会、クラレチアン会、スクート会など。

(53)「天の元后マリア」の当初の祝日は五月三一日であったが、一九六九年に八月二二日に移動され現在に至る。

(54) E. R. Carroll, op. cit., p. 270.

(55) *Ibid.*, pp. 270-271.

(56) ファン・レアル「イエスの母がいた」（中村徳子訳）『神学ダイジェスト』33号（一九七四年）二一七―二一八頁。

(57) Sub Tuum praesidium:『ローマ聖務日課』(Breviarium romanum, 1568) 聖母マリアの小聖務日課第一晩課の交唱「天主の聖母のご保護に」より。

(58) ヤロスラフ・ペリカン『聖母マリア』関口篤訳、青土社、一九九八年、八八―八九頁。

(59) 次の原文からの私訳。"Sub tuum praesidium confugimus, Sancta Dei Genetrix. Nostras deprecationes ne despicias in necessitatibus nostris, sed a periculis cunctis libera nos semper, Virgo gloriosa et benedicta."

(60) 以下 DS は原文まま。

(61) いとも恵み深い処女マリアに思い起こし (Memorare) を祈願する祈りの一つの形としては次のようなものがある。"Memorare, O piissima Virgo Maria, non esse auditum a saeculo, quemquam ad tua currentem praesidia, tua implorantem auxilia, tua petentem suffragia, esse derelictum. Ego tali animatus confidentia, ad te, Virgo Virginum, Mater, curro, ad te venio, coram te gemens peccator assisto. Noli, Mater Verbi, verba mea despicere; sed audi propitia et exaudi. Amen."
私訳。「おお、いとも恵み深い処女マリアよ、あなたのご保護のもとに逃れ、あなたの助けを求め、あなたのとりなしを求めた人が取り残されることは決してないことを、誰もが知っていることを忘れないでください。おお、私の母、処女マリアよ、私はこのことを確信してあなたのもとへ飛んで行きます。あなたのもとに私は参ります。あなたの前に、罪深く悲しみに満ちて私は立ちます。受肉したみことばの母よ、私の願いをかえりみ、あなたの憐れみをもって私に耳を傾けて、私に答えて下さい」。

(62) ペリカン、前掲書、一五六頁。

(63) 私訳。Rahner, Karl. *Maria, Mutter des Herrn: theologische Betrachtungen*, Freiburg: Herder, 1957 p. 58.

(64) 私訳。S. De Fiores, *Maria nella teologia contemporanea*, (Rome: San Paolo, [3]1991), pp. 447-450.

(65) *Mary, The Church at the Source*, op. cit., pp. 31-33.

(66) トマス・アクィナス『神学大全』(32) 稲垣良典訳、創文社、二〇〇七年、第二七問題、第二項 (二)、九一一〇頁。原文：si nunquam anima beatae virginis fuisset contagio originalis peccati inquinata, hoc derogaret dignitati Christi, secundum quam est universalis omnium salvator. …Sed beata virgo contraxit quidem originale peccatum, sed ab eo fuit mundata antequam ex utero nasceretur. (Cf., T. Aquinas, *Summa Theologiae Tertia Pars, 1-59*, vol.19, Trans. L. Shapcote, Ed. J. Mortensen and E. Alarcòn, Lander, Wyoming: The Aquinas

Institute for the Study of Sacred Doctrine, 2012, p. 285.)
（67）同書、第二七問題、第二項、八―九頁。
（68）同書、一四六、一四七頁。
（69）ペリカン、前掲書、二六〇―二六一頁。
（70）DS2801.
（71）J・H・ニューマン『聖母マリア――第二のエバ』日本ニューマン協会編訳、教友社、二〇一三年、一二〇―一二一頁。
（72）同書、四〇―四一頁。
（73）カール・ラーナー『キリスト教とは何か』百瀬文晃訳、エンデルレ書店、一九九三年、一六頁。
（74）私訳。*Maria, Mutter des Herrn*, op. cit., pp. 47-48.
（75）DS3901。
（76）DS3900。
（77）私訳。*Maria, Mutter des Herrn des Herrn*, op. cit., pp. 92-93.
（78）アンリ・ド・リュバック『永遠に女性的なるもの』山崎庸一郎訳、法政大学出版局、一九八〇年、一五七頁。
（79）ヨハン・バプティスト・メッツ「カール・ラーナー――人間の神学的名誉のための闘い」『神学ダイジェスト』78号（二〇〇三年）、九四―九五頁。
（80）ラーナーの用いる特殊用語「神の救済意志　Heilswille Gottes」とは、あらゆる人間の救いを望む神の意志である。ラーナーによれば、神の自己譲与の普遍的な提供を意味し、カトリック神学はこの普遍性を強調する。すなわち、神は永遠において人間に自己を譲与すべく意志され、この意志において人間を創造されたのであり、人間の罪科もこの神の救済意志を破壊しない。むしろ神はすでにキリストにおける救いのみ業をも、この救済意志に包含することを意味する（『キリスト教とは何か』前掲書、一六頁）。
（81）私訳。S. Meo, “Mediatrice”, in *Nuovo Dizionario di Mariologia*, a cura di S. de Fiores e S. Meo, (Roma: San Paolo, 1986), p. 840.
（82）私訳。*Maria, Mutter des Herrn*, op. cit., p. 105.
（83）*Ibid.*, p. 102.

（84）S. J. Dutty, “Grace”, in *The Modern Catholic Encyclopedia*, ed. M. Glazier and M. K. Hellwig,（London: Gill & Macmillan, 1994）, pp. 349-350.

（85）*Ibid.*, p. 350.

（86）アウグスティヌス『アウグスティヌス神学著作集』（『キリストの恩恵と原罪』）金子晴勇・小池三郎訳、教文館、二〇一四年、六九四―七〇〇頁。

（87）金子晴勇『アウグスチヌスとその時代』知泉書館、二〇〇四年、一五―一六頁。

（88）同書、二一〇―二一一頁。

（89）アウグスティヌス『アウグスティヌス神学著作集』（『恩恵と自由意志』）金子晴勇・小池三郎訳、教文館、二〇一四年、四九三頁。

（90）『神学大全』（32）、前掲書、一一八―一二〇頁。

（91）原文：Beata Maria（Iesum）quem credendo peperit, credendo concepit...illa fide plena et Christum Arius mente quam ventre concipiens, Ecce, inquit, ancilla Domini, fiat mihi secundum verbum tuum（Lc 1, 38）（S. Augustinus, *Sermo* 215, 4: PL 38, 1074）.

（92）C. Regan, “Grace and Nature”, in *New Catholic Encyclopedia*, vol.6,（Washington, D.C.: Thomson Gale, [2]2003）, p. 411.

（93）S. J. Dutty, op. cit., p. 351.

（94）三谷鳩子『トマス・アクィナスにおける神の似姿論』東北大学出版会、二〇一六年、一五三頁。

（95）トマス・アクィナス『神学大全』（13）高田三郎・山田昌訳、創文社、一九九七年、一六五頁。第三五問題、第二項。原文：Et ideo ad designandam in homine imperfectionem imaginis, homo non solum dicitur imago, sed <u>*ad imaginem*</u>, per quod motus quidam tendentis in perfectionem designatur. Sed de filio Dei non potest dici quod sit ad imaginem, quia est perfecta patris imago.（S. Thomas Aquinas, *SUMMA THEOLOGIAE I Prima Pars, 1-49*, vol.13, The Aquinas Institute for the Study of Sacred Doctrine, Lander, Wyoming, 2012, p. 361.）

（96）Thomae Aquinatis, *Scriptum super libros Sententiarum*. III d.2 q. 1a.1, resp.（J・P・トレル『トマス・アクィナス――人と著作』保井亮人訳、知泉書館、二〇一五年、二七一頁）

（97）佐々木亘『トマス・アクィナスの人間論』知泉書館、二〇〇五年、一七七―一七八頁。

(98) 『神学大全』(32)、前掲書、一一八頁。

(99) トマス・F・オメアラ「ターザン、ラス・カサス、ラーナー――トマス・アクィナスの拡大された恩恵の理論」(別宮幸徳訳)『神学ダイジェスト』89号(二〇〇〇年)三六頁。

(100) 「創造されざる恩恵」とは、恩恵の原点、恩恵そのものとして、ご自分を贈与される神ご自身のことである。他方、「創造された恩恵」とは、恩恵を受けたものがその結果として被造次元に働き出す善い実などの意味をなす(コルネリウス・ケッペラー「カール・ラーナー恩恵論の核心――アンリ・ド・リュバックとの対比において」光延一郎訳『神学ダイジェスト』100号(二〇〇六年)九六頁)。

(101) K. Rahner, *Theological Investigations* vol.1, Trans. by C. Ernst, (Darton: Longman & Todd, 1974), p. 334.

(102) 『キリスト教とは何か』、前掲書、七九―八二頁。

(103) 同書、一六〇頁。

(104) 百瀬文晃「カール・ラーナーの神学と日本」『神学ダイジェスト』100号(二〇〇六年)三一頁。

(105) 『キリスト教とは何か』、前掲書、二九三頁。

(106) 私訳。K. Rahner, *Nature and Grace*, trans. Dinah Whart, (London: Sheed and Ward, 1968), pp. 23-24.

(107) 『キリスト教とは何か』、前掲書、一五八頁。

(108) 同書、一七二頁。

(109) ヘルマン=ヨゼフ・レーリク、前掲書、一五頁。

(110) 久松英二『ギリシア正教　東方の智』講談社、二〇一二年、一〇三―一〇四頁。

(111) ヘルマン=ヨゼフ・レーリク、前掲書、二二頁。

(112) 久松、前掲書、一一九―一二九頁。

(113) ニュッサのグレゴリオス『雅歌講話』大森正樹・宮本久雄・谷隆一郎・柴崎栄・秋山学訳、新世社、一九九一年、一九三頁。

(114) 同書、一三四―一三七頁。

(115) 同書、一三八―一五一頁。

(116) ジョージ・キーレンケリィ「信仰による義認」(宮井加寿美訳)『神学ダイジェスト』106号(二〇〇九年)五八頁。

(117) S. J. Dutty, op. cit., p. 351.

（118）江藤直純「義人にして、同時に罪びと」『罪と恵み――神の前に立つ人間』岩島忠彦・井上英治編、サンパウロ、一九九六年、一六二―一六九頁。

（119）澤田昭夫『ルターはマリアを崇敬していたか』教文館、二〇〇一年、八八―八九頁。

第2章　マリアの御心崇敬とイエスの聖心崇敬の関係性

マリアの御心の中心にあるのはイエスの聖心である。マリアの御心崇敬とイエスの聖心崇敬との関係性の神学的根拠を明確にするために、第2章ではまず、イエスの聖心崇敬の本質を明らかにした上で、聖書におけるイエスの聖心の予表（旧約）と表れ（新約）を確認し、聖心崇敬の歴史的起源と発展を概観した後で、教導職によるイエスの聖心崇敬の教えを掘り下げながら、マリアの御心崇敬とイエスの聖心崇敬の関連性について見出だしていきたい。ではまず、イエスの聖心崇敬の本質について見ていくことにする。

第1節　イエスの聖心崇敬の今とその本質

今から二〇年ほど前、筆者はローマ留学中、イエスの聖心に捧げられたある女子修道会に住んでいた。毎年、イエスの聖心の祭日の九日前になると、共同体でイエスの聖心へのノベナの祈りを行っていた。聖体を顕示し、イエスの聖心にまつわる聖書朗読、聖歌、霊的読書、イエスの聖心の連祷、祈願などを通して、槍で刺し貫かれたイエスの愛の聖心を黙想した。イエスの聖心の祭日の前日からはイエズス会の司祭を招いて、イエスの聖心についての講話を聞き、聖心への賛美と感謝を捧げながら祈りのうちに祭日を迎え、荘厳なミサを祝ったものだ。こうして祝うイエスの聖心の祭日は、まさしくイエスの聖心崇敬によって準備され、聖心崇敬を通してイエスの聖心の本質の意味を体験的に味わうことができたように思う。日本にもイエスの聖心に奉献された教会や修道会は多く、イエスの聖心の祭日には荘厳なミサや聖体顕示を通して、イエスの聖心の深い愛を黙想し、聖心への崇敬を表す。

イエスの聖心の祭日に朗読される福音書は、ヨハネの受難の場面である。「兵士の一人が槍でイエスのわき腹を刺した。すると、すぐ血と水とが流れ出た」（ヨハ19・34）。槍で刺されたイエスのわき腹を描いたのが、「イエスの聖心」の絵画である。カトリック教会で最もよく目にするもので、まばゆい後光が広がるその中央には十字架と心臓、心臓には槍に突かれた傷跡と血の跡が描かれ、心臓の周りを一重に編んだ茨の冠が囲んでいる。心臓を差し示す柔和な表情のイエス両手の甲には、十字架磔刑のくぎの跡が描かれている。この心臓こそイエスの聖心であり、傷と血と茨の冠は受難を表し、後光はイエスの復活の栄光を表象していると言われている。

イエスの聖心の絵画は、創造の初めから計画されていた「全人類の救済」という父なる神の望みに愛をもって従い、人類の罪を救い、復活の栄光へと導いたイエスの究極の愛を、槍の貫いた傷と血、茨というパラドックスな描写で表現したものである。イエスの聖心崇敬が現代にいたるまで、カトリック教会の歴代の教導職によって認められ、勧められ、キリスト者に広く浸透しているその理由は、この崇敬がイエスにおける神の愛というキリスト教の本質と見事に調和したものだからであろう。

イエスの聖心の絵画に限らず、カトリック教会にある十字架上のイエスは、イエスの心臓に槍の傷跡、頭には茨の輪、釘付けされた手足の傷が痛々しくも映るが、キリスト者はそこに、イエスの受難と死を超えた復活の秘義と真の愛を見出だし、信仰の原点としている。イエスの聖心も十字架上のキリストの心臓の傷も、キリスト者にとってはキリストの究極の愛に倣って、自己犠牲と償いを通して神と人を愛するための崇敬の対象なのである。

絵画の他に、現代カトリック教会が認めたイエスの聖心崇敬の形態は、聖体の祭日の翌週金曜日の「イエスの聖心の祭日」、「イエスの聖心への連願」、「初金曜日」の信心ミサと償いの聖体拝領、初金曜日の前夜の聖体の前での「聖時間」、「祈祷の使徒会」の諸活動などである。イエスが聖体において受けた全ての辱めを償う日として、イエス自らが制定したイエスの聖心の祭日、九か月続けての初金曜日の信心ミサにおいて、償いの意図で聖体拝領する者に対する特別の恵みの約束、これらは、一六七五年にイエスの聖心の示現を受けた聖マルガリタにイエスが託したものである。

こうしたイエスの聖心崇敬の現代の形態の中に、聖心崇敬の本質を見出だしていくことにする。イエスの聖心崇敬は、イエスの受肉の神秘に端を発する。イエスの受肉については、エフェソ公会議と第二回コンスタンティノープル公会議（五五三年）で正式に決定宣言された、カトリック教会の秘義である。古代教会ではキリスト論争が繰り広げられていたが、その論争に対処するために用いられたのが『レオの第一のトムス』（四四九年）であるが、キリスト単性説の根拠として引用されたイエスの受肉については、次のように記されている。

> したがって二つの本性の固有性を保ちながら、唯一のペルソナに合致されている間に、尊厳は卑しさを、力は弱さを、永遠性は死すべき生命を受け取ったのである。われわれがになっている負債を解くために、普遍の本性が苦しみを受けることができる本性と結合した。……キリストは目に見えないものでありながら見える者となり、……自分を無としたのは、力を失ったからではなく、憐れみの心から出たへりくだりであった。（DS 293）

すでにここに、受肉の神秘が救いの奥義へと方向づけられている。イエスの、受肉の目的は「われわれがになっている負債を解くため」であり、普遍的イエスの神性が、苦しみを受けることができる人性と結合したのである。尊厳と力と永遠性を帯びておられる神の子イエスが、卑しさと弱さと死すべき生命を身に帯びた人間となって、人間が原罪によって受けなければならない罪科を贖ってくださった。イエスのケノーシスは、「憐れみの心から出たへりくだり」であり、死に至るまでの神の人類に対する究極の愛の表れである。

イエスの受肉の秘義を通して示される救い主イエスの燃える愛が、燃える炎、槍で貫かれ茨で覆われたイエスの心臓のイメージで表現されるようになったのは、一六七五年に聖マルガリタが受けたキリストの聖心の幻視に基づいている。イエスの聖心崇敬の歴史的発展の詳細については後述する。

ピオ一二世は回勅『ハウリエーティス・アクアス』の中で、イエスの聖心崇敬についての二つの明確な神学的根拠を示した。イエスの聖心崇敬の第一の理由は、イエスの心臓が人間の最も崇高な部分として、神であるみことばと位格的に結合していることから、教会は人となった神の御子を礼拝するとともに、イエスの心臓に崇敬を表さなければならないからである。第二の理由としては、この心臓がキリストの御体の他のどの部分よりも、人類に対する無限の愛を象徴する自然のしるしとなっているからである。これはちょうど、イエスの聖心についての教皇レオ一三世の回勅『アンヌム・サクルム』で、「キリストの愛に応じて愛し合うように促す限りない愛のいきいきとした象徴が、聖心のうちに見られる」と指摘した通りである。

『アンヌム・サクルム』によれば、イエスの聖心崇敬の本質は、私たち人類がイエスの聖心に倣って、聖心に自己を奉献し、聖心に対する尊敬、奉仕、愛を表し、聖心に示される無限の愛に促されて互いに愛し合うことである。『ハウリエーティス・アクアス』の言葉を借りれば、イエスの聖心崇敬とは、キリスト者がイエスの聖心崇敬の本質である神の愛に対して礼拝し、感謝し、模倣することによって、神と隣人をその完成と結実に至るまで愛することであると記している。こうした本質に基づいて、イエスの聖心崇敬はカトリック教会の霊性の根源的中心と言える。[1]

一七世紀以降、イエスの聖心崇敬がキリスト者に特に勧めてきたのは、奉献の祈りをもって一日を始め、祈りと痛悔を通して人々がキリストの愛に応えていないことへの償いの業を捧げること、さらに、真に感謝に溢れたイエスへの愛を養うために、たびたび聖体を拝領し、特に初金曜日には、聖体の中に現存するキリストを崇敬することである。イエスの聖心崇敬において、奉献と償いはキリストへの愛を養う本質的要素として、教導職によるイエスの聖心崇敬に関する回勅の中でも、ファティマで出現した聖母マリアのメッセージでも強調されている。[2]

イエスの聖心への「奉献」とは、洗礼に基づくキリスト者の生活の土台となる行為で、全人類の救いのために命までも捧げたイエスの自己譲与による聖心から湧き出る愛に燃やされ、キリストの聖心に倣って愛を生きること、すなわち、生きているのはもはやわたしではなく、キリストがわたしのうちに生きている（ガラ２・20参照）との聖パウロの言葉のように、イエスが私たちと共に、私たちのうちに、私たちを通して働いてくださるように、イエスを私の心のうちに招くことである。

神は全人類の救いのために、キリストにおいてご自身の全てを惜しみなく譲与された。人間は、賜物として受けた自由意志によって自己を神に開き、自己の全てを神に捧げて、神のこの究極の愛に応えたいという愛の衝動に駆られる。そこには神への感謝と同時に、慈しみ深い神との一致を求める激しい愛から、イエスの聖心への奉献の熱意が沸き起こるのである。しかし、奉献とは人間の努力によってできるものではなく、神の賜物であり、私たちは、自らのうちに奉献への望みが恵みとして与えられるよう、謙遜に絶え間なく神に祈り求めていくのである。

神への奉献は、自分自身と全世界の人々が犯したイエスの聖心に対する侮辱への「償い」を起こす。償いの模範はキリスト自身である。アダムとイブによる原罪によって罪を身に負った人間は、その罪の償いを神に果たす義務を怠り、罪の闇に陥った。神の子であるキリストは全人類の罪を贖うために人となり、十字架につけられ、命を捧げて、永遠の生命を全ての人に開いた。こうしてキリストは、神への完全な従順と全人類への愛の証しとして、人類に代わって罪を償った。さらに、復活の秘義によって、キリストは全人類と世界に宿る罪を破壊し、新しい生命に与らせてくださるのである。

キリストによる無限の償いは、人間の側からの償いをも可能にした。人間には、罪を贖う唯一の救い主であるキリストの救いのみ業に参与する恵みが与えられ、キリストの体である教会のために、キリストの苦しみの欠けたところを補う使命が与えられているのである（コロ1・24参照）。キリスト者がミサにおいて捧げる犠牲は、祭壇の上で捧げられる神聖な十字架のいけにえによって一つとなり、罪の償いを強める。キリスト者のキリストの苦しみへの参与は、世の終わりまで続くキリストの唯一の苦難と十字架の唯一の犠牲を継続するに過ぎないが、神秘体の肢体であるキリスト者の生活が、キリストの生涯の延長となるよう求められている(3)。

償いは罪に対する行為である。キリストは人間の神の愛に対する軽蔑、忘恩、不従順、謀反などの罪を、最高の救済のみ業である受難によって、人間に代わって償った。人間は、イエスの聖心崇敬を通して、人間の罪を償うキリストの救いのみ業に参与することができる。イエスの聖心への償いとは、人類がイエスの無償の愛に応えなかったことへの祈りと痛悔である。自分自身と世界の人々の自己中心性、神や教会からの離反、唯一の神への侮辱である偶像崇拝などによって、イエスの聖心を傷つけた罪を償うことで、人間はイエスの聖心崇敬の目的としての、心を尽くし、精神を尽くし、力を尽くし、思いを尽くして、神である主を愛し、隣人を自分のように愛することができる。

イエスの聖心崇敬は、全人類の罪を身に負って救いのみ業を成し遂げたイエスの究極の愛への応えとして、人間の側からイエスに向けられる感謝と賛美の表れである。特にキリスト者の奉献と償いの業は、神の恵みによって実現するキリストの救いの業への参与の形として、生涯にわたる普遍的救済への確固たる道を開く。奉献と償いの二つの要素の詳細については、イエスの聖心崇敬についての教導職の教えに関する記述の中で後述することにする。

―小結―

イエスの受肉によって、神であるイエスが人間の心を有する存在となった。人となられたイエスの心臓は、人間の最も崇高な部分としてみことばと位格的に結合し、さらに、イエスの心臓が、人類に対する無限の愛のシンボルであるとの根拠により、キリスト者はイエスの聖心に崇敬を表す。イエスの聖心は、御父のみ旨に従って、人類の罪を贖うために十字架の受難を受け、自己譲与した愛の湧き出る泉である。キリスト者がイエスの聖心を通して、全人類に向けられた神の無償の愛に礼拝と感謝と賛美を捧げると同時に、神の恵みによってキリストの聖心の愛に応えて神と隣人を極みまで愛すること、これがイエスの聖心崇敬の本質であり、カトリック教会の霊性の中心と言える。

先述の通り、イエスの聖心崇敬は伝統的に、イエスとの愛の交わりを深めるために、日々の奉献の祈り、聖体拝領、初金曜日の聖体礼拝を勧めるとともに、奉献と償いをキリストへの愛を養う本質的要素として大切にしてきた。イエスの聖心への「奉献」とは、キリスト者が、全人類の罪の代償としてご自分の命までも捧げたイエスの自己奉献によって示した聖心から湧き出る愛に駆り立てられ、キリストの聖心に倣って無償の愛を生きることである。私たちが恵みによって自己を奉献してはじめて、イエスが私たちの心に住み、私の中で働いてくださるのである。

神への奉献は、自分自身と全世界の人々が犯したイエスの聖心に対する侮辱への「償い」を起こす。罪の償いを神に果たす義務を怠り、罪の闇に閉ざされた人間に代わって、神の子であるキリストは人となり、十字架につけられ、命を捧げて、全人類を救い、復活によって永遠の生命への道を開いた。こうしてキリストは、神への完全な従順と全人類への愛の証しとして、人類の罪を償う模範を示して下さった。

キリストの贖いにより、人間にもキリストの救いのみ業に参与する恵みが与えられ、教会のためにキリストの苦しみの欠けたところを補う使命が与えられている。特に、キリスト者はミサを通して、祭壇の上で捧げられる神聖な十字架のいけにえに合わせて自分自身を捧げ、罪の償いを果たすことができる。イエスの聖心崇敬は、全人類の罪の救いによって示されたイエスの究極の愛への応答としての、人間からイエスへの感謝と賛美の行為である。キリスト者は、神の恵みによって実現可能な奉献と償いを通して、キリストによる償いに共に与り、普遍的救済へと開かれているのである。

さて、イエスの聖心崇敬そのものについての記述は、聖書の中には記されていないが、究極の愛のシンボルであるイエスの聖心は、すでに旧約聖書に予表として暗示され、新約聖書ではより具体的な形でイエスの聖心の本質が語られている。聖書に記されたイエスの聖心の予型と特質が、どのようにして普遍的救済へと向けられているのだろうか。

第2節　イエスの聖心の聖書的起源

イエスの聖心は、人間の罪の償いをご自分の身に負って、全人類に救済の恵みを与えたイエスの究極の愛のシンボルである。すでに旧約聖書において、天地創造の唯一の神が預言者たちに向ける特別な愛が、後に現れるイエスの聖心の愛の予表として記されている。ここでは、預言者モーセ、ホセア、エレミヤを取り上げる。

さらに新約においては、イエスの受肉によってイエスの愛の聖心が存在論的に語られ、聖心の特徴が具体的に記述されるようになる。福音書に記されたイエスの聖心の三つの特徴、「憐れみの聖心」、「苦しみの聖心」、「刺し貫かれたわき腹」について論述する。

1．旧約聖書に見るイエスの聖心の予表

第1章で見た通り、聖書において、「心」は理性的・感情的・意志的・倫理的・信仰生活など、人間の内的生活全体の場として用いられる。聖書には、イエスの燃えるような愛のシンボルで描かれる、受肉したロゴスの身体的な心に対する崇敬についての直接的記述は見られない。しかし、イエスの聖心崇敬でも明らかなように、教会は崇敬の基本的要素を真の人間性の中に置いている。

受肉したロゴスへの崇敬は、イエス・キリストの肉体的心臓を崇敬の直接的対象としているが、このイエスの心臓こそ三つの救いの愛のシンボルを表している。すなわち、「人間の愛」、「超自然的愛の注ぎを受けた知覚的・霊的愛」、そして、「受肉したロゴスの神の愛」の三つである。キリスト者は、イエスの聖心崇敬においてはこれら三つの愛を崇敬しつつも、最終的にはロゴスのペルソナ、キリストを直接的に礼拝していることになる。

さらに、イエスの聖心の救いの愛に対する内的崇敬は、キリスト者を外的崇敬へと向ける。外的崇敬とはキリストの愛の聖心から溢れ出るもの、すなわち、イエスの聖心の徳、とりわけ救いの愛に倣うこと、キリストの愛への応答としての「自己奉献」、キリストの救いのための身代わりの犠牲に倣い、使徒の教えに従った罪に対する「償い」である。(4)

こうしたイエスの聖心崇敬についての本質的理解に基づいて、旧約聖書の中にイエスの聖心崇敬の予表を見出だしていくのがここでの狙いである。モーセ、ホセア、エレミヤなどの預言書においては、神が預言者との間に、あるいは、預言者を仲介としてイスラエルの民との間に、父から子に向ける愛や、夫から妻に向ける愛などの形で愛をおくるが、この愛こそ、救い主イエスのいけにえによる全人類の救いのための究極的愛の予表と言われている。(5)

まずは、神がモーセに示す愛である。神はイスラエルの民にご自分を啓示し、民を解放し、導き、養い、癒すためにモーセを選び、モーセに人格的に自己を啓示して（「顔と顔を合わせてモーセに語られた」出33・11）、友としての親しい好意を示した。それにもかかわらず、神の栄光を示してくださるよう願うモーセに、神は「あなたはわたしの顔を見ることはできない」（出33・20）とモーセの願いを退けた。それは、モーセがその時に見た神の栄光は、神の真のみ顔ではなく、後に現されるはずの「恵みと真理」に満ちた「父の独り子としての栄光」（ヨハ1・14）であって、それはロゴスの受肉によって実現するものであった。神が友としてモーセに示したこの愛は、イエスの聖心の愛の前表と言える。

さらに、神がモーセに示す愛の熱情に、イエスが聖心崇敬を通して人類救済にかける熱情を重ねることができる。神との契約を忠実に守る者の一人として認められたモーセに、神はいつまでも慈しみと熱情を示すが、不忠実で神との契約を破る民に対しては、神は時として怒り、罰を下される。

> あなたはいかなる像も造ってはならない。上は天にあり、下は地にあり、また地の下の水の中にある、いかなるものの形も造ってはならない。あなたはそれらに向かってひれ伏したり、それらに仕えたりしてはならない。わたしは主、あなたの神。わたしは熱情の神である。わたしを否む者には、父祖の罪を子孫に三代、四代までも問うが、わたしを愛し、わたしの戒めを守る者には、幾千代にも及ぶ慈しみを与える。あなたの神、主

の名をみだりに唱えてはならない。みだりにその名を唱える者を主は罰せずにはおかれない。（出20・4―7）

神は神の戒めを忠実に守る者には徹底した愛を捧げ、不忠実な者に対しては妬みや怒りを返される。しかし、神は感情のままに怒りや罰を下されるのではなく、再び人々をご自身の愛に引き寄せる手段に過ぎず、神は代々に至るまでその恵みを施される真の愛の表れである。

この熱情の神とモーセ、あるいは神と民との関係性に、イエスの愛熱の聖心とイエスの招きを受ける人間との親しい関係性を見ることができる。イエスの聖心は、全ての人の救いを熱望している。イエスの聖心の愛の招きに忠実に応えるのも、拒否するのも一人ひとりの自由意志にかかっている。イエスは招きに忠実な人には、その幾世代に至るまでマリアのとりなしによって救いの恵みを無条件に、溢れるほどに注いでくださる。不忠実な人に対しても、怒りや罰を下しながらも慈しみ深く赦しを与え、忍耐強く招き続ける愛に燃える聖心なのである。

次に挙げる預言者ホセアは、祖国北イスラエルが紀元前七二一年の滅亡に向かって衰退へと転落していく様を目の当たりにしながら、混迷の時代を生きた。預言者ホセアが罪深い淫行の女性に向ける愛は、夫から妻への愛で表現されているが、神がイスラエルの人々に抱く愛もまた同様である。

神がホセアに下した最初の命令（ホセ１・２参照）は、淫行の女を妻として迎え、淫行による子を養い育てることだった。ホセアは神に命じられた通り、夫として淫行の妻を愛した。それでも淫行の妻は淫行を重ね、妻の背信はホセアをひどく苦しませた。神はホセアに、淫行の妻を代価を払って買い戻すように命じたが（ホセ３・１―２参照）、それはホセアにとっては理不尽とさえ思われる神の命令であった。

しかし、ホセアは、神もまた、イスラエルの人々の偶像礼拝による背信行為で裏切られ苦しみながらも、「その干しぶどうの菓子を愛しても、なお彼らを愛される」（ホセ３・１）神の真の愛を目の当たりにして、背信の妻をゆるし、再び妻として受け入れることを決意して妻に言った。「お前は淫行をせず、他の男のものとならず、長い間わたしのもとで過ごせ。わたしもまた、お前のもとにとどまる」（ホセ3・3）と。こうして、ホセアが妻の裏切りに対して抱いていた怒りや悲しみが、多くの葛藤を経て妻への愛へと変えられたのは、紛れもなくイスラエルの人々の背信に傷つけられながらも、憐れみ深く人々を赦し、愛し続ける神の深い愛に触れたからである。

ああ、エフライムよ　お前を見捨てることができようか。イスラエルよ　お前を引き渡すことができようか。アドマのようにお前を見捨て　ツェボイムのようにすることができようか。わたしは激しく心を動かされ　憐れみに胸を焼かれる。わたしは、もはや怒りに燃えることなく　エフライムを再び滅ぼすことはしない。わたしは神であり、人間ではない。お前たちのうちにあって聖なる者。怒りをもって臨みはしない。（ホセ11・8―9）

淫行の妻をゆるし、慈しみ深く妻を愛するホセアの夫としての愛は、イスラエルの人々の忘恩の罪に激しく傷つけられつつも、人々への愛に激しく揺さぶられ、憐れみに満ち、怒りを遠ざけて、民に対する深い愛を示した神自身の愛と重なる。

イエスは、罪深い私たち人間の度重なる裏切りにもかかわらず、聖心のあふれる愛で私たちの忘恩を赦し、憐れみ深く愛してくださる。イエスはただ一度だけの自己譲与によって、その聖心から流れ出た血と水によって教会を誕生させ、人々に救いの道を開いた。神の勧めに従って妻をゆるし、自分のもとへ妻を迎え入れたホセアの愛、イスラエルの人々の背信を赦し、慈しみを示した神の愛に、イエスの聖心の深い愛と同じ響きを見ることができることから、イエスの聖心崇敬の予表を見ることができるだろう。

さて、最後の預言者として挙げるのがエレミヤである。エレミヤは、棄教や背信によって神を裏切る祖国民の狭間で苦しみながらも、神の愛を語った預言者である。前六二七年頃、「諸国民の預言者」としての召命を受けたエレミヤは、愛する祖国、南ユダ王国に対して、北からの裁きの接近を告げる使命を神から託された。ホセアの時代にもそうであったように、神は父なる愛をもって、愛する子であるイスラエルの民に最良の約束の地を継がせようと約束された。しかし、神を「わが父」と親しく呼んでいたイスラエルの民は、瞬く間に神の期待を裏切り背信の罪を犯した。

わたしは思っていた。「子らの中でも、お前には何をしようか。お前に望ましい土地あらゆる国の中で　最も麗しい地を継がせよう」と。そして、思った。「わが父と、お前はわたしを呼んでいる。わたしから離れることはあるまい」と。だが、妻が夫を欺くように、イスラエルの家よ、お前はわたしを欺いたと主は言われる。（エレ３・19―20）

父と子の愛に結ばれていた神とイスラエルの民が、民の背信によって、裏切られた夫と裏切った妻の関係へと落ちぶれた。神はイスラエルの民の裏切りに激しい罰を下し、懲らしめを与えたが、それにもかかわらず、自らの犯した罪を悔い、嘆きながら神に赦しを請うイスラエルの民の声に耳を傾ける神の姿が描かれる。

わたしはエフライムが嘆くのを確かに聞いた。「あなたはわたしを懲らしめ、わたしは馴らされていない子牛のように懲らしめを受けました。どうかわたしを立ち帰らせてください。わたしは立ち帰ります。あなたは主、わたしの神です。わたしは背きましたが、後悔し、思い知らされ、腿を打って悔いました。わたしは恥を受け、

卑しめられ、若いときのそしりを負って来ました」（エレ31・18―19）

イスラエルの民の心からの回心によって、慈しみ深い神は、父が子に抱く愛を揺さぶられる。どれほど裏切られようとも、かけがえのない愛すべき息子に抱く神の愛は、消え去ることはない。

エフライムはわたしのかけがえのない息子、喜びを与えてくれる子ではないか。彼を退けるたびにわたしは更に、彼を深く心に留める。彼のゆえに、胸は高鳴り、わたしは彼を憐れまずにはいられないと主は言われる。（エレ31・20）

神の与える「懲らしめ」とは、罪に対する一方的な厳しい罰ではなく、愛する子が回心し、父のもとに立ち返るための神の愛の表現なのである。放蕩息子を思わせるこの場面では、神は憐れみ深い父の姿で、愛する息子に自己を啓示している。神は決断を迫られた時に、御自分の愛の力に負けて、放蕩息子を憐れまざるをえなくなるような人間的な心で、罪人を憐れみ、赦し、愛してくださる。エレミヤは、罪深い人間に対していつも新たに湧き上がる愛の力に促されている神に、究極的愛の特徴を捉えている[6]。

罪を悔い改める子の嘆きに耳を傾け、慈しみ深く赦しを与え、愛をもって子をご自分のもとに引き寄せる神は、ご自分の命と引き換えに、悔い改める全ての人に救いの道を開いたイエスの聖心の愛そのものである。イエスの聖心は神のもとに立ち返る人を一人残さず救いに与らせる。キリスト者は何度罪に倒れても、エフライムのように罪を償い、イエスの愛の聖心に自己を奉献しながら、マリアのとりなしによって救いの恵みに与ることができる。

旧約聖書の中では、予表として間接的な形でイエスの聖心が暗示されていたが、新約聖書ではより具体的な形でイエスの聖心の本質が語られる。イエスの聖心がどのような特質をもち、どのようにして普遍的救済へと向かうのかを見ていくことにする。

2．新約聖書におけるイエスの聖心

旧約において予表として掲示されていた神の熱情の愛が、やがて、目に見える形で人格的愛へと変容したのは、イエスの受肉によるものである。ヨハネ福音書はイエスの受肉で始まる。

初めに言があった。言は神と共にあった。言は神であった。……言の内に命があった。命は人間を照らす光であった。……言は肉となって、わたしたちの間に宿られた。わたしたちはその栄光を見た。それは父の独り子としての栄光であって、恵みと真理とに満ちていた。（ヨハ１・１、４、14）

天地創造の時に父なる神から生まれたロゴスに、神は肉を与えられた。父なる神はロゴスの無限な神性に、あえて有限な人間性を与えたのである。イエスの聖心に、愛、優しさ、憐れみ、慈しみ、さらには悲しみや苦しみなどの人間的感情が加えられたことは何を意味するのだろうか。

カルケドン公会議（四五一年）が宣言した信条は、イエスの神性と人性の完全性を主張しつつ、受肉の目的について次のように明確にしている。

われわれはみな、教父たちに従って、心を一つにして次のように教え、宣言する。われわれの主イエズス・キ

> リストは唯一の同じ子である。彼は神性を完全に所有し、同時に人間性を完全に所有する。真の神であり、同時に理性的霊魂と肉体とから成る真の人間である。神性においては父と同質であるとともに、人間性においてわれわれと同質である。「罪をのぞいては、すべては私たちと同じである」（ヘブライ3・15参照）。神性においてはこの世の前に父から生まれ、人間性においては終わりの時代にわれわれのため、またわれわれの救いのために、神の母処女マリアから生まれた。（DS301）

真の神であるイエスが、罪を除いては真の人となったのは、唯一の目的、すなわち人間の救いのためであった。神は天地創造の初めから、全ての人の救いのみ業の実現のために、神の母処女マリアの協力を予定しておられたのである。

イエスの受肉により、不可視の神が可視的存在となったことで、イエスの聖心の予表とされていた旧約の神の愛は、真の人イエスの心臓を通してシンボリックに表現されるようになった。こうして、教会がイエスの人間性の象徴であるイエスの聖心に崇敬を行うことが可能になったのである。

ところで、先に繰り返し述べた通り、聖書で用いられる「心」（καρδία）は、人間の内的生活全体の場、人と神との出会いの場を表している。イエスは受肉によって人間の「心」（καρδία）をもつ者となられた。教会が、真の人であるイエスに備わった人間の心臓を聖心崇敬の対象とするのは、人間の心臓がキリストの究極の愛、キリストの内的生活の自然なシンボルだからである。したがって、キリスト者は人間としてのイエスの心臓を崇敬することによって、聖心に宿るイエスの内的生活に触れ、人類救済のためのイエスの究極の愛を体験できるのである。[7]

それでは、新約聖書に記されたイエスの聖心の特徴と見なされている「憐れみの聖心」、「苦しみの聖心」、「刺し貫かれたわき腹」の三つの特徴について見ていくことにする。

まず、イエスの聖心の第一の特徴は、「憐れみの聖心」である。父なる神は、イエスを信じる者が一人も滅びることなく、復活し、永遠の命に与るために、愛する一人子をこの世に遣わされた（ヨハ6・39参照）。イエスはこの父の御心を行うためだけに、正しい人ではなく、徴税人や罪びと、病人や悪霊に取りつかれた人など、救いを必要とする全ての人々をご自分のもとに招いていた。御父のみ旨への徹底した従順を果たす中で、イエスが求めたのは罪びとに対する「憐れみ」（マタ9・13）であった。

憐れみの聖心（καρδία）のイエスを、「仲間を赦さない家来のたとえ」（マタ18・21―35参照）に登場する主君に重ねて見ることができるだろう。このたとえ話の中で、兄弟が自分に罪を犯したら七回までゆるせばよいかのという弟子の問いに対して、イエスは「七回どころか七の七十倍」ゆるすようにと諭す。聖書の世界では七は完全数と言われているが、兄弟の罪に対するゆるしは、無条件で無制限でなければならないというのがイエスの答えである。

返済の延期を願う巨額の負債のある家来に対して、主君は「憐れに思って、[8]彼を赦し、その借金を帳消しにしてやった」（マタ18・27）。家来は主君から桁違いの憐れみと寛大なゆるしを受けたにもかかわらず、その感動や感謝が冷めやらぬうちに、免除された額の六〇万分の一に過ぎない負債を自分に負う仲間を捕まえて、首を絞め牢に入れた。この家来に対する主君の怒りは、「わたしがお前を憐れんでやったように、お前も自分の仲間を憐れんでやるべきではなかったか」（οὐκ ἔδει καὶ σὲ ἐλεῆσαι τὸν σύνδουλόν σου, ὡς κἀγὼ σὲ ἠλέησα;）（マタ18・33）という憐れみの欠如である。主君は憐れみの欠如した家来に対して「心」を用いてこう戒めた。

> あなたがたの一人一人が、心から兄弟を赦さないなら、わたしの天の父もあなたがたに同じようになさるであろう。[9]（マタ18・35）

ここに登場する家来は、イエスの聖心から溢れ出る憐れみと赦しを日々体験しているにもかかわらず、兄弟の些細な負債を赦そうともせず、神との交わりを自分から断ち切ってしまう私たち自身の姿でもある。憐れみの欠如は罪を引き起こし、人を救いから引き離してしまう。イエスが私たちに求めているのは、罪を犯さないことではなく、たとえ罪を犯しても悔い改めて神のもとに立ち戻ること、そして、他者に対しては何度でも憐れみをもって罪をゆるすことである。

二人の家来を憐れに思い、負債を帳消しにしてやった主君のように、イエスは憐れみの聖心に私たち人間の罪深さを受け入れ、私たちを憐れみ、無限の愛で赦してくださる。イエスは慈しみの聖心で罪人を赦す模範を、先に私たちに示してくださった。私たちもまた、イエスの聖心に倣って、人からのゆるしを求める前に、先に人をゆるすようイエスから求められている。それこそが「憐れみ」である。マタイの主の祈りやこのたとえ話の結末の言葉に見られるように、自分が先にゆるす行いは、「終末審判において神的赦しが有効となるための条件[10]」なのである。

イエスの聖心は、罪以外のことにおいて人間と全く同じ心でありながら、先に赦しの模範を示す愛の聖心であり、自己中心的な罪に陥りやすい人間に悔い改めを促しながら、無条件に何度でも寛大に赦す憐れみの聖心である。恵みとしてのイエスの憐れみなしには、誰もイエスの救いに与ることはできないだろうし、他者の救いに協力することも困難であろう。「七の七十倍」までもゆるしが必要な私たち罪人が神の救いに与るためには、イエスの恵みをとりなすマリアの助けが必要である。私たちは、イエスの聖心崇敬を通してイエスの憐れみを豊かに受け、同時に、イエスの憐れみの聖心を映し出すマリアの御心を通しても、救いの恵みに与ることができるよう、御父の慈しみを受けているのである。

イエスの聖心の二つ目の特徴は「苦しみの聖心」である。「憐れみの聖心」は、必ず苦しみを経なければ真の憐れみにはなりえない。天地創造の初めに父から生まれ、母マリアを介して受肉し、十字架上の死に渡され、復活し、私たちと共にいてくださるイエスの聖心は、絶えず慈しみと愛に貫かれていた。しかし、この慈しみと究極の愛を全うするために、イエスの聖心は時として苦しみに覆われてしまうことも必要であった。ゲッセマネの園におけるイエスの祈りほど、苦しみに満ちた聖心は見当たらない。

ペトロおよびゼベダイの子二人を伴われたが、そのとき、悲しみもだえ始められた。……「わたしは死ぬばかりに悲しい。ここを離れず、わたしと共に目を覚ましていなさい。少し進んで行って、うつ伏せになり、祈って言われた。「父よ、できることなら、この杯をわたしから過ぎ去らせてください。しかし、わたしの願いどおりではなく、御心のままに。」……「あなたがたはこのように、わずか一時もわたしと共に目を覚ましていられなかったのか。誘惑に陥らぬよう、目を覚まして祈っていなさい。心は燃えても、肉体は弱い。」（マタ26・37―41）

イエスはゲッセマネで、すぐそこに迫ったご自分の死への恐怖、悲哀、愛する弟子や人々の忘恩に対する落胆、人間の罪の救いに対する重圧感をご自分の聖心において味わっていた。目覚めて苦しみを共にしてくれるはずの弟子たちは眠りの誘惑に陥り、イエスを孤独の闇に落とし、イエスとの連帯を断絶させてしまっていた。苦難のあまり、身震いするほどの恐怖の中にあるイエスは、御父に苦しみの杯を取り除いてくれるよう祈った。「神の御心に反乱を起こす自由を持っている」[11]はずのイエスの心の葛藤である。「完全この上なく至極正直な人間性において、イエスと彼の神との最後の格闘であり、それは彼の死の必然性とその救済意義についてのどんなドグマも排除する格闘」[12]であった。イエスは自らの人間性のもろさ、はかなさを弟子たちの姿と重ねて、「心は燃えても、肉体は弱い」と告白した。

しかし、神である方が、身に迫る受難への苦悩を前に体験したのは、受難の拒否ではなく、御父への従順であった。

キリストは、肉において生きておられたとき、激しい叫び声をあげ、涙を流しながら、御自分を死から救う力の方に、祈りと願いとをささげ、その畏れ敬う態度のゆえに聞き入れられました。キリストは御子であるにもかかわらず、多くの苦しみによって従順を学ばれました。（ヘブ5・7―8）

イエスは死に至るまでの従順によって、自分の意志ではなく神のみ旨が成就されるべきであることを悟り、「御心のままに」と祈るのである。

更に、二度目に向こうへ行って祈られた。「父よ、わたしが飲まないかぎりこの杯が過ぎ去らないのでしたら、あなたの御心が行われますように。」再び戻って御覧になると、弟子たちは眠っていた。ひどく眠かったのである。そこで、彼らを離れ、また向こうへ行って、三度目も同じ言葉で祈られた。それから、弟子たちのところに戻って来て言われた。「あなたがたはまだ眠っている。休んでいる。時が近づいた。人の子は罪人たちの手に引き渡される。立て、行こう。見よ、わたしを裏切る者が来た。」（マタ26・42―46）

マタイの受難物語（26・37―46参照）の中で、イエスは三度も（26・37、42、44参照）御父の御心が行われることを祈る。繰り返すたびに、杯を受け入れることが御父の御心であることをイエスは確信していくことになる。なぜなら、マタイにとって「イエスが成就される神の意志はイエスが死によって送りもたらされる神の救い[13]」だからである。二度目の祈りの時に、イエスは、死の杯が自分を通り過ぎることができないのであれば、それを飲まねばならないことを覚悟する。今はもうただ、波のように揺れ動いていたイエスの人としての心は、神の御心の成就だけを願う揺るがない神の愛の聖心へと定まった。こうして、イエスは自分の時が近づいたことを悟り、罪人たちの手に引き渡されることを覚悟して、弟子たちと共に、御父の救いの計画の実現のために潔く立ち上がったのである。

ゲツセマネの園で、死を目前にしたイエスの聖心から溢れ出た寂莫の情に、イエスの人間的弱さが伺える。真の神の力を用いれば、苦しみの杯を退けることもできたはずである。しかし、御父に愛され、御父を愛していたイエスは、御父のみ旨を成し遂げることだけを望んだ。御父のみ旨への徹底的従順は、イエスの聖心に抱える重い苦しみを、再び慈しみと愛に変えた。イエスの聖心崇敬は、キリスト者がイエスの従順に倣うことで、人間の力だけでは抜け出すことのできない八方塞がりの苦しみを慈しみと愛に変え、救いへと導く道を示すのではないだろうか。

イエスの聖心の三つ目の特徴は、「刺し貫かれたわき腹」（ヨハ19・34）としての聖心である。イエスの聖心が苦しみの頂点に達したのは、十字架上の受難と死の時であろう。十字架上で「刺し貫かれたわき腹」は、イエスの聖心の苦しみと慈しみの両方を合わせもつシンボルと言える。なぜなら、わき腹を刺し貫かれた瞬間、イエスの聖心は死という苦しみの極限にありながらも、全人類への究極の愛の形として、救いの完成という慈しみを最大限に発揮したからである。

新約聖書の中でイエスの身体的「心臓」（わき腹）についての記述が見られるのは、ヨハネ福音書の四か所だけである。中でもヨハネ19・34はイエスの聖心を神学的に理解する上で最も重要な箇所である。

兵士の一人が槍でイエスのわき腹を刺した。すると、すぐ血と水とが流れ出た。(14)（ヨハ19・34）

兵士の一人が刺したイエスの「わき腹」は、原文では、καρδία（「心」）でなくπλευράν（「わき腹」）が用いられているのは注目すべき点であろう。ヨハネ福音書に登場する「わき腹」（πλευράν）は、十字架上で兵士によって槍で刺されたわき腹（ヨハ19・34参照）であり、復活したイエスが見せた槍で刺され、傷を負ったわき腹（ヨハ20・20参照）であり、イエスの復活を信じないトマスが自分の指を入れてみなければイエスの復活を信じないと宣言したわき腹（ヨハ20・25参照）であり、ご自分の復活を疑うトマスに指を入れるよう誘ったわき腹（ヨハ20・27参照）である。ここでヨハネがκαρδίαではなくπλευράνを用いたのは、イエスの人間性を強調する意図があったと思われる。

ヨハネが見た十字架上のイエスの「わき腹」（πλευράν）から流れ出た「血と水」もまたシンボリックで、解釈については諸説ある。第一説は、「血と水」が、イエスが人間として死んだことが事実であることを強調するためのものと考える[15]。ここでは、イエスの「わき腹」（πλευράν）に加えて、そこから流れ出た「血と水」もまた、イエスの人間性とその死の真実性を主張するためのシンボルと捉えられている。

第二説によれば、初代教父たちの間で広まったもので、「生ける水」（ヨハ7・37―39）とわき腹から流れ出た血と水（ヨハ19・34参照）とを関連づけ、流れ出た水が「洗礼」、血が「聖体」という秘跡的シンボルと考えた。「生ける水」については、二つの異なる解釈が生まれた。第一の解釈は、最も広く知られてはいるが可能性としては低く、オリゲネス、アンブロシウス、アウグスティヌスによる解釈で、「生ける水」を信仰者の心から流れ出る生ける水の流れとするものであった。第二の解釈は、ヒッポリュトス、エイレナイオス、ユスティノス、アポリナリオス、チプリアヌス、テルトゥリアヌスによるもので、「生ける水」をキリストの聖心から流れ出る水と捉えた。やがて、この後者の解釈にヨハネ19・33―37が加えられ、結局「血と水」は、人間が死を越えて、永遠の生命に与る恵みを得たことを表す「命の源」としてのシンボルと見なされるようになった。ヨハネにとって、「生ける水」は、後に復活したイエスが教会に送ることになっている聖霊を意味していたが（ヨハ7・39参照）、この予告はキリストの栄光である死の時に、救い主の傷ついたわき腹から血と水が流れ出た瞬間に実現した。こうした理解から、教父たちの間では、新しいアダムから新しいエバが生まれたように、槍で刺されたイエスのわき腹から、教会が生まれたという考えが広まっていったのである。[16]

「血と水」についての第三説は、キリストが十字架上から流した血は救いのしるし、新しい契約のしるしと捉えるものである。モーセの時代には、神とイスラエルの民との間の和解のしるしとして、焼き尽くす捧げ物を捧げる贖罪儀礼を行っていた（出24・5―8参照）。これが背景となって、イエスの十字架上で流した血もまた、贖罪と関連づけられるようになった。パウロの言葉を借りるならば、イエスの血は、「最初の契約の下で犯された罪の救いとして、キリストが死んでくださったので、召された者たちが、すでに約束されている永遠の財産を受け継ぐため」（ヘブ9・15）の「新しい」救いの契約のしるしとなった。こうして、「まことの食べ物、まことの飲み物」（ヨハ6・55）であるイエスの御体と御血を受ける人に、神は永遠の命を約束されたというものである。

イエスの聖心崇敬との関連性でみるならば、わき腹から流れ出た血と水については、上記の三つの説の全てがあてはまるように思われる。しかし、イエスの聖心崇敬の究極の目的が、イエスの救いのみ業による普遍的救済であること、そのために信仰者には償いと、聖心への奉献が求められることを考慮すれば、三つ目の解釈、すなわちわき腹から流れ出た血がイエスによる救いのしるし、新しい契約のしるしと理解するのが妥当ではないかと思われる。

―小結―

三人の預言者を通して、旧約聖書における神に忠実な預言者、あるいは神に忠実なイスラエルの民と神との親しい関係性が、親子あるいは夫婦間の愛熱で表現され、イエスの聖心の燃える愛と重なることから、イエスの聖心崇敬が予表として旧約聖書に表されていることが明らかになった。旧約「神の似姿」（創1・26―27）として造られた人間は、原罪の結果、神との関係性が断ち切られてしまった。旧約の神の愛熱は、不忠実な罪深い民に対してより顕著に現れる。神は民の裏切りを厳しく罰しながらも、慈しみと愛をもって回心の機会を与え、忍耐強く待ち、寛大に赦す神である。神は預言者たちを通して、イスラエルの民の裏切りに対する怒りと赦しを繰り返しながら、民を神との関係性に戻そうと努めてきた。しかし、救いの実現を見ることなく旧約の終わりの時を迎えた。

父なる神は罪深い人類をご自分と和解させ永遠の救いに導くために、最愛の御子を母マリアの胎を通して人間として地上に遣わされた。受肉して人となられたイエスの聖心とは、真の神でありながら真の人として、慈しみ深く、時には苦しみや悲しみを感じながら、私たち人間と出会い、親しく交わる愛の場である。正しい人を招くためではなく、罪人を招くために来た（マコ2・17参照）イエスの聖心の愛は、特に罪深い人間の救いへと向けられている。イエスの聖心は、放蕩息子の父のように、罪深い息子に対して慈しみと恵みに溢れ、いつでも自分のもとに立ち返ることができるよう忍耐と愛をもって待っている。イエスの聖心を崇敬する人は、本当の意味で自らの罪深さを自覚し、罪を償い、さらに、全人類の救いのために命を捧げたイエスの究極的愛の聖心に自らを奉献して、キリストの救いに与ることができる人である。このキリストの救いに与る恵みをとりなすのが母マリアの御心なのである。

新約聖書に記されたイエスの聖心の特徴として、「憐れみの聖心」、「苦しみの聖心」、「刺し貫かれたわき腹」の三つの特徴を挙げたが、全人類の救いという御父のみ旨を果たすためには、イエスの聖心の慈しみも、苦しみも、槍で刺し貫かれたわき腹も必要不可欠な条件であることが明確になった。特に、「刺し貫かれたわき腹から流れ出た血と水」（ヨハ19・34）は、イエスがご自分の体だけではなく聖心さえも人間の救いのために完全に明け渡されたイエスの自己譲与の中心であり、イエスの聖心崇敬とマリアの御心崇敬を通してキリスト者に求められる「奉献」

の模範でもある。

聖書におけるイエスの聖心の予表と表れとその特徴を確認したところで、イエスの聖心についての聖書の記述を基に、イエスの聖心崇敬の歴史的起源と発展を見ていくことにする。

第3節　イエスの聖心崇敬の起源と歴史的発展

前述の通り、「刺し貫かれたわき腹から流れ出た血と水」（ヨハ19・34）の記述は、初代教父たちがイエスの身体的「わき腹」（πλευράν）の傷に対する崇敬を行うきっかけとなった。「血と水」の第二説に見られるように、「血と水」が聖体と洗礼の秘跡と結びつけられたことにより、教父たちの間ではイエスのわき腹の傷への崇敬は秘跡的教会の誕生との関連において理解されていた。

初代教父時代に恵みの源として理解されていた「わき腹」（πλευράν）の傷への崇敬は、やがて、中世になると、槍で貫かれたイエスの心臓全体へと移っていくことになる。[17] この頃には、修道院が中心となってキリスト教をリードする動きが盛んになっていった。修道院の祈りと瞑想生活を通して、哲学者として神の存在の実存的証明を行ったスコラ神学の父、カンタベリーの聖アンセルムス（S. Anselmus d'Aosta 1033-1109）は、著書 *Meditation* の中で、「キリストの刺し貫かれたわき腹は、キリストの徳、すなわち、私たち人間に注がれるイエスの聖心の愛という秘められた宝を、私たちに垣間見させてくれる傷[18]」と記している。アンセルムスや、「蜜の流れる博士」（doctor mellifluus）と称されたクレルヴォーのベルナルドなど、この時代の偉大なキリスト教神秘家たちは、キリストの受難を強調し、槍で貫かれたイエスのわき腹の傷に対して、より主観的な崇敬、すなわちイエスの全人類に対する無限の愛、優しさ、憐れみを見出だしていった。[19]

イエスの心を最高に表現したのが、フランシスコ派神秘家の聖ボナベントゥラである。イエスの生涯の中でも特に受難と十字架上の死を黙想し、イエスへの信仰と愛に心を燃やしていた彼は、「キリスト者は、十字架につけられたキリストの深い愛を通してのみ、神との完全な心の一致を得ることができる」と述べ、イエスの聖心を十字架上で示した深い愛に結びつけ、キリスト者との一致の源とした。

イエスの聖心崇敬に神学的な裏付けをしたのが、ドミニコ派神秘家の「普遍的博士（Universal Doctor）」と称された聖アルベルトゥス・マグヌス（S. Albertus Magnus 1206–1280）である。彼は、槍で貫かれたイエスのわき腹の傷をあらゆる恵みの源とし、このわき腹の傷から流れ出た血が使徒たちに命を与え、イエスの愛熱の火を彼らにも燃え上がらせ、そこから教会と秘跡が生まれたと説いた。[20]

一四世紀半ばには、フランドル地方で、神と人間の人格的関係性の中から人間の救いを求めた「新しい敬虔運動（Devotio moderna）」が起こった。この運動の創立者はゲエルト・グローテ（Geert Groote 1340–1384）とその弟子フローレンス・ラデビワンス（Florence Radewijns 1350–1400）である。Devotio modernaは、霊的生活において心を中心にしていた。この運動は一般信徒の間に、実践のためのキリスト中心的な霊性を広めることを目的とし、イエスの人間性を霊的生活の中心において、イエスの規範に倣いながら具体的な道徳生活を強調した。中心的人物の一人トマス・ア・ケンピス（Thomas a Kempis 1379–1471）は、著書『キリストに倣いて』の中で、中世の思弁的な神秘主義に対して、完徳のための唯一の模範は福音のイエスであると述べて、個人の内面的な生活を重んじ、キリストの生涯を黙想し、それを模倣するよう勧めて、イエスの聖心に対する特別な崇敬を表した。[21]

ヨーロッパを中心としたカトリック国では、イエスの聖心崇敬と祝日制定の高まりを見せる中、一七–一八世紀のフランスに広まったヤンセニズムは、アウグスティヌスの思想に基づいて、人間の原罪性と恩寵の必要性を過度に強調し、救いに対する「神の予定説」を主張してイエスの聖心崇敬に抵抗した。このため、教皇ピオ六世は、一七九四年八月二八日に教書 *Auctorem fidei* を発表し、ピストィア会議においてヤンセニズムに異端宣告を下し（DS2600 参照）、イエスの聖心崇敬がキリストの人性を礼拝しているという考えを非難し、キリストの神性と人性が密接に結ばれた真の聖心崇敬であることを宣言した[22]（DS2661-2663 参照）。

一七世紀のフランスに宗教的精神性を刻んだフランス派の四巨頭として、ピエール・ド・ベリュル（後に枢機卿）、シャルル・ド・コンドラン（Charles de Condren 1588-1641）、ジャン・ジャック・オリエ、ユードを挙げることができる。特にベリュルとユードは、一七世紀フランスでのイエスの聖心崇敬の発展に大きな影響を与えた。

まず、キリストの受肉の秘義にキリスト教的実存の核心と原点を見ていたベリュルは、キリストが受肉によって真の司祭となると考え、イエスの聖心を心とすることに司祭の使命を見出だしていた。フランスにオラトリオ会を設立し、司祭の養成に努めた。教皇ウルバノ八世から、「人となられた御言葉の使徒」と呼ばれるきっかけとなった彼の最後の作品『イエスの生涯』（*Vie de Jésus*）において、私たち人類のためのイエス・キリストの「無化までの謙り」（kenosis）を讃え、神であるイエスが受けた人間性によって全人類は贖われ、聖化されることを強調し、イエスの聖心のうちに聖なる人間性の深い魂を見出だす崇敬を広めた[23]。

ベルリュの弟子ユードは、一七世紀のフランスで、イエスの聖心とマリアの御心崇敬が最盛期を迎えるために大きな貢献を果たした。当時、教会全体が神の厳格さを強調する傾向が強かった中で、ユードは槍で刺されたイエスの心臓を人々への愛に燃える神の聖心の象徴と考え、イエスの聖心に宿る深い愛を熱心に説き続けた。ユードは神と人々への深い愛に満ちたイエスの聖心を、炎を上げて燃える心臓のシンボルで表現した。イエスの聖心とマリアの御心崇敬を関連づけたのもユードの偉業であり、一六四三年にはマリアの御心に対して、次いで、一六七〇年にはイエスの聖心に対して最初の典礼的崇敬が行われるようになった。しかし、ユードによって作成されたイエスの聖心の祝日固有の典礼を教会が公認するまでには、さらにその後の長い時間を要した。

ユードは、地方の宣教と神学院の指導のために「イエス・マリアの修道会」(Congrégation de Jésus et Marie) を創立して、イエスの聖心とマリアの御心への崇敬についての神学書を記した最初の人である。彼は、恩恵の不思議な業を前にして、敬虔な感情となってほとばしる神への愛のために相応しい崇敬をイエスの聖心とマリアの御心に見て、この崇敬を司祭と信徒の間に広めようと努めた。特に、ユードは、イエスの聖心の祝日固有のミサ典礼文と聖務日課の作成において偉勲をたてた。このために、教皇ピオ一〇世は、一九〇九年のユードの列福の際に彼を「イエスとマリアのみ心の崇敬の父、博士、使徒」と宣言し、やがて一九二五年に、ユードは教皇ピオ一一世によって列聖された[24]。

ユードは著書、の中で次のように記している。


自分をイエスに捧げなさい。それは、イエスの限りなく偉大な聖心のうちに入るためです。イエスの聖心は、聖母の御心と、すべての聖人の御心を含みます。そして、愛と、愛の業と、憐れみと、謙りと、清さと、忍耐と、従順と、聖性の深淵の中で自分を失いなさい。(III, 2)

ユードはここで、イエスの聖心崇敬の本質として、自己奉献を強く呼びかけている。奉献の模範は、紛れもなくイエスの十字架上の自己譲与である。キリスト者は、イエスの聖心崇敬を通してイエスの愛の聖心に分け入り、イエスと出会い、救いの恵みに与るためにイエスの聖心に自己を奉献しなければならない。イエスの聖心のうちに宿るマリアの御心は、聖心崇敬におけるキリスト者の「奉献」を共に担い、イエスの恵みをとりなして救いへと導く必要不可欠の存在なのである。こうして、キリスト者は、マリアのとりなしに支えられて行うイエスの聖心への

「奉献」の実りとして、真の人イエスの聖心から湧き出る愛、憐れみ、清さ、従順、聖性などの徳に倣うことができるとユードは考えた。

ユードの活躍から数年後、パレー・ル・モニアルの聖母訪問会修道院で、イエスの聖心の顕現と啓示を受けた聖マルガリタと、彼女を指導したイエズス会の聴罪司祭クロード・ド・ラ・コロンビエール（Claude de la Colombiére 1641–1682）によって、イエスの聖心崇敬の普及に拍車がかかった。

聖マルガリタは一六四七年にフランスのトロクールで生まれ、一六七一年パレー・ル・モニアルで聖母訪問会に入会、翌年修道誓願を立てた。一六七三、一六七四、一六七五年と三度にわたってイエスの聖心の私的啓示を受けた。一六七五年六月の「イエスの聖体の祝日」後の八日目に受けた四回目の大啓示では、イエス自ら人間の冷淡さや忘恩を嘆き、カトリック教会に信仰と熱意を呼び覚ますため、「キリストの聖体の祝日」のすぐ後の金曜日に「キリストの聖心の祝日」を定め、さらに、神の愛、特に秘跡に対する人間の非道な行為への償いを呼びかける使命を聖マルガリタに委ねた。その重大な使命の実現のために、霊的指導司祭としてクロード・ド・ラ・コロンビエールが与えられた。聖マルガリタは、クロード・ド・ラ・コロンビエールをはじめ三人のイエズス会士とともにイエスの聖心の崇敬の普及に努め、その隆興をもたらすことになった。聖マルガリタは一八六四年に列福され、一九二〇年に列聖された[25]。

このように、カトリック教会の中でイエスの聖心崇敬が広まったのを受けて、一七六五年になってようやく、教皇クレメンス一三世が「キリストの聖体の祝日」から八日目に「イエスの聖心の祝日」を定め、ローマのいくつかの教会で固有のミサ典礼文と聖務日課によって典礼を行う許可を与えた。ところが、実際に「イエスの聖心の祝日」が全教会で祝われるようになったのは一〇〇年余り後の一八五六年のことで、教皇ピオ九世の認可によるものであった。

やがて一八八九年、教皇レオ一三世はイエスの聖心の祝日を第一級祝日に昇格させ、一〇年後の一八九九年には全人類をイエスの聖心に荘厳に奉献した。一九二八年には、教皇ピオ一一世によってイエスの聖心の祝日固有のミサと聖務日課が改訂され、一九六九年のローマ典礼暦で「イエスの聖心の祭日」とされ現在に至る[26]。

ところで、一八五六年に教皇ピオ九世が「イエスの聖心の祝日」を全教会に定めたことにより、教導職は次の四つの回勅をもってその崇敬を広め、神学的裏付けを明確にしていった。教皇レオ一三世の社会正義についての回勅『アンヌム・サクルム』（*Annum Sacrum*, 1899）、教皇ピオ一一世『クアス・プリマス』（*Quas Primas*, 1925）と『ミゼレンティシムス・レデンプトール』（*Miserentissimus Redemptor*, 1928）、教皇ピオ一二世『ハウリエーティス・アクアス』（*Haurietis Aquas*, 1956）である。それぞれの回勅の内容については後述することになるが、特に『ハウリエーティス・アクアス』によって、イエスの聖心とマリアの御心への崇敬はカトリック教会において決定的位置づけがなされた。

さて、現代においては、イエスの聖心崇敬の原点ともなった槍で貫かれたイエスのわき腹（ヨハ19・34参照）の記述に、流れ出た血と水に聖体と洗礼という秘跡を重ね、教会誕生の源を見ている。『典礼憲章』では、イエスの聖心のシンボルである開かれたわき腹を、「このうえない秘跡である全教会が生まれた」（SC5）源としている。また、『教会憲章』（3）でも、すなわち神秘としてすでに現存するキリストの国である教会の始原と発展が、十字架につけられたイエスの開かれたわき腹から流れ出た血と水によって示されている（ヨハ19・34参照）と記されている通りである。こうして、教会の頭キリストは、花嫁である教会の始まりの時から秘跡を通して教会を愛し、恵みと真理の唯一の仲介者として、教会の救いのために聖心の崇敬を恵みとして与え、救いへと導き続けているのである。

―小結―

イエスの聖心崇敬の起源と歴史的発展の中で、教会は絶えず「十字架上で槍で刺し貫かれたわき腹」（ヨハ19・34）を聖心崇敬の根拠に置いてきた。教会は槍で貫かれたわき腹の傷に、キリストの救いの業に示される究極の愛を重ねてきた。イエスの聖心の本質は、普遍的救済のためのイエスの十字架上の自己譲与にある。したがって、イエスの聖心崇敬においてキリスト者に求められるのは、キリストの愛に対する人間の忘恩への「償い」と、イエスの愛の聖心に倣ってイエスの徳を実践するための「奉献」による神への応答である。このプロセスにおいて、イエスの恵みのとりなし人である母マリアが全人類の救済を助ける。ユードが述べているように、イエスの聖心にはマリアの御心が重ねられ、マリアの御心にはその汚れなさゆえに、イエスの聖心が投影されている。母マリアのとりなしによって、イエスからの究極の愛を受ける私たちも、イエスの聖心とマリアの御心崇敬を通して、聖心に対して犯した罪を「償い」、自己を「奉献」することが救いへの唯一の道であろう。

さて、一八五六年に教皇ピオ九世が「イエスの聖心の祝日」を全教会に定めたことにより、教導職は四つの回勅をもってその崇敬を広め、神学的裏付けを明確にしていった。その裏付け作業の背景には、イエスの聖心崇敬に対する教導職からの非常に崇高な評価だけではなく、この聖心崇敬がキリスト者の間で相応しい敬意や関心を受けていないことへの教導職の危惧があったのである。

ここからはイエスの聖心崇敬に関する四つの回勅を取り上げて、教導職の示す教義内容を丁寧に確認した後、回勅に示された聖心崇敬の方法である奉献と償いを注視し、四つの回勅から見えてくるイエスの聖心崇敬とマリアの御心崇敬の神学的関係性について論述したい。

第4節　四つの回勅に見るイエスの聖心崇敬に関する教導職の教え

世界に無神論や啓蒙思想の横行する中、一八五六年に教皇ピオ九世によって「イエスの聖心の祝日」が全世界に定められたことを受けて、教皇レオ一三世、ピオ一一世、ピオ一二世の教導職は一八九九年から約五〇年の間に、イエスの聖心崇敬に関する四つの回勅を発布した。教皇レオ一三世回勅『アンヌム・サクルム』（Annum Sacrum）、教皇ピオ一一世回勅『クアス・プリマス』（*Quas Primas*）、『ミゼレンティシムス・レデンプトール』（*Miserentissimus Redemptor*）、教皇ピオ一二世回勅『ハウリエーティス・アクアス』（*Haurietis Aquas*）である。まず、四つの回勅の内容の概要を紹介する。

1．四つの回勅の概要

（1）教皇レオ一三世回勅『アンヌム・サクルム』[27]（一八九九年）

至聖なるイエスの聖心への崇敬については、歴代の教導職、すなわち教皇イノセンチオ一二世（教皇在位一六九一―一七〇〇年）、ベネディクト一三世（一七二四―一七三〇年）、クレメンス一三世（一七五八―一七六九年）、ピオ六世（一七七五―一七九九年）、ピオ七世（一八〇〇―一八二三年）、ピオ九世（一八四六―一八七八年）が擁護してきた。教皇ピオ九世が一八五六年にイエスの聖心の祝日を全教会に定めたことにより、イエスの聖心崇敬が高まりを見せる中で、後任の教皇レオ一三世は教皇ピオ九世の聖心崇敬の模範に倣い、一八八九年にイエスの聖心の祝日を第一級祝日に昇格させた。

さらに、教皇レオ一三世は、イエスの至聖なる聖心への崇敬をより完成させるために、全人類をイエスの聖心に奉献した。イエスの聖心に対する全人類の奉献への嘆願は、第一バチカン公会議ですでになされていたが、教皇はようやくそれを実現させたことになる。教皇は、イエスの聖心の祝日を第一級祝日に昇格させてから一〇年後の一八九九年に、回勅『アンヌム・サクルム』を発表し、翌一九〇〇年の聖年の成果を期待して、至聖なるイエスの聖心に全人類を奉献することを提案した。

イエスの聖心への奉献の根拠は、イエスが神であり、全人類の救い主であることに由来する。神であるイエスは、キリスト者だけではなく全ての人に対する王としての万物の最高の普遍的支配権を、生まれながらにして与えられた（生得的権限）。キリストは神なる御ひとり子であり、御父と同一の本性をもち、「神の栄光の輝き、神の本性の型」（ヘブ１・３）であるので、全てにおいて御父と共通で、万物に対して最高の支配権を有している。実際、キリストは使徒たちを派遣するにあたり、「わたしには、天と地のいっさいの権力が与えられている」（マタ28・18）という全権力の賦与の証言と共に、キリストの教えを広め、洗礼によって全ての人を弟子にして救いへと導き入れるよう命じた。

さらに、キリストの権力は生まれながら備わったものだけではなく、地上において自ら獲得する権力によっても万物を支配する。キリストは、全ての人を救うために十字架上で最高の王権をご自身のために獲得したのである（獲得的権限）。このことにより、カトリック信徒だけではなく全人類が、キリストによって「獲得された民」（一ペト２・９）となったことが明らかになる。キリストの権力と支配権は、摂理と正義と、特に愛によって行使されている。

キリストはその限りない愛と慈しみによって、一切が主に属するはずのものを、私たちが奉献することを全く拒まれない。私たちが自分自身と自分の持っているものをあたかも自分のものであるかのようにイエスの聖心に奉献することを、キリスト自身が望んでいるのである。キリスト者がキリストの無償の愛に応えて互いに愛し合うよう促すのがイエスの聖心崇敬であり、イエスの聖心に対するキリスト者の奉献は、キリストの最高の支配権を認め、自分自身と自分の所有するもの全てを喜んで聖心に捧げる心の証しである。

教皇レオ一三世は、全ての人を救うために人となられたキリストの代理者として、キリスト者に限らず全ての人をイエスの聖心に委ね、可能な限り聖心に奉献するよう勧告する。全世界にキリストの教えを広めるためにキリスト者を派遣し、キリスト者を通して「闇と死の陰に座している者たち」（ルカ1・79）をキリストによる真の生命に呼び寄せてイエスの聖心に奉献するよう、キリスト者に勧めている。全人類をイエスの聖心に奉献するその目的は、キリストを信じ、愛する人々には信仰と愛がさらに増し加わり、信仰を怠っている人々にはイエスの聖心から溢れ出る愛の炎を注ぐためである。

教会が創立して後まだ間もないころ、皇帝の重圧のもとに苦しんでいた若いコンスタンティヌス大帝に対して、十字架が空高く現れたことがあったが、これはまもなく実現する教会の勝利の前兆であった。同じように、今日私たちの眼の前に示された神聖なイエスの聖心は、現代の苦しみの中で生きる私たちに示される勝利の印である。私たちはイエスの聖心に全ての希望を置き、そこに人々の救いを求めるのである。

教皇レオ一三世は聖心の祝日までの三日間、すなわち六月九〜一一日に、教皇が認定した「イエスの聖心の連祷」を唱え、最終日には同封した「イエスの聖心に人類を捧げ奉る奉献文」を唱えることを命じた。

同教皇の意向を継承し、キリストの王権を認めて聖心への奉献を強調することになったのが教皇ピオ一一世である。教皇ピオ一一世は、回勅『クアス・プリマス』をもって「王たるキリストの祝日」を制定し、毎年この祝日にイエスの聖心に対する全人類の奉献を更新するよう命じた。

（2）教皇ピオ一一世回勅『クアス・プリマス』[28]（一九二五年）

教皇ピオ一一世は、教皇に就任して最初の回勅『ウビ・アルカーノ』において、当時の国や家庭、個人の間に蔓延した悪によってキリストとそのおきてを否定する風潮を払拭するために、キリストのみ国の平和を再建する必要があることを述べていた。これを受けて、教皇は、王たるキリストについての回勅『クアス・プリマス』を発布し、人類の大部分が、国家、家庭、個人の生活からキリストの尊いおきてを締め出してしまったために広がった多くの不幸や、国家と個人が救い主の支配に背き、キリストの支配を拒む現状を嘆き、「キリストの国におけるキリストの平和」の追求を全人類に呼びかけた。教皇は、世界にキリストの平和を回復する最上の手段として、キリスト者が王であるキリストに支配を委ねることを勧めた。教皇は、教会の創立者であり王である主に輝かしい栄光と誉れをもたらし、キリストの王国を称えた聖年の終わりにあたり、主イエス・キリストの王たる尊厳を祝う「王たるキリスト」の祝日を典礼に加えて、この聖年を完結することを宣言した。

キリストの王位には二つの意味が含まれている。「王位」の第一の意味は、王であるキリストが王として人々の知性を支配することである。これは、知性の鋭さや知識の広さのためだけではなく、キリストが真理そのものであることに基づいて、全ての人が真理であるキリストを心から受け入れるためである。第二の意味は、王であるキリストが人々の意志をも支配することである。それは、キリストが聖なる神の意志と、人間としての完全な正しい意志を合わせもっていることに加えて、人間の自由意志を最も崇高な行いに向かわせているからである。「いっさいの知識を超える愛」（エフェ３・19）そのものであるキリストは、主の慈しみと愛で私たちの心を引きつけ支配する王である。御父から与えられたキリストの王としての「権威、威光、王権」（ダニ７・14）は、人としてのキリストだけが有することのできる特別の権能と称号である。

キリストの王位についての教えは、旧約聖書の中に見出だされる。「ヤコブから出た統治者」（民４・19）、「聖なる山シオンを統べる王」（詩２・６参照）、「御身の王座はとこしえに続き、御身の王国の杖は正義の杖」（詩45・７）、「彼は海から海まで、川から地の果てまで治めるだろう」（詩72・８）、「ひとりのみどりごがわれわれのために生れた。……彼の治めるところは広大、限りなき平和のうちに、ダヴィドの座を、その国を、法を、正義をもって今もいつまでも固め、強められる」（イザ９・６―７）、「彼に主権と光栄と国とを賜い、諸民、諸族、諸国語の者を彼に仕えさせた。その主権は永遠の主権であって、なくなることがなく、その国は滅びることがない」（ダニ７・13―14）などである。

さらに、キリストの王位についての教えは、新約聖書のうちにより一層明確に示されている。「ピラトが、『それでは、やはり王なのか』と言うと、イエスはお答えになった。『わたしが王だとは、あなたが言っていることです』」（ヨハ18・37）、「わたしは天と地の一切の権能を授かっている」（マタ28・18）、「神は、この御子を万物の相続者と定め」（ヘブ１・２）などである。

キリストの王権の根拠について、アレキサンドリアのチリロは、「キリストが全被造物の上に主権を有しているのは、強奪によって獲得したり、譲り受けたものではありません。御自らの本性と存在とによって、ご自分のものなのです」（『ルカ福音書注解』）と記している。つまり、キリストの王権は、キリストの人性が御子の神性との結合によって、全被造物に支配権を有する、生まれながらに授かった権利と、さらに、十字架の救いの業によって、全人類を自分に属するものとすることが可能な獲得した権利との双方の働きによるものである。私たちの救いは、「きずや汚れのない小羊のようなキリストの尊い血」（一ペト１・19）によって実現するものなのである。

同回勅によれば、キリストの主権は、救い主として人々が守るべき掟の「立法」、全ての人を審判する「司法」、そして、違反者に制裁を命じる「行政」の三つの権能を授けられている。キリストの王国に入るには、生活を改め、信仰と洗礼によらなければならない。キリストの王国はサタンと暗闇の力にだけ対立し、キリストの王国の国民は、富と地上の事物からの離脱、心の柔和、正義に対する飢え渇きをもつだけではなく、自分を捨てて十字架を担っていかなければならない。キリストはご自分の御血で教会を救い、人類の罪のために自分自身をいけにえとして捧げ、常に捧げ続ける祭司である。したがって、キリストの王職は、救い主と司祭の二つの性格を帯びており、その支配は全ての人に及ぶ。

人間がキリストの王権を認めるならば、社会は真の自由、秩序、静穏、調和などの恩恵で満たされる。平和の王キリストは全ての人を神と和睦させるために、仕えられるためではなく、仕えるために来た。全ての者の主であられたのに、自ら謙遜の模範を示し、自己を無にする奉献をキリストの王国の第一の法と定めた。イエスは最も重要な掟として神を愛し、隣人を自分のように愛することを弟子たちに命じたが、愛の溢れが自己奉献として現れるという意味において、愛と奉献は不可分の関係性にある。

こうしたキリストの支配による王国がさらに広まるために、教皇ピオ一一世は「王たるキリストの祝日」を、諸聖人の祝日の前日、典礼暦の年間最後の主日に設定し、イエスの聖心に対する全人類の奉献を宣言した。この祝日は、全人類に対するキリストの支配の否定、教会の否定、国家権力による支配、国家間・国内・家庭内での争い、国家の教皇への背信への償いをもたらすことを主な目的とした。全教会が世俗主義によりもたらされた社会の諸悪を責め、何らかの方法でそれを癒すために、王たるキリストの祝日を毎年祝うことは、非常に意義深いと考えられた。

キリストの王としての権限を間接的に祝う他の祝日が、キリストのペルソナを対象としていたのに対して、王たるキリストの祝日は、キリストの王権と王の称号を形相的対象とする特徴をもつ。王であるキリストへの崇拝は、毎年繰り返されるこの祝日によって、個人も政府も偽政者もキリストに対して公に誉れと服従を示さなければならないことを、全ての国に思い出させる。私たちの主キリストには天と地の一切の権能が授けられ、その高価な御血によって贖われた全人類は、新たにキリストの権威のもとに置かれる。こうして、知性と意志と心と身体をキリストによって支配されている人間には、完徳に向かう道が開かれることになるのである。

この回勅から三年後の一九二八年五月八日に、同教皇は回勅『ミゼレンティシムス・レデンプトール』を発表し、神の愛に反対するヤンセニズムの異端のために愛徳が減退してきた教会の危機にあって、イエスの聖心崇敬によって人々がキリストを知り、愛するために、全人類に対して聖心への奉献と償いの義務を明示した。

（3）教皇ピオ一一世回勅『ミゼレンティシムス・レデンプトール』[29]（一九二八年）

前述の二つの回勅によってイエスの聖心への奉献の意義と重要性が明らかにされ、イエスの聖心崇敬が全世界に広がったが、教皇ピオ一一世は、キリストの主権、王権、愛がないがしろにされている現状を憂い、イエスの聖心に対してなされた侮辱が、イエスの聖心崇敬の本質的要素の一つである「償い」によって、慰めを受けるべきことを記した回勅『ミゼレンティシムス・レデンプトール』（一九二八年）を発表した。

教皇は当時の神の愛に対するヤンセニズムの異端のために、愛徳が衰退してきた危機にある教会に、聖マルガリタを通して示されたイエスの聖心の啓示へとキリスト者の注意を向けさせた。教皇はイエスの聖心崇敬に含まれた「償い」の義務を人々に示して、イエスの聖心崇敬についての無知や軽視を改めさせようとした。

信者たちの愛が冷えてきた時に、イエスの聖心崇敬によって神の愛そのものが崇敬の特別な対象となり、その豊かな善性が広く明らかにされたことは、救い主の限りない寛大さの表れである。イエスの聖心崇敬は一層深く主キリストを知るよう人々を導き、心をこめて主を愛し、より正確に模倣するよう人々の心を強く動かす。

同回勅によれば、イエスの聖心崇敬の中で際立って優れている本質的要素は、キリスト自身が人類への限りない愛に動かされてキリスト者に求めた「奉献」である。奉献とは、キリスト者が自己と自分の所有する全てのものを神の永遠の愛に返して、イエスの聖心に捧げることを意味する。聖マルガリタは、霊的指導司祭クロード・ド・ラ・コロンビエールと共に、最初にこの奉献を実現した。前世紀および今世紀に、不信仰な人々の策謀によって神法や自然法に反対する法律が定められ、キリストの光栄を守り、キリストの権利を主張するために、聖心への「奉献」を実践し、イエスの聖心を愛する人々が、キリストの支配権が拒まれた時、前任の教皇レオ一三世をはじめイエキリストの全人類に対する王権を否定する不敬虔な人々への答えを示したのである。

同教皇は、先の回勅『クアス・プリマス』に記したように、一九二五年の償いの年の終わりにあたって、世界の王であるキリストの祝日を、全教会において荘厳に祝うことを定めた。王たるキリストの祝日の制定により、教皇は全ての事物、社会、国家、家庭、個人に対して、キリストが最高の主権を有していることを明らかに示し、全世界は王たるキリストに従うことを心から喜んだ。さらに、この祝日の制定により、全ての国民が王の王、主の主であるキリストの聖心のうちに、キリスト教的愛と平和のきずなによって一つに結ばれるよう、毎年この祝日にイエスの聖心への奉献を新たにすることが定められた。

「奉献」に並んで、イエスの聖心崇敬のもう一つの大切な要素は「償い」である。奉献において第一に重要なことは、創造主の愛に対して被造物の愛が返されることであり、それは、神の愛が忘恩によって無視され、侮辱によって傷つけられた時には、これらのいかなる不正に対しても償いの義務を果たすことを命じた。奉献も償いも同じ理由から勧められるが、特に償いの務めは一層、正義と愛に結びつけられる。私たちは皆罪びとであり、神の王権を相応しい奉仕であがめ、神の主権を祈願によって認め、その限りない寛大さを感謝し、礼拝行為によって神を賛美し尊敬しなければならない。さらに、私たちが愛に反して犯した罪と侮辱と怠りのために、正義の神に償いをすることが特に求められる。イエスの聖心に対する私たちの奉献がより相応しいものであるために、償いによる神への立ち返りが付け加えられなければならない。

神の子キリストが人性をとり、私たち人類の罪を贖うのでなければ、人類は償いを相応しく果たすことはできない。私たちの償いの価値は、完全にキリストの流血の犠牲に依存するものであり、ミサにおけるキリストの無血の犠牲は、日々祭壇上で途絶えることなく更新されている。私たちはミサの聖体に合わせて償いを捧げるのである。奉献はキリストとの一致をもたらすが、この一致をさらに完成させるのが償いであると言える。償いは、より深く一致がなされるよう心を罪から清めるとともに、キリストの犠牲に参与することによって、実際の一致をもたらすのである。その意味で、償いはイエスの聖心崇敬においては第一の重要な務めである。教皇が償いの聖時間と聖体拝領の務めの実行を勧めるのは、この理由に基づいている。

人間の罪と悪行は、御子キリストを死に引き渡す原因となっている。忘恩な人々の罪によって絶えず傷つけられているイエスの聖心を、私たちは償いによって慰めなければならない。しかし、苦しむキリスト自身が、人間の罪を贖うことにより、人間を友とすることを熱望していることを忘れてはならない。キリストの贖罪の苦しみは神秘体の頭（かしら）であるキリストにおいてのみ完成され、神秘体である教会において繰り返され、キリストのご受難はなおま だ継続しているのである。

現代においても私たちの償いは必要とされている。現代の世の諸悪と教会への迫害に対して、キリストを熱烈に愛するキリスト者は、苦しんでいるイエスの聖心に対して償いを果たそうと激しく望まずにはいられない。人々の邪悪が増す一方で、聖霊の導きによってイエスの聖心に対する多くの不義を償おうと熱心に努力し、自らをいけにえとしてキリストに捧げるキリスト者が、おびただしく増加しているのも事実である。

教皇は償いがますます広まるために、イエスの聖心の祝日を祭日に昇格し、毎年イエスの聖心の祭日には、「人類の忘恩に対する償いの祈り」を荘厳に唱えるよう全教会に命じた。この償いの祈りは、私たちが全ての罪を嘆き悲しみ、最高の王であり、最愛の主であるキリストの権利が侵されたことを償うことを目的とした。

（4）教皇ピオ一二世回勅『ハウリエーティス・アクアス』[30]（一九五六年）

教皇ピオ一二世（教皇在位一九三九－一九五八年）は、第二次世界大戦で世界が荒廃した中で、社会で積極的に活動する教会としての刷新を図り、「よりよい世界を目指す教皇」と呼ばれた。マリア崇敬が篤く、回勅『ムニフィチェンティッシムス・デウス *Munificentissimus Deus*』（一九五〇年）を通して「被昇天のマリア」の教義を宣言したことで知られている。

教皇ピオ一二世は、イエスの聖心の祝日制定から一〇〇年にあたる一九五六年に、先述の三つの回勅を踏襲し、イエスの聖心崇敬により詳細の神学的解釈を与えるために、回勅『ハウリエーティス・アクアス』を発表した。キリストの聖心は、ふところから流れ出る生ける水の川（ヨハ７・38参照）である。キリストの聖心の愛は聖霊から湧き出て、人間の心に注がれる。イエスの聖心崇敬は、貫かれた心臓の生き生きとした象徴のもとに、救い主の愛に対する完全な奉献を私たちに求めるため、最も優れた礼拝の方法であることは明らかである。同じように、イエスの聖心崇敬の中心は、私たちの心に注がれた神の愛への応答として、私たちが神を愛することにある。私たち人間の愛の力だけが、神のみ旨に完全に自己を服従させることができる。

聖心崇敬への不尊な態度を示す者たちもいる中で、教皇レオ一三世、ピオ一一世、ピオ一二世は、現代に適したあらゆる礼拝方法と生活への規範を含むものとして、イエスの聖心崇敬を教会に積極的に勧めた。同回勅は、人間に対する神の愛を聖書、教父、神学者たちの教えから始め、聖心崇敬と救い主、聖心崇敬と三位一体の間の愛の関係を記している。

イエスの聖心崇敬の根拠は、『アンヌム・サクルム』で述べた通り二つある。第一の理由は、イエスの心臓が人間の最も崇高な部分として、神であるみことばと位格的に結合していること。第二の理由は、イエスの心臓がキリストの御体のどの部分よりも、人類に対する無限の愛を象徴する自然のしるしになることである。

イエスの聖心崇敬について直接的に述べた箇所は聖書にはないが、様々のたとえや象徴を通してイエスの聖心の愛が予型的に示されている。旧約聖書では、多くの場合、神と神によって選ばれた選民との愛の契約が、夫婦や親子の親しい関係になぞらえて書かれており、モーセの歌、ホセアの預言、イザヤの預言、雅歌などに見ることができる。神と民との間に交わされた契約に対して、民は神に対する当然の愛から服従したのである。旧約における全律法の源泉は、次の愛のおきてにある。「聞け、イスラエルよ。我らの神、主は唯一の主である。あなたは心を尽くし、魂を尽くし、力を尽くして、あなたの神、主を愛しなさい。今日わたしが命じるこれらの言葉を心に留めよ」（申6・4―6）。旧約に表れた神のこの愛は、救い主キリストの聖心から全人類に注ぎこまれる灼熱の愛、私たちの愛の手本であり、新約の基盤である愛の前表である。

神人キリストの聖心だけが、恵みと真理の「生ける水の泉」（ヨハ7・38）を人間に開くことができる。旧約聖書に啓示された神の愛は、新しい契約としてのキリストの聖心の愛の予型、予感である。新約聖書には旧約よりもはっきりとした形で、神と人間との間の愛が親しい親子関係で記されている。福音書が描く救いの奥義は、キリストから御父への愛の奥義であり、三位の神から人間への愛の奥義であり、神の正義と愛と慈しみによって人類は救われた。トマスの言葉を借りるならば、キリストの受難によって人間が救われたのは、神の正義だけではなく、その慈しみによるものである。キリストの慈しみとは、自分の犯した罪を自分で償うことができない人間のために、神が御子を救い主として人間の間に送ったことそのものに表されているのである。

キリストは人間としての理性、意志、感覚、さらには心臓を備えていた。神の御子キリストが聖母マリアのいと清き胎内に宿られ（ルカ１・35参照）、一つの完全な人間の本性をご自分のペルソナと結合した。そのために、神のみことばが御自身に結合一致させた人間性のうちに、何一つ人間として欠けているものはなかった。精神的な面でも、肉体的な面でも、その人性には変わったところは何もなかった。つまり、その本性は、知恵と意志、あらゆる他の内的かつ外的認識能力、全ての感覚的欲望と自然的衝動さえ備わっていたのである。キリストが神の子でありながら、完全な人性をとられた事実に基づいて、イエスの聖心の愛は、三重の愛、すなわち、「神の御子としての愛」、「人間としての精神的愛」、「人間の感覚的愛」で表され、これら三重の愛の間には完全な一致があった。神の御ひとり子が苦しみと死に従属する人間の本性をとった理由は、人類救済の業を完成するためであった。

神から啓示された教えの証人であるイグナチオ、バジレオス、クリゾストモス、アンブロシウス、アウグスティヌスなどの教父たちは、パウロがすでに明らかにした点に注目した。すなわち、神の愛の奥義は、受肉と贖罪の出発点であるとともに頂点であり、イエスの受肉の目的を、人類に永遠の救いをもたらすためであり、その無限の愛を感覚的にも現すためであったと明らかに示した。

福音史家や他の聖書著作家は、私たち人間の心と同じように動いていたイエスの聖心について、神的愛とそれにつながった情緒の動き、すなわち、キリストの顔や言葉、態度に反映されていた欲望、喜び、悲しみ、恐れ、怒りなどを描き出している。人となった御子の心臓は、神である救い主の永遠の御父と全人類に対する絶えざる三重の愛（神の御子としての愛、人間としての精神的愛、人間の感覚的愛）のしるしであり、象徴と考えられている。キリストはこの三重の愛によって、生涯を十字架の犠牲に向かわせていたので、イエスの聖心のうちに、救いの業の全てとキリストの愛を見出だすことができる。全生涯にわたるイエスの聖心の愛を、私たちは福音書全体を通して読み取ることができる。

秘跡であるとともに、いけにえでもある聖体と司祭職は、至聖なるイエスの聖心の最大の恵みである。聖体は秘跡として私たちに与えられるものであり、犠牲としてキリスト御自身が「日の出る所から没する所まで」（マラ1・11）絶えず御父に捧げる生贄である。

至聖なるイエスの聖心の最大のもう一つの恵みは、汚れなき神の母、私たちの愛する母マリアである。救い主の母として、エワの子孫を神の生命に与らせるにあたり、イエスとの協力者となったマリアが、全人類の霊的母となられたことは全く相応しいことである。救い主キリストは、パンとぶどう酒の無血の犠牲、無限の愛のしるしとして、十字架上の流血の犠牲を加えることを望まれた。こうしてキリストは、「友のために命を与える以上の大きな愛はない」（ヨハ15・13）といえるほどの崇高な愛の模範を、自らの犠牲を通して弟子たちに示した。イエスの聖心は、御血によって教会と神秘的な婚姻を結ぶために、私たちの救い主を動かした広大な愛の相応しい象徴と言える。教会は、救い主の御血の分配者として、救い主の傷ついた聖心から生まれたのである。

弟子たちにおくられた聖霊の賜物は、イエスが天に昇り御父の右に座した後、最初に与えた愛のしるしである。御父と御子が有している愛の霊は、弟子たちの心に注がれた。教会を生まれ出させ、偶像礼拝や相互の憎しみ、抗争、道徳的腐敗などに沈んだ人々の中に教会を広げたのは、この聖霊の働きによるものであった。

イエスの聖心は神と人間の愛にあふれている。しかも私たちの救い主として、働きと受難と死去をもって獲得したあらゆる恵みの豊かな宝庫であるイエスの聖心は、神秘体の各成員一人ひとりの上にキリストの霊を注ぐ、尽きることのない泉なのである。イエスの聖心は救いの全奥義を要約している。至聖なるイエスの聖心を礼拝する時、私たちはその聖心のうちに、その聖心を通して、神の御子の人間としての愛とその他一切の感情と徳を礼拝するとともに、その永遠の愛をも礼拝することになる。こうして、イエスの聖心崇敬の本質は、神としての愛、人間としての愛、御父と聖霊が罪びとに対して抱いた愛に他ならないと言える。

ここで同回勅は、イエスの聖心崇敬の起源とその進展について触れている。いつの時代においても、キリストの人性とその受難の聖痕に対する崇敬は行われてきたが、はっきりとした形で現れ始めたのは中世になってからのことであり、聖マルガリタがきっかけとなって一六七二年にはじめて聖心の祝日がフランスで祝われるようになった。聖心崇敬は私的啓示ではなく、キリスト者たちの熱烈な信仰から萌え出たものである。こうして聖座は、一八五六年にイエスの聖心の祝日を全教会で祝う認可を与えることになった。

同回勅の最後に、教皇ピオ一二世は、イエスの聖心の要点を次のようにまとめた。すなわち、イエスの聖心は、聖書と聖伝と典礼から沸き起こり、キリスト教の本質であるイエスの愛の甘美な知識に導く。キリスト者は、イエスの聖心崇敬の根本的行為である愛と償いを通じて、宗教の務めを完全に果たす。キリストの聖心の観想は、神の愛の奥底に入ることを決して妨げることはなく、人となった御子のより高い崇高な愛に至る優れた象徴であり手段である。

イエスの聖心崇敬は、完徳を達成するための最も有力な助けとなり、人が神を愛し、自分を神の愛に委ねて捧げるために優れた方法である。このように自己を奉献するキリスト者は、神の善性に導かれていく。教皇は、同回勅をまとめるにあたり、イエスの聖心崇敬から豊かな実りを得ることができるよう、聖母の汚れなき御心への崇敬と結びつけ、聖心の祝日をより相応しく迎えるよう次のように勧告した。

キリスト信者の全家庭と、世界が、イエスの聖心への崇敬から実り豊かな結果を得るために、信徒たちは神の御母の汚れなき御心への崇敬を、この崇敬に結び合わせるように努めなければならない。神御自身は人間の贖罪のみ業にあたって、聖母マリアがキリストとの不可分の関係性をもって一致することをお望みになった。その結果、私たちの救い主は、聖母マリアの愛と苦しみに密接に結ばれているキリストの愛と苦しみから出るものである。したがって、マリアを通してイエス・キリストの神的生命を獲得したキリスト信徒が、イエスの聖心崇敬を果たした後に、当然、天のおん母の最愛の御心にも、尊敬と愛と感謝と償いとを捧げるのは、まことに必要なことである。私自身が、全教会と全世界を汚れなきマリアの御心に荘厳に奉献したあの記念すべき出来事は、神の摂理の、いとも甘美な賢明な望みに沿ったものであった。

以上に述べた四つの回勅は、イエスの聖心崇敬を基盤として各々のテーマを展開させながらも、イエスの十字架上の救いによって実現する全人類の救いという一つの究極目的に向かって体系的に組み立てられ、ついに回勅『ハウリエーティス・アクアス』において、イエスの聖心崇敬についての神学的考察が見事に調和したのは、四つの回勅の大きな実りと言えるだろう。

四つの回勅の中心点は、救い主から人間に向けられた神的愛と、この愛に対する人間の応答という相互性にあるが、人間の側からの応答の具体的方法として奉献と償いが示されている。イエスの聖心崇敬におけるこれら二つの要素についてさらに理解を深め、神の普遍的救済との関連を明らかにしたい。

2. イエスの聖心崇敬の要素——奉献と償い

四つの回勅は、イエスの聖心崇敬の方法として奉献と償いという二つの要素を挙げている。イエスの聖心崇敬の本質は神の愛であり、その神の愛を愛熱の燃えるイエスの心臓で表現している。私たちは、奉献と償いを通してイエスの聖心を崇敬し、神の御子の限りない愛と人間としての愛を共に崇め、この神の愛に応えようとするのである。

このことを、教皇ピオ一二世は、回勅『ハウリエーティス・アクアス』で次のように記す。

至聖なるイエス・キリストの聖心を礼拝する時、私たちはその聖心のうちに、その聖心を通して、神の御子の人間としての愛と、その他一切の感情と徳を礼拝すると共に、その永遠な愛を礼拝します。それは、この二つの愛が私たちの救い主を動かし、私たちと花嫁である教会の為にご自身をいけにえとして捧げるに至らせたからです。

さらに、教皇ピオ一二世はキリストの愛を神の子としての「神的愛」、人間としての「霊的愛」と「感覚的愛」の三重の愛で表現し、これら三つの愛がキリストのうちに調和して、キリストのあらゆる感覚的傾向が人間としての意志に服従し、その意志が自由に自発的に神としての意志に従うと考えた。しかも、キリストの「神的愛」は、御父と聖霊が罪びとに対し抱かれた三位一体の神の愛である。三位の神の愛は常に他に与えることを望み、愛を全ての被造物に注ぎ、イエスの聖心において私たちにはっきりとした形で示されるのである。

御自身の似姿にかたどって人間が創造されるよう、三位の神に霊感を与えた永遠の愛。人間の堕罪にもかかわらず選民を慈しみ、全人類の救いの希望を御子に託した父なる神の愛。救いの源である三位一体の愛。御ひとり子をこの世に遣わした御父の愛。ご死去によって私たち人類を救うために世に来た御子の愛。マリアに受胎の奥義を実らせ、キリストの生涯にわたって十字架のいけにえまで導いた聖霊の愛。こうした三位の神の愛を、キリスト者が、十字架にかけられたイエスの開かれたわき腹に見るのがイエスの聖心崇敬なのである。(31)

教皇ピオ一二世が同回勅で示したように、イエスの聖心は、人としての愛と三位の神の愛を併せ持った愛のシンボルであると同時に、私たち人類を無限に愛されるキリストのペルソナ全体であり、キリストが愛によって動かされながら、御自身のペルソナの似姿となっているその内的生命を余すところなく私たちに啓示している。私たちは、キリストの人間性の中で最も高貴な、傷ついた心臓を崇拝しながら、実際には、その内奥にある救いの全奥義に示された神の愛を崇敬しているのである。

イエスの聖心崇敬の本質である奉献と償いについて、四つの回勅を統合的に捉え直し、それぞれのテーマが熟するプロセスを見出だしていくことにする。

(1) 奉献

イエスの聖心を通して、救いの奥義に見る神の愛を崇敬する方法として特に際立って優れているのが奉献である。奉献とは、キリスト自身が人類への限りない愛に動かされて自ら行った行為であり、同時に、キリストがキリスト者に対して求めた、徹底した完全な自由意志で自己と所有する全てのもの、家族、団体、社会、全人類を神の永遠の愛に帰して、神の愛に応える行為でもある。奉献とは、キリストの究極の愛の表れである救いのみ業に対する感謝と、救い主への忠誠のしるしとして、完全に自己を委ね、主に従属することである。[32]「心を尽くし、精神を尽くし、思いを尽くし、力を尽くして、あなたの神である主を愛しなさい」(マコ12・30)との神の第一の掟を果たす上で、奉献は最も適切な方法と言える。

イエスの聖心への奉献は、一六七五年にイエスの聖心の示現を受けた聖マルガリタと、霊的指導司祭クロード・ド・ラ・コロンビエール師によってカトリック教会内に広がっていった。教会への圧力をかける当時の社会情勢の中で、主キリストの支配権が拒否され、キリスト者の信仰が揺すぶられた時、教皇レオ一三世は、キリストの全人類に対する王権を呼び戻すため、聖年にさきがけて、一八九九年に全世界をイエスの聖心に奉献した。

至聖なるイエスの聖心への人類の奉献を宣言した『アンヌン・サクルム』で、教皇レオ一三世は、奉献とは私たちが自分自身を奉献することによって、キリストの支配権を明らかにし、快く認めて受け入れることであり、さらに自分の所有するものを、たとえそれが本来神のものであるとしても、真心から喜んでキリストに捧げたい心を示し、それを主が受け入れて下さるよう願い求めることと述べた。こうした理解に基づいて、教皇レオ一三世は、王として全人類に対して最高の支配権を有しているキリストの無限の愛の象徴であるイエスの聖心に、自分自身と自分の全所有物を奉献することを望んだのである(33)。

イエスの聖心崇敬に関する実践的内容を示した教皇レオ一三世の回勅を、教皇ピオ一一世は詳述することになった。『クアス・プリマス』をもって王たるキリストの祝日を制定し、この祝日に毎年イエスの聖心への奉献を更新することを宣言した。さらに、『ミゼレンティッシムス・レデンプトール』において、イエスの聖心崇敬の本質的行為を奉献と償いに二分し、王たるキリストの祝日では、愛による自由な委託としてイエスの聖心に自分自身を奉献すること、イエスの聖心の祝日には、報いられないキリストの愛に対する償いを捧げることを提案した。教皇ピオ一一世は、イエスの聖心に対する奉献を、自分自身とその所有する全てのものを神の永遠の愛に返して、イエスの聖心に捧げることと記している。真の奉献とは、私たち自身を奉献する実践行為というよりもむしろ、本質的には、心のうちに宿る王たるキリストに奉献する私たち自身という捧げものを通して、私たちの命、生活の全てが聖化されることを受け入れる行為なのである(34)。

教皇ピオ一二世は、前教皇が聖心への奉献について強調した「神の永遠の愛」への人間の応答をさらに発展させて、イエスの救いのみ業に示される「究極の愛」の観点からイエスの聖心の本質を捉え直した。すなわち、イエスの聖心崇敬は、貫かれた心臓の生き生きとした象徴のもとに、救い主の愛に対する完全な奉献を私たちに求める最も優れた崇敬方法である。同時に、神の愛に応えるためには人間の側からの愛が必要であり、私たちの愛が神の愛と一致してはじめて、私たちは神のみ旨に完全に自己を奉献することができるという見解を示した。

さらに、教皇ピオ一二世は、人が自分から望んで自己を神に開き、実際的な愛をもって自己の所有する全てを神に捧げて、神の愛に応えようと望む完全な愛について次のように記している。すなわち、キリスト者は、神に愛と礼拝と感謝をもって応えながら仕えようとする時、現世・来世の霊肉上の個人的利益に動かされず、神ご自身の善性に引かれて神を崇敬すると確信している(35)。

ところで、エバンヘリスタ氏は、イエスの聖心への奉献を、家庭・社会・世界・全人類の公的奉献と、聖マルガリタや福者クロード・ド・ラ・コロンビエールに見られた個人的自己奉献を区別し、「敬意、服従の奉献」、「奉仕の奉献」、「一致の奉献」の三種の型に当てはめている。

彼によれば、組織や団体で行う公的奉献は、主として公的な信仰の「敬意、服従の奉献」を意味しており、この奉献によってキリストを万物の主なる神と認め、全ての人にもそれを望む。この奉献の目的は、まだ多くの人々が知らず、あるいは、知ってはいても従おうとしないイエスの聖心に栄光を帰し、彼らを教会に引き寄せて、聖心が神の国の到来を早めるようにと祈るためである。

「奉仕の奉献」は、祈祷の使徒「きょうをささげる」の奉献の祈り(36)に顕著に表れている。この全生活の新しい方向づけは、奉献をより具体化し、あらゆる行為を有意義にする。特に、奉仕の奉献を行う人は、毎日のミサの神聖な聖体の供え物とともに捧げられ、その人の生活全体は、全人類の救いのためのキリストの意向に自分の意向を一致させながら、キリストと一体となるのである。

「一致の奉献」は個人的奉献に見られるものである。キリストは愛によって私たちの霊魂に御自身を渡し、私たちの霊魂もキリストの無償の愛に応えてキリストに余すことなく自己を奉献する。自己の願望をかなぐり捨てて、ひたすらキリストの愛のためだけに生き、やがて、キリストの望みが自分の望みとなったことを世に示すようになり、奉献はより一層祈りの姿を帯びてくる。しかし、この人間の自己奉献は、自分の力による行いではなく、キリストが人間の霊魂を完全に捕らえ、ご自分のものとされることで実現するのである。[37]

イエスの聖心に対する奉献が、奉献される対象に応じて、「敬意、服従の奉献」、「奉仕の奉献」、「一致の奉献」の三種に区別されたことは意義深い。「敬意、服従の奉献」に関して、日本のキリスト教迫害期前後の、日本の教会に見られた国や地方教会、全人類などのマリアの御心への奉献も、この理解に基づいているのではないかと思われる。詳細については、第3章で取り上げることにする。

ただし、三種の奉献の中でも、個人的奉献と言われる「一致の奉献」は、イエスの聖心への奉献の中心であり、どの奉献においても含まれる本質的要素なのではないかと思う。なぜなら、イエスの聖心崇敬は、人間の罪の償いに代わってイエスが自己譲与した無償の愛に基づいており、その神の愛と私たちの愛が一致してはじめて、救い主の愛に対する完全な奉献を果たすことができるからである。こうして、キリスト者が愛においてキリストのうちにいつも留まり、完全にキリストと一致するという点において、イエスの聖心への奉献は、キリスト教精神の本質と言えるだろう。

（2）償い

「奉献」に並ぶ、イエスの聖心崇敬の本質的要素のもう一つは「償い」である。イエスの聖心に対する償いのきっかけは、聖マルガリタへの聖心の示現である。彼女は、一六七五年六月に第四回目のイエスの聖心の大啓示を受けた際、イエス自身が聖心に対する人間の冷淡さや忘恩を嘆き、教会に信仰と熱意を呼び覚ますために「キリストの聖心の祝日」を定め、さらに、神の愛、特に秘跡に対する人間の非道な行為への償いを呼びかける使命を委ねられた。

教皇ピオ一一世回勅『ミゼレンティッシムス・レデンプトール』は、聖心に対する償いについて書かれたもので、四つの回勅の中でも特に、償いについての神学的要素を多く含んでいる。教皇は、イエスの聖心崇敬の本質的行為として「奉献」に加えて、補いとしての「償い」を挙げた。教皇は奉献と償いのための祝日を区別し、王たるキリストの祝日にはキリストの全人類に及ぶ支配権と、キリストの支配に対する私たちの自由な応答としての聖心への自己奉献を勧めた。また、イエスの聖心の祝日には、キリストの愛に対する人間の忘恩の罪に対する償いを求めた。同教皇によれば、イエスの聖心への奉献において最も大切なことは、御父が御子の救済のみ業を通して人間に与えた無償の愛に対して、人間の愛が神に返されることである。神の愛が、人間の忘恩によって軽んじられ、侮辱によって傷つけられた場合には、人間は償いの義務を伴わなければならない。

さて、教皇の「償いの神学」によれば、人間の「償い」の必要性はアダムの罪に遡る。キリストは、人類が果たし得なかった償いを代わりに身に負うために人となり、アダムによって壊れた神と人間との愛の交わりが、キリストによって再び可能となったのである。キリストの償いは無償で無限の価値があるにもかかわらず、神は、御自身の無限の償いに、私たち人間の側からの償いを合わせるため、人間の側からも全人類のためにキリストが負った償いの業に協力するよう求められたのである。(38)

ところで、この聖書に基づく「償いの犠牲」という思想は、すでに中世期には見られ、カンタベリーのアンセルムス以来徐々に発展していった。アンセルムスは、神の正義を強調し、キリストの十字架を神の赦しと結びつけた。アンセルムスは次のような償罪論を示した。

神的であるがゆえに無限の尊厳を有する人格のために、イエスが十字架の犠牲において全うした従順は、罪によって侮辱された神に対して無限の『償罪』satisfactio をなすものであり、この罪の重さは侮辱された神の尊厳において量られねばならぬと考えた。そして神がキリストのなした人類のための償罪を受け取られるとき、この償いは神の『正義』の要求を満たし、人間をこの正義の要求から解放するものである。(39)

教皇もこの償罪論の流れをくみつつも、人間の側からの働きも強調している。つまり、キリストの償いに合わせて、私たち自身もイエスの聖心に対する償いによって、一層正義と愛に結びつけられるよう求めている。イエスの聖心への奉献が真の奉献となるためには、罪深い私たちは、正義に基づいて人間を罰する神に対し絶えず罪の償いを果たし、キリストの償いに協力しなければならないからである。

このため教皇は、私たち人間の償いを支えるものとして、ミサにおいて絶え間なく捧げられるキリストの十字架の犠牲への人間の参与を挙げる。私たちが、祭壇で捧げられる神聖ないけにえに、私たちの犠牲を捧げれば捧げるほど、私たちにはキリストの聖心に償いを果たす機会が与えられるのである。唯一の救い主、唯一の仲介者、唯一の協償者であるキリストが、私たち人間にも、全人類の救いのために償いのわざに協力することを望まれた。「今やわたしは、あなたがたのために苦しむことを喜びとし、キリストの体である教会のために、キリストの苦しみの欠けたところを身をもって満たしている」（コロ１・24）パウロと共に、私たちの側から救い主の苦しみの欠けたところを補う使命を与えられているのである。(40)

しかし、たとえ私たちがキリストの苦しみに参与しても、主が担っている苦難を減らすことはできない。キリストが神秘体の肢体のうちに現存し、世の終わりまで私たちのために苦難を続ける限り、キリストの十字架の唯一の犠牲は継続し続けるからである。私たちはキリストの十字架上のいけにえに合わせて、キリストと一致して自己の生活を奉献しなければならない。

人間の奉献の志しを揺るがすのが罪であり、罪概念と償いは不可分の関係にある。神の愛がキリストの聖心を通して人間に与えられるのと同じように、人間の罪が神に返される過程の中で、私たちの罪はキリストの聖心を直接的に傷つけ、神の愛への忘恩ともなる。こうして、私たちの罪は、キリストの愛に対する軽蔑、キリストの受難への侮辱、愛の秘跡である聖体への侮辱となって広がっていく。これら人間の罪に対して、キリストは救いの最高の業である十字架上の受難を通して人間に代わって償いを果たし、恵みによって全人類を新しい生命に与らせてくださるのである。

ところで、罪と不可分の関係にある償いに対して私たちがとるべき第一の態度は、私たち人間の罪を十字架上の死に至るまでの無限の愛と従順によって贖ったキリストに倣って、同じ十字架と犠牲の道をたどりながら私たちのうちに巣食う罪を破壊することである。これこそ、パウロの言うキリストの十字架によって、古い人、肉の人から、新しい人、霊の人へと新たに生まれる生き方である。

さらに、償いに対する第二の態度は、キリスト者が、神秘体全体の聖化の刷新のために、祈りと節制を通してキリストの犠牲と共に捧げる犠牲として、イエスの聖心に私たちの命を捧げることである。教皇ピオ一二世が回勅『ミスティチ・コルポリス *Mystici Corporis Christi*』（一九四三年）で述べたように、「イエス・キリストの聖霊が教会とその構成員に与えられ超自然的な力の唯一の泉であることを、誰一人として否定することはできない。……しかし、人々が成聖のわざを絶えず実行し、恩恵と徳に進歩し、キリスト教的完徳の頂上に向かって熱心に務め、また他人にも全力を尽くして完徳に達するように勧めることなどの全てを聖霊に期待することができない。そのためには、人間の側からの絶え間ない積極的な協力が必要」（DS3817）だからである。

近代の霊性の一つとして、第二イザヤの僕の歌に登場する「軽蔑され、人々に見捨てられ、多くの痛みを負い、病を知っている」僕（イザ53・3）の姿にキリストを重ねて、キリストを慰める行為が強調された。この霊性に従うとするなら、私たちがキリストの傷つけられた聖心に償いを果たすのは、深い悲しみの中にあるキリストを慰めるためでもある。事実、キリストは聖マルガリタにご自身の聖心を示現した際に、力の限りを尽くして人々の忘恩を償うよう頼まれた。神秘体を通して今なお苦しんでいるキリストは、その贖罪において私たちを友とし、慰められることを熱望している。

「友として」慰められることを熱望したキリストこそ、人間としての感覚的愛の表れを見る思いがする。第二イザヤの僕の苦難が、自分を軽蔑し無視した人間に代わって、彼らの罪や病や痛みを解放するための償いであったように、キリストの苦難や悲しみも全人類の罪の償いのためであった。神であるキリストは、自らの十字架に苦難を超えた復活の神秘を見ていたであろうし、人間の慰めを必要としなくてもよかったはずだ。それでもあえて、罪深い人間を「友」と呼び私たちの慰めを求められるところに、イエスの聖心の人間性を見る思いがする。

以上がイエスの聖心崇敬の中心的要素としての奉献と償いである。キリスト自身が、受肉と十字架による自己譲与と、全人類の罪を身に負う救いの業によって、奉献と償いの模範を先に人間に示し、人間にもキリストの究極の愛に応える場として、イエスの聖心への奉献と償いを求めた。神であるキリストは全てにおいて満たされているにもかかわらず、聖心への奉献と償いによって、人間からの愛や償いや慰めをあえて求めた。世の終わりまで人間の罪を償い続けながら人間を愛し、いつも私たちと共にいて下さること、これがイエスの聖心崇敬の究極の目的なのだろう。

イエスの聖心崇敬に関する四つの回勅に従って、イエスの聖心崇敬の神学的基盤が明確になったところで、四つの回勅におけるイエスの聖心崇敬とマリアの御心崇敬の関係性について論述する。

3．イエスの聖心崇敬とマリアの御心崇敬の関係性

第1章「マリアの御心崇敬の神学的根拠」で述べたように、教会は、真のマリアの御心崇敬について、聖書に基づいて、長い歴史の中で形成されてきた教父たちによる神学的解釈と教導職による権威ある教えを加え、さらに、典礼を通して祝うものとしながら発展させてきた。教皇ピオ一二世回勅『ハウリエーティス・アクアス』や、教皇庁典礼秘跡省による指針『民間信心と典礼』(174)が示したように、マリアの御心とイエスの聖心は不可分の関係にあることを教会は様々の教理によって明らかにしてきた。

第2章の最後にあたり、イエスの聖心崇敬とマリアの御心崇敬の共通点と相違点について、神学的観点からその関係性を見出だしていくことにする。

教皇ピオ九世によって、イエスの聖心の祝日が全教会に定められて百周年にあたる一九五六年に、教皇ピオ一二世が発表したイエスの聖心崇敬についての回勅『ハウリエーティス・アクアス』の終わりに、教皇は、キリスト信者の全家庭と、世界が、イエスの聖心崇敬から豊かな実りを得るために、イエスの聖心崇敬に神の母聖マリアの汚れなき御心への崇敬を結び合わせるようキリスト者に勧めた。それは、神が人間の罪を贖うために、聖母マリアにキリストの愛と苦しみに固く結ばれ、不可分の関係をもって一致することを望んだからである。したがって、キリスト者が、キリストの救いのみ業によって全人類に救いを約束したイエスの聖心の愛に、尊敬と愛と償いを捧げたその同じ崇敬を、御子の受胎と十字架に与り、救いのみ業にイエスと一つ心で協力した母マリアの汚れのない御心に捧げるのは当然のことと確言している。イエスの聖心とマリアの御心の一致は、神からマリアに与えられた無償の恵みによるものであり、同時に、神の母としてイエスの救いのみ業に協力し、全人類に救いの恵みのとりなしをしたマリアの、神への愛と従順によってもたらされた実りとも言える。

御子イエスと母マリアの一致の源は、全人類の救いという御父に託された同じ使命を果たすための、御父の思いと御心のうちにおける一致からくるものである。イエスとマリアの一致は、創造の初めから御父の計画の中に入れられ、母マリアの生涯にわたって続けられる。創造の始めの御父の愛による母マリアの選びについて、教皇ピオ九世は、教義「無原罪の御宿り」を宣言した大勅書『イネファビリス・デウス *Ineffabilis Deus*』（一八五四年）の中で、「表現し尽すことのできない神は、……時が満ちた時に人となって生れる自分のひとり子の母を世紀のはじめから選んで、全被造物以上に愛を注ぎ、自分の意に最もかなうものとした」（DS2800）と記している。

イエスとマリアの一致は、受胎によって現実的なものとなる。教皇ピオ一二世は、教義「聖母被昇天」を宣言した教皇令『ムニフィチェンティッシムス・デウス *Munificentissimus Deus*』の中で、「唯一で同一の予定の計画」によって、永遠の昔からイエス・キリストと密接に結ばれていた神の母マリアは、原罪なくして母の胎内に宿り、神の母としても完全に処女であり、神であるあがない主の寛大な協力者であった」（DS3902）と述べている。

イエスの誕生から十字架の死に至るまで、イエスとマリアの一致は続いたことを、教皇ピオ一二世は回勅『ミスティチ・コルポリス *Mystici corporis*』でこう記す。「個人的罪からも、遺伝的罪からも、あらゆる汚れを免れていたマリアは、いつでも御子のそば近くにおられた。カルワリオではあらゆる母としての権利も母性も犠牲にして、第二のエワとして、人祖の犯した惨めな罪によって汚れてしまった全人類の救いのために、御子を御父に捧げられた[41]」。

イエスとマリアの一致は、復活と昇天における栄光で完成した。天に上げられたマリアは今でも天国でイエスと一致し、イエスの人類の救いのみ業に参与している。このことを、教皇ピオ一二世は、回勅『ムニフィチェンティッシムス・デウス *Munificentissimus Deus*』の中で、「キリストを宿し、生み、自分の乳で育て、腕に抱きかかえたマリアの霊魂だけでなく、地上の生活を終わった後に、その体が、主から離れて過ごすということは考えられないことである」（DS3900）と述べている。

さて、こうして生涯にわたって貫かれたイエスとマリアの一致は、イエスの聖心とマリアの御心との関係性にどのような影響を与えているのだろうか。天地創造の時から天に上げられ、現在に至るまで、マリアは存在と使命においてイエスと一致していた。このことは、イエスの聖心崇敬とマリアの御心崇敬の堅い結びつきを意味する。

四つの回勅が示したように、キリストの聖心は、人間としての愛と三位の神の愛を併せ持った究極の愛のシンボルであると同時に、私たち人類を無償で愛するキリストのペルソナ全体を啓示している。聖心は、受肉によって「神的愛」に人間の「霊的愛」と「感覚的愛」が加えられ、三重の愛が見事に調和している。キリストはこの三重の愛によって、生涯を十字架の犠牲に向かわせていたので、私たちはイエスの聖心のうちに愛であるキリスト自身と愛による救いの業、すなわち、キリストの存在と使命を見ることができる。受肉によるキリストの存在は、人間に対する神の愛の啓示であり、十字架と聖体は、全人類の救いの使命のために捧げられるキリストの究極の愛の証しである。したがって、イエスの聖心は、キリストの存在と使命の象徴と言える。

イエスの受肉から十字架上の死、復活から昇天を経て現在に至るまで、キリストの存在と使命に絶えず寄り添い、キリストの全人類の救いのみ業に協力する母マリアの汚れなき御心は、イエスの聖心に一致している。神の母、全人類の霊的母としてのキリストの救いのみ業への参与は、マリアの存在意義であり、使命でもある。つまり、母としてキリストと共に十字架の犠牲に向かうマリアの御心もまた、イエスの聖心と同じように、献身、譲与、愛の象徴なのである。したがって、イエスの聖心とマリアの汚れなき御心は、愛と献身において結ばれている。

イエスの聖心とマリアの汚れなき御心の一致が明らかになったところで、マリアの御心の愛に注目してみる。マリアの汚れなき御心にあふれる神への愛と献身は、聖書や教父たちによって証言されている。受胎告知の場面におけるマリアの「わたしは主のはしためです。お言葉どおり、この身に成りますように」（ルカ1・38）は、マリアの御心から出た神への愛と献身、愛によるへりくだりの言葉であった。「マリアはまず、その御心のうちにキリストを宿された」（聖アウグスティヌス、PL.40. 398）という言葉にあるように、聖アウグスティヌス以来の伝統では、マリアの受胎と、マリアの御心のうちでの信仰と愛によるキリストとの一致は保たれていた。それを可能にさせたのは、マリアの御心の中で働く聖霊の愛によるものであることを、聖ボナヴェントゥラは次のように記している。

聖霊の愛は最も聖でありますから、彼女の心の中における愛の真実は、み旨を受け入れる備えとなったのでした。そして全く汚れなき御子を宿されたのです。その経緯について天使は彼女に向かって「聖霊があなたに下り、いと高きものの力のかげがあなたをおおうのです。」と書き記されております。

（「聖母マリアのお告げについての説教２」[42]）

さらに、「わたしは男の人を知りませんのに」（ルカ１・34）には、マリアの処女的愛、すなわち、神だけに向けられた分かたれない愛、神のためだけの完全な愛の決意の表れである。パウロの言葉を借りるならば、それは「体も霊も聖なる者になろうとして、主のことに心を遣う」（一コリ７・34）徹底した愛である。

マリアは、花婿に身を渡す花嫁の愛熱で神に御心を捧げた。清い結婚に例えられた神とマリアとの一致について、教皇ピオ一二世は回勅「サクラ・ヴィルジニタス *Sacra virginitas*」（一九五四年）で次のように述べている。「おおキリストよ、あなたは私の全て。花婿よ、わたしはあなたの為に私は心と体を清く保ち、私の輝くランプを高く上げて、あなたを急いで出迎える」[43]。受胎告知の時の処女マリアの御心は、力の限り神を愛し、神に身を捧げ、心を尽くして神と一致する愛の御心であった。

幼子について天使のお告げを受けた羊飼いの話を聞いた時、神殿でイエスを見失った時、「すべてを心に納めて、思い巡らしていた」（ルカ2・19、51）には、御子について見聞きした全てのことを心に思い浮かべ、観想していた母マリアの御子に寄せる愛と、母と子の心を結んでいた親しさを暗示している。さらに、ご受難のとき、マリアは苦しみの極みを体験している御子の側で、御子を支えるために十字架の下に強い心で立っている。イエスに対する愛が母マリアを駆り立てて、キリストと共に十字架につけられた（ガラ2・19参照）。マリアの御心は、キリストの受難の鏡として、キリストの聖心が受けた侮辱とつばとむち打ちと傷を、完全な形でご自分の汚れのない御心に映し出しているのである。

マリアのキリストに対する愛は、マリアの御心を御子の受難に与らせ、全人類の救いのためにキリストの救いのみ業の協力者として、キリストとの一致のうちに十字架へと向かうよう導く。マリアの救いのみ業の協力者としての愛は、マリアの御心の本質である。教皇ピオ一〇世が回勅『アド・ディエム・イッルム *Ad diem illum*』（一九〇四年）で述べている通り、「マリアはキリストとの苦しみと意志との一致によって、『失われていた世の弁護者となる功績を立て』その結果、イエスが受難と死去とによって、私たちのために獲得したすべての恩恵の分配者となった。……母と子の苦しみと悲しみの交流によって、この処女である母は、『自分の子のもとで全世界の最も有力な仲介者、和解者』となった」（DS3370）。マリアの御心は、十字架のもとでキリストの奉献に合わせて自らもキリストに献身し、イエスの愛と苦しみに一致して、キリストによる救いの恵みの分配者となった。マリアは、教会の頭であるイエスの御母、肢体である全人類の母として、人類をキリストと一致するよう恵みをとりなすのである。イエスが十字架の上からマリアに告げた「婦人よ、これがあなたの子です」（ヨハ19・26）は、イエスがマリアの御心に教会の母としての使命を託した言葉であった。

マリアの御心から湧き出る愛が、十字架上の御子イエスに与え尽くされることを、教皇レオ一三世は回勅“*Iucunda Semper*”で次のように述べる。「イエスの十字架のもとには母マリアが立っていた。私たちへの限りない愛に動かされた母マリアは、私たちをご自分の子として受け入れるために、神の義に御子を自発的にお捧げになった。悲しみの剣に刺し貫かれた御母は、御子と共にご自身の御心のうちに死んでくださった」[44]。十字架上で槍で刺されたイエスの聖心は、御父と全人類へのキリストの究極の愛の象徴であり、マリアはイエスのこの限りない愛の象徴である聖心を、ご自身の純粋な愛に満ちて汚れなく、分かたれない御心に映し出し、御子と同じ心で全人類を限りなく愛し、キリストと人類との間をとりなす救いのみ業の協力者である。イエスの聖心とマリアの汚れなき御心を一つに結ぶのは、十字架の神秘としての神の愛なのである。

キリスト者が、キリストを通して全人類を贖う神の究極の愛に対する応答として、イエスの聖心を崇敬するのと同様に、キリストの聖心と同じ心で全人類の救いに協力するマリアの限りない愛に対する応答として、マリアの汚れなき御心を崇敬するのは、ごく自然の信仰表明である。このことを教皇ピオ一二世は回勅『ハウリエーティス・アクアス』の中で、「マリアを通じてキリストから神の生命を受けたキリストを信じる民が、イエスの聖心に対する信心を果たした後に、天上の母の最愛の心に、尊敬と愛と感謝と償いをささげるのは当然なこと」（DS 3926）と述べる。マリアの汚れなき御心への崇敬とは、母としての苦しみを捧げながら、人類に恵みをとりなし、神からの永遠の命を与える母マリアに、キリスト者は深い崇敬を表さずにはいられない。

教皇レオ一三世が、回勅『アンヌム・サクルム』の中で、至聖なるイエスの聖心に全人類を奉献し、その奉献が神であり全人類の救い主、王として、イエスに生得的に与えられた万物の普遍的支配権に基づくことについては、すでに述べた通りである。教皇ピオ一一世も「王たるキリストの祝日」を制定するにあたり、キリストの王権について明確に記した。

その後、一九四二年に教皇ピオ一二世によってマリアの御心に世界と全人類が奉献されたが、マリアの汚れなき御心への奉献も同様に、イエスの万物に対する生得的支配権に基づいている。王であるキリストは、人間の知性と意志と心を支配しているが、マリアは神の母としてキリストとの緊密な一致のために、「キリストに次いで、最高の監督をもち、ある程度までキリストの支配権に参与している」[45]（DS 3917）のである。つまり、キリストの最高の支配権にキリストに次いで与った母であり、救いのみ業の協力者として、マリアの汚れなき御心に奉献するのである。

イエスの聖心に対する奉献が、キリストの十字架による救いに示された神の究極の愛に対するキリスト者の応答であるのと同じように、マリアの汚れなき御心に対する奉献もまた、キリストの十字架上の犠牲に合わせて共に奉献し、神の救いの業に協力した母マリアの限りない愛に対するキリスト者の信頼と愛に満ちた応答なのである。

―小結―

イエスの聖心崇敬に関する四つの回勅に基づいて、イエスの聖心崇敬の主要な要素と、マリアの御心崇敬との関係性をたどってきた。それぞれの教導職が、当時の社会的・政治的・宗教的影響による世俗化の波を受けながら、イエスの聖心に関する問題を提起し、問題に対処するために回勅の教義内容と具体的勧告を示したことで、イエスの聖心崇敬の神学的基盤が明確にされ、キリスト者が聖心崇敬により親しくなったことは、教会にとって大変有益なことであったと思われる。

四つの回勅によれば、イエスの聖心は、人間としての愛と三位の神の愛を併せ持った愛のシンボルであると同時に、私たち人類を無限に愛されるキリストのペルソナ全体であり、キリストが愛に駆りたてられながら、自身のペルソナの似姿となっているその内的生命を余すところなく私たちに啓示している。キリストの受肉によって、不可視であった「神的愛」に人間の「霊的愛」と「感覚的愛」が加えられ、キリストのうちに三つの愛が見事に調和した。こうして、常に自己を他に与えることを望み、愛を全ての被造物に注ぐ三位の神の愛は、イエスの聖心において私たちに可視的に現されるようになった。私たちは、キリストの人間性の中で最も高貴でありながら、傷つけられた心臓を崇敬する時、同時に、その内奥にあるキリストの救いの全奥義に示された神の愛を崇敬している。

四つの回勅は、イエスの聖心崇敬の具体的方法として、奉献と償いという二つの要素を挙げた。教皇レオ一三世回勅『アンヌム・サクルム』と、教皇ピオ一一世回勅『クアス・プリマス』によって、イエスの聖心への「奉献」の意義と重要性が明らかにされ、イエスの聖心崇敬が全世界に広がった。さらに教皇ピオ一一世は、回勅『ミゼレンティッシムス・レデンプトール』（一九二八年）を発表し、キリストの主権、王権、愛がないがしろにされている現状を指摘し、イエスの聖心に対してなされた侮辱が、イエスの聖心崇敬の本質的要素の一つである「償い」によって、慰めを受けるべきことを宣言した。

やがて、教皇ピオ一二世は、イエスの聖心の祝日制定から一〇〇年にあたる一九五六年に、先述の三つの回勅を踏襲し、イエスの聖心崇敬により具体的な神学的解釈を与えるために、回勅『ハウリエーティス・アクアス』を発表したが、イエスの聖心崇敬の中心は、私たち人間の心に注がれた神の愛への応答として、私たちが神を愛することにある。イエスの聖心崇敬は、人となった御子のより高い崇高な愛に至る優れた象徴であり手段と言える。

キリスト者は奉献と償いを通してイエスの聖心を崇敬し、聖心から溢れる神の御子として、また人間としての神の限りない愛を崇め、この神の愛に応えようとするのである。イエスの聖心崇敬の本質は、キリストの十字架を通して実現した救いの神秘における神の究極の愛である。奉献も償いも、キリストの救いの業に示された限りない愛、無償の愛にその基盤を置いている。したがって、キリスト者が捧げるイエスの聖心への奉献と償いの行為は、この神から受ける愛によって突き動かされ、再び神の愛へと戻っていくべきものである。

こうして、四つの回勅によってイエスの聖心崇敬とマリアの御心崇敬の共通点と相違点が明らかになった。まず、共通点についてであるが、教皇ピオ一二世は回勅『ハウリエーティス・アクアス』によれば、イエスとマリアの不可分の関係性は、人間の罪の救いという唯一の目的を果たすために必要不可欠の要素で、イエスの聖心崇敬はこの目的を実現するために、マリアの御心崇敬による協力を必要とするということである。御子イエスと母マリアの一致の源は、神の究極の愛の表れである全人類の救いという御父から託された同じ使命を果たすための、御父の思いと御心のうちにおける一致からくるものである。普遍的人類救済のためのイエスとマリアの一致は、創造の初めから御父の計画の中にあり、生涯にわたって貫かれた。

御子イエスと母マリアの不可分性は、イエスの聖心とマリアの御心の一致も意味する。イエスの聖心とマリアの汚れなき御心は、十字架の神秘として示される愛と献身において結ばれていると言える。十字架上で槍で刺されたイエスの聖心は、御父と全人類に対するキリストの究極の愛の象徴であり、マリアはイエスのこの限りない愛の象徴である聖心を、汚れなく、分かたれない御心に映し出し、御子と同じ心で全人類を限りなく愛し、キリストと人類との間をとりなす救いのみ業の協力者としての深い愛を全人類に示すのである。

一方、イエスの聖心崇敬とマリアの御心崇敬との間には明確な区別がなされるべきことも、教皇レオ一三世、教皇ピオ一一世、教皇ピオ一二世の回勅で明らかにされた。イエスの聖心崇敬とマリアの御心崇敬の根本的違いは、イエスの神性からくるものである。神性を伴うイエスの聖心と、人間であるマリアの御心との質的差異は明らかであり、決して混同すべきではない。しかし、マリアは、汚れなき御心を通して、御父の御心に聴従し、イエスの愛の聖心を完全な形でご自分の御心に映しながら、キリストの十字架の奉献を共にし、全人類の救いのためにとりなす救いのみ業の協力者として、キリストに最も近い母なのである。

第2章結論

さて、第1章では、マリアの御心崇敬の目的が、恵みと聖性に満ちたマリアの汚れなき御心への完全な奉献と償いによる、全人類の救いの実現であることが明らかになった。マリアの汚れなき御心がイエスの愛の聖心を映し出す鏡であることから、マリアの汚れなき御心に映し出されるイエスの聖心への崇敬の目的もまた、イエスの愛の聖心に対する奉献と償いを通してのイエスの救いのみ業の実現にあると言える。

ここから、マリアの御心崇敬とイエスの聖心崇敬との関連は何かという本質的問いが生まれた。この関係性は、さらに、マリアの御心崇敬と、イエスの聖心崇敬の重要な要素である奉献と償いの間にも影響を与えると思われた。そこで、第2章では、イエスの聖心崇敬の本質を明らかにした上で、イエスの聖心崇敬の聖書的起源と発展を探り、イエスの聖心に関する教導職の教えを掘り下げながら、マリアの御心崇敬とイエスの聖心崇敬の関連性を明らかにすることを試みた。

まず、イエスの聖心崇敬とは、受肉によって人となられたイエスの心臓を対象とした崇敬であるが、イエスの心臓は、人間の最も崇高な部分としてみことばと位格的に結合し、さらに、それが人類に対する無限の愛のシンボルとして、キリスト者はイエスの聖心に崇敬を表す。イエスの聖心は、御父のみ旨に従って、人類の罪を贖うために十字架の受難を受け、自己譲与した愛の湧き出る泉であり、救いの源である。キリスト者が、イエスの聖心を通して、全人類に向けられた神の無償の愛に礼拝と感謝と賛美を捧げると同時に、神の恵みによってキリストの聖心の愛に応えて神と隣人を極みまで愛すること、これがイエスの聖心崇敬の本質である。

イエスの聖心崇敬は伝統的に、イエスとの愛の交わりを深めるために聖体の祭日の翌週金曜日にイエスの聖心の祭日を祝い、この日にはイエスの聖心への連願を唱え、初金曜日にはミサと償いの聖体拝領を勧め、第一週木曜日に聖時間を行い、祈祷の使徒会の奉献活動などを通して、特に奉献と償いをキリストへの愛を養う本質的要素として大切にしてきた。イエスの聖心崇敬は、全人類の罪の救いによって示されたイエスの究極の愛への応答として、人間からイエスへの感謝と賛美である。キリスト者は、神の恵みによって実現可能な奉献と償いを通して、キリストによる救いのみ業に与り、普遍的救済へと開かれている。

さて、イエスの聖心崇敬の聖書的起源については、究極の愛のシンボルであるイエスの聖心が旧約聖書に予表として暗示されている。「神の似姿」（創1・26—27）として造られた人間は、原罪の結果、神との関係性が断ち切られてしまったが、旧約の神は預言者たちを通して、イスラエルの民の裏切りに対する怒りと赦しを繰り返しながら、民を神との関係性に戻そうと努めてきた。モーセ、ホセア、エレミヤなどの預言書において、神は、預言者との間に、あるいはイスラエルの民との間に、父から子に向ける愛や、夫から妻に向ける愛のシンボルで神と人間との関係性を描いているが、この愛こそ、救い主イエスのいけにえによる全人類の救いのための究極的愛の予型である。

しかし、旧約においては救いの実現を見ることなく、父なる神は、罪深い人類をご自分と和解させ、永遠の救いに導くために、最愛の御子を、母マリアを通してこの世界に遣わした。受肉して人となったイエスの聖心は、慈しみ深く、時には人間的苦しみや悲しみを感じながら、私たち人間と出会い、親しく交わる場である。しかし、全人類の救いという御父のみ旨を果たすためには、わき腹を槍で刺し貫かれることも必要不可欠な条件であった。「刺し貫かれたわき腹から流れ出た血と水」（ヨハ19・34）は、イエスがご自分の体だけではなく、聖心さえも人間の救いのために完全に明け渡されたイエスの自己譲与の中心であり、イエスの聖心崇敬とマリアの御心崇敬においてキリスト者に求められる「奉献」の模範でもある。

こうして、教会は、イエスの聖心崇敬の起源と歴史的発展の中で、絶えず、槍で貫かれたわき腹の傷にキリストの救いの業に示される究極の愛を重ね、イエスの聖心崇敬の根拠に置いてきた。ユードが述べているように、イエスの聖心にはマリアの御心が重なっており、マリアの御心にはその愛の純粋さを表す「汚れなさ」ゆえに、イエスの聖心が投影されている。

一八五六年に教皇ピオ九世が「イエスの聖心の祝日」を全教会に定めたことにより、教皇レオ一三世の回勅『アンヌム・サクルム』、教皇ピオ一一世の回勅『クアス・プリマス』と回勅『ミゼレンティッシムス・レデンプトール』、教皇ピオ一二世の回勅『ハウリエーティス・アクアス』をもってイエスの聖心崇敬を広め、神学的裏付けを明確にしていった。こうした背景には、教導職がイエスの聖心崇敬を高く評価しただけではなく、当時の社会的・政治的・宗教的影響による世俗化の波を受けながら、イエスの聖心に対して人類が犯した罪を指摘し、対処するために教義内容と具体的勧告を示す必要を教導職が痛感したためであった。

四つの回勅は、イエスの聖心崇敬の方法として奉献と償いという二つの要素を挙げ、キリスト者にその神学的理解をより一層深めさせた。キリスト者は、奉献と償いを通してイエスの聖心を崇敬し、聖心から溢れる神の御子としてまた人間としての神の限りない愛を崇め、この神の愛に応えようとするのである。

教皇レオ一三世は『アンヌン・サクルム』において、至聖なるイエスの聖心への人類の「奉献」を宣言した。私たちは自分自身をイエスの聖心に奉献することによって、キリストの支配権を快く認め、さらに自分の所有するものを、たとえそれが本来神のものであるとしても、真心から喜んでキリストに捧げたい心を示し、それを主が受け入れるよう願い求めた。

教皇レオ一三世の回勅を、教皇ピオ一一世はさらに詳しく掘り下げて、二つの回勅を記した。回勅『クアス・プリマス』では王たるキリストの祝日を制定し、この祝日に毎年イエスの聖心への奉献を更新することを宣言した。さらに、『ミゼレンティッシムス・レデンプトール』において、イエスの聖心崇敬の本質的行為の奉献と償いを区別して、「王たるキリストの祝日」には、愛によるキリストへの自由な委託としてイエスの聖心に自分自身を奉献すること、「イエスの聖心の祝日」には、キリストの愛の聖心に対する忘恩の罪の償いを捧げることを提案した。教皇ピオ一一世にとって真の奉献とは、自分自身を奉献する実践行為というよりも、王たるキリストへの奉献される私たち自身の捧げものを通して、私たちが聖化されることを受け入れる行為であった。

こうして、三つの回勅はそれぞれにイエスの聖心崇敬を基盤として奉献と償いのテーマを展開させながらも、イエスの十字架上の救いによって実現する全人類の救いという一つの究極目的に向かって体系的に組み立てられ、ついに教皇ピオ一二世回勅『ハウリエーティス・アクアス』において、イエスの聖心崇敬についての神学的考察が見事に調和した。イエスの聖心崇敬の本質は、キリストの十字架を通して実現した救いの秘義における神の究極の愛である。奉献も償いも、キリストの救いの業に示された限りない愛、無償の愛にその基盤を置いている。

教皇ピオ一二世回勅『ハウリエーティス・アクアス』は、イエスの聖心崇敬の神学的考察からさらにマリアの御心崇敬と関連づけ、それぞれ崇敬の共通点と相違点を明らかにした。まず、共通点については、イエスの聖心崇敬もマリアの御心崇敬も、人間の罪の救いという唯一の目的を目指しており、その実現のためにイエスの聖心崇敬はマリアの御心崇敬による協力を必要とする。全人類の救いのためのイエスの十字架の自己奉献に、マリアがイエスの救いのみ業の協力者として完全に一致した形で自己を奉献していること、さらに、人類もまたキリストの完全な愛に応えて、特に、ミサのうちにキリストの聖なる奉献に合わせて自らの犠牲を捧げることで、キリストとマリアと人類の奉献が一致することが可能になる。

相違点は、イエスとマリアの間の神性と人間の本質的差異にある。イエスの聖心への奉献は、神であり全人類の救い主、王として、イエスに生得的に与えられた万物の普遍的支配権への全人類の奉献である。一方、マリアの汚れなき御心への奉献は、マリアに直接的に向けられるものではなく、イエスの万物に対する生得的支配権に基づいて、救い主イエスとの関係性の中にあるマリアに向けられる奉献であるということである。

こうして第2章では、イエスの聖心崇敬を基盤としてマリアの御心崇敬が生まれ、イエスの御心崇敬の本質的要素である奉献と償いが、マリアの御心崇敬においても中心テーマとなることを確認した。イエスとマリアの間には本性の根本的相違はあるものの、マリアが愛の純粋さを表す「汚れなさ」を伴う御心を有していたことから、恵みに満ちたその御心に全人類の救いのために槍で貫かれたイエスの聖心を映し出し、イエスと完全に同じ心で全人類を愛し、救いの業に協力したことに、イエスの聖心とマリアの御心の一致を見出だすことができた。

イエスの聖心崇敬とマリアの汚れなき御心の関係性が明確になったところで、第3章では、「日本の土壌におけるマリアの御心崇敬神学の歴史的展開と土着化」を考察する。日本のキリスト教迫害の中で実現したマリアの御心崇敬の土着化の独自性を明らかにし、長く厳しい禁教下で信徒たちがどのようにして信仰を守り、その中でマリアがどのような役割を果たし、キリスト教解禁後の新たな形態のマリアの御心崇敬へと発展していったのかを見ていくことにする。

註

（1）デイヴィッド・M・ナイト「『み心の信心』の再生にむけて」（中井淳訳）『神学ダイジェスト』106号（二〇〇九年）一〇四頁。

（2）The Editors of The Catholic Encyclopedia, “Sacred Heart”, in *The Catholic Encyclopedia Dictionary*, (New York: The Gilmary Sociery, 1929), p. 343.

(3) G. M. Petazzi, *Rimaniamo! —La dottrina e la pratica della riparazione secondo gli insegnamenti dell'Enciclica "Miserenttisimus Redemptor" di S.S.Pio XI—*, (Milano: Casa Editrice S. Lega Eucaristica, 1933), pp. 40-51.

(4) C. J. Moell /Eds, "Devotion to Sacred Heart", in *New Catholic Encyclopedia*, (Detroit : Thomson Gale, [2]2003), p. 490.

(5) *Ibid.*, p. 498.

(6) 『ＡＴＤ旧約聖書註解21　エレミヤ書』石川立訳、ＡＴＤ・ＮＴＤ聖書註解刊行会、二〇〇五年、一二九頁。

(7) W. E. Addis and T. Arnold, *A Catholic Dictionary: Doctrine, Discipline, Rites, Ceremonies, Councils, and Religious Orders of the Catholic Church*, (New York: B. Herder Book co., 1951), p. 386.

(8) 「憐れに思って」はギリシア語原文では「スプランクニゾマイ σπλαγχνίζομαί」が用いられている。

(9) 原文：οὕτως καὶ ὁ πατήρ μου ὁ οὐράνιος ποιήσει ὑμῖν, ἐὰν μὴ ἀφῆτε ἕκαστος τῷ ἀδελφῷ αὐτοῦ ἀπὸ τῶν καρδιῶν ὑμῶν. 下線部 καρδιῶν は καρδία（女性形複数名詞）の属格。

(10) 『ＥＫＫ新約聖書註解Ｉ／３　マタイによる福音書』小河陽訳、教文館、二〇〇四年、九八頁。

(11) 『ＥＫＫ新約聖書註解Ｉ／４　マタイによる福音書』小河陽訳、教文館、二〇〇九年、一七一頁。

(12) 同書。

(13) Ｊ・シェニーヴィント『ＮＴＤ新約聖書註解　マタイによる福音書』量義治訳、ＮＴＤ新約聖書註解刊行会、一九八〇年、五六五頁。

(14) 原文：ἀλλ' εἷς τῶν στρατιωτῶν λόγχῃ αὐτοῦ τὴν πλευρὰν ἔνυξεν, καὶ ἐξῆλθεν εὐθὺς αἷμα καὶ ὕδωρ.

(15) 「言の肉体性」については次のように記されている。「血と水の流出に注意を引きつけることによって、第四福音記者は必ず第一に何よりもイエスの死が現実であることを確認しようとしているのである。……言は肉となり（ヨハネ１・14）、そしてこの瞬間に、血と水がイエスの死体から流出することによって、言の肉体性は最も鮮烈で魂を揺り動かす表現を得るのである」（ゲイル・Ｒ・オデイ『ＮＩＢ新約聖書注解５』田中和恵・田中直美訳、ＡＴＤ・ＮＴＤ聖書注解刊行会、二〇〇九年、四六三頁）。

(16) C. J.Moell, op. cit., p. 491.

(17) *The Harpercollins Encyclopedia of Catholicism*, ed. R. P. McBrien, (San Francisco: Harper San Francisco, 1995), p. 1150.

（18）私訳：A. R. McGRATTY, *The Sacred Heart – Yesterday and Today*, (Ohio: Benziger Brothers Inc., 1951), p. 25.
（19）C. J. Moell, op. cit., p. 491.
（20）A. R. McGRATTY, op. cit., p. 26.
（21）クラウス・リーゼンフーバー『中世思想史』村井則夫訳、平凡社、二〇一一年、三五三―三五四頁。
（22）W. E. Addis and T. Arnold, op. cit., p. 386.
（23）リーゼンフーバー、前掲書、二九―三〇頁。
（24）同書、三五―三七頁。
（25）C. J. Moell, op. cit., p. 491.
（26）*The Oxford Dictionary of the Christian Church*, ed. F.L.Cross, (New York: Oxford University Press, 1997), p. 1437.
（27）原文：Ssmi. D. N. Leonis Papae XIII, Litterae Encyclicae *Annum Sacrum* De Hominibus Sacratissimo Cordi Iesu Devovendis, (May 25, 1899). (http://w2.vatican.va/content/leo-xiii/la/encyclicals/documents/hf_l-xiii_enc_25051899_annum-sacrum.html　閲覧日二〇一九年七月一九日)。邦訳：エバンヘリスタ解説・監修『みこころの信心』東京カトリック神学院、聖心の兄弟訳、中央出版社、一九六二年、九五―一〇九頁。
（28）原文：Pius PP. XI Epistulae Encyclicae *Quas Primas* de Festo Domini Nostri Iesu Christi Regis Constituendo, (December 11, 1925). http://w2.vatican.va/content/pius-xi/la/encyclicals/documents/hf_p-xi_enc_11121925quas-primas.html　閲覧日二〇一九年七月一九日)。邦訳：同書、一一〇―一三九頁。
（29）原文：Pius PP. XI, Litterae Encyclicae *Miserentissimus Redemptor* de Communi Expiatione Sacratissimo Cordi Iesu Debita, (May 08, 1928). (http://w2.vatican.va/content/pius-xi/la/encyclicals/documents/hf_p-xi_enc_19280508miserentissimus-redemptor.html　閲覧日二〇一九年七月一九日)。邦訳：同書、一四〇―一六五頁。
（30）原文：Pius PP. XII, Epistulae Encyclicae *Haurietis Aquas* de Cultu Sacratissimi Cordis Iesu, (May 15, 1956). (http://w2.vatican.va/content/pius-xii/la/encyclicals/documents/hf_p-xii_enc_15051956_haurietis-aquas.html　閲覧日二〇一九年七月一九日)。邦訳：同書、一六六―二三〇頁。
（31）A. J. Dachauer, *The Sacred Heart: A Commentary on "Haurietis Aqcuas"*, (Milwaukee: The Bruce Poblishing Company, 1959), pp. 52-59.

(32) G. M. Petazzi, op. cit., pp. 40-42.

(33) A. R. McGratty, op. cit., pp. 237-238.

(34) G. M. Petazzi, op. cit., p. 41.

(35) A. J. Dachauer, op. cit., pp. 143-149.

(36) 祈祷の使徒会の奉献の祈りは、イエスの聖心崇敬の一端として一九世紀にフランスで始まったものである。キリスト者は、この祈りを通して、イエスの聖心の奉献に合わせ、教皇と地方教会の意向に従って、一日の祈りと働きの全てを奉献する。神はあらゆるものを価値あるものとして受け入れ、全てを世界の人々の救いのために役立させて下さるので、自分の仕事や奉仕、生活の全てを、神にささげる生活が勧められている。この奉献の毎日は、「祈祷の使徒（Apostleship of Prayer）」の運動として続けられてきた。二〇一六年から教皇フランシスコが教皇庁のもとで推し進める運動として新たに位置づけられた（祈祷の使徒編「きょうをささげる　祈りのしおり二〇一九」）。

(37) エバンヘリスタ、前掲書、六一―六二頁。

(38) G. M. Petazzi, op. cit., pp. 41-54.

(39) 『キリスト教とは何か』、前掲書、三八一頁。

(40) G. M. Petazzi, op. cit., pp. 52-57.

(41) 次の原文からの私訳："Ipsa fuit, quae vel propriae, vel hereditariae labis expers, arctissime semper cum Filio suo coniuncta, eundem in Golgotha, una cum maternorum iurium maternique amoris sui holocausto, nova veluti Eva, pro omnibus Adae filiis, miserando eius lapsu foedatis, Aeterno Patri obtulit;" (Pius PP. XII, Litterae Encyclicae *Mystici Corporis Christi* De Mystico Iesu Christi Corpore Deque Nostra In Eo Cum Christo Coniunctione, June 29, 1943). http://w2.vatican.va/content/pius-xii/la/encyclicals/documents/hf_p-xii_enc_29061943_mystici-corporis-christi.html　閲覧日二〇一九年七月二三日）。

(42) ボナヴェントゥラ『マリア神学綱要――聖母祝日説教集』関根豊明訳、エンデルレ書店、一九九三年、一六頁。

(43) 次の原文からの私訳："Omnia ipse tu, Christe, mihi es. Tibi me servo castam et, splendentem tenens lampadem, tibi, Sponse, occurro". (Pius PP. XII, Litterae Encyclicae *Sacra Virginitas*, De Sacra Virginitate, March 25, 1954). (http://w2.vatican.va/content/pius-xii/la/encyclicals/documents/hf_p-xii_enc_25031954_sa cra-virginitas.html

閲覧日二〇一九年七月二三日)。

(44) 次の原文からの私訳。“Stabat iuxta Crucem Iesu Maria Mater eius, quae tacta in nos caritate immensa ut susciperet filios, Filium ipsa suum ultro obtulit iustitiae divinae, cum eo commonens corde, doloris gladio transfixa.” (Ssmi D. N. Leonis XIII, Epistola Encyclica *Iucunda Semper Expectatione*, September 08, 1894) (http://w2.vatican.va/content/leo-xiii/la/encyclicals/documents/hf_lxiii_enc_08091894_iucunda-semper-expectatione.html　閲覧日二〇一九年七月二四日)。

(45) Pius PP. XII, Epistulae Encyclicae *Ad Caeli Reginam* –Dignità Regale della Santa Vergine Maria, (October 11, 1954). (http://w2.vatican.va/content/pius-xii/it/encyclicals/documents/hf_p-xii_enc_11101954_ad-caeli-reginam.html　閲覧日二〇一九年七月二九日)。

第3章　日本におけるマリアの御心崇敬

ヨーロッパから日本に伝えられたキリスト教が、日本での二五〇年におよぶキリスト迫害を経て、現代の教会に発展する過程の中で、日本の地に根を下ろす要因となったのがマリアの汚れなき御心に対する崇敬であった。マリアの御心崇敬が、布教国日本にどのようにしてもたらされ、迫害期にどのように変容し、やがて、現代の日本の教会と社会に浸透していったのだろうか。

この問いに答えるべく、第1節では、キリスト教が復活した禁教高札廃止以降の日本の教会と聖母の御心崇敬の関係性を見ていく。現代の教会において、世界に土着化したマリアの御心崇敬の様相を見た後、聖母の御心に捧げられた日本の教会におけるマリアの御心崇敬の起こりとその教えの本質について述べる。

さらに第2節では、日本のキリシタン史における聖母崇敬について記述する。キリスト教伝来（一五四九年）から最後の宣教師の殉教（一六四四年）までのキリシタン時代のキリシタン、潜伏キリシタン、殉教者、かくれキリシタンそれぞれの立場から聖母崇敬との関連を述べる。

第3節では、禁令高札廃止以降の日本におけるマリアの御心崇敬の表れについて論じる。キリシタン時代の「ミゼリコルディアの組」に由来し、禁令高札廃止以降に形成されていった信徒共同体による慈善活動の普及と、こうした信徒共同体や殉教精神が基盤となって創立された修道会の慈善・教育事業の中に、マリアの御心崇敬の表れを見出だす。さらに、「宗教的無神論」や「多元的宗教」などの日本人特有の宗教観を通して、日本社会の母性性への憧れに注視し、日本の社会におけるマリアの御心崇敬の意義と役割について論述する。

第1節　キリシタン禁令高札廃止以降の日本の教会と聖母の御心崇敬

いつの時代も教会共同体とマリア崇敬には密接な関係性がある。日本におけるキリスト教迫害下で信徒たちの信仰を支えた秘密共同体としての「組」と、そこで行われたマリアの御心崇敬も不可分の関係性にあった。日本のカトリック教会は、一六世紀後半から二五〇年余りにわたる残忍極まりないキリスト教迫害下に置かれ、宣教師たちは国外追放され、教会も信者も次々と姿を消していった。禁教のために日本上陸が叶わなかったパリ外国宣教会の宣教師が、水面下で信仰の試練に耐えているキリシタンと、やがて復活するであろう日本の教会を「マリアの汚れなき御心」に奉献し、信徒たちは司祭不在の中でマリアの御心崇敬を通して命がけで信仰を守り抜いた。迫害期のマリアの御心崇敬が日本のカトリック教会の再出発の基盤を固め、現代までその崇敬が固く受け継がれていると言っても過言ではない。

第1章で述べた通り、ユードが典礼においてたてた偉勲と、ファティマの聖母出現の出来事により、一九四二年に教皇ピオ一二世が世界をマリアの汚れなき御心に奉献したことで、マリアの汚れなき御心への崇敬は、教会の典礼に正式に組み込まれるようになった。一九四二年以降、世界各地のカトリック教会がマリアの汚れなき御心に奉献されていった。教皇が一九四四年に、聖母被昇天の祭日から八日目にあたる八月二二日を、「聖母マリアの汚れなき御心の祝日（Festum Immaculati Cordis Beatae Mariae Virginis）」と定めたことにより、固有のミサ典礼文と聖務日課が用いられるようになった。一九六九年の典礼暦の改定に伴い、教皇パウロ六世は、この祝日をイエスの聖心の祭日の翌日にあたる土曜日に移動し、現在では「聖母のみ心」の記念日として祝っている。

ところで、日本の教会がマリアの汚れなき御心に奉献されたのは、教皇ピオ一二世による一九四二年の世界の奉献から約一〇〇年も遡るのは大変興味深い。それは、約二五〇年におよぶキリスト教迫害という日本独自の理由による。

1．聖母の御心に捧げられた日本の教会

江戸幕府による厳しいキリスト教迫害により、一七世紀半ばの日本にはカトリック宣教師が途絶えてしまった。しかし、フランシスコ・ザビエルが日本にキリスト教をもたらして以来、数多くの優れたキリスト者を生み、日本の信徒と共に迫害に耐えた宣教者の後を継ぎたいとの宣教熱は、ヨーロッパの教会に根強かった。特に、一八二〇年代以降、極東諸国の宣教事業を復興させたパリ外国宣教会は、日本再宣教の足掛かりとして、一八三一年に朝鮮に代牧区を設けたが、迫害の波は彼らの朝鮮宣教を拒んだ。

当時、世界のカトリック教会では「無原罪の御宿り」（一八五四年）の教義宣言を前に、聖マリアに対する崇敬が高まりつつあった。そのような中、一八四四年四月二八日聖ヨゼフの擁護の祝日に、フランス軍艦アルクメーヌ号の艦長デュプラン大佐（F. Duplan）、清国人伝道師アウグスティノ高と共に、二八歳の司祭テオドール・オギュスタン・フォルカード（Théodore-Augustin Forcade 1816-1885）が、キリシタン弾圧後の最初の再布教のために、鹿

児島藩の属国である琉球国那覇に上陸した。フォルカード神父は、一八四四年五月一日、軟禁下での琉球での伝道の初め、那覇の港の船上ミサ後に、琉球の地を聖母マリアの潔き御心に奉献する次の祈りを捧げた。

ああ至聖なるマリアの御心、すべての心の中でも最も麗しく、汚れなく、気高い御心よ。善良、柔和、慈しみ、そして愛の尽きない泉の御心。すべての徳の驚くべき至聖所、最も優しい鏡の御心。ただ神なるイエスの聖心にだけは劣る御心。私は非常に不束なる者であるが、初めてのこの琉球の島々での宣教の任を託されたのであるから、私に備わる力の限り、この島々を御身の特別な御保護の下に奉献し、置き、宣言し、聖別いたします。さらに、布教を開始し、その基礎を固め、この島の幾人かでも空しい偶像崇拝からキリスト教信仰に移らせ、ほんの小さな聖堂であれ建設できたならば、すぐに聖座に申請し、この国のすべてを公に、また公式に聖母の汚れなき御心のご保護の下に特別に置かれるよう宣誓いたします。

ああ慈悲深い聖母の御心、神聖なるイエスの聖心の前において最も力ある御心よ、誰もその祈りの空しさを感じることのない御心よ、卑しい私の祈りを軽んじることなく、惨めな私の心をより一層善に立ち戻らせ、数々の闇に包まれたこの心の悪を取り去ってください。これほど多くの困難と危険の中にある私に、謙遜、賢明、上智、剛毅の精神を勝ち取らせてください。全能の憐れみ深い神なる父と子と聖霊が、御身の取り次ぎによって、この卑しい道具を用いて、「地位のある者を無力な者とするため、世の無に等しい者、身分の卑しい者や見下げられている者を選ばれた」（一コリ１・28）。何世紀も前から、闇と死の蔭に座るこの民を、聖なる福音の光と永遠の命へと引き戻し、導き、辿り着かせてください。アーメン。

これを、那覇の港、アルクメーン号にて、一八四四年五月一日ミサの後に行った(1)。

フォルカード神父のこの祈りには、マリアの御心崇敬が顕著に表れている。カトリック教会が世界をマリアの御心に奉献する一〇〇年も前に、一七世紀にユードが示したマリアの御心についての神学が、カトリック教会の中で正確に受け継がれ浸透していたことが伺える。フォルカード神父はマリアの御心を、被造物との関係性においてはどの心よりも麗しく、汚れなく、気高く、善良と柔和と慈愛に満ち溢れており、神との関係性においては、諸徳の宿る至聖所、優しさの鏡であると同時に、イエスの聖心を映し出す鏡として理解していた。しかも、本質においては「神なるイエスの聖心にだけは劣る心」という神学も明らかにされながら、イエスの聖心の前ではどの被造物にも勝った「可能性」を備えた御心であった。このマリア崇敬についての神学的定義について、第二バチカン公会議は、神の恵みによってキリストの諸秘義に関わった母として、子に次いで全ての天使と人間の上に高められたマリアへの称賛（『教会憲章』66参照）と明言した通りである。

フォルカード神父によるこの驚くべき歴史的事実を、後の大浦天主堂主任司祭となった浦川和三郎神父（一八七六―一九五五年。一九四二年司教叙階）は、次のように記している。

> 五月一日フォルカード神父は軍艦内の病院でミサ聖祭を執行ひ、平日よりも稍久しく感謝の祈をなした上で、此の琉球の新傳道地を聖母マリアの潔き聖心に獻げ、もし自分の生存中に幾名かの信者が出來、小さい聖堂の一つでも建築する運びになつたら、教皇に申請して、正式にこの捧獻の認可を申請すべし、と誓願せられた。今日我國の公教会信者が聖母の潔き聖心を以て「日本の擁護者」と尊崇んで居るものは實に胚胎つたのである。(2)

フォルカード神父にとって、当時の甚だしく荒廃した日本の教会が復活する望みは厳しく映り、それだけに、師は来るべき日に希望を託して聖母マリアの潔き聖心に奉献する誓いを立てたのではないだろうか。後にフォルカード神父の願いは、パリ外国宣教会の司祭ジラール（Prudence Séraphin Barthélemy Girard 1821-1867）に受け継がれることになる。

フォルカード神父と伝道師高の二人は、外国軍船が来たときに仏国が守護することを条件に、日本語修得のために聖現寺に残留する許可を琉球官に願ったが、二人は厳しい監視の下、日本語を学ぶ機会も与えられない中で、琉仏辞典を作成し、将来の宣教に備えることになった。やがて、フォルカード神父は、一八四六年三月二七日付の教皇教書に基づいて、香港で日本司教に叙階されることになるが、琉球から香港に向かう船上から長崎を臨みながら、その後日本の地に上陸することは叶わなかった。まもなくして司教フォルカードは健康を害し、一八五二年一月には日本司教の職務を辞し、香港からフランスに帰国した。司教フォルカードの後任として任命された司祭コラン（Charles-Émile Colin 1811-1854）は、満州から赴任する途中に客死した。

ジラール神父は、一八五五年以降、他の二名の司祭と一人の清国人通訳と共に、那覇の聖現寺に滞在し日本渡来に備えた。一八五八年七月から一〇月にかけて、日本とアメリカ、ネーデルラント、ロシア、イギリス、フランス各国との修好通商条約が次々と締結され、翌一八五九年に神奈川、長崎、函館の三港が開港されていく中、同年、司祭ジラールは日本教区長に任命され、横浜外国人居留地に最初の天主堂を建て一八六二年に献堂した。同年、日本教区長ジラール司教は、かねてからの念願であったフォルカード司教の遺志を実現すべく、礼部聖省に申請して許可を受け、日本と日本国民を聖母の最潔き御心（いといさぎよきみこころ）（Immaculati Cordis B.M.V）に奉献し、日本公教会の擁護者と定めた。聖母の最潔き御心の祝日が、日本においては特別に「一級大祝日」として祝われる所以は、こうした日本のキリシタン史の中に示された奇跡的出来事を受けてのことであった(3)。

奇しくも同年、フランスで病気療養中の司教フォルカードは、ローマで行われた日本二六聖殉教者列聖式に参列した。翌一八六三年、かつてジラール神父と共に那覇・聖現寺に滞在していたパリ外国宣教会の司祭フューレ(Louis-Théodore Furet 1816-1900)が、長崎に上陸し、大浦外国人居留地に司祭館と天主堂の建築を始めた。那覇の聖現寺に滞在していた最後の宣教師ベルナール・タデー・プチジャン神父(Bernard Thadée Petitjean 1829-1884)もまたフューレ神父の後を追い、同年八月に横浜から長崎へ着任し、建築中の天主堂の監督を行った。

建築が進む一方で、フューレ神父は落成しても日本人の参観が禁止されるのではないかという不安と、居留外国人すらも教会から離れて安楽や金銭の欲望に没頭する姿に失望し、母国フランスへの帰国と宣教を申し出た。ジラール神父は、やがて二年後に実現することになっていた信徒発見の予告ともとれる次の慰めの言葉をかけて、フューレ神父を慰めた。

数知れぬ殉教者の血が此地には流れて居ます、夫(そ)れが無駄に廃(すた)らうと思はれますか。屹(きっ)と長くせぬ中に、其血によつて信者の種子(たね)が萌出て來ます。疑ひなさるな。(4)

しかし、フューレ神父の悲観はますます募るばかりで、一八六三年一〇月にフランスへ帰国し、代わりに司祭ローカニュ(Joseph Laucaigne 1838-1885)が来崎し、プチジャン神父の片腕となった。ようやく、一八六五年二月一九日に、日本二六聖殉教者を記念した大浦天主堂の盛大な献堂式が行われ、その約一か月後の三月一七日に、プチジャン神父は浦上の潜伏キリシタンの信徒発見を体験することになったのである。翌一八六六年に香港で日本司教に叙階されたプチジャン新司教は、一八六七年六月二日に盛大な日本信徒発見の記念式典を行った。(5)

プチジャン神父は、貧しい信徒たちの寄付によってフランスから取り寄せた聖母像を、大浦天主堂の門前(その後、天主堂改築に伴い入口正面に移動)に据え付け、「日本之聖母」と名付けた。「日本之聖母」の名称は、日本の教会が初めから、長い禁教下の時代にも聖母マリアのご保護の下にあり、神の深い恵みによって、日本が聖母と深く結ばれ、守られてきたことへの感謝の表れである[6]。

やがて、教皇ピオ一二世が一九四二年に教会と全人類を聖マリアの汚れなき御心に奉献したことを受けて、一九四四年、典礼省は、八月二二日を「聖母の潔き御心の祝日」（二級大祝日）と定め新典礼文を採用したが、日本の教会ではすでに一〇〇年も前に、最初の日本宣教師フォルカード神父によって、聖母の最潔き御心に日本が奉献されることと、八月二二日を「聖母の最潔き御心の祝日」（一級大祝日）として祝うことが予告され、一八六二年にジラール神父によって実現していたのである。このことは、日本のマリアの御心崇敬の土着化の独自性と言えるだろう。

その後、日本の教会はマリアの御心崇敬を特に大切に継承してきた。一九四八年には日本の教区長会議が、改めて日本を聖母の汚れなき御心に奉献したのを機に、固有の祈りである「聖母の汚れなき御心に日本を捧ぐる祈」を作成し、『日本公教会祈祷書』に収め、毎年この祝日に唱えて、マリアの汚れなき御心への崇敬を行うようになった。一九五二年版の祈祷書には次のように記されている。

【聖母の汚れなき御心に日本を捧ぐる祈】

いと潔き（きよ）あわれみの御母（おん）、平和の元后なる聖マリアよ、われらは聖なる教會の導きに従い、今日（こんにち）、日本および日本國民を御身の汚れなき御心（みこころ）に奉獻し、そのすべてを御身の保護に委ね奉らんと欲す。

▲願わくは聖母、慈しみの御まなざしもてわれらの心をみそなわし給え。

あゝ、人々眞理にうとく、その心くらみ、罪の汚れに染み、諸國はまた互に分かれて相争い、天主の靈威（れいい）を傷つけ、御身の御心を悲しませ参らするなり。

▲されどわれら日本國民は、ひたすらに光をしたい、平和をこいねがうものなれば、願わくは聖母、御あわれみの御心をひらきて、われらの願いを聞き給え。われら今、この世の、すべての苦しみ、悩みを、雄々しく耐え忍び、そを世の罪の償いとして、天主に捧げ、その御怒りをなだめ奉り、わけても御身の汚れなき御心にならいて、主の御旨を重んじ、身を清く持して、聖なる一生を送らんと決心す。

▲願わくは聖母、力ある御手をのべて、われらの弱きを助け給え。

かくて、われらは同胞、相互いにたすけはげまし、諸國は正義と愛のきずなもて結ばれ、もつて世界は、とこしなえの平和を楽しむにいたらんことを望む。

▲願わくは、御身、慈母の愛もてわれらを護り給え。

天主の聖母、われらのために祈り給え。

▲キリストの御約束にわれらをかなわしめ給え。

祈願、全能永遠なる天主、主は童貞聖マリアの御心のうちに聖靈のいみじき御宿をしつらえ給いたるにより、願わくは、御あわれみをたれて、かの汚れなき聖母の御心に日本を捧げ奉りたるわれらをして、主の聖心にそいて生くるを得しめ給え。われらの主キリストによりて願い奉る。▲アーメン。[7]

この祈りには、闇の中に生きる人間の現状と、人間を闇から救う聖母の汚れなき御心の特徴が明確に記されている。この世に生きる多くの人間は、「真理にうとく、その心くらみ、罪の汚れに染み、諸國はまた互に分かれて相争い、天主の靈威を傷つけ、御身の御心を悲しませ参らする」存在である。

他方、聖母の汚れなき御心には、「主の御旨を重んじ、身を清く持して、聖なる一生を送」るという神学的要素が加えられている。日本の教会は、マリアの汚れなき御心に日本を奉献することによって、「この世の、すべての苦しみ、悩みを、雄々しく耐え忍び、そを世の罪の償いとして、天主に捧げ、その御怒りをなだめ奉り、わけても御身の汚れなき御心にならいて」、「主の聖心にそいて生くる」恵みを祈り求めるのである。この祈りは、マリアの汚れなき御心への奉献のもたらす恵みが、特に、永遠の世界の平和であることを示唆していると思われる。

『公教会祈祷書』におけるこの祈りは、一九四八年のマリアの汚れなき御心への日本の奉献以来、現代に至るまで同じものが唱えられている。その間、聖母の年にあたる一九五四年、長崎教区は自らを聖母の汚れなき御心に奉献することを表明した。さらに、一九七〇年の典礼暦年の改定により、「聖母のみ心」の祝日は記念日としてイエスの聖心の祭日の翌日に祝われるようになったが、日本の教会ではキリシタン史において、日本の最上位の保護者聖マリアが果たした役割の重要さから、現代においても「聖母のみ心」の祝日を盛大に祝うことは強く望まれるところである。

ところで、カトリック大阪教区は、二〇一八年六月一七日からの一年間を、再宣教一五〇周年を祝う一年として、教区をあげて「聖マリアの汚れないみ心に大阪教区を捧げる祈り」を唱え、二〇一九年の六月一六日には、現代から未来への宣教の再出発のためにマリアの御心に取り次ぎを願ってミサが捧げられた。「聖マリアの汚れないみ心に大阪教区を捧げる祈り」は次の通りである。

聖なるおとめマリア、神の母、「無原罪の聖母」の名のもとに大阪教区を守ってくださる方。あなたの愛する子、イエス・キリストと結ばれ、聖霊の愛に燃やされ、あなたの汚れないみ心に大阪教区を捧げて祈ります。キリストの体の一員である私たちは、今日ここに集い、あなたへの信頼をこめて、私たちの喜びと苦しみ、希望と不安のすべてをあなたに捧げます。

希望の母である聖マリア、善と悪、光と闇との間をさまよいながら歩む私たちを、あなたは母の配慮をもって、いつも見守ってくださいます。苦しみと悩みの中にあっても、ゆるぎない信仰をたもちながら、歩み続けることができるよう、母の手をもって、私たちを支えてください。

平和の元后である聖マリア、家庭と共同体を破壊する怒り、憎しみ、暴力がなくなり、喜びがあふれるよう、私たちを導いてください。教会と世界が平和と希望に満ち、すべての分裂と排除を乗り越えることができるよう、私たちを助けてください。

喜びの源である聖マリア、あなたの汚れないみ心からあふれる愛にうながされて、住む家のない人、貧しい人、故郷を追われた人、抑圧されている人、私たちの共同体から忘れられている人、社会の不正義に苦しんでいる人を、誰よりも愛するよう、私たちの心を動かしてください。

すべての人々の母である聖マリア、母の胎に宿ったときから死に至るまで、人間のいのちが尊重され、いのちをおびやかすすべての罪を、しりぞけることができますように。結婚と家庭の聖性を守り、すべての人が神の子として成長し天の祖国に至る道を歩むことができるよう、私たちを導いてください。

福音宣教の星である聖マリア、神のみ旨をいつも受け入れる力を、与えてください。私たちが、聖霊のうながしに素直に従う者となり、善と悪を見極め、より良いものを選び、いつでもどこでも熱心に、福音を告げ知らせることができるよう、私たちを励ましてください。

教会の母である聖マリア、私たちに聖性への道を示し、共に歩んでください。あなたの最愛の子に日々近づいていく望みを、私たち一人ひとりの心に、芽生えさせてください。母としてのみ腕に寄りすがり、あなたの汚れないみ心に大阪教区を捧げ、すべてをあなたの最愛の子、私たちの主イエス・キリストにゆだねます。

アヴェ、マリア、恵みに満ちた方、主はあなたとともにおられます。あなたは女のうちで祝福され、ご胎内の御子イエスも祝福されています。神の母聖マリア、私たち罪びとのために、今も、死を迎える時も、お祈りく

ださい。アーメン。(8)

前述の一九四八年の日本教区長会議を受けてのマリアの汚れなき御心への奉献の祈りと、二〇一九年の大阪教区の奉献の祈りには、同じ「マリアの汚れなき御心」に捧げられながらも、それぞれの時代の特徴が伺える。

前者は、一九四二年に教皇ピオ一二世が教会と全人類を聖マリアの汚れなき御心に奉献したことを受けて、一九四四年に典礼省が八月二二日を「聖母の潔き御心の祝日」(二級大祝日)と定めて以来、一九五六年の同教皇回勅『ハウリエーティス・アクアス』の発布に向けて約一〇年間続いたマリアの御心崇敬の隆盛期に入った時代的背景の中での奉献の祈りである。したがって、先に見たように、一九四八年のマリアの汚れなき御心への日本の奉献の祈りには、マリアの汚れなき御心の神学的要素が色濃く反映されている。

一方、二〇一九年の大阪教区の奉献の祈りには、マリアの汚れなき御心についての神学的要素というよりも、未来への宣教の再出発のためのマリアの御心に取り次ぎを求める、現代という時代に即した実践的祈りの内容となっているのは注目に値する。現代のマリアの汚れなき御心への奉献の祈りは、次のような日常性、具体性を伴っている。「希望の母である聖マリア」の取り次ぎによる、光と闇の間をさまよう私たちの救いへの願い。「平和の元后である聖マリア」の取り次ぎによる、家庭・共同体・教会・世界の分裂と排除を越えた平和への願い。「喜びの源である聖マリア」の取り次ぎによる、貧しい人、抑圧された人々、排斥された人々を愛する願い。「全人類の母である聖マリア」の取り次ぎによる、一人ひとりの命の尊厳への願い。「福音宣教の星である聖マリア」の取り次ぎによる、聖霊の促しによる識別と福音宣教の願い。「教会の母である聖マリア」の取り次ぎによる、キリスト者の聖性の願いなどである。

教会の教えの本質は不変でありながら、その信仰形態はそれを生きる時代の要請を受けて見直され、より相応しい方法で受け継がれていくべきものである。大阪教区を捧げる祈りに記された現代におけるマリアの御心への奉献の目的が、現代社会の中で一人ひとりが抱える闇、分裂、排除、抑圧、排斥からの解放と、命の尊厳の回復に向けられており、福音宣教の再出発がこの具体的現実の上に建っていることから、真のマリアの御心崇敬は、その霊性へと発展していくものであることが明らかになった。

現代教会におけるマリアの御心の霊性の詳細については第4章で扱うことにして、次節では、一八七三年のキリスト教解禁以降の「聖母の最潔き御心」の祝日の意義について、理解を深めていくことにする。

2.「聖母の最潔き御心」の祝日の意義

一八四四年五月一日に、フォルカード神父によって予告された聖母の最潔き御心への日本の奉献は、ジラール神父によって受け継がれ、ジラール神父は一八六二年に聖座への申請・許可を得て、日本と日本国民を聖母の最潔き御心に奉献し、日本公教会の最高の擁護者と定め、一級大祝日として祝うよう導いたことについてはすでに述べた通りである。一九四二年の教皇ピオ一二世による教会と全人類のマリアの汚れなき御心への奉献と、一九四四年の八月二二日の「聖母の潔き御心の祝日」制定に先立つ、こうした日本の教会の動きは、長いキリシタン迫害期における日本の教会のサンタ・マリアに寄せ続けた崇敬の深さを物語っている。

その間、一八七六年にローマ聖座は、日本の教区を北代牧区(東京)と南代牧区(大阪)に二分し、前者をパリ外国宣教会司教オズーフ(Pierre Marie Osouf 1829-1906)に、後者をプチジャン司教に委任した。一八八〇年、南の司教座は長崎・大浦天主堂に移され、初代長崎司教プチジャンの後は、ジョゼフ・マリー・ローケーニュ司教(Joseph Marie Laucaigne 1838-1885)、ジュル・アルフォンス・クザン司教(Jules-Alphonse Cousin 1842-1911)、ジャン・クロード・コンバス司教（Jean Claude Combaz 1856–1926）が在位した。コンバス長崎司教没後、一九二七年に長崎が初代邦人司教区として独立し、ローマで司教に祝聖されたヤヌワリオ早坂久之助（きゅうのすけ）（一八八三—一九五九年）が、初代邦人長崎教区長に任命され、一九三四年には邦人女子修道会「純心聖母会」を創立することになった。詳細については第４章で論じる。

同じ一九世紀末から二〇世紀初頭にかけて、世界の教会ではイエスの聖心崇敬が広まり、一八九九年からの約五〇年間にイエスの聖心崇敬に関する四つの回勅が発布されたことは、第２章で論述した通りである。特に、教皇ピオ一二世は回勅『ハウリエーティス・アクアス』の中で、人間の罪を贖うためにイエスとマリアは不可分の関係にあること、さらに、この両者の不可分性から、マリアはイエスの限りない愛の聖心を自らの汚れなく、分かたれない御心に映し出し、御子の聖心と同じ心で全人類を極みまで愛し、キリストと人類との間をとりなし、救いに導く救いのみ業の協力者としての使命を果たすことを明確に記している。

イエスの聖心とマリアの汚れなき御心との関係性が明らかにされていく中で、脇田登摩神父（本名・脇田浅五郎、霊名・トマ）は著書『主日祝日説教集』（一九二八年）の中で、普遍教会として祝う「聖母の潔き御心の祝日」（二級大祝日）と、聖母の最潔き御心に奉献された日本の教会として祝う「聖マリアの最と潔（いときよ）き御心の祝日」（一級大祝日）の意義について記している。

「聖母の潔き御心の祝日」において脇田氏は、世の幸福の第一条件を「潔い心」として、聖母の潔き心と世の汚れた心を対比させながら、心そのものに人間の価値を見出だしている。脇田氏によれば、潔い心とは「心の清い人々は、幸いである、その人たちは神を見る」（マタ５・８）の示す通り、「有らゆる世の汚れ、あらゆる罪悪的分子を逃れて、全く神と一致し、全く眞善美と飽和している心こそ、天下の至福なる心」と述べる。[9]

さらに、脇田氏はマリアの御心を次のように表す。

心から清く為るもの……少しの汚れをも、何等の曇りをも心に受付けず、思ひにも望みにも、罪を知らず、汚れを知らず、私慾邪慾を知らず、一點半點の曇りを知らない心の状態を稱して、清浄無垢、天眞爛漫、天使的純潔……マリア様の聖心こそ、恰度其れでありました、マリア様が原罪の汚れなく、在はしました事、一生の間、罪を知らず、罪の傾きすらも、その御心に萌さなかった事、却てその御心は明月の如く、明鏡の如くに、澄み渡つて居らした事、否や月は時あつて缺げ、鏡は時あつて、曇る事もありますが、マリア様の御心に限つて、決して缺げたり、曇りを帯びたりする事さへ、なかつた事……マリア様の御心ばかりは缺げるを知らぬ明月であり、曇るを知らぬ明鏡でありました。(10)

脇田氏は、こうしたマリアの御心の清さの源を、何等の愛にも煩わされない、単純で、純美で、混じりけのない「神への愛」に見ている。神への愛は、神の御手の業である万物への愛も含んでいる。親の愛も、子の愛も、兄弟姉妹の愛も全ては、ただ唯一無上の神への愛の中に収斂されるべきものであり、この「純化され、浄化され、聖化された愛」(11)から、マリアの潔き御心が生じるのである。

他方、マリアの潔き御心と対照的な世の汚れた心とは、現世の財宝や快楽や生命に執着するあまり心に起こる不義不正な罪の状態であり、堕落腐敗した心である。われわれ人間の心が腐敗してしまうのは、人間が神への愛から遠ざかって、他のものに愛着し、不純、不潔な愛によって心が支配されてしまうためで、その結果、心はその清らかさを失って、堕落の一途をたどるのである。脇田氏は、マリアの潔き御心の場合と同じように、人間の価値を心に置き、人間が何を愛するのかによって心の価値を見出だそうと、次のように述べる。

> 人の価値は、心の価値次第です。心の価値は、その愛するものゝ如何に在ります。愛を貴とくすれば、心が貴とく為り、心が貴とく為れば、人物は貴とく為ります。金銭を愛したり、快楽を愛したり、衣食を愛したりするのでは、心の価値も、問題になりませぬ。それらの汚れたる愛より、心を救ふ事が、最も急務でなければなりませぬ。(12)

脇田氏はこの説教において、悪に傾きやすい人間が、神に真っすぐに向かうマリアの愛に倣うことによって、自らの心を世の汚れから引き離し、神と完全に一致させてこの世の幸福に与るよう切に望んでいるように思われる。

さらに、脇田氏は、日本公教会が最高の擁護者と定め、一級大祝日として祝う「聖マリアの最と潔き御心の祝日」の説教において、日本の保護者聖マリアの汚れなき御心と日本国との関係について、「聖マリアの最と潔き御心！此れこそ、眞に我國をば、精神的に救ひ給ふ所のものとして、かの天照らす大姫君の仁愛に表象された、美しい御心(13)」と記している。脇田氏は心を「愛の表徴、全人格の表徴」と捉え、マリアの潔き御心を「心の純潔」と表現した。

> マリア様の御心こそ、實にこの眞善美なる、神の愛に統一され、集中され、同化され給ふ至純至浄の御心でありました、生まれてより死に至るまで、神様の愛こそ、その御心の生命の全部でありました。そこには、未だ曾て世間の慾望だとか、虚榮だとか、快樂だとか、名譽心だとかは覗いた事もなく、否や、それらの影すらも映つた事はありませんでした。……この心の純潔があつたによりて、その思念言語、動作の一切は洵に純真純浄純美なものと為つて、神様の大御心に此上なき、光榮と、満足とを齎らし奉つたのでした。(14)

脇田氏は、「聖母の潔き御心の祝日」の説教でも強調していたように、当説教においても、人間の価値は完全にその心の価値であるとし、心は愛の表れと諭す。こうしたマリアの潔き御心を日本人の理想と仰ぎながらも、理想とは遠くかけ離れた日本國民、日本の婦人たち、日本の青年たちの現状を次のように嘆いている。

> 潔き心の理想とは何たる已甚しい隔たりでせう。今日の國民の状態は、全く心に即したる生活を離れて、たゞ表面の誤魔化しに、金銭と、爵位と、飲食と、肉慾とに即したる生活に、無我夢中に為つてるのであります。
>
> 我國現時の婦女子にこそ、最もこの潔き心清浄な魂と云ふものが缺げてるのではありませんか。彼女等は全く肉の奴隷たるに甘んじて、その心を棄てゝ了つて居るのです。……其れほど、清浄さと云ふものは、純潔と云ふものは、我國の婦人社會より、而して家庭より、而して國家全體より消えて、亡んで了つたのであります。潔い心の理想を裏切った、彼ら（我國の青年たち）の多數は早や、忌々しい、病毒や、癈疾、天刑病なその犠牲と為りて、糜爛した肉の破片と引摺りながら、あはれに呻き悶えているのでありませんか、此は實に心を汚し、心を冒瀆し、心を蹂躙したるもの、當然負うべき、呪詛の軛だと謂はねばなりませぬ。(15)

こうした聖母の潔い御心から遠く離れてしまった今日の日本國とその家庭、家庭の婦人たち、青年たちを救う唯一の方法は、彼らに聖母の潔き心を回復させ、潔い魂を打ち込んであげることだと説教は諭す。そのためにも、「聖母の潔き大御心を以て、我国家の信仰的立場に於ける、理想と立て、御保護と仰ぎ奉る事は、深遠廣大な意義がある」のである。[16]

教皇ピオ一二世が回勅『ハウリエーティス・アクアス』で強調したのは、イエスの聖心とマリアの御心の不可分性、すなわち、神と全人類を極みまで愛したイエスの聖心の映しがマリアの御心であり、マリアは、御子の聖心と完全に同じ心で神と全人類を愛し、その愛ゆえに御子の全人類の救いの御業に協力したということである。脇田氏は、キリスト教迫害の余韻が色濃く残る日本の教会において、当時の聖心神学に完全に則って、マリアのいと潔き御心の祝日の意義を日本の信徒たちに説いたという意味において、その果たした役割は非常に大きかったと思われる。

脇田氏の説教集から二四年後、浦川和三郎司教もまた、『祝祭日の説教集』（一九五二年）の中で、「聖母の最潔き聖心の祝日」（原文まま）についての説教を記している。浦川司教は、長崎教区の司祭に叙階後、長崎公教神学校の専属教授、後に校長を経て、仙台教区司教を歴任した。母親が浦上四番崩れにより鹿児島へ流刑された、浦上の熱心な信仰の家庭に育ったキリシタンの子孫である。

浦川司教はまず、一八四四年五月一日に、日本の厳しいキリシタン弾圧期に、日本宣教を夢見て琉球に上陸したフォルカード神父が、聖母の最潔き御心を日本公教会の保護者と定めた理由として、パリのモンマルトルにある「勝利の聖母堂」での奇跡の影響と推察している。一九世紀始め、この聖母堂では信徒たちが極度の不熱心に陥り、教会から離れていく者が続出した。心を痛めた主任司祭デジュネト神父は、一八三六年一二月に「勝利の聖母会」という聖母の最潔き御心崇敬を行う信心会を作り、罪人の改心を祈り求めたところ、邪悪から解放されたかの如く教会に戻り、教会が復活したというものである。パリ外国宣教会司祭として、身近にこの奇跡を見聞きしていたであろうフォルカード神父は、二百有余年に渡る迫害の恐怖に怯えている日本国民をキリスト教に帰依させるためには、「勝利の聖母堂」の信徒を改心に導いた聖母の最潔き御心のご保護に頼る以外道はないと見ていたのだろうと、

浦川司教は記している。(17)

浦川司教の「聖母の最潔き聖心の祝日」の説教によれば、「勝利の聖母堂」の奇跡に見られた罪人の改心や、日本キリシタン迫害下の異教徒の感化のために、聖母の最潔き聖心にその保護を願う理由は次の通りである。

> マリア様が原罪の汚れに染まず、自罪の傷をも被らず、玲瓏玉(れいろうたま)の如き潔さを保つの特典を忝(かたじけの)うされたのは、救主の御母たるべく選まれ給うからであり……、救主がこの世に生まれ給うたのは、憐れな罪人を救い上げて、これに救霊(たすかり)を得せしめん為でしたから、髄(したが)つて救主の御母にて在(ましま)すマリア様も、救主の愛し給うた罪人や迷える人を愛し、救主に手伝いして、彼等に救霊を得せしめたいと一心に冀い給うのは、当然のことではありませんでしょうか。(18)

一心を傾けて神を愛し、罪深い人間を愛し、慈しみ深く憐れみ、彼らを真理であり御子イエスのもとへ立ち返らせて、永遠の救いへととりなすマリアの汚れなき御心を最高の保護者と仰ぐ日本の教会は、マリアの汚れなき御心への崇敬を通して、マリアの御心を讃え、その御心に倣って罪の汚れから遠ざかり、世の罪人、闇の中に沈む人々の改心のために、祈りを捧げる使命を受けているのである。

さて、浦川司教は同説教において、「マリアの最潔き御心」そのものについて神学的考察を与えている。「心」とは即ち人で、其人の一切は心に約(つづ)まる。聖母の偉大さを十分に会得するには、その御心の奥に分け入って、その諸徳を仰ぎ見る必要があると説いた上で、聖母の最潔き御心を、三位一体の神、御子イエス、さらに、私たち人間との関係性の中で捉えている。

浦川司教によれば、三位一体の神と聖母の御心との関係については、父なる神が愛娘であるマリアを御子の母として造り、聖母マリアをあらゆる優れた恵みの賜物で満たし、聖霊の神殿に相応しいものであるよう望まれたことにある。清く、恵みに満ちた聖母の御心は、神に対する感謝の念に満ち、愛熱に燃え、神の光栄を一心に願い、骨を惜しまず神に身を投げ打って尽くすほどのものであった。超自然的光に知恵を照らされて、神の偉大さと己の空しさをよくわきまえている聖母の御心は謙遜であった。さらに、その同じ光によって、現世の空しさを悟り、その心は神のみ旨だけを求める一途さを備えていた。

特に、御子イエスとの関係においては、聖母はただイエスのことのみを思い、ただイエスのためだけに生き、言葉も行いもその心臓の鼓動も、完全な愛の行いであったことから、聖母の御心はイエスの聖心の映しと理解されている。聖母は昼夜務め励んで、ますます善を修め、徳を研き、その御心は、一点の汚れも染まらず、邪慾の騒ぎすら知らず、曇りなき明鏡のように、イエスの御姿をはっきりと映し出していた。聖母は心に映る御子を深く敬い、篤く愛し、御子のためにはどのような犠牲も退けることはなかった。十字架上の御子の苦しみに合わせて、最愛の御子を捧げたのは、聖母の御心の愛の深さと言える。さらに、マリアの御心の潔さは、マリアの神と人々に向ける愛の完全さを表し、分かたれることなく一心に神に向けられた愛熱の強さを表している。マリアの御心はイエスの聖心と一致し、その生き写しとも言われるほど一致していたため、イエスの聖心のように、柔和、哀憐、親切、博愛にみなぎっていた。

十字架上でイエスから託された全人類の母として、聖母の御心は絶えず私たち人間の上に注がれ、私たちを護り、助け、恵みを与えて下さる。十字架の下で言い知れない苦痛の中に私たちを生んだ聖母は、その同じ苦しみの分だけ私たちを熱く愛して下さる。私たちの行いの価値を決定するのは、その行いの目的が全てイエスを愛する心で果たされたか否かにかかっている。

剣で刺し貫かれたマリアの御心（ルカ２・35参照）は、白百合と赤いバラで編んだ冠に囲まれて描かれることが多いが、白百合はマリアの御心の清さ、赤いバラは燃えるような愛徳の象徴とされている。マリアの御心は清さと燃える愛熱によって、ただひたすらに神を思い、神を愛し、人を愛し、全人類の救いのために、御心を貫く剣の激しい痛みに耐えられたのである。

私たちキリスト者には、聖母の潔き御心に信頼をもって近づき、罪に汚れた私たちを憐れんでくださるように、また、一日も早く痛悔の涙から汚れを洗い去って、一途に御子を愛することができるように、マリアの御心に対する祈りが求められている。さらに、日本公教会の擁護者であるマリアが、一日も早く日本國民の心から罪を払い去り、御子の御光を仰ぐことができるよう祈りに招かれている、という解釈を浦川司教は示した[19]。

先に見た脇田氏の「聖マリアの最と潔き御心の祝日」についての説教は、神への愛に貫かれたマリアの至純至浄の御心と、その御心を国家と国民の最高の擁護者とする日本国民の堕落した心の現状を対照的に述べつつ、聖母の最潔い御心を最高の保護者と仰ぐことで、国民に聖母の潔き心を回復させ、潔い魂を打ち込ませようとした。それから約二五年後、浦川司教は、聖母の最潔き御心を、三位一体、御子、人間との関係性の中で捉えた。特に、マリアの最潔き御心がイエスの聖心を完全に映し出す鏡としての具体的根拠を示したことで、マリアの最潔き御心の神学的裏付けがなされたのは、この時代の産物と言えるだろう。

―小結―

教皇ピオ一二世は、イエスの聖心崇敬とマリアの御心崇敬の高まりの中で、一九四二年にマリアの汚れなき御心に全教会と全人類を奉献し、二年後には八月二二日を「聖母の潔き御心の祝日」(二級大祝日)として制定した。その約百年も遡る一九世紀半ばにはすでに、ジラール神父によって、日本の教会が国家と国民を聖母の最潔き御心に奉献し、日本の教会の最高の保護者と定め、一級大祝日として祝うことを予告していたことは、驚くべき事実である。その背景には、二五〇余年に及ぶキリシタン弾圧の中で、日本の教会がマリアの汚れなき御心のご保護と助け、慰め、励まし、そして、途絶えつつあるキリスト教の復活を求める切実な願いが伺える。

キリシタン史における奇跡的体験を受けて、一九四四年以降、日本の教会では八月二二日を「聖母の最潔き御心の祝日」（一級大祝日）として祝うようになった。「聖母の最潔き御心の祝日」については、一九二八月の脇田氏と、一九五二年の浦川司教の二つの説教が残されている。

教皇ピオ一一世は「王たるキリストの祝日」を、典礼暦の年間最後の主日に設定し、イエスの聖心に対する全人類の奉献を宣言した。この祝日は、全人類に対するキリストの支配の否定、教会の否定、国家権力による支配、国家間・国内・家庭内での争い、国家の教皇への背信への償いをもたらすことを主な目的とした。世俗主義によりもたらされた社会の諸悪を責め、何らかの方法でそれを癒すのに、王たるキリストの祝日を毎年、全教会で行うことは、大いに役立つと考えられた。

脇田氏の説教が書かれた一九二八月は、教皇ピオ一一世による「王たるキリストの祝日」の制定の年と重なるが、脇田氏が日本国民の汚れた心を叱責した説教が、祝日制定のきっかけとなった世俗主義による社会の諸悪に対する教皇の償いの呼びかけの影響を受けているようにも思われる。脇田氏は神への愛に貫かれた聖母の至純至浄の御心の崇高さを強調する一方で、日本国民の汚れた心に聖母の最潔き御心を回復させることを意図したのである。他方、浦川司教の説教においては、マリアの御心がイエスの聖心の完全な映しとして、イエスが十字架上で神と人間に示した究極の愛を模倣して生きる聖母の純化された愛を祝うことが強調されている。

ところで、マリアの汚れなき御心に日本国家と国民が奉献されて以来、教区レベルにおいてもマリアの汚れなき御心への奉献が行われるようになった。マリアの御心崇敬の内容や信仰形態は、その神学的本質は保たれながらも、時代や社会的背景、世界の教会の動きに合わせて変化を伴うものである。その一例を「マリアの汚れなき御心に大阪教区を捧げる祈り」において見てきた。この祈りは、現代のカトリック教会がマリアの汚れなき御心崇敬を通して果たすべき使命は、闇、抑圧、差別などの苦しみにある人々に耳を傾け、寄り添う教会として、全ての人の救いに向けた新しい福音宣教への呼びかけでもある。この使命の実現のために、マリアの御心崇敬がカトリック教会に限らず、現代の世界や社会に働きかける具体性をもったマリアの汚れなき御心の「霊性」へと発展して始めて、その意義が見出だされるのではないだろうか。マリアの御心の霊性については、第4章に期待されたい。

ところで、厳しいキリシタン弾圧下にあって、ついに一八六二年に聖座への申請・許可を得て、日本と日本国民が聖母の最潔き御心に奉献され、日本公教会の最高の擁護者と定められ、一級大祝日として祝われるようになるまでの約二五〇年間、キリシタンたちのマリアの汚れなき御心に対する崇敬は、途絶えることなく語り継がれていった。この奇跡はどのようにして実現したのだろうか。

第2節　日本キリシタン史における聖母崇敬

キリシタン史研究者の間では、日本キリシタン史において、一五四九年キリスト教伝来から一六一四年のキリシタン禁教令を経て、最後の日本人司祭小西マンショの殉教した一六四四年までの約一〇〇年間を「キリシタン時代」と呼ぶ。一六四四年から一八六五年の信徒発見、あるいは一八七三年のキリシタン禁制の高札撤去までが「潜伏時代」と考えられている。

この時代配分に従って、宮崎賢太郎氏は、一六四四年から一八七三年の潜伏時代に幕府によって仏教を強いられ、共同体の結束力で密かにキリシタンの信仰を守り続けた信徒を「潜伏キリシタン」、一八七三年以降、幕府によってキリスト教信仰の自由が認められた後、宣教師との再会を機にカトリック教会に戻った信徒を「復活キリシタン」、一八七三年後も潜伏時代との変化なく、現在まで寺や神社との関係を保ち続けている信徒を「カクレキリシタン」[20]と提唱している。

この時代区分に従って、各時代のマリア崇敬を考察するために、筆者は一五四九年から一六四四年のキリシタン時代の信徒を「キリシタン」、一六四四年から一八七三年までの潜伏時代の信徒を「潜伏キリシタン」、一八七三年以降もカトリック教会に戻ることなく、神仏信仰と融合して独自の信仰形態を作り上げた信徒を「かくれキリシタン」と定義して論を進めることにする。

こうした日本のキリシタン史における信仰形態の変化の中でも、聖母崇敬はそれぞれに相応しい形で継承されてきた。特に、カトリック教会に帰依した潜伏キリシタンのマリア崇敬は、現代のカトリック教会におけるマリアの御心崇敬に先立って、一六四四年にフォルカード神父によって予告され、信徒発見の出来事とともに実現した「聖母の最潔き御心」への崇敬を迫害の水面下で支え、導いてきたその前身と言えるだろう。

そこで第２節では、キリシタン、潜伏キリシタン、殉教者、かくれキリシタンそれぞれの信仰の拠りどころとなった聖母崇敬について論じていく。

１．キリシタン時代（一五四九―一六四四年）の聖母崇敬

（１）『どちりな・きりしたん』（一六〇〇年）に見る聖母崇敬

天正遣欧少年使節が一五九〇年に日本に持ち帰った西洋式活版印刷術によって、日本には一六一四年キリシタン大禁令までの三〇年間に、「キリシタン版」と言われる約三〇種類のキリスト教関連の書物が印刷され、キリシタンの教化に拍車がかかった。その中でも一五九一年頃に印刷された『どちりな・きりしたん』は、一般信徒向けの師と弟子の問答形式による基本教理書として、信徒の信仰形成に大きな影響を与えた。

『どちりな・きりしたん』は翻訳本であり、その原本は、ポルトガルのイエズス会士マルコス・ジョルジェ(Marcos Jorge 1524-1608)が記した *Doctrina Christã*(一五六六年出版)と言われており[21]、一五七〇年には日本の公式教理書と定められ、一五九二年に『どちりな・きりしたん』として出版されるまでの間、翻訳・修正が重ねられた。原本は、受洗した子どもを対象に書かれたものであるが、日本語版は大人の洗礼志願者や一般信徒を対象にしていることや、箇所によっては原型をとどめないほどの大幅な修正が加えられていることからも、『どちりな・きりしたん』は単なる原本の翻訳ではなく、当時の日本の宣教・司牧のために相応しい形に書き換えられていったものと考えられる。

それまでの日本のイエズス会によるキリスト教の教えが、キリスト教以外の日本の伝統宗教による救済の可能性を否定し、キリスト教の独自性を強調する方法をとっていたのに対して、『どちりな・きりしたん』は、出版までの二〇年の間に修正・翻訳を繰り返しながら、一般信徒のキリスト教化のみならず、日本の伝統宗教や習慣、社会的環境を考慮に入れた、いわゆる諸宗教的感覚で編まれた受容性の高い内容に仕上げられた。原本には見られない世界の創造者としてのデウス(神)、イエスによる贖罪、人間の罪、秘跡についての詳細な説明を加え、キリスト教倫理と日本の社会規範の擦り合わせを盛り込むことで、改宗を望む多くの日本人の興味、関心を引き寄せたと言われている[22]。

『どちりな・きりしたん』には、四種の刊本、一種の写本、一種の異本写本(『吉利支丹心得書』)があるが、四種の刊本は、天正版国字本（一五九一年）、天正版ローマ字本（一五九二年）、慶長版ローマ字本（一六〇〇年）、慶長版国字本（一六〇〇年）からなる。うち、慶長版国字本は、一六〇〇年に長崎の後藤登明宗印によって刊行されたもので、ローマのカサナテ文庫の所蔵になる天下の孤本である。したがって、同年に発行された慶長版ローマ字本は、イエズス会が直接長崎で出版したものと推定される。(23)

さて、『どちりな・きりしたん』は序と12章から成るが、12章は大きく六つのテーマに分けることができる。一．キリシタンについての基本的な教え（第1～2章）、二．きりしたんの崇敬対象である超越的存在とそれらに対する祈り（第3～5章）、三．信仰の内実（第6章）、四．祈りの実践の仕方（第7～10章）、五．秘跡（第11章）、六．残る重要な事柄のまとめ（第12章）で、中心となるのは二、三、四である。全体の内容としては、デウス、イエス、マリア、天使、聖者などの超越的・超人間的存在に関するもの、霊魂、肉体、罪、救済、死後の存在など人間に関するもの、そして、天国、地獄、自然界などの「世」に関するものに大分されるが、全体に流れるテーマは「後生の扶かり」である。

『どちりな・きりしたん』におけるマリア崇敬は、第4章「あべ　まりあの事」、第5章「さるべ　れじいなの事」に見られるが、いずれも「エスペランサ（希望）」の教えを含むおらしよとして記されている。第4章の「あべ－まりあ」のおらしよについては、繰り返しの回数について、次のように言及している。

六十三反のおらしよは、御母びるぜんの御年の数に対し奉りて申上る也。又百五十反のおらしよは、十五のみすてりよとて、五ヶ条は御喜び、五ヶ条は御悲しび、今五ヶ条はぐらうりやの御理に対して、申上奉る也(24)

六三の数字は御母びるぜんマリアの年齢を表し、一五〇の数字は「喜び」、「苦しみ」、「栄え」の一五の「みすてりよ」（玄義）に合わせて「あべ まりあ」を各一〇回繰り返すことで完成する祈りである。

慶長版国字本（一六〇〇年）とされる長崎版『どちりな・きりしたん』によれば、一．おらしよはデウスに対してのみならず、「てんにましますもろゝのぜんにん、中にもあくにんのためになかだちとなり玉ふ御母びるぜん サンタ マリヤ」にも唱えることができること、二．びるぜんサンタ マリヤに申あげ奉る、大天使ガブリエルの作ったおらしよ「アベ マリヤ」、三．御母びるぜん マリアがどのような人であるのか、四．御母サンタ マリアに対する一五〇回のロザリオ、又は六三回の「ころは」のおらしよを唱えることなどを師が弟子に教えている。当時の教理書は聖母マリアについて、次のように教えていた。

> D（デウス）の御はゝのためにえらびいだされ、てんにをひてもろゝのアンジョのうへにそなへられ玉ひ、しよぜん（諸善）みちゝてんの御きさきのくらゐにあげられ玉ふたつときぜんにょにん（善女人）にてましますなり。これによりて御子Jx（イエス）の御まへにをひて、もろゝもベアトよりもすぐれて御ないせう（内寵）にかなひ玉へば、われらが申あぐることはりをおほせかなへらるゝがゆへに、おのゝキリシタンふかくしんがう（信仰）し奉るものなり。

ここに、マリア崇敬の根拠が明らかに示されているように思われる。すなわち、キリシタンがマリアへの深い崇敬を表す理由は、神の母に選ばれたマリアは、もろもろの善、すなわち恵みに満ちた女性、天使よりも諸聖人よりも優れた方として、御子イエスに私たち人間の祈りをとりなし、その願いを神が聞き入れて下さるからである。マリアの最も大切な役割は、私たち人間の祈りをイエスにとりなし、ご自分の受けた恵みを通して、イエスの恵みを人々にとりなすことなのである。

マリアのとりなしの祈りとして最も代表的な祈りが「あべ　まりあ」である。当『どちりな・きりしたん』による「あべ　まりあ」のおらしよは、次の通りである。

ガラサみち丶玉ふマリヤに御れいをなし奉る。御あるじは御みとともにまします。によにん（女人）の中にをひてわきて御くはほう（果報）いみしきなり。
又御たいないの御みにてましますJxはとつとくまします。
Dの御は丶サンタ　マリヤ　いまもわれらがさいごにも、
われらあくにんのためにたのみたまへ。アメン[25]。

「あべ　まりあ」のおらしよの前半は、マリアに対する天使のお告げの挨拶「おめでとう、恵まれた方（アヴェ・マリア）。主があなたと共におられる」（ルカ1・28）に始まり、エリザベトのマリアへの祝福の言葉「あなたは女の中で祝福された方です。胎内のお子さまも祝福されています」（ルカ1・42）によって、神の母聖マリアへの深い崇敬を表している。後半は、中世にフランシスコ会士によって付け加えられたものと言われているが、罪深い私たちのために今も、そして永遠に祈り、私たちの願いを神にとりなしてくださるようにマリアに願う祈りとなっている。

「アヴェ・マリア」の祈りは、カトリック教会において、「主の祈り」と並んで最も身近な祈りとして親しまれている。キリシタン時代においても同様に、「あべ　まりあ」のおらしよは、「ぱあてるなうすてる」（Pater noster　主の祈り）」、「けれと」（Credo　使徒信条）と並んで、最も大切な祈りとされていたことが、祈りの形式の教理書『おらしよの飜譯[26]』から明らかである。

『どちりな・きりしたん』第4章の「アベ　マリヤの事」は、「アベ　マリヤ」のおらしよの説明の後に、一五〇遍の「ろざいろ（ロザリオ）」と六三遍の「ころは」のおらしよで締めくくっている。「ろざいろ」はイエスの生涯を一五の玄義に分け、初めの五箇条を御母サンタ　マリアの喜びの神秘、次の五箇条をマリアの悲しみの神秘、最後の五箇条を栄光の神秘に合わせて黙想する祈りである。「ころは」のおらしよについては、「パアテル　ノステル」一回の後に「アベ　マリヤ」を一〇回唱えて「ろざいろ」の玄義のいずれかを黙想し、これを六回繰り返す祈りである。「ろざいろ」にしても「ころは」にしても、神が御子イエスを通して私たちの罪を赦し、恵みと、後生の救いを与えて下さるよう、マリアにとりなしを求めるキリシタンの祈りなのである。

続く『どちりな・きりしたん』第4章は、御母マリアのとりなしを願うもう一つのおらしよとして、「さるべれじな」のおらしよを紹介している。

あはれみの御はゝ、こうひ（皇妃）にてましますす御身に御れいをなし奉る。我等が一めい（命）、かんみ（甘味）たのみをかけ奉る御身へ御れいをなし奉る。るにん（流人）となるエハの子ども御身へさけびをなし奉る。此なみだのたにゝてうめきなきて御身にねがひをかけ奉る。これによりて我等が御とりなしてあはれみの御まなこをわれらに見むかはせ玉へ。又此るらう（流浪）ののちは、御たいないのたつときみ（賓）にてましますゼズゝをわれらに見せ玉へ。ふかき御にうなん（柔軟）ふかき御あいれん（愛憐）、すぐれてあま（甘）くましますビルゼン　マリヤかな。Dのたつとき御はゝ。X（キリスト）の御やくそくをうけ奉る身となるやうにたのみ玉へ。アメン。[27]

このおらしよは、エバの子孫として罪を負った人間が、救いに与るために、憐れみ深い天の元后マリアに対して向けた嘆きと涙に満ちた願いである。闇の中を流浪する罪深い人間が、この世の旅路の果てに救い主、御子イエスのもとに導かれるよう、マリアの「御とりなし」を心から祈り求めているのである。

以上、『どちりな・きりしたん』に収められた「アベ マリア」と「サルベ レジナ」の二つのおらしよを取り上げ、当時のマリア崇敬について見てきた。いずれの祈りにおいても、礼拝の対象となる神と、崇敬の対象となるマリアとの立場の明確な違いが強調されている。マリアが神の子イエスと人間との間をとりなす方であり、御子イエスの救いの業に母として協力する尊い使命を受けているというカトリック教会の教えは、多くの日本人の心を捉え、キリシタンのマリアに対する孝愛を深めていったと思われる。

『どちりな・きりしたん』では、おらしよ自体の内容や、師と弟子との問答を通して、当時のマリア崇敬を確認することができた。次に、キリシタンの互いの信仰を強化するために形成・変容されていった信徒組織体の規則を通して、より具体的な聖母崇敬を見ていくことにする。

（2）「こんふらりや」の規則「さんたまりあの組の心得」（一六二〇年）に見る聖母崇敬

一五四九年、フランシスコ・ザビエルによって日本にキリスト教がもたらされ、宣教師によって国内に広まっていくにつれて、日本の教会共同体は、ヨーロッパの「コンフラテルニタス」（confraternitas 羅）をモデルにして、日本の「コンフラテルニタス」、いわゆる「信徒信心会」を形成していった。

川村信三師は著書『キリシタン信徒組織の誕生と変容』において、「コンフラテルニタス」から「コンフラリヤ」を経て「こんふらりや」に至る変容のプロセスを次のように記す。第一段階（コンフラテルニタス）は、ヨーロッパのコンフラテルニタスの理念とモデルをそのまま受容して、日本の教会共同体作りの開始の時。第二段階（コンフラリヤ）は、一五八七年伴天連追放令以前の、キリシタン集団が教会共同体として、ヨーロッパの慈善事業型コンフラテルニタスの組織に移行した時。第三段階（こんふらりや）は、伴天連追放令以降キリスト教活動が禁止されたため、キリスト教の「地域共同体」として、ヨーロッパの信心業実践型コンフラテルニタスへと移り変わっていった時である。さらに、日本特有の「禁教・迫害」という継続的・危機的状況の深まりと共に、信心業実践型コンフラテルニタスは「地下組織」として日本独特の「潜伏」共同体に変容し、長期の迫害に耐え抜く共同体へと化していった。

本来、ヨーロッパの「コンフラテルニタス」とは、聖なる領域に近づきたいと願うキリスト教信徒たちが、日常生活を送りながらより徹底した信仰実践の集団として作っていった信徒信心会のことで、一三世紀にイタリアで起こったものである。従来、修道院の中に収められていた「キリストに倣う」生き方が、一二～一三世紀にかけての「キリストの人性」についての神学的省察と信心により、民衆の間に広がっていった。それを決定的なものにしたのが、アッシジのフランシスコ（Francesco d'Assisi 1182-1226）が身をもって示した、徹底的なキリストの貧しさに倣う生き方である。フランシスコが貧しい人々の中に生き、清貧を通して示したキリストへの深い信仰と愛に感化された多くの民衆が、フランシスコに倣ってキリストにより一層近づこうと動き出した。一人ひとりのこうした外的動きは、やがて組織を形成し、「信徒信心会」（コンフラテルニタス）という組織体へと発展していったのである。

祈りによるキリストとの一致のあふれから、清貧による貧しい人々との共生と愛の行いを通して、「キリストに倣う」生き方の模範を示したフランシスコのように、「信徒信心会」もまた、自分たちの信仰を慈善の業の実践によって表そうとする動きが高まった。キリスト教の慈善の業は、マタイ25・35―36が基本となって、さらに行動的慈善の業としての死者の埋葬や、霊的慈善の業としての無学な人々への教育、負債を抱える人への援助、罪びとへの諭し、敵対者へのゆるし、死者のための祈りなどが加えられた。

こうした慈悲の業は、当時の教理書『どちりな・きりしたん』に「一四の所作」としてすでに明記されており、キリシタンに浸透していきつつあった。前半七つが身体に関わる事、後半七つが「すひりつ」（霊的・精神的）に関わることである。

身体に関わる七つの事

一．飢へたる者には食を与る事。
二．渇したる者に物を飲ます事。
三．膚をかくしかぬる者に衣服を与る事。
四．病人をいたわり見舞ふこと。
五．行客の者に宿を貸す事。
六、とらわれ人の身を請くる事。
七．死骸を納む る事。

「すひりつ」にあたる七つの事

一．人によき異見を加ゆる事。
二．無知なる者に道を教る事。
三．悲み有者をなだむ事。
四．折檻すべき者を折檻する事。
五．恥辱を堪忍致す事。

六．ぽろしもの不足をなだむる事。

七．生死の人と、又仇をなす者の為に、でうすを頼み奉る事。[28]

「慈悲の業」はキリシタンに特有のものではなく、一三、一四世紀に書かれた教会公文書の多くが「慈悲の業」を強調しているところからも、世界中のキリスト者にとって必要不可欠の信仰表現であったと言える。なぜならば、ヨハネ・クリゾストモの言葉を借りるなら、慈悲の業は「救いの為の砦」、「罪に対する代償」だからである。キリシタンは優位な立場、あるいは有り余る中から慈悲の業を行うのではなく、貧しさの中から持っている物、時間、霊的賜物を惜しみなく差し出して愛を実践するのである。この行為こそ十字架上で命を捧げたイエス・キリストに倣う生き方であり、慈悲の業を通しての自己奉献は、キリストの愛の聖心を傷つけた自らの罪への償い、キリストの救いのみ業への参与へとキリスト者を目覚めさせることになった。

日本のコンフラテルニタス（「信徒信心会」）もまた、一五八七年の伴天連追放令までは、慈善事業型コンフラテルニタスとしてキリシタン宗団の基礎を築いていった。一五五一年に誕生した山口のキリシタン宗団は、イエズス会の宣教師の指導の下で貧者に施しをし、毎日曜日のミサ後には定期的に祈りの集会を行い、集会では宣教師、あるいは宣教師不在の場合には信徒のリーダーによる「十戒」についての解説の講義が行われ、集会の最後には貧しい人のための寄付を募って終わっていた。

平戸では、宣教創設期に平戸キリスト教共同体を任されたガスパル・ヴィレラ（Gaspar Vilela 1526–1572）が、仏教徒の反感を買い領外に追放されたため、ヴィレラは司祭の代役をする信徒七名を選び出した。ヴィレラは七名に「慈悲役」という名を与え、七つの身体的「慈悲の業」、および七つの精神的「慈悲の業」に当たらせた。さらに、豊後府内では救貧活動を行う「慈悲のコンフラリヤ」が最初に形成された。豊後のミゼリコルディアは、キリスト教と異教徒の区別なく死者の埋葬と葬儀、貧者や病者の世話、少年の宗教教育（要理教育）に力を注いだ。多くの人々が彼らの「慈悲の業」に感銘を受け、受洗へと導かれた。

こうして、一五四九年フランシスコ・ザビエル来日以来、一五八七年の伴天連追放令発布までの四〇余年の間に、日本キリスト教会は宣教最盛期を迎えた。日本の教会における初期の宣教は、宣教師たちによるヨーロッパの慈善事業型コンフラテルニタスの導入と、そこに日本的要素を加えた「一四の所作」の実践によって、宣教の実りがもたらされたと言えるだろう。

一五八七年の伴天連追放令以降は、「慈善事業型」コンフラリヤから、「信心業実践型」コンフラリヤへと移行せざるを得ない状況に陥っていった。さらに、キリスト教への取り締まりが厳しくなるにつれて、一五九〇年代には信心業実践型が変容した日本固有のコンフラリヤ、すなわち「迫害準備型」あるいは「地下潜伏型」こんふらりやが各地に広まっていった。一五九二年宣教者の報告書によれば、長崎県大村領には約三〇〇〇人の会員からなる「こんふらりや」が存在し、毎週定期的に集会を開いていたと報告されている。[29]

こうした「慈善事業型」コンフラリヤから「信心業実践型」コンフラリヤへの移行、さらには、「こんふらりや」への変容の背景は、禁教後の迫害の状況変化によるものである。したがって、「地下潜伏型」こんふらりやに関する記録は、より激化した迫害下の司祭不在の時代を迎えた中で、信徒だけの共同体でどのような活動を通して信仰を継承していったのかを具体的に知る手掛かりとなるだろう。

川村氏は、一六二〇年に長崎県島原市高来「おぬき村」に存在したこんふらりやの一つ「さんたまりやの組」の心得、「こんふらりやの人々心得らるべき條々の事」を挙げている。この規則は、現在、公立ローマ・カサナテンセ図書館（以前はドミニコ会文書館）に所蔵されているが、本来この史料は、ドミニコ会日本宣教神父コリャード（Diego Collado 1589-1641）が、日本における宣教方法を巡って対立していたイエズス会をローマ聖座に訴えるために提出したものである。

実際にこの規則を紐解きながら、こんふらりや「さんたまりやの組」の目的と、その実現のために行われたマリア崇敬とその意義を見出だしていくことにする。さんたまりやの組の規則「こんふらりやの人々心得るべき條々の事」の冒頭に書かれた、組の名の由来、組の設立の趣旨と四つの留意点から、マリア崇敬の概要が浮かびあがってくる。

名の由来については次のように記されている。

> 先此こんふらりやは、でうすの御母さんたまりやの御ほまれのたいしくわたつるか故に、さんたまりやの御くみと名付なり。……故に一切のきりしたんでうすのがらさをもつて毎日身躰（しんだい）をあらため、信心をかさね、でうすの御奉公にくわしくすゝむこゝろがけ本意なり。……然者めいめいのくわたちに随てそのみちおゝく其隔ありといへども、何れの人々のためにもおしなべてさんたまりやに信心を得其御取合をたのみ奉るくわたちは別而すぐれたるみちなりとしらるべし。其故はわれらが御あるじでうす一切のきりし端の御おやにてましますごとく、さんたまりやも我等がための御母とよばれ玉ふものなり。されば惣別母にあたるつとめの中には子をいたわりたる事つねの習なり。如此さんたまりやも御身に頼みをかけ、御母とよび奉り、おらしよを以御取合をたのみ奉るきりした端のあにまの事はいふに及ず、色身迄まもり玉ふが故に、ふかき頼母敷（たのもし）をもち、我等が方よりもその御禮として日々のつとめにおこたらず彌々頼奉るべきもの也。[30]

当時、聖母マリアへの崇敬は「信心実践型」コンフラリヤの最も一般的な形とされていた。キリスト教が迫害へと向かう中で、サンタマリアへの崇敬を行うこんふらりやに対して、「さんたまりやの組」と名付けられた。「さんたまりやの組」の規則「こんふらりやの人々心得らるべき條々の事」序文によれば、キリシタンは、体と魂を守ってくださる方マリアに全幅の信頼を寄せて「母」と呼び、とりなしを願った。この組のキリシタンにとって、マリアは神の恵みの仲介者として常に御子イエスの傍らに立ち、人類とキリストの仲介の任にあたる母であった。この組の人々は互いの絆を育み、信仰強化のために集まり、霊的事柄を話し合い、マリアへの特別な崇敬を通して心と体を清く保ち、一人ひとりの霊魂を救うことを目指した。この組の究極の目的は、マリアへの崇敬を通して、自己の魂の救いだけではなく、神が崇められ、他者も救われることであった。

組におけるこの目的が実現するために、序文に示されたこの組の人々が努めるべき四つの留意点とは、①各人が聖母マリアへの信心を通して、マリアの助けとご保護をより頼むこと。②「さんたまりあの組」に入会したいという望みだけではなく、この組の定めを注意深く実行すること。③常に強さと緩むことのない心で、定められた掟を守ろうと決意すること。④ひたすら自己の魂の救いを望む心がけと、隣人の徳、神の名誉のために「さんたまりあの組」に参加することである。[31] すなわち、「さんたまりあの組」の規則は、こんふらりやの信仰結束を強化するために作られた掟であり、信徒がマリアのご保護を願い、共に信仰を支え合い、相互の魂の救いの実現のためには、必要不可欠のものであったことが明らかである。

組の規則として本文において特に強調されているのは、聖母マリアへの崇敬・信心業である。「さんたまりやの組」のマリア崇敬には次のようなものがある。組に入る条件としての四つの祈りの一つ[32]「あべまりや」の暗唱。秘密裏に行われる組の集会が、神の名誉と参加者の精神の徳となるよう、集会の前に「ぱてるのすてる」の祈り３回に続いて、「あべまりや」の祈りを三回唱えて聖母マリアの援助を求めること。集会後に「聖母の連祷」を唱えること。組の祝日としての「さんたまりやの御上天」（Assumptio B.Mariae Virginis 八月一五日）や「あべマリヤ時」（現在の「お告げの祈り」にあたる）などの典礼暦を遵守すること。各家庭において神の掟を守り、朝と夕の祈りを行い、一日の終わりには「あべまりや」の祈りを唱えること。毎日「ころわ」[33]の祈りを一回唱えること。組に所属する人が死亡した場合、ロザリヨの祈り三環を唱えることなどがあげられる。

「さんたまりやの組」の規則に見られるもう一つの特徴として、精神的慈善の業（慈悲の所作「すぴりつにあたる七つのこと」）の実践である。地下潜伏型こんふらりやとして、相互の信頼関係を築くための「正直」と、互いの信仰を支え合い徳の模範となるために、精神的慈悲は欠くことのできない要素であった。一五日に一度行われる集会と、集会での長老の指導者による霊的訓話と相互の信仰の強化、起床後・就寝前の「良心の糾明」、貧者救済を目的とした3割以上の高利貸しの禁止、司祭不在時の「組親」による各家庭への指導、大きな誤りをもつ会員に対して「組親」が人によき意見を加えること、謙遜と忍耐をもって人の忠告を受け入れること、土曜日の断食、病人見舞い、四旬節の鞭打ち苦行、「こんちりさん（赦しの秘跡）」の勧め、病人や貧者への世話と経済的援助、組以外の人への憐れみの心を持つこと、組に属するキリシタンの葬儀の式を執り行うこと、「教え方」や「水方」による異教徒やキリスト教背教者への教理（カテキズモ）と洗礼、痛悔（へにてんしあ）、分相応の施しを集めることなどである。

「さんたまりやの組」が、マリア崇敬と精神的慈悲の業を活動の主軸に置いているところから、キリシタンは互いの信仰を強化する手段としてマリア崇敬を行い、マリアにご保護を祈り求め、さらに、神への奉仕、隣人の精神的慈善の業へと発展させていったことは明白である。つまり、キリシタンは、共同体的信仰を通して神を崇め、マリアにご保護を祈り求めながら共に支え合い、自分と隣人の魂の救いを求めることに徹した信仰者であったと言える。

特に、「さんたまりやの組」が大切にしていた聖母マリアへの崇敬は、迫害下の一般信徒の信仰を共同体として守り、強め、子孫に伝えるために、さらに、愛徳の実践によって心身を清め、キリストの救いの業に与るために、最も相応しい手段であるとキリシタンから理解されていた。禁教の中で信仰を守り抜く力は、聖母マリアを通して与えられたと言っても過言ではないだろう。

二五〇年という長い潜伏期のキリシタンに対する厳しい弾圧によって多くのキリシタンが棄教し、一人の宣教者もいなくなる中で、潜伏キリシタンの信仰の支えとなったのは共同体であり、聖母マリアのご保護に対する深い信頼であった。やがて、キリスト教迫害終焉のきっかけとなる出来事が起こったのは、徳川幕府の鎖国政策が解かれ、日仏修好通商条約に基づいて、フランス人の礼拝堂として献堂された大浦天主堂でのことだった。いわゆる、一八六五年の信徒発見の出来事である。この出来事を通しても、二五〇年間継承された潜伏キリシタンの聖母崇敬を見ることができる。

2．「日本の信徒発見」（一八六五年）に見る潜伏キリシタンの聖母崇敬

日本のカトリック教会の奇跡とも言われる一八六五年の信徒発見に立ち会った当時の大浦天主堂主任司祭プチジャン神父は、横浜在住の日本代牧区ジラール代理区長宛に書簡を送っていた。二〇一五年の信徒発見一五〇周年を機に、長崎純心大学長崎学研究所より、同大学博物館所蔵の「エリア写本」に収められているプチジャン書簡のうち、一八六五年の原文が翻刻・翻訳された[34]。「エリア写本」の翻訳は信徒発見の奇跡を体験したプチジャン神父自身の書簡として、当時の潜伏キリシタンの信仰そのものに触れることのできる貴重な文献である。

「エリア写本」とは、一八八四年一〇月七日のプチジャン司教逝去の数週間後に、幼きイエズス会修道女スール・エリアが、プチジャン司教の手紙の草案綴りである『原本』から映したと奥書されているノートのことである[35]。ここでは、「エリア写本」翻訳に基づいて、プチジャン神父が目で見て、耳で聞いた潜伏キリシタンが示した聖母崇敬を見ていくことにする。

一九世紀にリヨンで設立された宣教支援団体『信仰弘布会年報』によれば、一八六五年二月一九日（六旬節の主日）に、ジラール神父は長崎の二人の宣教師プチジャン神父とローケーニュ神父を補佐にして、日本二六聖人殉教者に捧げられた「大浦天主堂」の祝別をできるだけ荘厳に行ったとある。その約一か月後、プチジャン神父は、サンタ・マリアに導かれて、三月一七日に体験した長崎・浦上のキリシタンの一団との感動的な出会いについて、次のような手紙を翌一八日にジラール神父に送った。[36]

昨日の一二時半ころ、男女、子どもも合わせた一二名ないし一五名の一団が、単なる好奇心とも思われないような様子で天主堂の扉に立っていました。天主堂の扉は閉まっていたので、私は急いで開けに行きました。私が聖所の方へ進むと、この参観者たちもついて来ました。私は一ヶ月前に初めてあなたが与えてくださり、ご聖体の形食で、愛の牢獄である聖櫃の中に安置されている御主様の祝福を、彼らのために心から祈りました。[37]

この一団とプチジャン神父との間に交わされた次の信仰告白には、二五〇年間潜伏キリシタンの間で絶えることのなかったマリア崇敬が明確に現れている。

私がほんの少しだけ祈った後、四〇歳ないし五〇歳くらいの女性（クララおてるの姉イザベリナゆり）が私のすぐそばに来て、胸に手をあてて言いました。「ここにいる私たちは皆、あなたと同じ心です。」「本当ですか。しかしあなた方はどこから来たのですか。」と私は尋ねました。「皆浦上の者です。浦上では、ほとんど皆、私たちと同じ心を持っています。」それからこの同じ人はすぐに私に聞きました。「〝サンクタ　マリア　ゴゾウワ　ドコ〟」サンタ・マリアの祝別された言葉に、私はもう少しも疑いませんでした。……この愛する人たちに取り囲まれ、せき立てられて、あなたがフランスから持ってきてくださった聖母の像の祭壇に、彼らを案内しました。私に倣って彼らも全員ひざまずき、そして祈ろうとしましたが、喜びに夢中になって、聖母の像の前で口々に言いました。「そうだ、本当にサンタ・マリア様だ！　見なさい、〝オン　コ　ジェズス　サマ〟を抱いていらっしゃる。」……この善良な訪問者たちは、聖母の像に見とれ、私に沢山の質問をしました。……彼らは十字架を礼拝し、聖母を愛し、祈りを唱えています(38)。

サンタ・マリアは、潜伏キリシタンにとって、七代伝承の崇敬の対象であり心のよりどころであった。幕府の仏教国教政策に順応して仏壇に祀った観音像に、サンタ・マリアの姿を重ねて祈っていたほどである。信徒発見から約一か月後の四月一六日復活祭に、信徒発見の日の最初の訪問者馬場のクララおてるが、一〇人ほどの人と一緒に天主堂を訪れてきた時の様子にも聖母崇敬が伺える。

クララは受難の主日から、サンタ・マリアの像がいつもヴェールにおおわれているのを見て悲しんでいた。彼女は、復活祭の日に、このヴェールが取りはずされるということを知っていたので、最初に訪れる人々の一人として、聖母崇敬のために復活祭の今日、急いできたのである。彼女は、十字架や聖母のメダイをほしがり、この祝別されたものを額につけた。それからこの愛すべき人たちは、二つのミサに与るとようやく浦上の方へと帰って行った(39)。

プチジャン書簡によれば、マリア崇敬はクララおてるの個人的崇敬でも、浦上という限定された地域の人々の崇敬でもなく、長崎の各地から、役人の目を盗んではプチジャン神父に会いに来て、教えを請う潜伏キリシタンに共通するものであった。その多くが、天主堂に入ると額と胸に十字架の印をし、十字架を礼拝し、サンタ・マリアの祭壇で「パーテル・ノステル」、「アヴェ・マリア」、「クレド」、「コンフィテオル」などの暗記した祈りを唱えたという。

彼らの子孫の潜伏期の信仰を支えた唯一の秘跡は、キリシタンを絶やさないための「洗礼」で、司祭に代わって洗礼を授けたのが「水方」であった。司祭がいない中での聖体の尊い秘跡についてはほとんど知識がなかった。彼らの信仰の中心は「洗礼の秘跡」と、暗記すべき四つの祈りと、臨終の時の「痛悔の祈り」であった。二〇〇年以上にわたって潜伏キリシタンの間で唱えられていた痛悔の祈りは、人々の救霊のための業として、プチジャン神父の心の慰めとなった。さらに、潜伏キリシタンが日常の信仰の具体的支えとしていたのは、十字架や、聖母マリアや聖人たちのメダイや御絵や御像、ロザリオなどによる信心業で、プチジャン神父のもとを訪ねては、メダイやロザリオを所望するキリシタンの多さにプチジャンは驚きを隠せなかった。

プチジャン神父のもとを訪れる潜伏キリシタンが日増しに増える中で、信徒たちは教理の勉強や天主堂参詣、秘跡への憧れを表現するようになった。彼らは大変貧しい村民でありながら、山や海の幸、お金を「神への献物」としてプチジャン神父に差し出すのであった。ある時、ある村の貧しい信者たちが六〇円という大金を持ってきて、断るプチジャン神父に「決して神父さまに差し上げるのではありません。天主さまと御母サンタ・マリアさまとにお献げするのです。このお金で天主堂でも飾ってくだされば本望でございます」と、プチジャン神父を説得したことがあった。神父が「サンタ・マリアのご像を飾る費用にしよう」と提案した時に、信徒たちはサンタ・マリアのためと聞いて心から喜んだ。どんなに貧しく素朴なキリシタンにも、マリア崇敬が純粋に浸透していたことの表れであろう。

やがて、信徒たちの献金によってフランスから取り寄せたサンタ・マリア像は、一八六七年六月二日に天主堂の玄関前（現在は天主堂の入り口）に設置・祝別され、「日本之聖母」と命名された。参列したフランス公使と海軍司令官、諸外国領事、在留外国人、長崎奉行以下日本人の参列者を前に、プチジャン神父が行ったミサの説教には、日本を長い迫害から守り導いたこの「日本之聖母」に対する深い崇敬が込められている。

日本の聖母というみ名は、いま初めて聖母にお献げするのではありません。日本の教会は初めから聖母のご保護のもとにあったのです。聖母は全幅の愛を傾けて日本の教会をお守り下さいました。教皇さまが私に困難なこの国の布教をお任せになったとき私の心に浮かびましたのは我が身も、教会も、慈悲深い聖母にお献げしたいということでした。今日のこの祝いは信徒発見のための感謝ではありますけれども、同時にまた日本ばかりでなく、ここに参列された皆さんとすべての国々の人々をも、改めて聖母のご慈悲のもとに委ねたいと念願いたすためであります。(40)

二〇年以上も前に、日本のキリスト教への迫害を目の当たりにしたフォルカード司教が、琉球を聖母マリアの潔き御心に捧げ、日本での布教再開のあかつきには、教会を建て、マリアの潔き御心に奉献するようにと託したその望みが、今、プチジャン神父の手を通して実現した。プチジャン神父は、日本の教会の擁護者であるマリアの潔き御心を通して、自分自身と日本の教会に与えられた恵みと慈しみとご保護に対する心からの感謝と奉献を、この説教の言葉に託したのであろう。

プチジャン神父は、信徒発見の翌年一八六六年七月一三日には日本駐在教皇代理に任命され、日本代牧区教区長、ミリオフィトの名義司教の任命を受けて、同年一〇月二一日に司教に叙階された。(41) プチジャン司教は病をおして一八七五年に三度目のヨーロッパ巡歴に出たが、パリのパレ・ル・モニアルの至聖なるイエスの聖心聖堂で、病身の自分と布教地日本を至聖なる御心に奉献したことは非常に興味深いことである。[42] マリアの潔き御心に捧げられた日本の教会の教区長として、イエスの聖心のうちにマリアの汚れなき御心を重ね、「全人類の救い」の願いを祈りに託したのではないだろうか。

プチジャン司教のマリアの汚れなき御心への崇敬ほど熟していなかったにしても、プチジャン神父との出会いまで厳しい迫害下に置かれていた潜伏キリシタンにとって、「アヴェ・マリア」の祈りやロザリオ、メダイ、スカプラリオといったマリア崇敬は、潜伏期に信仰を守る大切な祈りの手段であった。信徒発見後、プチジャン神父の書簡にも見られるように、大浦天主堂のプチジャン神父との密会を求めて訪れるキリシタンは、神父にメダイやロザリオを求めた。

やがて、一八六七年に始まった幕府のキリシタンに対する再弾圧、いわゆる「浦上四番崩れ」によって検挙された浦上の三千数百名の信徒が、津和野、鹿児島、広島、岡山、金沢などに流配されることになった。流配キリシタンの所持品には、フランス人宣教師たちによってもたらされた近代の石膏性聖像やロザリオ、十字架、メダイ類があったが、それらは入牢の際に全て没収された。没収されたロザリオの数が特に多かったことから、キリシタンのロザリオ信心の厚さが伺える。[43]

一八七三年の禁教令高札撤去によって、二五〇年に及ぶ禁教に終止符を打つことになったが、流配キリシタンの中には流配先で捕らえられ、劣悪な拷問や虐待を受けて命を捧げた多くの殉教者がいた。殉教者の多くが死に絶える中で、聖母マリアへの深い崇敬を表したというエピソードが残っている。次に、殉教者の聖母崇敬を見ていくことにする。

３．殉教者の聖母崇敬

筆者の所属するカトリック女子修道会では、「日本の殉教者の精神」を修道会の霊性の一つとしている。日本の殉教者とは一五九七年二月五日に長崎の西坂で殉教した日本二六聖殉教者である。現代の日本において、キリスト教の信仰に対する外的迫害や殉教を体験することはない。では、本会は何をもって日本の殉教者の精神を生きると言えるのだろうか。

一五四九年のフランシスコ・ザビエルのキリスト教伝来から四〇年にも満たない一五八七年、豊臣秀吉が伴天連追放令を発布したことを受けて、イエズス会は一五九一年に聖人伝『サントスのご作業』を出版した。その第二巻に、殉教の意義について記した「マルチリヨの理」を収めた。そこにはこう書かれている。

然るにマルチレスの合戦は御主ゼズス　キリシトのごぱしよんを弁へ、吟味し奉るために、一段の添味なり。その故は、数万人のマルチレス百苦千難を凌ぎ、苦痛逼迫の責めを受け給ひしことは、右に言ひし如く、デウス　パアデレの大きなるゴロウリヤのためなるによつてなり。然れば量りもなくデウス　パアデレのゴロウリヤを歎き給ふ御主ゼズス　キリシトはこれらの勝れたるご忠節の道の埒を開け給はんと望み給ふこと常なれば、その堪え給ふ御苦しみは、如何にましますべきや？　人間を助け給はんためには、御血一滴を流し給ふも超越したるに、一滴のことは申しに及ばず、ある程のご血液を悉く流し捨て給ふことは即ちこれデウスのゴロウリヤのやめと、又いあいにあるべきマルチレスの光明と、御力を与え給ふために、斯くの如く無比の苦痛を玉体に受け堪へ給ひたるものなり。(44)

「マルチレス」（殉教者）とは、御父の大いなる栄光のために、全人類の救いを願って十字架上で最後の血の一滴までも捧げ尽くしたイエス・キリストへの信仰と愛を、自らの殉教を通して「証しする人」である。伴天連追放令を受けて迫りくる迫害の兆しに、キリシタンは早い段階で、殉教者の聖人伝や「マルチリヨ」（殉教）についての意義などを学んでいたのである。

伴天連追放令やサン・フィリッペ号事件（一五八六年）が引き金となって、一五九七年二月五日に西坂の丘で二六名が処刑された。いわゆる「日本二六聖殉教者」である。フランシスコ会士六名、イエズス会士三名の他に、一二歳のルドビコ茨木、一三歳のパウロ茨木、一四歳のトマス小崎が含まれていた。イエズス会準管区長ペドロ・ゴメスは、二六名の殉教によるキリシタンの動揺を抑え、彼らの信仰を強めるために『マルチリヨの勧め』などを記し、殉教がキリストの愛（ご大切）と受難に対する最高の証しであることを諭し、キリシタンの間にも殉教の意義が浸透していった。

キリシタンの殉教についての理解が深まる一方で、一六一四年に全国に出された「キリシタン禁令」と「宣教師の国外追放令」が発布されたことにより、長く厳しいキリシタン迫害の幕開けとなった。片岡弥吉氏によれば、当時日本には少なくとも三〇万人以上のキリシタンがいた。宣教師の国外追放令にもかかわらず、三八名の宣教師が潜伏残留し、毎年数名の司祭が潜入して潜伏キリシタンたちの指導に当たった。同時に、ただ自分の信じる神がまことの神だと信じていることや、その信仰こそ魂の救いの道として人に勧めただけの理由で、多くの罪のない潜伏キリシタンたちの血が流され始めた。殉教者の数については、新井白石氏が二〇万人以上と推定した(45)。

ところで、潜伏キリシタンの中にはひどい拷問や責苦に堪えられず、「踏絵」を踏んで棄教したいわゆる「転び者」と言われる人々もいた。日本司教セルケイラによる一六〇四年報告書によれば、転び者にはキリシタン信仰を捨てた証拠として、法華経を頭上に置いて仏教徒などの異教徒であることを証明させたり、寺の檀家になったことを記した「転び証文」を出させたりしたという[46]。

転び者の中には、表面上は踏絵を踏んで棄教したにもかかわらず、転んだことを深く悔いて、「こんちりさん（痛悔）」のおらしよを唱えたり、オテンペシャの鞭で苦行を行い、罪の赦しを願う者もいた。また、心理的妥協策から表面上は転び、檀那として宗門寺に属していても、潜伏キリシタンとして信仰を守り、信徒発見によってキリシタン復活を迎えることができた者もいた。彼らの多くが、厳重な仏教国教政治による支配の下で、仏壇に祀った観音像にサンタ・マリアの姿を投影し、「マリア観音」に向かってキリシタンの信仰を絶やさないように、神や聖母マリアに祈りを捧げた。マリア観音の多くは、中国製の青磁や白磁の慈母観音像で、主に浦上や外海、五島などの潜伏キリシタンの間で用いられ、一八七三年の禁教令高札の撤去まで続いた。潜伏キリシタンにとって仏教徒に見せかけるためのマリア観音や、隠し持つ十字架やロザリオは、彼らの唯一の信仰の形であり、キリシタンの信仰の証しだったのであろう。

キリシタンへの厳しい迫害の中、恐怖に堪えられず迫害者に対して信仰を否定しながらも、こんちりさんによって神の赦しを願い、潜伏キリシタンへと戻った「転び者」が味わっていたのが精神的苦しみとすれば、迫害者に対して信仰を告白したことによって殉教者が受けなければならなかったのは肉体的苦しみである。殉教とは不運な信仰の犠牲者とさえ捉えられかねない風潮の中で、キリシタンの末裔であるキリスト者にとっては、片岡氏が述べるように、「表面的には残酷そのものであったけれども、誰からも奪われない信仰を固守して死んだ人々にはむしろ幸福と偉大さがあった」[47]ほどである。

殉教者の信仰を支えたのは、多くの潜伏キリシタンがそうであったように、信頼に満ちた聖母マリアへの崇敬であった。ここで、殉教者の聖母崇敬のいくつかを紹介する。

キリシタン迫害が始まった一六一四年、徳川家康の宣教師の国外追放令によって、イエズス会修道士ニコラス福永ケイアン神父はマカオに流されたが、一六二〇年に日本に戻り熱心に布教活動を続けた。一六三三年七月二八日、六三歳のイルマン・ニコラスは、西坂で穴吊りという最も恐ろしい拷問を受けた。拷問が始まって四日目、逆さまに吊るされている穴の中で、ニコラスはかなり弱って、役人に水を頼んだ。「水でも何でも与える。デウスを棄てれば」という役人に、ニコラスは「その条件なら水はいりません」と静かに答えた。しばらくたってから、再びニコラスの声が聞こえた。役人が「水が欲しいか」と尋ねると、「いいえ、もういりません。聖母マリアが持って来てくださいました」「誰と話しているのか」「ここにいらっしゃる聖母マリアと話しています」という答えが返ってきた。その日、ニコラスは「聖母マリアの連祷」を唱えながら、息を引き取った[48]。

殉教者ニコラスは、完全な愛と曇りのない信仰をもって十字架の下まで伴われたマリアと共に、全人類の救いのために十字架上で最後の血の一滴までも捧げ尽くしたイエス・キリストに対する揺るがない信仰と愛を、自らの殉教を通して証ししたのである。

一八六七年の浦上四番崩れによって流配された殉教者の遺品である信心具を通しても、殉教者のマリア崇敬の深さを垣間見ることができる。一八六七年一二月に長崎本原郷の音五郎一家は紀州和歌山に流されることになった。音五郎の妻サダは、四人の娘たちと共に、雪が沢山積もる中、コンタス（ロザリオ）を声を張り上げて祈りながら行った。翌年六月に和歌山の馬小屋に入れられる時、サダらは、コンタスもマリヤの旗も身に着けていた宗教具は全て没収された。長崎県では、移送キリシタンたちが、コンタス、メダイなどの宗教具を身に着けたまま送り出されたことに気づいて、明治三年、見本として聖像一体とコンタス一連を各藩に送り、流配キリシタンから没収して長崎県に送り返すように依頼していたのである。管見に入った資料は松江、鳥取、姫路、津、福山、名古屋六藩分で、聖母の肩衣（スカプラリオ）類四五、メダイ付きコンタス一九九、祈り本二七冊、一枚刷りの暦一〇枚、画像三枚、メダイ一七、聖像一体、小道具一包であった。これらの没収品の中には、紙縒りや麻糸に結び目をつけてコンタスの代用にしたものが見受けられるが、牢内で作り、ロザリオの祈りに使用していたものと考えられる。これらの信心具は長崎県に収められていたが、今日東京国立博物館に蔵されている[49]。

流配された中でも島根・津和野における拷問は過酷を極めていたという。一八六三年に島根県津和野の乙女峠に流配されたのは、浦上の信徒の中でも筋金入りのリーダー的存在の信徒一五三人であった。そのうち殉教した37人が「乙女峠殉教者」と呼ばれる。乙女峠殉教者の中心人物であった守山甚三郎と高木仙右衛門が、毎日配られた塵紙に消し炭で記録を書き残していたことから、乙女峠殉教者の聖母マリアに対する特別な崇敬が明らかにされたのである。

殉教者の一人、森安太郎は、聖母マリアへの崇敬が特に篤いキリシタンであった。彼は、津和野の最初の殉教者となった深堀和三郎の死後、裸のまま雪の中の三尺牢[50]に入れられ棄教を迫られた。しかし、彼は聖母マリアにより頼み、人々の嫌うことを引き受け、自分の食べ物も人に与える人物で、彼が棄教すれば他の者も棄教すると思われるほど影響力を持った人物であった。衰弱してしまった体で、彼は仙右衛門と甚三郎に次のように語って、三尺牢で息を引き取った。

一一時より先になりますれば、青い着物を着て、青い布をかぶり、さんたまりやさまの御影の顔たちに似ておりますその人が、物語をいたしくださる故少しも寂しうはござりませぬ。けれども、このことは私の生きてるまでは、人に話してくださるな。

甚三郎が仙右衛門と共に氷が張った池に放り込まれたのは、陰暦一一月二六日で一か月前から雪が降り積もっていた。甚三郎の覚書には拷問の様子が次のように記されている。

池のふちに、四斗桶を二つならべ、水をくり入れ、柄長の柄杓をそえ、三人の裁判の役人それに警固の役人五、六人袴をたかく引きしめ、玉たすきをしめ、私共二人を引き出し、ちょんまげの頭に巻いたる紙のこよりも切りのけ、着物も褌もとりのけ、二人を池のへりにつれ行き、今入れろといふやいなや、どんとつき落としたるなり。そのとき氷は破れ、あちこち泳ぎてまわれども、深うして背はとどかず、まん中に浅りあり、あごまでつかり、そのとき天を眺め手を合せ、さんた・まりやに祈願の取次ぎを頼み、……仙右衛門は天にましますの祈りを申し上げなさる。[51]

津和野で残虐な拷問を強いられた森安太郎、森山甚三郎、高木仙右衛門が瀕死の状態で最期に頼ったのは、イエスの十字架の苦しみを共にして祈り慰めた母マリアであった。殉教者は、体験している自らの受難に、十字架上のイエスと十字架の下でイエスのために祈り、支えるマリアの苦しみを重ねると同時に、イエスの十字架が全人類の救いのみ業の完成のためであり、その究極の愛の実現のために、マリアが殉教者の祈りをイエスにとりなしてくださることを信じ、彼らの心はもはや復活の喜びへと向かっていたに違いない。

ところで、二〇一八年六月に「長崎と天草地方の潜伏キリシタン関連遺産」が世界文化遺産に認定された。世界遺産への推薦を巡っては、ユネスコの諮問機関から、「禁教時代にひそかに信仰を守り続けた歴史そのものに焦点をあてるべきだ」との指摘を受けたことで、対象を絞った名称として、「かくれキリシタン」とは区別した「潜伏キリシタン」が採用された経緯がある。

片岡弥吉氏は、一八六五年の信徒発見を挟んで、「潜伏キリシタン」と「かくれキリシタン」を区別している。[52]一八六五年の信徒発見の出来事は、潜伏時代に終わりを告げ、キリスト教の復活と再建の時代の幕開けとなった。

片岡氏はこの出来事を境にして、宣教師たちを七代二五〇年間待ち続けた伴天連（バーデレ）（カトリック司祭）と認め、カトリックの信仰に戻ったキリシタンを「潜伏キリシタン」、信徒発見後もそのまま潜伏し続け、今もなおキリシタン意識が中心になってはいるが、仏教、神道、士俗信仰などと混成したような特殊な宗教形相をもち続けている「かくれキリシタン」とを区別している。

潜伏キリシタンの間で大切にされてきたマリア崇敬は、カトリック司祭による指導を完全に断ち切った「かくれキリシタン」の間では、どのような形で継承されていったのだろうか。

4．かくれキリシタンの聖母崇敬

宮崎氏によれば、「カクレキリシタン」とは、キリシタン時代にキリスト教に改宗して以来、一八七三年に禁教令が解かれ信仰の自由が認められた後も、カトリックとは一線を画し、潜伏時代から伝承されてきた信仰形態を組織下にあって維持し続けている人々を指す。彼らの信仰は、おらしよや儀礼などに多分にキリシタン的要素を留めているが、長年月にわたる指導者不在のために日本の民族信仰と深く結びつき、重層信仰、祖先崇拝、現世利益、儀礼主義的傾向を強く示している。(53)

信徒発見まで潜伏キリシタンの組織が存続していたのはほぼ九州に限られ、主な場所は長崎県の浦上・外海・平戸島・生月島・五島列島、熊本県天草下島の崎津・大江・今富・高松、福岡県の今村などであったが、その大部分は長崎県に集中していた。というのも、長崎県には長期間にわたり、継続的に宣教師の指導を受けることができたからである。

浦上四番崩れにおいて全国21藩に流配された浦上の全村人三四一四人のうち、六六四名が殉教、一八八三名が信仰を全うして帰郷、一〇二二名が棄教したが、その大部分は帰郷後に回心してカトリック教会に戻った[54]。一八七三年のキリシタン禁令の撤廃の時点で、浦上に戻ったカトリック信徒が二〜三千人、かくれキリシタンが長崎県を中心に約二〜三万人いたことから、潜伏キリシタンの大半がかくれキリシタンとして潜伏し続けたことが伺える。事実、一八八六年に記された『パリ外国宣教会年次報告』には、生月島の「かくれキリシタン信者・信仰」について次のような記述がみられる。

生月島では、二十家族程がカトリックに戻っただけで、残る五百家族は、先祖からの信者であり、彼ら自身旧信者の末裔であることを分かっているが頑として教会の外に留まっている。ところが昔の祈りや儀式が一番良く保存されているのが多分この生月であろう。私はある日、一晩中、喜びと悲しみの入り混じった気持ちでここの伝道師たちが私を歓迎するために昔の祈りを初めから終りまで歌ってくれるのに耳を傾けていた。アヴェマリステラやミゼレレ、聖母マリアの祈祷、そして他にも多くの祈りがあり、ラテン語は少し変形していたが、それでもどの祈りかすぐに分かった。この人々はこうしてずっと、祈り、洗礼を授け、神の罪の赦しを乞い続け乍ら迫害を畏れて、寺へ行っているのである!! 神のなさり方はなんと測りがたいのであろう。これほど天の国に近い人々が地獄に落ちると考えると何と苦しいことであろう![55]

一八七三年以来キリスト教信仰の自由が認められた後でも、キリシタンの信仰要素を良く保存しつつもカトリックに戻らず、神仏の併存状態を解消しないかくれキリシタンが大勢いることへの戸惑いを隠せない外国人宣教師の率直な言葉である。

しかし、宮崎氏は、かくれキリシタンがカトリックに戻らなかった主な理由をこう記している。「カクレキリシタンにとって大切なのは、本来のキリシタンの教えを守っていくというのではなく、先祖が伝えてきたものをたとえ意味が理解できなくなってしまっても、それを絶やすことなく継承していくことであって、それがキリスト教の神に対してではなく、先祖に対する子孫としての最大の務めと考えている。カクレはキリスト教徒ではなく、祖先崇拝教徒なのである」[56]。つまり、かくれキリシタンはキリスト教の教えを信じることではなく、先祖伝来のものを継承していくために、神仏と融合したかくれキリシタンの道を選んだのである。これはある意味で日本人特有の精神性や宗教観を反映したものであり、前述の外国人宣教師のように、純粋な西洋的カトリック観では理解し難い点であろう。

かくれキリシタンは、本来のカトリック信仰とは異なる形で独自の信仰を継承しているわけだが、両者の明らかな違いは、宣教師による教えの有無である。かくれキリシタンは禁教解除以降も宣教師との接触がなく、キリスト教の教義が入っていかなかったために日本の民俗信仰と深く結びつき、純粋なキリスト教の教えからかけ離れた神仏融合の独自の信仰形態を作り上げ、非信者に対しては信仰内容が秘匿にされた。さらに、既存のかくれキリシタン信者とその親子や、かくれキリシタン信者とその配偶者などの関係性の中で継承されてきたために、現在のかくれキリシタンの信者数は、かつてのかくれキリシタンの地の過疎化や高齢化による後継者不足で急激に減少している[57]。

前述の通り、かくれキリシタンにはキリスト教の教義もなく、神仏と融合したキリスト教という独自の信仰形態で、その内容も秘匿にされていることから、多神教のかくれキリシタンの信仰内容について知り、それを理解するのは難しい。かくれキリシタンにとっての「神」とはどのようなものなのだろうか。さらに、彼らにとって「聖母マリア」とはどのような存在なのだろうか。それを知る手掛かりは多様な信仰物である。ここでは、かつてはかくれキリシタンの中心とされていた長崎県生月島のかくれキリシタンについて取り上げる。

生月島のかくれキリシタン信仰の信仰対象物は、御神体として「お神様」と呼ばれている。垣内や津元や講などで祀る対象となっている最高神は「御前様（ごぜんさま）」である。御前様には、イエス・キリストやマリアや殉教者を描いた「お掛け絵」、金属製の「金仏様」とよばれるイエス・キリストやマリアや諸聖人の「メダイ」や「プラケット」、プレートに彫刻した十字架などの金属製の「金仏像」などがある。「マリア観音」については、マリア崇敬の一つとして潜伏キリシタンの間で大切にされ、さらに、外海や五島のかくれキリシタンの間では主要な信仰対象とされたが、生月島のかくれキリシタンにおいては、日常的にマリア観音をマリアに見立てて拝むことはしない。

祭具として用いられる御神体には、「コンタツ（ロザリオ）」、裏に「十五くだり」（ロザリオの一五玄義）のおらしよが記された木製の「お札」、お授け（洗礼）や戻し（葬礼）や魂入れやお祓いなどに用いる聖水を入れる壺の「お水瓶」、かつては苦行の鞭として用いられ現在はお祓いや病気直しに用いる「オテンペンシャ」などがある。祭具としてのみ用いられるものに、悪魔祓いに用いられる神の十字架の「オマブリ」や「オラショ本」などがある。[58]

宮崎氏によれば、生月のかくれキリシタンは、信仰物を「御前様」と見立てて祀っているが、お掛け絵に描かれた人物が誰であるかを意識していないという。しかしながら、かくれキリシタンが最高神として祀る中に、イエス・キリストだけではなく、マリアや諸聖人や殉教者が加えられているのは非常に興味深い。かくれキリシタンは、キリスト教の教義とは無関係な環境の中で、先祖から伝承された信仰形態を守ることを最大の供養と考える固有の信仰をもちながらも、御神体の多くがキリスト教に由来するものである事実を見ると、彼らの祖先が、キリシタン時代に宣教師から伝えられたおらしよからの影響を強く受けていたということを意味するのではないだろうか。やがて、潜伏時代が終わったにもかかわらず、先祖や宣教師たちからの直接的な教えに触れず、さらに、神仏信仰と融合して本来のキリスト教の教えから離れていったかくれキリシタンが、祀ってある御前様やおらしよの中の御前様そのものを十分に理解できなくなってしまっているのも当然のことであろう。

したがって、生月のかくれキリシタンにとっての御前様であるマリアを、潜伏キリシタンやカトリック教会が崇敬するマリアと同じように捉えることはできない。しかし、生月のかくれキリシタンが唱えているおらしよの「アベマリヤ」は、かつて宣教師たちが、暗記すべき基本的な祈りとしてキリシタンたちに伝えた四つの祈り(59)の一つ「あべまりや」のおらしよに由来しているのは、二つの祈りを比較した時にその表現から明らかである。

	キリシタン	かくれキリシタン
	『どちりな・きりしたん』による「あべまりあ」のおらしよ	生月島壱部「一通り」(60)「アベマリヤ」のオラショ
①	ガラサみち丶玉ふマリヤに御れいをなし奉る。	がらっさに導き給うまりやに御礼をなしたて奉る。
②	御あるじは御みとともにまします。	御なるじは御身と共にましませば
③	によにん（女人）の中にをひて、わきて御くはほう（果報）いみしきなり。	四人の中に於いて、あけてごはこはよにしきない
④	又御たいないの御みにてましますJxはとつとくまします。	又御胎内の御身にてましますしぞーすはあーとくにてましまます。
⑤	Dの御は丶サンタ　マリヤ	れーすの御母さんたまりや、
⑥	いまもわれらがさいごにも、	今我等はさいぎよにて、
⑦	われらあくにんのためにたのみたまへ。	我等悪人の為に頼み給いや、
⑧	アメン。	あんめい
⑨	――	ぞうすまりや。

「によにん（女人）」が「四人」へ、「Jx（イエズス）」が「ぞーす」へ、「D（デウス）」が「れーす」へ、「御果報（ごくはほう）」が「ごはこ」へ、「さいご」が「さいぎよ」へ、「アメン」が「あんめい」への変化からは、かくれキリシタンが耳

で聞いたキリシタンのおらしよを、聞こえた通りに暗記し、そのままアベマリヤのオラショとして表記した結果であると推察される。

こうして、かくれキリシタンの「アベマリヤ」のオラショにおいて不明な言葉を、『どちりな・きりしたん』の「あべまりあ」のおらしよの言葉に置き換えることによって、意味がより明らかになる。それに基づいて私訳するならば、現在の「アヴェ・マリアの祈り」とほぼ重なってくる。

① がらっさ（恵み）に満ち給うマリアにご挨拶を申し上げます。
② 御主（主）はあなたと共におられます。
③ あなたは女性の中で最も祝福された方。
④ ご胎内の御子イエスも尊い方です。
⑤ 神の母サンタ・マリア、
⑥ 今もいつも私たちの最期に至るまで、
⑦ 罪深い私たちのために神に祈ってください。
⑧ アーメン。
⑨ イエスの母マリヤ。（私訳）

以上のことから、生月島壱部のかくれキリシタンの「アベマリヤ」のおらしよが、『どちりな・きりしたん』の「あべまりあ」のおらしよを下敷きにしていることは明らかである。彼らの祖先が宣教師たちから学び、キリシタン時代に繰り返し唱えていた「あべまりや」の祈りが、耳に響く発音のまま残り、「アベマリヤ」や「こんたつ」

や「ころは」のおらしよへと引き継がれながら、やがて、マリアを御前様として「礼拝」[61]するまでに至ったと考えるならば、これらもまたかくれキリシタンにとっては、体に染み込んだ無意識のマリア崇敬と言えるのではないだろうか。

かくれキリシタンは、集落ごとに信仰を守ってきた歴史があり、生月島でも「津元」や「垣内」という組で構成されている。田北耕他氏によると、一九五三（昭和二八）年当時、一万一〇〇〇人を超える生月島民人口のうち八割はかくれキリシタンで、信仰の組である「垣内」、「津元」も二六をこえたが、平成に入る頃から急速に組織の解体が進み、二〇一七（平成二九）年には約六〇〇〇人の島民人口のうちかくれキリシタンは三〇〇人を割り込んでいると推測され、「柿内」、「津元」の組を維持して行事を続けているのも四組に過ぎないということだ。

現在「垣内」、「津元」の組を総括する役職者「親爺様」は、生月島北部に住む川崎雅市氏である。川崎氏の自宅には「御前様」と呼ばれる御神体を祀り、年間を通じて多くの行事を行っている。自宅には、神棚、床の間、御前様を祀る祭壇、ご先祖の仏壇、お大師様の祭壇など、複数の祭壇が連なっている。川崎氏は今でも祭壇に向かってかくれキリシタンのおらしよを唱え続けている。氏は熱心なかくれキリシタンだった父親から信仰を受け継いだ。一六歳で巻き網漁師となったが、漁で危険に不安になった時には心のどこかで「御神(おかみ)様であるマリア」を思って祈ったとのことである。筆者は、危険や不安の中にあった時に「御神(おかみ)様であるマリア」を思い、ご保護を願って祈った川崎氏の姿に、キリスト教の聖母マリアとは無縁の人々が、苦難に直面した時にマリアを慕い、マリアに祈る本能的マリア崇敬を見る思いがする。

古代から日本人は、自然万物に神が宿っているという八百万の神々への信仰をもち、あらゆる自然に畏敬の念を抱き、崇拝するアミニズム信仰をもっている。諸外国からもたらされたキリスト教やユダヤ教などの一神教の宗教に対しても寛容に受け入れ、日本人の感覚に合うものへと変容させていく日本人特有の神概念、あるいは宗教観をもっている。

――小結――

この節では、キリシタン史研究者の見解に従って、日本キリシタン史をキリシタン時代（一五四九―一六四四年）、潜伏時代（一六四四―一八七三年）キリスト教解禁後（一八七三年以降）に分け、キリシタン時代のキリシタン、潜伏時代の潜伏キリシタン、キリスト教解禁後にカトリック教会に戻ったキリシタン（復活キリシタン）と、潜伏時代のまま神仏信仰とキリスト教が混在した独自の信仰形態をもつかくれキリシタン、さらに、潜伏キリシタンとして最後まで拷問に堪え命を捧げた殉教者、それぞれの聖母崇敬について論述した。

キリシタン時代のキリシタンは、一六一四年のキリシタン禁教令と宣教師国外追放令を機に、キリシタン迫害の波に徐々に巻き込まれていった。宣教師が国外に追放され、やがて、一六四四年の最後の日本人司祭小西マンショの殉教まで、キリシタンは、宣教師たちの教えと『どちりな・きりしたん』（一六〇〇年）を通して、キリスト教の基本的教理を学び、信仰を固めていった。そこに収められている「アベ マリア」と「サルベ レジナ」のおらしよは、信仰の対象となる神への礼拝と崇敬の対象となるマリアとの違いを明確に示すことで、マリア崇敬への見栄えを起こすきっかけを与えたと思われる。

さらに、キリシタンの互いの信仰を強化するために形成・変容されていった信徒組織体「こんふらりや」の規則「さんたまりあの組の心得」（一六二〇年）を通して、キリシタン時代のより具体的な聖母崇敬を見ていった。ヨーロッパの慈善事業型コンフラテルニタスに起源をもつ日本のこんふらりやは、キリシタン迫害が激化していくにつれて、慈善事業型コンフラテルニタスから信心業実践型コンフラテルニタスを経て、日本固有の「迫害準備型」

「地下潜伏型」こんふらりやへと変容していった信徒組織である。

こんふらりやである「さんたまりやの組」が、マリア崇敬と信徒組織による精神的慈悲の業を活動の主軸に置いているところから、キリシタンは共同体的信仰を通して神を崇め、マリアのとりなしを願いながら、自分と隣人の魂の救いを求めることに徹した信仰者であったと言える。

一八六五年の信徒発見の出来事を通しても、潜伏キリシタンの聖母崇敬を見ることができる。かつて、日本での再宣教を切望しながらも、キリスト教への厳しい迫害のために日本に上陸できなかったフォルカード司教が、一八四四年に琉球を聖母マリアの潔き御心に捧げ、日本での布教再開のあかつきには、教会を建て、マリアの潔き御心に奉献するようにと託したその望みが、二一年後にプチジャン神父の手を通して実現した。フォルカード司教からプチジャン神父へと継承されたマリアの汚れなき御心に対する崇敬が、潜伏キリシタンに伝えられるようになる時代がようやく訪れた。プチジャン神父との出会いまで、司祭不在の中で厳しい迫害下に置かれていた潜伏キリシタンにとって、「アヴェ・マリア」の祈りやロザリオ、メダイ、スカプラリオといったマリア崇敬は、キリスト教禁令廃止以降のマリアの御心崇敬に向けてのいわば準備の期間であったと考えられるだろう。

潜伏時代の殉教者は、残忍極まりない拷問を受けた不幸なキリシタンと人々の目には映ったのかもしれないが、実は彼らには、誰からも奪われない信仰を固守して死んだ人々としての幸福と偉大さがある。殉教者の信仰を支えたのは、多くの潜伏キリシタンがそうであったように、信頼に満ちた聖母マリアへの崇敬であった。殉教者は自らの受難に、十字架上のイエスと十字架の下でイエスを支えるマリアの苦しみと、神への究極の愛と信仰を重ねた。

潜伏時代の信仰をキリシタン解禁後も継続したのがかくれキリシタンである。彼らは、先祖伝来のものを継承していくためだけに、神仏と融合したかくれキリシタンの道を選んだ。これはある意味で日本人特有の精神性や宗教観を反映したものである。なぜなら、古代から日本人は、自然万物に神が宿っているという八百万の神々への信仰をもち、あらゆる自然に畏敬の念を抱き、崇拝するアミニズム信仰をもっている。日本の伝統宗教以外のキリスト教やユダヤ教などの一神教の宗教に対しても、寛容に受け入れ、日本人の感覚に合うものへと変容させていく日本人特有の神概念、あるいは宗教観をもっている。

厳しいキリスト教禁制の中、教会も宣教師もなく、土地の習俗や神仏信仰の影響を受けながら、潜伏キリシタンの秘匿的宗教形式を守り続けてきたキリシタンの信仰は、八百万の神々への信仰をもつ日本人の宗教観から見れば、特別なものではないのかもしれない。あらゆる神々を寛大に受け入れる日本人ならではの信仰心ゆえに、聖母マリアの母性性に対する崇敬もまた、日本人には芽生えやすいのではないだろうか。さらに、信徒組織であるこんふらりやのマリア崇敬が、共同体性と共同体による精神的慈善の業を通して具体化されているところから、信徒組織とその活動はマリア崇敬とは不可分の関係にあることが明らかになった。

そこで、次節では、禁令高札撤廃以降の慈善活動の発展の中にマリアの御心崇敬の表れを見ていく。まず、現代の慈善事業の土体となったキリシタン時代の「ミゼリコルディアの組」に見る慈善事業、次に、禁令廃止後にかつての潜伏キリシタンたちによって形成された信徒共同体による慈善活動、最後に、信徒共同体の統合によって始められたカトリック女子修道会としての福祉事業による使徒的活動、そして、日本社会に見る人間の母性性への追懐について見ていくことにする。

第3節　禁令高札廃止以降の日本におけるマリアの御心崇敬の表れ

前節で述べたように、キリシタン時代には日本各地で信心会や信徒組織、活動団体が形成され、キリシタン共同体が祈りと信心、慈善事業などを通して結束を固めていった。当時、キリスト者による隣人愛の実践は特に秀でており、慈善事業を行う信徒組織「ミゼリコルディアの組」が日本においてはじめて作られたのが一五八三年、長崎においてであった。

キリシタン弾圧がさらに厳しくなるにつれて、慈善事業型から信心業実践型コンフラリヤへ、さらには地下潜伏型こんふらりやへと移行する中で、キリシタンの間で継承され続けたマリア崇敬と、身体的・精神的（霊的）慈善事業は、キリスト教禁令廃止以降の日本では、信徒組織による慈善活動から修道会による慈善事業を通しての使徒的活動へと受け継がれている。こうした活動はマリアの御心崇敬とどのように関わっているのだろうか。

第3節では、隣人愛の実践の基盤を作ったキリシタン時代の「ミゼリコルディアの組」の起こりと、禁令高札の廃止以降に、その精神を受け継いだ信徒共同体による慈善活動と、修道会の使徒的活動、そして、そこに影響を与えてきたマリアの御心崇敬について論述する。

1．慈善活動に見るマリアの御心崇敬――信徒共同体から修道会の活動へ――

現在、長崎市万才町の長崎地方検察庁と長崎地方法務局の間の石段に、「ミゼリコルディア本部跡」と書かれた素朴な碑がある。ミゼリコルディアとは「慈悲」の意味で、現在の社会福祉活動の先駆けとなったものである。五野井氏によれば、「ミゼリコルディアの組」は、一四九八年にポルトガル・リスボン市のサン・ロケ教会で設立された「慈悲の聖母会」という兄弟会が起源になっている。堺生まれの金細工職人のキリシタンのユスティノ・カサリアという老齢の男性とその妻ジェスタによって一五八三年に設立された任意加入の組で、日本各地で見られた集落単位の組織（「慈悲の組」）とは区別される。

組の規約と旗はポルトガルの「ミゼリコルディアの組」と同じものを用い、創立二年後には一〇〇名くらいの会員が加わり、彼らは毎週二回寄付金を集め、私財をなげうって、ハンセン病の病院や貧者のための病院[62]、孤児院、養老院などを建て、未亡人の救済や、貧しい死者の葬式などでも奉仕した。パリ外国宣教会の宣教師は、一五八三年の年次報告の中で当時の組の様子を次のように記している。

ここ長崎において日本人たちがポルトガルに倣ってはなはだ信心あふれるミゼリコルディアを設けたことは二年前に（総長）猊下に報告したが、ここには会員百名と会長一人が居り、礼拝所用に自費で立派な装飾品を作り、また、シナに人を派遣してマカオのポルトガル人が用いるのと同じ規約と旗を求めさせ、この規約に従って運営することとした。今や完全に規約を旨とし、聖母が聖イザベル（「聖エリザベト」の意）を訪問した日を祝日としていとも荘厳な儀式を行ない、諸所の儀式と行列に加わり、町では貧者のために寄進を請い、その他功徳となることを多く行ない、彼らの力に応じて慈善はわずかである（とはいえ）、彼らの間で同じ団体が行なうことに少しも劣らない（『パリ外国宣教会年次報告　一五八五年[63]』）。

同報告書によれば、この組はポルトガルの「慈悲の聖母会」が起源になっていることから、聖母訪問の日を組の祝日としており、慈善事業とマリアの御心崇敬は深く結ばれていることが伺える。ミゼリコルディアの組の慈善の業を支えていたのは、「マニフィカト」に見られるように、見捨てられた人を高め、飢えた人を良い物で満たし、その僕イスラエルを受け入れて、憐れみをお忘れにならない神を讃えて、神の救いによろこびおどるマリアの「心[64]」に対する崇敬であったとは考えられないだろうか。

前述した通り、当時のキリシタンたちは、公教要理『どちりな・きりしたん』を通して、マタイ25章31−40節に記された最後の審判における キリストの教えに従って、七つの身体的慈悲の所作と七つの精神的・霊的慈悲の所作についての教えを受け、ミゼリコルディアの組がその実践の場となっていたのである。

まもなく、幕府によるキリシタン弾圧が激しくなり、一六二〇年にはこれらの施設は破壊されてしまったが、会員たちは病人を自宅に引き取ったり山に隠したりして、慈善活動を継続させた。ついに一六三三年七月二八日、時の組の総頭「薬屋のミカエル」が西坂で殉教したため、ミゼリコルディアの組は創立五〇年にして解散に至った。しかし、彼らのキリスト教的愛の精神は後々のキリシタンにも引き継がれて、約二五〇年もの間互いの信仰を強化するもととなっていった。

こうして、信徒共同体の「ミゼリコルディアの組」を通してキリシタン時代に培われてきた慈悲の精神は、迫害時代、潜伏時代、キリシタンの復活を経て、「崩れ」と言われる最後の迫害の時代に至るまで、キリシタン一人ひとりの心に浸透していった。キリスト教公認以降には、信徒の共同体による慈善事業は、修道会の使徒的活動へと発展していった。

一八七三（明治六）年のキリシタン禁制の高札撤去に伴い、二五〇年に及ぶ厳しい迫害に終止符を打った後、浦上四番崩れで流配されたキリシタン一九三〇人は浦上村に戻ったが、そのうち七七六人は家がなく、それ以外の人たちの家はあばら屋同然だった。家のない人たちのためにはバラックが建てられたが、生活は非常に貧しく、畑も荒れ放題、生活するための身の回りのものも、仕事の農具も何も残されていなかった。最も困ったのは食糧の不足であった[65]。

翌年には伊王島に発生した赤痢が浦上にも広がり、浦上だけで七〇〇名以上の患者が出た。彼らの救護に挺身を乗り出したのが、当時、大浦天主堂に住んでいたフランス人貴族出身の若い宣教師司祭マルコ・マリー・ド・ロ（Marc Marie de Rotz 1840-1914）であった。ド・ロ神父は一八四〇年にフランス・ノルマンディー地方の貴族の次男として誕生した。二五歳で司祭に叙階され、その二年後にはパリ外国宣教会に入会した。同年、プチジャン司教の求めに応じて石板印刷術を習得して長崎へ渡来し、大浦天主堂に石版印刷所を設けた。一八七三年のキリシタン禁制の高札撤去により、浦上の信徒たちが村に帰郷し、その多くが住む家も食料もなく極貧の生活を始めたその同じ年に、ド・ロ神父は大浦天主堂付司祭となって、信仰が復活したカトリックの信徒たちの信仰養成のために印刷事業を始め宗教書を刊行した。

翌一八七四（明治七）年、赤痢と天然痘の二つの大災厄が、伊王島や蔭ノ尾島から長崎各地に大流行した時、浦上キリシタンの救護に名乗りを上げたのがド・ロ神父だった。浦上四番崩れにより流配先から浦上に戻って、貧しい暮らしを始めたばかりの四名の篤志看護婦、岩永マキ、守山マツ、片岡ワイ、深堀ワサが、ド・ロ神父に協力して救護活動に当たった。その中でも中心的存在はマキで、彼女は二二歳で岡山に流配され、飢えと棄教の説得に堪えながら、神への忠誠のためにただひたすらに黙々と荒れ地を開墾し続けた。男勝りで口数は少なく気丈な女性ではあったが、愛にあふれ、不屈の勤労精神で浦上の信者たちの支えとなった。

殉教覚悟で流配の辛酸をなめてきた彼女たちは、迫害の終息を機に、病人や孤児への隣人愛で霊魂と肉体の救いを目指し、殉教精神を全うしようと努めた。彼女たちは津和野から長崎に戻った高木仙右衛門が所有していた納屋を借りて共同生活を始めたが、ド・ロ神父は彼女たちの共同生活を敬虔なものとするために毎日の時間割を定め、救護活動の合間にはド・ロ神父から公教要理を学び、ここで修道生活の基盤が作られた。浦上の人々は、彼女たちの住む納屋を「女部屋」、あるいは「辻の部屋」と呼んだ。

四名の女性たちは、天然痘や家族の貧しさのために孤児となった子どもたちを集めて、国内初の児童養護施設「小部屋」（現在の「浦上養育院」）を開き、子供たちを献身的に愛情深く育てた。教育の大切さを痛切に感じていたマキは、才能ある子どもたちには可能なかぎり教育を受けさせ、障害のある子どもたちには経済的援助を行い、ある子どもたちには養子縁組の世話をし、それぞれの将来の自立に向けての準備を援助した[66]。

女部屋は発足二年後の一八七七（明治一〇）年には、ド・ロ神父とポアリエ神父（Jean-Baptiste-François-Marie Poirier 1843-1881）の指導のもとに、正式な準修道会として「十字会」と名乗るようになった。十字会は、インドシナで一般庶民と変わらぬ仕事に携わりながら、祈りを中心とした共同生活を送り、教会と隣人への奉仕に活躍していた「俗服の修道女」も参考にしたもので、俗服ながらも、従順、清貧、貞潔の三誓願を守り、当初から一種の修道生活を志していた[67]。

ド・ロ神父は、一八七九（明治一二）年に外海地区に赴任して出津教会の主任司祭となった時、長期のキリシタン弾圧に耐えながら、厳しい自然環境の中で信仰だけを頼りに貧しく生きる外海地区の人々の暮らしぶりを目の当たりにした。外海の人々には魂だけではなく、魂の宿る身体の救済が必要と痛感したド・ロ神父は、一八八二年に出津の中心に教会堂を建てて布教を行った。さらに、翌一八八三年には、教会の近くに出津救助院を創設して社会福祉活動の拠点とした。ド・ロ神父は、出津救助院では、フランスで学んだ建築・医学・産業などの幅広い分野の知識を活かしながら、私財を投じた福祉事業に全力を傾注し、村人が自立して生きる力を養った。貧しい村人のために青年訓練所を設けて、読み、書き、算術、農業指導を行い、救助院を開いて裁縫や食品の製造技術を教え、授産事業を発展させた。ド・ロ神父のこうした優れた福祉事業は全て深いキリスト教的愛に基づいて、外海の貧しい人々、特に女性の社会的自立を促すものとなった。

ド・ロ神父の外海地区でのこうした活動を支えたのは、出津に赴任してすぐに創立した下小田の授産施設「聖ヨゼフ会」と聖ヨゼフ修道院、上小田の「伝道婦養成所」と愛苦会である[68]。これらの創立にあたり、ド・ロ神父はあらかじめ、すでに浦上にあったマキらの「浦上十字会」に大石シゲを派遣して孤児養育と修道院のあり方を学ばせた。ド・ロ神父は、毎週木曜日には、上小田と下小田の修道院の人たちを集めてキリスト教義の講義をし、彼女たちの霊的養成を行った。さらに、一九三四（昭和九）年には、山川主任司祭によって聖ヨゼフ会と愛苦会が統合されて、無誓願の聖ヨゼフ会となった。

一八八〇（明治一三）年には、ブレル神父、マトゥラ神父の呼びかけにより、浦上十字会で修行した乙女たちを中心に、外海の大野、牧野、黒崎、樫山や、平戸の田崎、佐世保の黒島、上五島、北松浦においても、愛苦会修道院が作られていった。長崎県、福岡県、熊本県には、長崎教区の司祭に協力して教会奉仕と福祉活動を行う「女部屋」が次々と創立された。一九五六（昭和三一）年、時の長崎教区長山口司教の呼びかけに応じ、各地に散らばった二六の共同体を一つにまとめ、聖母マリアのフィアットの心を生きる修道会として「聖婢姉妹会」と命名された。翌一九五七年には、大浦天主堂の信徒発見のサンタ・マリアの像の前で、聖婢姉妹会の初めての初誓願式が行われた。一九七五（昭和五〇）年には、「聖婢姉妹会」から「お告げのマリア修道会」へと改称され、現在に至る。[69] こうして、キリシタン禁令高札の撤去以降に誕生した女性信徒の共同体は、やがて、神への信仰と愛、神への徹底した従順によるマリアのフィアットの心を修道基盤として、人々の霊魂の救いを目指して隣人愛に献身する女子修道会へと大きく発展していったのである。

キリシタン迫害期のサンタ・マリアに対する崇敬は、迫害が終わった後もキリスト者一人ひとりの心に宿り続け、復活したカトリック教会の発展を支えた。極貧の中、宣教師たちによって形成されていった岩永マキをはじめとする信徒の共同体は、殉教精神で福祉活動に徹し、日本の福祉活動の礎を築いた。彼女たちの献身的な福祉活動の原点は、全人類の救いのために命さえ惜しまず捧げた十字架上のキリストの自己譲与、迫害も恐れずキリストへの信仰を貫いた殉教者、そして、キリストによる救いの実現のために御子と共に十字架をフィアットの心で受け入れたマリアの奉献にあったのではないだろうか。

殉教精神に基づいて、マリアの愛の御心を心として、教会や社会から託された社会福祉活動と教育活動、教会奉仕を通して、特に、子どもたち、弱く小さな人、病んだ人、孤独な人に寄り添い、全ての人の救いのために献身的に奉仕する姿は、キリシタン時代の慈悲の所作の延長線上にあると言えるだろう。

同時に、カトリック修道会の福祉活動をはじめとするあらゆる使徒的活動は、福音宣教の手段である。現代の日本社会に福音の種を蒔く上で必要なことは、本来そこに息づいている潜在的日本人の特質や宗教観を十分理解し、キリスト教教義の押し付けではなく、キリスト者の愛に満ちた生き様、すなわち「霊性」を生きることであろう。かくれキリシタンの信仰形態にも見られたように、日本人の多くが八百万の神への信仰や神仏習合、多元論的宗教観、宗教的無神論などの多様な宗教観をもっている。日本人は、こうした宗教的多様性を受け入れる寛大さを持つ一方で、信仰心の希薄さやあいまいさも諸国から問題視されている事実は否めない。

こうした典型的な日本人の多元論的宗教観の現状を確認した上で、ヨーロッパのキリスト教を日本人の感覚に合う宗教として捉え直したカトリック作家の遠藤周作（一九二三―一九九六年）の作品を取り上げながら、日本人の宗教観に本来備わっている母なるもの・母性性への追懐を見出だすことによって、日本人にとってのマリアの御心崇敬の可能性と、御心崇敬の向かう方向性を明らかにしていくことにする。

２．日本社会に見る母性性への追懐

潜伏キリシタンやかくれキリシタンは、神仏習合に結びついたキリスト教を信仰することによって独自の信仰形態を作り、その信仰を維持していったが、キリシタン迫害期のみならず、日本人は古代から八百万の神々への信仰、あらゆる自然に畏敬の念を抱くアミニズム信仰と共に、この世での無常観による諦観的悟りによって解脱を志す仏教信仰とを併せ持った神仏習合の中で生きてきた。現代においても日本人の多くが、特別な宗教に対する信仰を持たないという意味での「無神論者」を公言しながらも、特に、日常生活の場や体験の場においては、信仰とは別の次元で仏教と神道とキリスト教的要素が混在した生活をすることにさほど違和感を覚えない。

二〇一八年一〇月末、NHKが全国の一八歳以上二四〇〇人を対象に「宗教」に関する世論調査を行った。問1「普段信仰している宗教があるか」、問2「信仰心があるか」、問3「神仏を拝むことがどのくらいあるか」に対する回答の結果は、現代の日本人の宗教観を理解する上で大変参考になるものである。

三つの問いに対する回答結果の比較調査[70]によれば、問1「普段信仰している宗教があるか」の問いに関しては、仏教31％、神道3％、キリスト教1％、信仰している宗教はない62％であった。この数値は一〇年前と比べると、全体的な変化は見られないが、六〇歳以上の高齢女子で11％減少している。

問2「信仰心があるか」の問いに関しては、二〇一八年は「ある」（とてもある、かなりある、まあある）と答えたのが26％、「ない」（あまりない、ほとんどない、全くない）と答えたのが52％に上った。全体として「全く信仰心がない」が16％から22％に増加している。「全く信仰心がない」と答えた一八〜三九歳の男女別にみると、男性が一〇年間で36％から42％への増加、女性が22％から34％への増加である。問1「信仰している宗教」で、信仰している人の宗教の割合は一〇年前と比較すると変化はなかったにもかかわらず、問2の結果から、日本人の信仰心が全体的に減少し、特に若い年代層の信仰心のなさの大幅な増加が顕著に現れたことが伺える。

さらに、「何らかの宗教を信仰している」人を対象に絞って、「信仰心」がどれくらいあるか聞いたところ、「ある」と答えた人が一〇年間で65％から53％に減少している。このことは、たとえ何かの宗教に属していても、実際に信仰心がある人は約半数に過ぎないということである。宗教に属していることと各自の信仰心の間に大きなずれがある結果から、宗教と信仰心が必ずしも一致するわけではないことが明らかになった。

問3「神仏を拝むことがどのくらいあるか」の問いに対して、「一年に数回だけ」という割合が約半数で、一〇年間のうちに3％増加している。神仏を拝む頻度が「ほとんどない」と答えたのは、前述の「信仰心のなさ」と同様に、一八～三九歳が男女共に多く、一〇年間で男性は31％から34％へ、女性は23％から32％へ増加している。「苦しい時の神頼み」については、「ある」と答えた人が二〇年の間に65％から59％に減少している。このことから、困った時に神仏に頼る人が全体的に減少しているということが明確になった。

さらに、この調査の興味深い分析として、「毎日仏壇を拝みますか」と「一日一回以上神仏を拝みますか」を年代別に、二〇〇八年と二〇一八年で比較した場合、調査結果として明らかになったのは、「毎日仏壇を拝む」については、年齢が上がるごとに身近な人の死を通して仏壇に手を合わせる機会が増えていくことが考えられるが、こういう習慣自体が減少傾向にあるということである。一方、「神仏を拝む」については、同じ年代に生まれたグループは一〇年後も数字が変わらないこと、さらに、同じ年代の中で二〇〇八年と二〇一八年を比較した場合、神仏を拝む頻度が下がっていること、また、二〇〇八年も二〇一八年も、若いほど頻度は極端に少なく、年齢が上がるにつれて神仏を拝む頻度が上がっていくことが明らかになった。

最後の問いとして、「宗教の役割は何か」に対して期待が高かったのは、「人々の道徳意識を高めること」、「困難や悲しみを癒すこと」であった。一方、「宗教は平和よりも争いをもたらすことが多い」、「信仰心の強い人々は、そうでない人に対して不寛容になりがち」、「イスラム教への危険視」などの否定的意見も高い割合で見られた。

以上の一連の問いに対する結果には、現代の日本人の宗教観の特徴が顕著に現れている。すなわち、現代の日本人の多くが、若くなればなるほど宗教への信仰心がなくなる傾向にあり、しかも宗教に属する信仰者の約半数でさえも信仰心を失っている。他方、わずかながらも、一度宗教と出会うきっかけを体験した人は、忠実にその信仰を守る傾向にあるということである。

現代日本人の信仰心の希薄化は、「人々の道徳意識の向上」や「困難や悲しみに対する癒し」といった宗教への期待に十分に応えきれていないことの裏返しでもあり、オウム真理教による地下鉄サリン事件や、一部の過激なイスラム教による無差別テロなどのもたらした大惨事の影響により、全ての宗教を危険視する結果であろう。「信仰心が全くない」が全体の二割を占める日本人に、宗教は果たして無意味なのだろうか。

現代の日本人の多くに信仰心が全くないという結果だけをみて、現代の日本人の宗教離れや信仰心の希薄化を嘆いてはならない。統計上の数字には表れない「心」の姿勢がより重要である。日本人の宗教観を別の角度から見たのが福田勤氏である。福田氏は、日本人の無神論を、「反宗教的無神論」（マルキシズム）や「無宗教的無神論」と区別して、「宗教的無神論」と名付けている。福田氏によれば、宗教的無神論者とは、宗教を人間の「心」の錬成にとって大きな役割を果たすもので、悟りの境地を求めるための心境的な場・手段と捉える人々である。この考えにおいて、宗教的無神論者である日本人は、悩み・苦しみ・迷いが織りなすありのままの現実を客観的に観察し、無心に生き抜く生き方を理想とする。多くの日本人にとって、神とは「心の中の神」であり、西田哲学の言葉を借りるならば「内在論的超越」存在なのである[71]。

宗教を「心」の鍛錬の場、神を「心」の中に住まう内在論的超越存在と理解する現代の日本人にとって、「心」を神との出会いの場と諭すキリスト教は、日々直面する現実の苦しみや悩みを通して内在する超越的存在と出会う宗教となりうるのではないだろうか。さらに、日本人の霊性に本来備わっている母なるもの・母性性への憧れは、現代の日本人が超越的存在者との出会いを通して心の渇きを満たす上で、信頼とぬくもりを与えてくれるものなのではないだろうか。その意味で、キリスト教にとっては「神の母」、カトリック教会にとっては「神の母」であり「教会の母」、「全人類の母」である聖母マリアの汚れなき御心は、宗教的無神論者である日本人にとっても、「心」において内在的超越者に出会い、悩みや苦しみ、迷いや絶望観が織りなす現実を受け入れ、無心に生き抜く「心」を鍛える上で、模範を示し、助け、とりなす存在として身近な存在となり得るのではないだろうか。

人間の母なるもの・母性性への追懐は、世界の宗教、芸術文化、文学、生活習慣のあらゆる場面に登場する人間共通の特質であるが、日本の宗教界で「母なる宗教」として登場したのが、仏教が日本に根付き始めた鎌倉時代以降、特に顕著に現れた。日本における仏教の歴史は、飛鳥・奈良時代からの南都六宗[72]、平安時代の平安仏教に続き、鎌倉時代には革新的な新仏教が台頭した。それまでの仏教は貴族を信仰の対象にした鎮護国家思想を特色とするもので、特別な修行をしたものだけが成仏できるとされていたが、鎌倉仏教は武士や商人、農民など幅広い階層を対象として、個人の悟りや社会の救済を目指した信仰を特色としていた。

鎌倉仏教の中の浄土教は、法然（一一三三―一二一二年）によって開かれたものである。法然は一三歳で比叡山に登り一二年間修業した。その後南都に遊学し、三論宗の流れをくむ浄土教の思想に触れた法然は、口に仏の名を唱えれば、阿弥陀仏の他力本願によって全ての無学な人、悩み苦しんでいる人々に救済の道が開かれることを悟ったのである[73]。こうして、鎌倉時代の浄土教と禅によって、当時の武士階級や農民を中心とする庶民階級の間に精神性、すなわち「宗教心」が覚醒した。日本の禅文化を世界に広く広めた仏教学者鈴木大拙（一八七〇―一九六六年）は、宗教が「霊性」という働きを通して初めて理解可能となるという考えのもとに、この宗教心を後に「日本的霊性」と名付けた。

さらに、鈴木大拙は霊性を「大地性」と結合させ「大地的霊性」とも呼んだ。大地の持つ母性性を通して、日本的霊性に母性性を見出したという点においては賞賛に値する。鈴木大拙は大地のもつ母性性の所以を次のように記す。

大地に係わりのない生命は、本当の意味で生きていない。天は畏るべきものだが、大地は親しむべく愛すべきである。大地はいくら踏んでも叩いても怒らぬ。生まれるのも大地からだ。死ねば固よりそこに帰る。……大地はどうしても母である。愛の大地である。これほど具体的なものはない。宗教は実にこの具体的なものからでないと発生しない。霊性の奥の院は、実に大地の座にいたる。平安人は……大地の限りなき愛、その包容性、何事も許してくれる母性に触れえなかった。……大地は詐らぬ、欺かぬ、まあごまかされぬ。人間の心を正直に映しかえす鏡の人面を照らすが如くである。……本当の愛は、個人的なるものの奥に、我も人もというところがなくてはいけない。ここに宗教がある。霊性に生活がある。天日だけでは宗教意識は呼び覚まされぬ。大地を通さねばならぬ。(74)

大地は古くから天に対して「地母」と呼ばれ、愛の母胎として深く親しまれてきた。母なる大地は人間に命を与え、最期の命を受け取る。大地にはあらゆる生命が宿っており、そこに生きる人間の心をありのままに映し出し、罪深い人間に怒ることなく寛大に赦し、慈しみ深く包み込み、人間の汚れを清める。真の宗教とは、人間の天日に対する畏敬の念だけではなく、大地のとりなしによって人間のうちに実現する生きた信仰、これがすなわち、日本的霊性なのである。

鈴木大拙が、大地に母性性を重ねることによって日本的霊性の中心に母性性を見出だしたように、遠藤氏もまた、日本の風土がもつ地母神信仰と結びつけて「母なるもの」への憧れを痛感し、母を聖性なる存在として受け入れた。「聖性なる存在」とは、エゴを忘れた慈しみや、苦悶する子の苦しみを我身に受け取り、包み込む優しさだけではなく、遠藤氏の母親が大事にしていた「哀しみの聖母像」が表すように、子に傷つけられ、裏切られてもなおも子を愛し続ける聖らかさである。(75)

遠藤氏は、小学四年生の頃、母親の姉がカトリック信徒であった影響で、両親の離婚後、母親と兄と一緒に自分もカトリックの洗礼を受けたが、この信仰が母親によって押し付けられたものという意識のまま少年期を過ごすことになった。キリスト教という西洋仕立ての「身によく合わない洋服」に抵抗し続け、青年になった彼はついに母親に打ち明けた。

> 私が自分は基督教をもう信じられぬと母に告白した時、彼女は烈しく怒るかわりに、心底つらそうに、泪をいっぱいたたえた眼で私をじっと見た。私には、……ペトロを見つめた時のイエスの眼がそんな眼だったような気がする。（『ガリラヤの春』）

こぼれんばかりの泪を浮かべた母親の眼に、ペトロを見つめた時のイエスの寂し気な眼が重なった瞬間、彼は母親の泪から子に対する母親の無限の愛とゆるしを感じ取った。その泪は、自分が大事にしている信仰を我が子に拒絶された母親の心の痛み、我が子が信仰の尊さを理解できないことへの悲しみであると同時に、自分を傷つけた我が子への無条件のゆるしの表れでもあったのだ。遠藤氏が母親の眼の中に感じた彼女の「痛み」は、その後の彼の宗教に対する根源体験となって、「母親がくれたこの洋服を、おれの身体に合った和服に仕立て直してみようと[76]」ベクトルを据え直したのである。

遠藤周作が探求した日本人に合った和服のキリスト教とはどのようなものであったのか。

彼が「身によく合わない洋服」と読んだヨーロッパのキリスト教について、彼は晩年の小説『深い河』の中で大津の言葉を借りて次のように記す。

> 五年に近い異国の生活で、ヨーロッパの考え方はあまりに明晰で論理的だと、感服せざるをえませんでしたが、……東洋人のぼくには何かが見落とされているように思え、従いていけなかったのです。……神学校のなかで

ぼくが、一番、批判を受けたのは、ぼくの無意識に潜んでいる、彼等から見て汎神論的な感覚でした。日本人としてぼくは自然の大きな命を軽視することには耐えられません。いくら明断で論理的でも、このヨーロッパの基督教のなかには生命のなかに序列があります。[77]

遠藤氏の敬遠するヨーロッパのキリスト教とは、明断で論理的で厳しい「父の宗教」であるのに対し、日本人が求めるキリスト教は、自分たちの弱さを理解し、ゆるし、受け入れ、時には共に苦しんでくれる優しい「母の宗教」なのである。遠藤周作によれば、教義を中心とした厳格なヨーロッパのキリスト教に、「ゆるし、慰め、共に苦しんでくれる」母の宗教を合わせたものこそ、日本人の身体に合った和服仕立てのキリスト教となるのである。

日本人が宗教に母性的なものを結びつける習慣は、浄土真宗で親鸞が唱えた悪人正機説にも顕著に表れているが、日本人のこの宗教心は、日本の古代の農耕社会に由来する現象である。同様に、ヨーロッパにおいても、農耕社会を背景とするカトリック国では、農民たちの間に収穫をもたらす女神信仰があり、その信仰が土着の聖母崇敬へと重なっていったのである。遠藤氏は、ヨーロッパのこうした土着的聖母崇敬からヒントを得て、「父なる宗教」と「母なる宗教」を併せ持った、日本人に合うキリスト教に仕立てるものとして、日本の風土が持つ「地母神信仰」を位置づけた。[78]

こうして、遠藤氏自身がかつてフランス留学中に体験し、『深い河』の中の神学生である大津の言葉を通して力説しつつも、ヨーロッパ人からは反感をかった「日本の汎神論的風土」を日本の固有な宗教心の基盤として受け入れ、さらに、ヨーロッパの父なる宗教としてのキリスト教を軸にして、そこに日本の「地母神信仰」を重ね合わせることで、日本人の感覚に合うキリスト教、すなわち、マリア信仰に支えられたキリスト教を見出だしたのである。こうした日本人固有のマリア信仰を生きたのが、キリシタン迫害時代のかくれキリシタンだと遠藤氏は述べる。遠藤氏は小説『沈黙』（一九六六年）の中で、迫害時代のキリシタンを、「殉教者」と「転び者」という二元的に捉え、殉教もせず踏み絵を踏んで転んだ後者の末裔を「かくれキリシタン」と当てはめた。遠藤氏によれば、禁教時代に宣教師を失ったキリシタンたちが、土俗的要素を取り入れながら従来のキリスト教を変容させたことによってかくれキリシタンが成立し、自分たちが棄教したことへのコンプレックスをマリア信仰に託したというものである。[79]

しかし、前述したように、マリア観音やマリアの絵、こんたつ、おらしよなどに現れるかくれキリシタンのマリア崇敬は、彼らの「コンプレックス」を越えて、遠藤氏がかつて、裏切り者のペトロを見つめたイエスの寂しげな目と重なって見えた母親の眼から感じた「子に対する母親の無限の愛とゆるし」を、サンタ・マリアに託す行為の表れだったのではないだろうか。かくれキリシタンのサンタ・マリアに対する崇敬は、御子イエスへの信仰を棄てたという罪意識以上に、母なるサンタ・マリアが、棄教しなければ命を落とされてしまうキリシタンたちの苦渋の選択をゆるし、棄教の罪を慰め、「キリシタン」としての信仰を支え、共に歩み、祈りを神にとりなしてくれることを願う彼らの真の信仰表現だと筆者は確信している。それは、かくれキリシタンに限らず、洗礼を受けて神の子となった全てのキリシタンに共通して言えることだろう。

こうして、遠藤氏が探求した「日本人の身体に合った和風仕立てのキリスト教」は、現代の日本のキリスト者に根付き、私たちはマリアの御心に宿る深い信仰と愛に対する崇敬によって、マリアのゆるし、憐れみ、愛を体験しながら、神の普遍的救済に与る恵みを豊かに受けているのである。

『深い河』は、第二バチカン公会議が目指した「現代世界に開かれた教会」として、社会との共存を図る姿勢を見事に反映させた作品と言える。遠藤氏はキリスト教との葛藤の中で生涯をかけて求め続けた「真の救い」を、「多様性の一致」、すなわち「宗教多元論」の中に見出だし、『深い河』の主題として着地するに至った。遠藤氏の宗教観、それはどのような宗教であれ、無神論者であれ、救いを信じて真理なるものに向かって生きる人々の小さな歩みは、一人ひとりの喜びも、苦しみも、悩みも、絶望もあらゆる人間の現実を飲み込みながら、やがて救いという唯一の終着点にたどり着く深い大河のようなものであるということである。

苦しみの中に生きる人々の救いの歩みを共にするのが、それぞれの宗教における「母なるもの」の存在である。キリスト教の救いはイエス・キリストの十字架上の死と復活によって全人類にもたらされた。宗教も宗派も国籍もあらゆる違いを超えて救いに与らせてくださる父なる神の愛によって、キリストを通して私たち一人ひとりは、永遠の命に招かれている。神から離れた人々、悩み苦しむ人々、生きる希望を失った人々に寄り添い、彼らと喜びや苦しみを共にし、信仰を支え、祈りと恵みを神にとりなし、その救いへの歩みを共にしてくれるのがマリアである。信仰と愛に満ちたマリアの言葉と行いは全て、その汚れのない御心からあふれ出たものである。現代の日本のキリスト者が、全ての人の救いの実現のためにマリアの汚れなき御心の崇敬を新たにする時、その崇敬はキリスト者をマリアの御心に倣う具体的生き方へと促し、そこに霊性が生まれることで全ての人の救いが実現することになる。マリアの御心の霊性については、第4章で論述することにする。

―小結―

第3節では、禁令高札廃止（一八七三年）以降の日本におけるマリアの御心崇敬の表れについて論じた。キリシタン時代に行われていた「ミゼリコルティアの組」による身体的・精神的・霊的慈善活動とマリア崇敬は、禁令高札撤廃以降、ド・ロ神父の呼びかけをきっかけに形成された岩永マキを中心とする女性信徒の共同体「女部屋」や「聖ヨゼフ会」や「愛苦会」における慈善活動へと再生された。

二五〇年におよぶキリシタン迫害後にようやく手に入れた信仰の自由は、当時の女性信徒たちにとってこの上ない喜びであった。極貧の中での彼女たちの福祉活動を支えたのは、殉教精神で貫いた神へのゆるぎない信仰と愛、聖母マリアの御心への模倣、病人や孤児の救いを目指した無償の隣人愛であった。彼女たちは単なる福祉活動家ではなく、自分たちの活動の原点を、全人類の救いのために捧げ尽くした十字架上のキリストの自己譲与、死も恐れずキリストへの信仰を貫いた殉教者、そして、全ての魂の救いのために御子と共に十字架の苦しみを自分の心に受け入れたマリアの奉献においたキリスト者であった。

彼女たちの共同体と福祉活動は、やがて教育・福祉活動や教会奉仕を使徒職とする「お告げのマリア修道会」へと発展していった。殉教精神に基づき、マリアの愛の御心を心として、社会福祉活動、教育活動、教会奉仕を通して、特に、子どもたち、弱く小さな人、病んだ人、孤独な人に寄り添い、全ての人の救いのために献身的に奉仕する修道者の姿は、キリシタン時代の慈悲の所作の延長線上にあると言えるだろう。修道会の中に息づく信仰と愛と献身の精神は、イエスの救いの御業に参与し、恵みをとりなすマリアの汚れなき御心の表れと言えるだろう。

カトリック修道会の福祉活動をはじめとするあらゆる使徒的活動は、社会のただ中で福音宣教として行われる。現代の日本社会に福音の種を蒔く上で必要なことは、潜在の日本人の特質や宗教観を理解し、相手に適応した関わりの中でキリストの愛を証しすることである。八百万の神への信仰や神仏習合、多元論的宗教観、宗教的無神論などの多様な宗教観をもった多くの日本人に相応しい、現代の福音宣教とは何か。この問いに答えるため、ヨーロッパのキリスト教を日本人の感覚に合う宗教として捉え直したカトリック作家の遠藤周作の作品を取り上げながら、その問いへの答えを見出だしていった。

遠藤氏にとってキリスト教は、長いこと「借り物」に過ぎなかった。受洗は幼少期に母親に押し付けられたようなもので、自由を束縛するキリスト教に反発心を抱き続けた。それでも信仰を捨てなかったのは、大切な母親を裏切りたくないという母親への愛着のためだけであった。フランス留学中には、ヨーロッパの白人中心主義や論理的で厳格なキリスト教を前に、日本人としてまたキリスト者としての居心地の悪さに苦しんだ。彼は、こうした自らの辛い体験の中で、ヨーロッパの土着的聖母崇敬に日本の風土がもつ「地母神信仰」を重ね、ヨーロッパの厳格で父なる宗教としてのキリスト教に、「ゆるし、慰め、共に苦しんでくれる」母の宗教を合わせたものこそ、日本人の身体に合った和服仕立てのキリスト教となることを確信した。遠藤氏にとって、苦しむ人々の救いの歩みを共にするのが、一人ひとりの心に生きる「母なるもの」の存在であった。聖母マリアは、その汚れなき御心に溢れる信仰と愛を通して、神から離れた人々、悩み苦しむ人々、生きる希望を失った人々に寄り添い、彼らと喜びや苦しみを共にし、信仰を支え、祈りと恵みを神にとりなし、その救いへの歩みを共にしてくれる「全ての人の母」であった。こうして、かつてはキリスト者でありながらキリスト教に反発していた遠藤氏が、母なるマリアの愛の御心を通して、ようやく、自分の身に合うキリスト教に目覚め、信仰の喜びに満たされ、救いに与かることができた。遠藤氏が体験した「母なるもの」を通しての真の宗教心の目覚めに、現代日本の多くのキリスト者が共感を覚え、彼らの信仰の原点に立ち戻ることができるのではないだろうか。それを可能にするのが、母なるマリアの御心に対する崇敬である。キリスト者は、神の恵みによって、母なるマリアの御心の温もりを通してキリスト教信仰に目覚め、マリアと共にキリストの救いに与かり、同時に、自らもマリアの御心の霊性を生きることで、マリアと共に他者の救いに献身することができるのである。

第3章結論

第3章では、日本におけるマリアの汚れなき御心への崇敬の起源と発展のプロセス、そして、現代の日本の教会と社会におけるマリアの御心崇敬の意義と役割について論述した。世界に類を見ない過酷で二五〇年という長期にわたるキリスト教迫害期に、司牧者や霊的指導者である司祭、宣教師を失ったにもかかわらず、キリスト教信仰の根を絶やさず守り抜いた大きな要因は、サンタ・マリアのご保護とキリシタンのサンタ・マリアに対する崇敬にあった。やがて、禁教下のキリシタンのサンタ・マリアに対する崇敬は、カトリック教会の復活と共に、パリ外国宣教会の宣教師たちを通してマリアの汚れなき御心への崇敬としてキリスト者の間に浸透し、より具体的な生き方が示されるようになった。マリアの御心崇敬なくして、現代の日本のキリスト教信仰の発展はなかったと言っても過言ではない。

そこで、第3章では、日本のキリスト教迫害期のマリアの御心崇敬の予型と、禁令撤廃後のマリアの御心崇敬の表れ、さらに現代の日本におけるキリスト教信仰の受容において、マリアの御心崇敬の果たす役割とその意義について論述した。

第1節では、キリシタン禁令高札廃止以降の日本の教会と聖母の御心崇敬について述べた。最後の宣教師が殉教して二〇〇年後、厳しいキリシタン弾圧が続けられキリスト教が根絶したかに思われていた一八四四年、パリ外国宣教会のフォルカード神父は、日本におけるキリスト教が再び認められるようになったあかつきには、マリアの汚れなき御心に日本を奉献し、マリアの御心を日本の教会の最高の保護者と定め、「聖母の最潔き聖心」の第一級大祝日として祝う旨を予告した。これが日本の教会におけるマリアの汚れなき御心への崇敬の起源となった。

しかし、厳しい弾圧のため、キリスト教の一切が失われたかのように思われていた一八六二年、ジラール司教によって横浜外国人居留地での最初の天主堂が献堂されることになった。フォルカード神父の遺志を継いだジラール師は、奇跡的に日本と日本国民を聖母の最潔き御心に奉献し、聖母の最潔き御心を日本の教会の擁護者と宣言した。

教皇ピオ一二世が、教会と全人類のマリアの汚れなき御心に奉献したのは一九四二年、さらに、八月二二日を「聖母の潔き御心の祝日」として制定したのが一九四四年であるが、約一〇〇年も先立って、日本の教会がマリアの汚れなき御心に奉献されていたという事実は、キリシタンが体験した迫害の苦しみと悲しみの深さ、そこに働いたサンタ・マリアの慈しみと慰め、そして、迫害期のサンタ・マリアのご保護に対する、キリシタンのマリアの御心に対する崇敬の表れであろう。元々は世界各地に民間信心的に広まっていたマリアの御心崇敬ではあるが、一九四四年に典礼省が八月二二日を「聖母の潔き御心の祝日」（二級大祝日）と制定し、新しい典礼文を採用して以降、日本の教会ではマリアの潔き御心との深い縁を鑑みて、この日を「聖母の最潔き御心の祝日」（一級大祝日）としてより盛大に祝うようになった。

マリアの汚れなき御心についての本質を記したものの一つに、教皇ピオ一二世回勅『ハウリエーティス・アクアス』（一九五六年）が挙げられる。同回勅におけるマリアの汚れなき御心とイエスの聖心との関係性については、すでに第2章で述べた通り、マリアの汚れなき御心がイエスの聖心の映しであり、マリアの御心の本質はイエスが十字架上で示した全人類の救いに向けられた究極の愛であるということである。日本では同回勅に先立って、脇田氏が『主日祝日説教集』（一九二八年）の中で、浦川司教が『祝祭日の説教集』（一九五二年）の中で、聖母の最潔き御心の祝日についての神学的考察を説教の形で示したが、いずれも後の回勅『ハウリエーティス・アクアス』の神学に沿う内容となっていた。脇田氏が、神への愛に貫かれた聖母の至純至浄の御心の崇高さを強調する一方で、国民の汚れた心の回復のために聖母の最潔き御心の祝日を祝うことを呼びかける説教を記した。他方、浦川司教は、聖母の最潔き御心の祝日を三位一体の神と人間との関係性の中で捉え、特に、イエスの聖心に宿る究極の愛を映し出したマリアの御心の、純化された愛を強調した。

第2節では、迫害期ゆえのマリアの御心崇敬の予型を、キリシタン史に沿って見てきた。キリシタン史研究者の間では、一五四九年キリスト教伝来から最後の日本人司祭小西マンショの殉教した一六四四年までの約一〇〇年間が「キリシタン時代」、一六四四年から一八六五年の信徒発見、あるいは一八七三年のキリシタン禁制の高札撤去までが「潜伏時代」と区分されている。筆者は、この時代区分に従って、一五四九年から一六四四年のキリシタン時代の信徒を「キリシタン」、一六四四年から一八七三年までの潜伏時代の信徒を「潜伏キリシタン」、一八七三年以降もカトリック教会に戻ることなく、神仏信仰と融合して独自の信仰形態を作り上げた信徒を「かくれキリシタン」と定義した。

キリシタン時代の聖母崇敬は、教理書『どちりな・きりしたん』や、信徒組織体「こんふらりや」の規則「さんたまりあの組の心得」に見ることができる。『どちりな・きりしたん』に収められている「アベ マリア」と「サルベ レジナ」のおらしよでは、神に向けられる「礼拝」と、マリアに向けられる「崇敬（信心）」とを明確に区別しながら神学的教えを与えた。「こんふらりや」という信徒組織は、ヨーロッパの慈善事業型コンフラテルニタスに起源をもつが、キリシタン迫害の激化に伴い、慈善事業型コンフラテルニタスから信心業実践型コンフラテルニタスを経て、日本固有の「迫害準備型」「地下潜伏型」こんふらりやへと変容していった。

「迫害準備型」、「地下潜伏型」こんふらりやの「さんたまりやの組」は、マリア崇敬と信徒組織による精神的慈悲の業を活動の主軸に置いていた。キリシタンは、信仰共同体の祈りを通して神を崇め、迫害へと向かう中で互いの信仰を支え合い、マリアのとりなしを願いながら、自分と隣人の魂の救いを求めることに徹した信仰者であったと言える。

一八六五年の信徒発見の出来事で主体となったのは、潜伏しながら信仰を守り抜いた潜伏キリシタンである。プチジャン神父との出会いが実現するまで、司祭不在の中で厳しい迫害下に置かれていた潜伏キリシタンにとって、「アヴェ・マリア」の祈りやロザリオ、メダイ、スカプラリオといったマリア崇敬は、キリスト教禁令廃止以降のマリアの御心崇敬に向けてのいわば準備の期間であったと考えられるだろう。

潜伏キリシタンの中にはついに捕らえられ、残忍極まりない拷問を受けながらも、信仰を守り抜き殉教していった殉教者がいた。殉教者の信仰を支えたのは、多くの潜伏キリシタンがそうであったように、信頼に満ちた聖母マリアへの崇敬であった。殉教者は自らの受難に、十字架上のイエスと十字架の下でイエスを支えるマリアの苦しみと、神への究極の愛と信仰を重ねた。多くの殉教者は死を目前にして、聖母マリアの慰めと支えを体験し、安らかに死を迎えたのである。

潜伏時代の信仰をキリシタン解禁後も継続したのがかくれキリシタンである。彼らは、先祖伝来のものを継承していくためだけに、神仏と融合したかくれキリシタンの道を選んだ。これはある意味で日本人特有の精神性や宗教観を反映したものとも言える。彼らは、本来のカトリック信仰に戻らず、キリスト教とはかけ離れた固有の信仰を保ちながらも、マリア観音やガラサのおらしよなどを通して、聖母への崇敬を示し続けた。

信徒組織であるこんふらりやに見られたように、キリシタンは、それぞれの時代に、それぞれの立場に合わせた方法で、共同体とマリア崇敬によって、迫害下で信仰を守り続けた。このことから、信徒組織と共同体による精神的慈善の業は、マリア崇敬とは不可分の関係にあることが明らかになった。

そこで、第3節では、禁令高札撤廃以降の慈善活動の発展の中に、マリアの御心崇敬の表れを論述した。まず、現代の慈善事業の前身となったキリシタン時代の「ミゼリコルディアの組」に見る慈善事業、次に、禁令廃止後にかつての潜伏キリシタンたちによって形成された信徒共同体による慈善活動、最後に、信徒共同体の統合によって始められたカトリック女子修道会としての福祉事業による使徒的活動、そして、日本社会に見る人間の母性性への追懐について論じた。

キリシタン時代に行われていた「ミゼリコルティアの組」による身体的・精神的・霊的慈善活動とマリア崇敬は、

禁令高札撤廃以降、ド・ロ神父をはじめとする宣教師たちの呼びかけを受けて形成された岩永マキを中心とする女性信徒の共同体「女部屋」や「聖ヨゼフ会」や「愛苦会」における慈善活動へと発展した。極貧の中で生きる彼女たちの福祉活動を支えたのは、殉教精神で貫いた神へのゆるがない信仰と愛、聖母マリアの御心への崇敬、病人や孤児の救いを目指した無償の隣人愛であった。彼女たちは自分たちの活動の原点を、全人類の救いのために捧げ尽くしたキリストの自己譲与、死も恐れずキリストへの信仰を貫いた殉教者、そして、全ての魂の救いのために御子と共に十字架の苦しみを自分の心に受け入れたマリアの奉献においた。

こうしたカトリック修道会は会のカリスマに従って、現代社会のただ中で、人々の救いのために福祉活動や教育活動を手段として福音宣教を行っている。現代の日本社会に福音の種を蒔く上で必要なことは、日本人の潜在的特質や宗教観を否定することなく、キリストの愛を証しすることであろう。日本人の多くが、八百万の神への信仰や神仏習合、多元論的宗教観、宗教的無神論などの多様な宗教観をもっている。こうした宗教観の中で生きる日本人に相応しい福音宣教のありようを、遠藤周作氏は作品を通して具体的に示した。

ヨーロッパ人のアジア人に対する偏見や、厳格なヨーロッパの父なる宗教としてのキリスト教に居心地の悪さを感じた遠藤氏は、ヨーロッパの父性的キリスト教に、日本の風土がもつ「地母神信仰」、すなわち、ゆるし、慰め、共に苦しんでくれる母性的宗教観を重ねて、日本人の感性に合う独自のキリスト教を作りあげた。苦しみの中に生きる人々の救いの歩みを共にするのが、「母なるもの」の存在である。聖母マリアは、その汚れなき御心に溢れる信仰と愛を通して、神から離れた人々、悩み苦しむ人々、生きる希望を失った人々に寄り添い、彼らと喜びや苦しみを共にし、信仰を支え、祈りと恵みを神にとりなし、その救いへの歩みを共にしてくれる「全ての人の母」であることを悟った。かつて、キリスト者でありながらキリスト教に反発していた遠藤氏が、母なるマリアの汚れなき愛の御心を通して、ようやく、自分の身に合うキリスト教に目覚め、信仰の喜びに満たされ、救いに与かることができたのである。

さて、この第3章では、マリアの御心崇敬の日本的受容の特質を論述してきた。日本の教会とマリアの御心崇敬との出会いは、パリ外国宣教会の宣教師たちの命がけの宣教と司牧活動に働いた神の特別の恵みによるものである。日本の教会と信徒たちが、二五〇年にわたる残忍非道なキリスト教迫害に耐え、教会の奇跡的復活を果たすことができたのも、キリシタンによるマリア崇敬、特に御心崇敬を通して、聖母マリアがキリシタンの信仰を危機から守り、支え、励まし、棄教にあってはゆるし、慰め、ついに、救い主キリストのもとへ導いて、彼らを迫害から解放し、信仰の自由を与えたからである。

日本固有の第一級祝日と定められた「聖母の最潔き御心の祝日」の意義を、脇田氏や浦川司教は、神への愛に貫かれたマリアの御心、純化された愛であるマリアの御心の崇高さを讃える日とする一方で、自己中心性による世俗主義に陥った日本国民の堕落した心の回復を祈る日として論した。日本におけるマリアの御心崇敬の特殊性は、迫害下にあったキリシタンたちを解放に導いた点に見られるが、同様に、この特殊性は、現代の自己中心主義に陥った日本社会を、母性性の表れである慈善活動や地母神信仰によって解放にもたらす可能性を示した。

そこで、第4章では、現代のキリスト者に向けられたマリアの御心崇敬の実践神学的意義、すなわち生きる模範として示されたマリアの御心の霊性を明らかにしたい。

註

（1）次の原文からの私訳。“O cor Mariae sanctissimum, cor omnium cordium ornatissimum, purissimum, nobilissimum ; cor bonitatis, mansuetudinis, miscricordiae, et amoris fons perennis ; cor omnium virtutum mirandum sanctuarium et suavissimum exemplar ; soli divino cordi Jesu cor inferius ; insulas illas Lieu-Kieu, (Riu-Kiu), primum evangelisandas mihi licet indignissimo commissas. tunc temporis, quantum in me est, et ad me pertinet, sub speciali patrocinio tuo offero, pono, dico, consecro; insuper vovens me, ubi aliquot tantummodo et earum incolis ab inani idolorum cultu ad christianam fidem transierint ubi sacellum etiam minimum aedificatum fuerit, vere incoeptâ stabilitâque missione, omnia sine ullâ mora acturum esse, ut a Sancta Sede Apostolica, sub eodem speciali patrocinio totum regnum istud aperte et, authentice ponatur. O cor piissimum, apud divinum cor Jesu cor potentissimum, cor quod nullus inanibus precibus unquam exoravit, humillimas deprecationes meas ne aspernare, miserrimum cor meum ad melius converte, mentis istius tôt tenebris circumfusae caliginem discute, spiritum humilitatis, prudentiae, sapientiae et fortitudinis inter tantas difficultates tantaque pericula mihi obtinere dignare : Teque mediante, omnipotens et misericors Deus, Pater Filius, et Spiritus Sanctus, vili isto instrumenta uti non dedignetur, ut confundat fortia, ut ea quae sunt destruat; populumque istum a tôt saeculis in tenebris et umbra mortis sedentem ad sancti Evangelii lumen aeternamque vitam demum convertat, dirigat, perducat. Amen.Haec in portù Napa, in navi Alcmene post missam celebratam, die 1a maii 1844 vota precatque fuêre.”（浦川和三郎『切支丹の復活』（前篇）国書刊行会、一九七九年）

（2）浦川和三郎『日本に於ける公教會の復活』長崎・天主堂、一九一五年、二二一—二二三頁。

（3）浦川和三郎『祝祭日の説教集』中央出版社、一九五二年、三六四頁。

（4）『日本に於ける公教會の復活』、前掲書、一四六頁。

（5）ロジェ・オーベール他『キリスト教史9』上智大学中世思想研究所編訳／監修、平凡社、二〇〇六年、四三五—四四七頁。

（6）シルベン・ブスケ『聖母マリアの傳圖解』三才社、一九二八月、四〇頁。

(7)カトリック教区聯明編『公教会祈祷文』ドン・ボスコ社、一九五二年、二四一―二四四頁。
(8)カトリック大阪教区「聖マリアの汚れないみ心に大阪教区を捧げる祈り」(二〇一九年六月一二日)(www.osaka.catholic.jp/pdf/2019/190612_j1.pdf　閲覧日二〇一九年一一月一日)。
(9)脇田登摩『主日祝日説教集』天主公教會、一九二八月、五一六頁。
(10)同書、五一六―五一七頁。
(11)同書、五一八頁。
(12)同書、五一九頁。
(13)同書。
(14)同書、五二〇―五二一頁。
(15)同書、五二一―五二二頁。
(16)同書、五二三頁。
(17)『祝祭日の説教集』前掲書、三六五頁。
(18)同書、三六五―三六六頁。
(19)同書、三六七―三七三頁。
(20)片岡氏の「かくれキリシタン」に対して、宮崎氏は「カクレキリシタン」で表記しているが、筆者は片岡氏の「かくれキリシタン」に準ずることとする。
(21)亀井孝、H・チースリク、小島幸枝『キリシタン要理――その翻案および翻訳の実態』岩波書店、一九八三年。
(22)東馬場郁生『きりしたん受容史――教えと信仰と実践の諸相』教文館、二〇一八年、一一四―一三二頁。
(23)海老沢有道、井出勝美、岸野久『キリシタン教理書』教文館、一九九三年、四九三―五〇三頁。
(24)海老沢有道、H・チースリク、土井忠生、大塚光信「どちりな・きりしたん」『キリシタン書　排耶書』岩波書店、一九七〇年、三三二頁。
(25)現行の「アヴェ・マリア」の祈りの内容とほぼ同じ。現行「アヴェ、マリア、恵みに満ちた方、主はあなたとともにおられます。あなたは女のうちで祝福され、ご胎内の御子イエスも祝福されています。神の母聖マリア、わたしたち罪びとのために、今も、死を迎える時も、お祈りください。アーメン」(日本カトリック司教協議会　定例司教総会にて承認、二〇一一年六月)。

(26)『おらしよの飜譯』は慶長五（一六〇〇年）に長崎で印刷された。現存するのは一冊のみで、昭和二七（一九五一）年に重要文化財に指定された（東馬場　前掲書、一〇一頁）。

(27)現行の「サルベ・レジナ」の祈り、「元后あわれみの母われらのいのち、喜び、希望。旅路からあなたに叫ぶエバの子。嘆きながら泣きながらも涙の谷にあなたを慕う。われらのためにとりなす方。あわれみの目をわれらに注ぎ、とうといあなたの子イエスを旅路の果てに示してください。おお、いつくしみ、恵みあふれる喜びのおとめマリア」（日本カトリック司教協議会 常任司教委員会『カトリック教会のカテキズム 要約（コンペンディウム）』日本カトリック司教協議会常任司教委員会訳、中央協議会、二〇一〇年、三〇五頁）。

(28)海老沢有道、H・チースリク、土井忠生、大塚光信『キリシタン書・排耶書――日本思想体系25』岩波書店、一九七五年、七八頁。

(29)川村信三『キリシタン信徒組織の誕生と変容――「コンフラリヤ」から「こんふらりや」へ』教文館、二〇〇三年、一二〇―一三七頁。

(30)同書、三〇二―三〇三頁。口語体（私訳）、「まずこのコンフラリヤの組は、神の御母聖マリアの御ほまれに対して語るが故に、サンタ・マリアの御母と名付けるのである。……全てのキリシタンは神の恩寵をもって毎日身を反省し、信心を重ね、神への御奉仕によく進む心がけでいることを本来の志とするものである。……それぞれの形に従ってその道（に至る方法）に多く違いがあるといっても、どのような人々のためにも一様にサンタ・マリアに信心を得、その取成しを頼み奉る形は別々であっても、いずれも優れた道だということを知るべきである。それゆえ、私たちの主である神が全てのキリシタンの親であるように、サンタ・マリアも私たちの母とお呼ばれになるのである。そうであるから、およそ母としてのつとめとしては子を大切にすることが常の習わしである。このように、サンタ・マリアもご自分により頼み、御母とお呼び申し上げ、祈りをもって取成しを頼み申し上げるキリシタンの霊魂はもちろんのこと、その身体まで守って下さるが故に、深い信頼をもち、私たちの側からも御礼として、日々の信心を怠らず、いよいよ祈り申し上げるのである」。

(31)同書、三〇四―三〇七頁。

(32)四つの祈りとは、「ぱてるのすてる」Pater Noster（羅）主の祈り、「あべまりや」Ave Maria 聖母への祈り、「けれど」Credo 使徒信条、「まんだめんと」Mandamento 十戒のことである。『どちりなきりしたん』にあるように、これらの四つの祈りは、キリスト者の入信の基本条件として熟知していることが求められた。「さんたまりやの組」

に入会するためにも、キリスト教教理の基本を熟知するために、これらの祈りを暗記していることが条件とされた。

（33）「ころわ」（Coroa 羅「冠」あるいは「花輪」の意味）とは、「ロザリヨ」に似た聖母マリアへの祈りの形式で、「主の祈り」六回、「アヴェ・マリア」の祈り六三回を唱える祈りである。当時、「六三」が聖母のこの地上での六三年間の生涯を表す数字としての伝承が広く受け入れられていた。「ロザリヨ」は本来、「主の祈り」と「アヴェ・マリヤ」の祈りを組み合わせたもので、一三世紀ごろ登場した。修道者による一五〇の詩編を唱える祈りの形態が、字を読めない庶民による一五〇回の「アヴェ・マリヤ」の祈りへと代わっていったものである。「主の祈り」一回の後に「アヴェ・マリヤ」一〇回唱えるのを五連繰返すことで、ロザリヨ一環になり、三環すると一五〇回の「アヴェ・マリヤ」を唱えることになる。救い主イエスの誕生から受難、死、復活、昇天までの全生涯の神秘に合わせて、「御よろこびの観念（くはんねん）」、「かなしみの観念（くはんねん）」、「ごろうりや（Gloria）の観念（くはんねん）」に分けられ、それぞれが五つの玄義からなる。「ロザリヨ」は、イエスの生涯を黙想しながら、マリアに対する愛と信心を深め、マリアの取り次ぎを願う祈りとして、現代でもカトリック教会では親しまれている。

（34）ベルナール・タデー・プチジャン『プチジャン書簡――原文・翻刻・翻訳――「エリア写本」より』長崎純心大学長崎学研究所編、長崎純心大学博物館、二〇一五年。

（35）同書、二〇六―二〇七頁。

（36）男女一四、五人のうち、プチジャン神父に近づいて信仰表白の発言をした三人の婦人のうちの一人は、馬場のクララおてるという名である。てるは多十に嫁ぎ、後に森内の姓となった。（同書、一九六頁）。

（37）同書、一一三頁。

（38）同書、一一四―一一五頁。

（39）同書、一一〇頁。

（40）同書、二五二頁。

（41）同書、二五二―二五三頁。

（42）同書、二五八頁。

（43）片岡弥吉『浦上四番崩れ――片岡弥吉全集3』智書房、二〇一九年、四六七―四七〇頁。

（44）尾原悟『きりしたんの殉教と潜伏』教文館、二〇〇六年、三四頁。現代語訳（私訳）「殉教者の戦いは、主イエス・キリストのご受難を理解し、吟味し申し上げるために、より一層味わいを添えるものである。なぜならば、数万人の殉教者が多くの苦難を乗り越え、身に迫る苦痛をお受けになったことは、右に述べたように、父なる神の大いなる栄光のためだからである。そのようなわけで、かぎりなく父なる神の栄光を嘆願しておられる主イエス・キリストは、これらの優れた忠誠の道の柵をお開けになろうといつもお望みになっていらっしゃるので、その忍耐しておられる苦しみは、どれほど大きいものでございましょう。人間をお助け下さるために、ご自分の血の一滴をお流しになることだけでも人知を越えているのに、一滴どころかご自分の血をことごとく流し捨てなさったことは、これこそまさしく、神の栄光の矢傷と、また（瞬時に刀で敵を切る）「居合」であるはずの殉教者に尊い希望の光と御力をお与えになるために、このような比類ない苦痛を、その御体に忍耐してお受けになったのである」。

(45)『浦上四番崩れ』、前掲書、一六―一七頁。
(46)中園成生『かくれキリシタンの起源――信仰と信者の実相』弦書房、二〇一八年、二〇六頁。
(47)『浦上四番崩れ』、前掲書、一七頁。
(48)結城了悟『キリシタンのサンタ・マリア』日本二十六聖人記念館、一九七九年、一〇一―一〇七頁。
(49)『浦上四番崩れ』、前掲書、八八―八九頁。
(50)一尺約三〇センチ。津和野の三尺牢とは三尺四方の箱牢で、三方の壁は厚さ一寸二分（約三センチ）の松板を張り、一方だけ二寸角（約六センチ角）の角材を一寸おきに打ちつけた桟がある。物相飯を入れるための小さな穴が天井板にうがってある（同書、四五六頁）。
(51)同書。
(52)同書、三一頁。
(53)宮崎賢太郎『カクレキリシタン』長崎新聞新書、二〇〇八年、一八―二一頁。
(54)浦上四番崩れにより、浦上の全村民の流配先と人数は次の通りである。鹿児島三七五、萩三〇〇、津和野一五三、広島一七九、福山九六、岡山一一九、姫路四五、松江八四、鳥取一六三、徳島一一六、高松五四、高知一一六、郡山一一四、和歌山二八九、上野五九、日本木七五、名古屋三七五、金沢五一六、大聖寺五〇、富山四二。合計二一藩、三四一四名（片岡弥吉『長崎の殉教者』角川新書、一九五七年、一四〇―一四一頁）。
(55)中園、前掲書、二八頁。
(56)宮崎、前掲書、二八三頁。

(57) 中園、前掲書、五八頁。

(58) 同書、八四―八九頁。

(59) 四つの祈りとは、「ぱてるのすてる」（羅）Pater Noster（主の祈り）、「あべまりや」Ave Maria（聖母への祈り）、「けれど」Credo（使徒信条）、「まんだめんと」Mandamento（十戒）のことである。『どちりなきりしたん』にあるように、これらの四つの祈りは、キリスト者の入信の基本条件として熟知していることが求められた。

(60) 中園、前掲書、四五四頁。

(61) カトリック教会においては、神および神の子キリストに対する尊敬の態度を「崇拝」、十字架、聖像、人間である聖母マリアや聖人に対する尊敬の態度を「崇敬」として、両者を厳密に区別している。

(62) 一六一四年には本博多の本部病院、サン・ラザロ、サン・チャゴ、浦上ハンセン病の病院などがあった（片岡弥吉『長崎のキリシタン』聖母文庫、二〇一五年、六四―六五頁）。

(63) 中園、前掲書、二四一―二四二頁。

(64) 新共同訳ではマニフィカト（ルカ1・47）を、「わたしの霊は救い主である神を喜びたたえます」と訳しているのに対して、『カトリック祈祷書　祈りの友』（カルメル修道会、一九八〇年）では、「わたしの心は神の救いによろこびおどる」とあえてマリアの御心を強調する。旧約聖書においでは「心」（ヘブライ語 lēb）を「感情、記憶、考え、判断、計画決断などの座、人間の内面全体」と捉え、それが新約の「心」（ギリシア語 καρδία）に受け継がれた。マニフィカトにおいて、「主の母」の声を聞いて胎内の子が喜び躍ったとマリアを讃えたエリザベトに答えて、救い主である神を喜び讃えるのが、マリアの内面全体と捉えるのは相応しいだろう。

(65) 『長崎のキリシタン』、前掲書、一九三頁。

(66) 片岡弥吉『信仰に輝く日本婦人達』キリシタン研究所、一九四一年、八三―一〇二頁。

(67) 準修道会「十字会」の創立の時には「ササゲの式」が行われ、次のような「ササゲの祈り」が唱えられた。「我ら天主の聖寵と、その招きとにより、修道の園に身を託し、世と世の栄華を捨てて、もっぱら聖徳を修め、天主にのみ仕え奉り、従順、清貧、貞潔　の誓願を守り、救霊の道に励まんことを天主の御前に固く約束し奉る」（小坂井澄『お告げのマリア』聖母の騎士社、二〇〇七年、九八頁）。

(68) ド・ロ神父は上小田の修道院には名前をつけていなかったが、後の一九二〇（大正九）年に出津に赴任したブルトン神父が上小田修道院に「愛苦会」の名を与えた（片岡弥吉『ド・ロ神父　世界遺産　出津の福祉像』智書房、二〇一九年、一〇六頁）。
(69) 同書、一〇五―一〇七頁。
(70) 小林利行「日本人の宗教的意識や行動はどうかわったか～ISSp国際比較調査「宗教」・日本の結果から～」NHK放送文化研究所『放送研究と調査』四月号（二〇一九年）、五二―七二頁。
(71) 福田勤『日本人と神』サンパウロ、一九九九年、一三―一九頁。
(72) 南都六宗とは東大寺の中にあった六宗、すなわち、六二五（推古天皇三三）年、高麗の慧灌の来日によって、日本に最初に伝えられた三論宗、その後、道昭によって伝えられた法相宗と倶舎宗、百済の道蔵によって伝えられた成実宗、それに律宗、華厳宗を指す。奈良時代の寺院は、現在の一寺一宗派とは異なり、一つの大寺の中にいくつかの宗派の僧が住み、それぞれの専門の教学体系の研鑽に励んでいた（田村晃祐編著『日本仏教の宗派』中村元監、奈良康明編、東京書籍、一九八三年、三四―三六頁）。
(73) 同書、一二六―一三〇頁。
(74) 鈴木大拙『日本的霊性』岩波書店、一九七八年、四三―四七頁。
(75) 田中千禾夫、遠藤周作、田中澄江、曽野綾子、三浦朱門、椎名麟三『現代日本キリスト教文学全集10「母性と聖性」』教文館、一九七三年、一六七―一六八頁。
(76) 遠藤周作『私にとって神とは』光文社、一九八八年、一一頁。
(77) 遠藤周作『深い河』講談社、一九九六年、一九一頁。
(78) 遠藤周作「サンタマリア信仰と日本人の宗教意識」『NHK歴史ドキュメント6』（一九八七年）、一三―一六頁。
(79) 同書、一四―一五頁。

第4章　現代におけるマリアの御心崇敬の実践神学的意義

第3章では、キリスト教迫害という信仰の試練と命の危機の中で、日本のキリシタンが心と信仰のよりどころとし続けたマリアの御心への崇敬を通して、長い迫害からの解放を体験するその歴史をたどってきた。この事実から、マリアが迫害や抑圧などの危機的状況の解放者であることが明らかになった。そこで、第4章では、マリアの御心崇敬の実践神学的観点から、現代における抑圧や危機の現状と、そこからの解放をもたらすマリアの御心崇敬の実践神学的意義について論述する。

第1節　危機的状況に解放をもたらすマリアへの崇敬

ここで取り上げる「危機的状況」とは、第3章で論述した宗教的迫害や、他国に対する征服・植民地化、諸国間の戦争、権力者から弱者に対する抑圧や排斥、女性や外国籍の人々に対する差別など、神から人間に与えられた生命と命の尊厳を脅かす状態を指している。

私事で恐縮だが、筆者が所属する修道会は、長い迫害を経てキリスト教信仰の復活の場となった大浦天主堂で創立された。辛苦の多い草創期を経て、創立から一一年後には長崎原爆投下により、苦労して築きあげた修道院も学校も一瞬にして原子野と化し、学校で学ぶ多くの生徒・教職員の命を失い、共同創立者はじめ会員も被爆し、修道会の存続が危機的状況に陥った。その間、本会の苦難を支え続けたのは、マリアの汚れなき御心崇敬とグァダルペの聖母崇敬(1)であった。

そこで第1節では、日本のキリシタン迫害と、グァダルペの聖母出現のきっかけとなったアステカ帝国征服後の危機的状況の中で、解放者マリアに対する崇敬を概観した後、解放の神学者たちが示す解放の霊性とマリアの御心崇敬との関連性について述べる。

1．抑圧・危機・迫害からの解放者マリアへの崇敬

三世紀余にわたるキリスト教迫害下で、徹底的に破壊された日本の教会と、司祭や宣教師を失った信徒たちの信仰を支えたのは、宣教師たちが追放される以前に信徒への宗教教育として行っていた信心会の「組」である。なかでもイエズス会宣教師が設立した「聖母の組」、「聖体の組」、「ミゼリコルディアの組」という三つの秘密組織と、指導者としての務めを与えられた「帳方（ちょうかた）」、「水方（みずかた）」、「聞役（ききやく）」は、隠れた共同体で信徒の信仰教育を行い、彼らの信仰を強める上で大きな役割を果たした。帳方は教会の暦を伝承して毎年祝日を決め、水方は洗礼を授け、聞役は受洗時の水方の祈りの言葉の確認をする役割を果たしていたと言われている。こうした組の指導形態が、司祭不在の信者たちの信仰の支え、励ましとなった。さらに、宣教師たちが残した赦しの秘跡に代わる「こんちりさんのりや

く」は、信者たちが踏絵のたびに罪を告白し、償いを果たし、神の赦しを願う上で必要不可欠の信心具であった。「聖母の組」の設立に至っては、宣教師をはじめ当時の日本の教会のマリア崇敬の深さを示している。特に、キリシタン迫害時代の日本の教会のマリアの御心崇敬は、特別な意味を有している。第3章で述べたように、マリアの御心崇敬は一八四四年にフォルカード神父によって予告されたものが、一八六二年にジラール司教によって実現し、横浜外国人居留地での最初の天主堂献堂と、日本と日本国民の聖母の最潔き御心への奉献、そして、聖母の最潔き御心を日本の教会の擁護者とする宣言という外的しるしとなって現れた。長く厳しい迫害の間、母マリアは御心の愛と慈しみを注ぎながら、聖体と赦しの秘跡を通して潜伏キリシタンたちの命を守り、彼らの信仰を支え、励まし続けた。さらに、マリアは殉教するキリシタンには苦難に堪えてキリストの受難に与る勇気を与え、棄教したキリシタンには痛悔とキリストによる赦しへと導いて、キリストによる魂の救いの道を共に歩み続けた。日本のキリシタンたちは、長く、苦しく、辛い迫害の日々を、母にすがる子どものようにマリアの御心を崇敬しながら、キリストの救いのみ業に希望を置き続けた。マリアの御心崇敬に支えられたキリシタンは、遂に神の深い恵みによって信仰の自由と解放の時を迎えたのである。こうして、マリアの御心崇敬が、日本のキリシタン迫害という危機的状況からの解放と信仰の復活の要因となったことが明らかになった。

日本のキリシタンが体験したマリアの御心崇敬を通しての迫害からの解放体験は、ちょうど、一六世紀のグァダルペの聖母出現で先住民が体験した抑圧からの解放と新しい教会の誕生の出来事と重なる。ここでは、グァダルペの聖母出現に至る抑圧の歴史と、聖母がもたらした解放について神学的観点から見ていきたい。グァダルペの聖母出現の舞台となったのは、メキシコ・シティーのグスタボ・A・マデロ（Gustavo A. Madero. D.F.）地区のテペヤック（Tepeyac）の丘で、アステカ帝国が征服されてから一〇年後の一五三一年のことである。一二月九日から一二日にかけて五回にわたって、聖母マリアが貧しいメキシコ先住民のホアン・ディエゴ（San Juan Diego Cuauhtlatoatzin 1474-1548）に出現した。この出現物語は歴史的・宗教的要素が絡み合う中で、神の恵みとして実現した奇跡である。

一五世紀のヨーロッパでは、世界統一を目指して、ポルトガル、スペイン、オランダ、イギリス、フランスなどの主権国家が海外に進出し始めた。特に、スペインによるアフリカ、アジア、アメリカ新大陸に向けてのヨーロッパ大航海の目的は、イスラム教徒との戦争で悪化した国家財政を立て直すため、インディアスの黄金や香辛料貿易による利益拡大と共に、宗教改革によって窮地に立たされたカトリック教会の布教活性化のためであった。

一四九二年、クリストファー・コロンブス率いる三艘の帆船でアメリカ新大陸を発見し、現在のドミニカ共和国の首都サント・ドミンゴを植民都市とした。コロンブスに代わる第二代目総督はサント・ドミンゴの植民地化を図る一方で、その後何十年もかけてアメリカ大陸にキリスト教を広めていった。アメリカ新大陸には当時、アステカ帝国（現在のメキシコ）やインカ帝国などの国々があったが、一五一九年にはエルナン・コルテス率いるスペイン艦隊がアステカ帝国を攻撃した。スペイン艦隊はアステカの宗教や文化を野蛮と見なし、首都テノチティトランを徹底的に陥落し、人々をキリスト教に改宗させるためにアステカ帝国の太陽神殿を壊し、その上層に中南米最大のメトロポリタン大聖堂を建築させた。彼らは教会建築のために、先住民のインディオたちを奴隷として酷使した。やがて、首都テノチティトランで続いていたコルテス率いる反アステカ勢力、すなわちトラスカラ人たちによる大虐殺や隷属や搾取は、先住民の文化や伝統や宗教を徹底的に粉砕した。先住民は入植者たちに奴隷のように酷使され、人間としての尊厳も自由も喜びも奪い取られていったが、この状況は一五二一年のアステカ帝国陥落まで続いた。(2)

帝国陥落から一〇年後、征服してきたスペイン人に土地も宗教も人間としての尊厳も自由も剥奪され、差別によって奴隷として扱われ、尊い命までも奪われていった先住民の犠牲の代償として、メキシコにはようやく平和が実現しつつあった。先住民が心身に負った傷は深く、恐怖と憎しみと悲しみ、苦しみが完全に消えることはなかったが、先住民の土着の宗教に代わる新しい宗教としてもたらされたキリスト教によって、彼らは真の幸せに目覚め始めていた。ようやく実現した穏やかで平和な生活の中で、グァダルペの聖母出現の出来事は起こった。

グァダルペの聖母出現の経緯の一部始終については、一五六〇年頃にメキシコで出版されたナワトル語の *Nican Mopohua*（「ニカン・モポウア」）[3] の古文書に描かれている。聖母出現については、聖母の姿の細かい描写と聖母からのメッセージを中心に展開されているが、それらから神学的な深い意味を読み取ることは、現代のグァダルペの聖母崇敬を理解する上で助けになるだろう。グァダルペの聖母の出来事について現代神学者の間で強調されている「解放」と「フェミニスト」の観点から、聖母の姿とメッセージをくみ取っていきたい。

「ニカン・モポウア」によれば、聖母は謙遜、素朴なインディオのホアン・ディエゴが理解できる「現地語」で話しかけ、自らを「終生けがれなき聖マリア、神の母」と名乗った。そして、テペヤックの丘に教会を建てる願いを、スペイン人司教ホアン・デ・スマーラガに伝えるようディエゴに託した。それは、聖母自身が先住民たちの慈しみ深い母、この地に住む全ての人の母として、さらに聖母を愛し、呼び出し、探し求め、聖母に信頼を置く多くの人々の母として、新しい教会で皆の嘆きや悲しみを聞き届け、痛みやつらさ、惨めさを癒すことを望んだからである。聖母にとって新しい教会は、新しいキリスト者に福音を告げ知らせ、秘跡を授け、苦しみ悩む人々には救い主キリストの愛と慈しみ、助けを与え、マリアを通して彼らに解放と救いが実現する場を意味していた。

後に、出現した女性が誰なのか尋ねられたディエゴは、アステカ族の方言で「彼女は Te Coatlazopeuh（蛇を踏み潰す人）」（創3・15参照）と説明した。蛇を踏み潰す聖母の優しいまなざしの影響から、アステカ民族は人間を犠牲にする習慣を止め、死んだのではなく生きている唯一の神を知るようになった。グァダルペの聖母出現に続く

10年間で、実にメキシコの九〇万人近くの現地人が聖母の絵の力でキリスト教に改宗したと言われるほど、聖母の姿は印象的であった[4]。

グァダルペの聖母の姿を黙示録12章に登場する竜と闘う女性に重ね、メキシコの霊魂の救いのために、混血の民である新しいメキシコ人による、新しい宣教の使命を生きるために、新しい教会の設立に向けて戦う聖母として捉えたのが、メキシコ系アメリカ人のメスティーソ神学者ミゲル・サンチェス（Miguel Sánchez 1596-1674）である。サンチェスは、著書 *Imagen de la Virgen María, Madre de Dios de Guadalupe: Milagrosamente aparecida en la ciudad de México: Celebrada en su historia, con la profecía del capítulo doce del Apocalipsis*（1648）の中で、聖アウグスティヌスをはじめ多くの初代教父たちのマリア崇敬に基づいて、グァダルペの聖母出現の出来事を黙示録12章に重ねて読み取った。

サンチェスによれば、グァダルペの聖母出現の出来事は、メキシコ征服史、聖母出現、出現した聖母の姿、教会、新しい世界としてのテペヤックという五つの要素から成り立っており、五つのプロセスは混とんとしたカオスからカルワリオへの神学的旅を指し示すというものである。黙示録12章に登場する女性と竜の争いは、メキシコ征服というカオスの中で、グァダルペの聖母によるメキシコの教会の設立に向けての闘いである。サンチェスはここで、スペイン人によるメキシコ征服が、メキシコのキリスト教化以前に見られた偶像崇拝を敗北させるための神のみ旨であったと正当化し、グァダルペの聖母出現が教会設立に向けて果たした重要な役割を評価した。

さらに、サンチェスは、聖母出現を受けたホアン・ディエゴをモーセに、テペヤックの丘をシナイ山に、グァダルペの聖母を契約の箱に対比させ、ディエゴが「真の神の契約の櫃」を祝福してもらうために、新しい世界のシナイ山に上ったという解釈を与えている。ディエゴは一五四八年に生涯を終えるまでグァダルペ大聖堂で奉仕するが、その間グァダルペの聖母崇敬は急速に広がり、教会がさらに発展していった。それはまさに神の導きによるものであった。こうして、サンチェスは、メキシコの霊魂を救うために続く地球の闘いに思いを馳せ、古い世界の使徒ヨハネがカルワリオの十字架の下でイエスに代わってマリアの子としての役割を託されたように、新しい世界のカルワリオであるテペヤックに教会を建てるためにスペイン民族を招き、彼らに新しい使命が託されたという神学的解釈を完結させたのである。(5)

サンチェスはグァダルペの聖母の出来事に関しては、キリスト教化を目的としたヨーロッパ中心的見解を示しているものの、黙示録12章に記された御子イエス・キリストによる支配と生命と自由の絶対的勝利を暗示する聖母は、新しい世界の教会を建てるメキシコの人々にとっては、カルワリオの丘に向けての旅路を絶えず寄り添い、励まし、擁護し、愛する母の姿で描かれている。(6)

したがって、グァダルペの聖母は、御子イエス・キリストによる終末的勝利の実現のために、アメリカ全土の守護の聖人、新しい福音宣教の星、混血の民として新たないのちを生き始めたものの保護者として、暗闇に希望の光をともしながら、アメリカ大陸に愛と自由と解放の文明をもたらすしるしとして人類の歴史を共に歩むのである。

グァダルペの聖母出現のもう一つの特徴は、聖母の肌の色と顔立ちが混血民族と同じく、混血民族の服を身にまとい、現地語でディエゴに話しかけた、いわゆる「マリアの土着化」である。第二バチカン公会議で教会論的マリア、すなわち神の民と共に歩むマリアの姿が強調されたことにより、カトリック教会においては神の民の中でも、特に、人間としての尊厳を奪われた人々、排斥された人々に対する母マリアの温かいまなざしにキリスト者の目が向けられるようになった。「ニカン・モポウア」の解釈においても、メキシコの文化や伝統を通して先住民の原点に立ち返ろうとする動きから、征服された先住民に向けるグァダルペの聖母の愛と尊敬、さらには別の時代、別の場所で虐げられた人々に対する聖母の慈しみが強調されている。(7)

征服したスペインと征服されたメキシコの混血民族の姿で現れたマリアに、混血民族としての自己のアイデンティティを重ねたのが、米国とラティノのメスティーソ（「混血民族」）の神学の父であり、ラテンアメリカ神学の創始者と言われるヴィルジリオ・エリゾンド（Virgilio Elizondo 1935-2016）である。自身の体験に基づいてエリゾンドが手掛けたグァダルペの聖母に関する書物からは、聖母のアイデンティティの根幹に関わる深い神学を見出だすことができる。エリゾンドによれば、現代において高まりつつあるグァダルペの聖母崇敬の中心は、特にメキシコ系アメリカ人の尊厳を守ることにあるとの推論を示した。エリゾンドは、グァダルペの聖母のアイデンティティを、征服する側のスペイン人と征服される側のメキシコ人との間に生まれた混血民族の一人、新しい時代の母と捉えたのである。(8)

聖母がディエゴに語った現地語、混血民族に近い聖母の肌の色と顔立ちと衣装など、聖母が身をもって示した混血の民の新しい生き方こそ、聖母がディエゴを始めとする原住民に求めた新しい世界の中の新しい生き方の模範であった。聖母が模範として示した混血民族のアイデンティティは、自己のうちに内在する二つの民族性が互いを否定・排斥し合うことなく、双方をありのままに受け入れ、認め合う柔軟さを有していた。こうして、混血の聖母は、聖母崇敬を通して自身に倣おうとする民族に、民族間の壁が取り除かれた新しい社会と新しい教会を構築する働き手となるよう促したのである。

エリゾンドは著書 *Guadalupe: Mother of the New Creation*（1997）の中で、現代のグァダルペ神学の中心テーマは「正義」あるいは「解放」であると記している。エリゾンドは、「権力ある者をその座から引き降ろし、身分の低い者を高く上げる」（ルカ１・52）というマリアのマニフィカトに依拠して、「ニカン・モポウア」に登場する先住民ディエゴと、スペイン人の司教との立場が逆転されたところに、教会の指導的立場にある人々が、見捨てられ排斥された人々の声に耳を傾け、彼らを守り、神の兄弟姉妹としての尊厳を彼ら自身が実感できるよう手助けをし、教会の福音宣教の使命を共に担う奉仕の務めを与えるメッセージを読み取った。

見捨てられ、排斥された人々が尊厳を回復し、解放が実現するためにエリゾンドが強調するのは、征服者であるスペイン人も先住民も、同じ神に招かれた存在として互いに認め合い、愛し合うために神に立ち戻るキリスト教的回心である。盲目的な自民族中心主義と、征服者スペインのメンタリティーに染まったプライドの中に生きていた司教には、先住民への偏見とスペイン文化のみへの誇りを克服し、神の母からのメッセージを聞き入れる真の回心が必要であった。

一方、ディエゴが抱えていた重大な罪とは、自分自身が神に似せて作られたことを否定する自尊心の欠如である。抑圧者も被抑圧者も、共に自己中心的な生き方を改めて神に立ち戻るのが真の回心である。人が神を中心に生きるならば、神とグァダルペの聖母が人間一人ひとりを価値があり、尊厳を持ち、神の似姿として作られた存在として見るように、人もまた自分自身と他者を同じまなざしで見ることができるのである。(9)

グァダルペの聖母がその姿とメッセージを通して示したその本質がまさしく、抑圧者のエゴが生み出す偏見や差別や人間の尊厳への軽視、そこから生まれる被抑圧者の劣等感や自己否定や人間不信からの真の回心による解放の実現と、聖母の土着化による女性の尊厳の回復である。これを可能にするのは、ケノーシスによって罪と死に打ち勝ち、全人類の救いの業を成し遂げたキリストの愛と慈しみである。

こうしてグァダルペの聖母は、抑圧者である司教にも、抑圧されていた先住民にも、外的・内的な解放をもたらした。抑圧者であるスペインと被抑圧者である先住民との混血民族の姿で現れた聖母は、征服者と被征服者の双方が真の回心によって神に立ち戻り、互いの尊厳を認め合いながら、神を中心として生きる一致のシンボルと捉えることができるだろう。聖母が願った新しい教会の建設とは、新しい建物としての教会だけではなく、まさに、お互いがそれぞれの背景に抱えた社会、文化、習慣、国民・民族性、言語などを認め合い、みことばと秘跡に生かされたキリストを頭とした教会の構築を意味するのである。グァダルペの聖母が抑圧の中にもたらした解放の恵みは、新しい混血の民を新しい教会における新しい福音宣教へと促した。

真の解放者は、十字架上の死と復活によって全人類に救いの道を開いたキリストただ一人であるが、マリアは解放を求める民衆の心からの願いと祈りをイエスにとりなし、イエスの解放・救いの恵みを民衆にとりなす協力者としての尊い使命を神から託された。現代まで受け継がれ、尊ばれているグァダルペの聖母への崇敬は、抑圧者にも抑圧される民衆にも神への立ち返りによる回心を求め、救い主イエスによる解放・自由・救いに向かっての歩みを共にする、慈しみ深い聖母に対する感謝と賛美と嘆願の祈りの表れである。

現代のあらゆる次元において解放を必要とする私たちのためにとりなす聖母に向かって、敬慕の心で愛し、祈り、より頼む崇敬を通して、マリアは私たちをキリストの救いの秘義に導き入れる。グァダルペの聖母が一人ひとりを神に似せて作られた存在として見るように、私たちもまた自分自身と他者を愛と尊敬をもって受け入れ奉仕すること、これがグァダルペの聖母崇敬の現代的意義と言えるだろう。

エリゾンドのグァダルペ神学によれば、聖母による解放の思想は、すでに当時ラテンアメリカに広がっていた解放の神学の影響を受けていたと考えられる。解放の神学がもたらした解放の霊性とマリアの御心崇敬との関係性は何であろうか。

2．解放の霊性とマリアの御心崇敬

貧しい人々や排斥された人々の価値を認め、人権を尊重し、神の似姿として互いに受け入れ合うことで彼らの解放を目指したのが、ラテンアメリカの解放の神学の草分けとなったグスタボ・グティエレス[10]（Gustavo Gutiérrez Merino 1928-）と、レオナルド・ボフ（Leonardo Boff 1938-）である。彼らの働きかけにより、ブラジルとラテンアメリカには貧しいカトリック信徒による「教会基礎共同体（"Comunidades Eclesiais de Base", CEBs）」が数多く結成された。教会基礎共同体は、ラテンアメリカの抑圧や差別の根幹にはびこる社会や教会の構造的不正に対して、実践的信仰に基づいて、貧しい人々、権力や差別などによる抑圧に苦しむ人々、虐げられた人々をキリストの心で愛し、彼らの苦しみに連帯し、彼らに奉仕し、真の解放を求めて不正や悪に対して非暴力的対話を率先していくことを目指した。

教会基礎共同体はその原点を聖霊を待ち望みながらマリアを中心として祈り、支え、助け合う初代教会に置いている。教会基礎共同体は、社会的抑圧と貧困にあえぐキリスト者が、自分たちの生きる現実をみことばに照らし合わせて分析し、その現実が神のみ旨に沿ったものであるかどうか識別する場である。こうして、彼らは都市、農村の貧困地帯に共に暮らし、自分たちの社会生活を聖書に照らし合わせて読み、分かち合う中で、聖霊の導きによって福音的価値に基づく連帯や奉仕を行い、そこに解放の神学が生まれたのである。

グティエレスがイエスの貧しい人々との連帯の証しとして見たケノーシスは、全ての人に救いをもたらす究極の愛のしるしである。キリストの死と復活によって救いに与った全ての人の母マリアは、初代教会の中心にあって人々とともに祈り、あらゆるものを共有し、貧しい人々のために全てを差し出し、苦しむ人、悩む人と連帯する。マリアの貧しい人々、苦しむ人々との連帯を支えるのは、聖霊の恵みによるものである。

一方、かつてフランシスコ会司祭であったボフは、アッシジの聖フランシスコを解放者の模範に掲げ、フランシスコの救いや解放の手段として、彼自身の善良、親切、忍耐、信頼を示し、それらを一人ひとりのうちに隠された治癒のエネルギーと位置づけた[11]。これらは全て福音におけるキリストの生き方に由来するもので、ボフはキリスト者が信仰によって福音に立ち戻り、愛を実践してはじめて救いや解放が実現するという見解を示した。

キリストの愛の極みとも言える死に至るまでのキリスト教的自己無化、すなわち「ケノーシス」（フィリ2・6—

11）こそ、貧しい人々、悲惨と不正に苦しむ人々への愛と連帯の模範である。貧しい人々との愛と連帯は、初代教会における祈りとパン、財貨の共有においても見られる一致から生まれるもので、その中心にいたのは母マリアであった。グティエレスによれば、キリストとマリアの模範に従って現代のキリスト者が行う貧しい人々との連帯と貧困に対する抗議の中に、解放に向けての預言的役割が見出だされたのである。[12]

前述のグァダルぺの聖母出現で見た征服者スペインと被征服者メキシコ先住民の関係性と同様に、四〇〇年にもわたるポルトガルの植民地ブラジルでは、国家による教会統治が行われ、世界各地からの移民たちが持ち込んだ固有の宗教を、ポルトガル国家の宗教であるカトリックと混交させた独自の信仰が浸透していった。一八八九年にポルトガル王国から独立後、ブラジルは共和制に移行し、表向きは教会と国家は分離したものの、実際には教会と政府は癒着関係が続き、教会は政治的抑圧や腐敗に加担していた。しかし、一九六四年に軍事政権が成立後、政府の抑圧により人権侵害、言論・信教の自由が剥奪された教会は、政府に激しく抗議し、抑圧された民衆を擁護する立場を明確に示した。ブラジルの教会基礎共同体は、こうした政府による抑圧の中から誕生し、やがて解放の神学の土壌となったのである。

時を同じくして開かれた第二バチカン公会議は、プロテスタント諸教会との関係の改善を目指すエキュメニカル運動や、カトリック教会の現代社会への門戸の開放を打ち出した。ラテンアメリカ教会もこうした方針に従って、一九六八年にコロンビア・メデジンで開催された第二回中南米司教会議（メデジン会議）において、「貧しい人々の立場に立つこと」を中心課題とすることを決議し、司教たちが初期の教会基礎共同体を支援するようになった。メデジン会議声明文は、ラテンアメリカの不正義が暴力的社会構造によるものであることを証言した。当時の社会構造の中で制度化された暴力と不正義に対して、教会基礎共同体は救いの福音を受けているものとして、不正義によって抑圧された人々の側に立ち、全人的救いを妨げている「罪」に対して、与えられた範囲内で解放に向けての実践に踏み出すことを宣言した。

ところで、グティエレスは著書『解放の神学』の中で、「解放」を三つの次元から捉えている。第一の解釈は、抑圧されている民衆や社会階級の人々の政治的・社会的次元の解放である。第二の解放は、人間が自分の人生を通して、また歴史を通して自己を形成する中で、段階的に真の自由を獲得し、新しい人間に解放されていく次元のものである。第三の解放は、救い主キリストとの交わりの内に、あらゆる不正や抑圧を引き起こす罪から解放され、真に自由となった状態である。キリストの救いによって実現する罪からの解放こそ、全ての人間の兄弟愛の礎となる。[13]つまり、「解放」は、社会的・政治的な罪・弾圧・差別・搾取からの解放に始まり、個人の内面的罪からの解放を経て、最終的には真理・正義・平和・愛に基づく、より人間らしい社会への解放に至るのである。こうした一連の解放こそが、抑圧されている民衆が心から求めたものである。[14]

これら三つの次元を含む根源的・包括的解放は、キリストの救いによってもたらされ、キリストのうちにキリストを通して救いが人間の歴史の中心に現存するのである。イエスの救いによる解放は、すでに公生活の初めにはイザヤ61・1の言葉を用いてこう預言されていた。

主の霊がわたしの上におられる。貧しい人に福音を告げ知らせるために、主がわたしに油を注がれたからである。主がわたしを遣わされたのは、捕らわれている人に解放を、目の見えない人に視力の回復を告げ、圧迫されている人を自由にし、主の恵みの年を告げるためである。（ルカ4・18―19）

イエスの解放は、真理に心の目を閉ざす人々、罪に捕らわれ悪を繰り返す人々、心の中の不正に抑圧されてその不正を隣人に向ける人々など、一人ひとりを解放し、良心を目覚めさせて生きる真の意味に気付かせ、回心によって神に立ち返らせ、もはや一つの社会変革を起こしている。

グティエレスの示した解放のこれら三つの次元は、パウロ六世回勅 *Populorum Progressio*（1967）を基盤にしているのは明らかである。同回勅を受けて、メデジン会議は「全人的発展[15] man's authentic development」をキーワードとして用いたが、ほぼ同じ意味合いの「解放」がより含蓄があり、人間が自らの人生の主体であり、イエスの救いの業により、全ての隷属と不当な弾圧を打ち破りながら進歩していくという聖書的・能動的意味合いが強調されるようになった。やがて、メデジン会議において、現世における福音的解放という神学的見解が示され、「解放」という言葉の概念と解放の神学が教会内に定着した。[16] こうして、解放の神学は、物質的・経済的・人格的・道徳的改善を試みながら、最終的には、イエスの救いのみ業によって、人間が主体的にあらゆる不当な抑圧を打破していく可能性を目指した。

さらに、中南米の解放の神学に大きく貢献したグティエレスは、神学を基盤として主の前で主と共に、全ての人と連帯しながら具体的に福音を生きる道としての「解放の霊性」を示した。解放の霊性の現れとして、彼は「隣人と隣人の内なる神への回心」、「無償性」、「終末における全面的解放」の三つを挙げた。

解放の霊性の第一の特徴は「回心」である。隣人への回心とは、抑圧された人々、搾取された社会階級、軽蔑された人種、支配された国々に対する外的回心であると同時に、隣人の内に住む神に対する内的回心でもある。回心は、抑圧や搾取による不正な社会構造の中で加担した私たち自身にも罪を謙虚に認め、根本的変革を求める。つまり、最終的に回心が目指すのは、私たちが搾取され疎外された人々の内に現れるキリストのように考え、感じ、生きること、私たちが貧しく抑圧された人々の解放のプロセスに自ら具体的に関わることなのである。一人ひとりの回心は、社会経済的・政治的・文化的・人間的環境に影響を受けつつも、こうした社会構造に変化をもたらさなければ真の回心とは言えない。私たちは回心への果てしない道のりにおいて幾度も障害に出会い、一切を失っては再出発を試み、こうした試行錯誤に心が開かれているか否かで私たちの回心の実りが決まってくる。

解放の霊性の第二の特徴は「無償性」である。私たちは、個人と共同体の存在の根底に神の自己譲与の恵みと、神との親しい友情の恩恵があることに気付く時に感謝で満たされる。その時私たちは、人々との出会いも私たちの愛も、私たちの人生に起こることの全てを賜物として理解できる。私たちは自らの人生に起こる全てのことを神の恵みとして受け入れることによって、神と人々に自分自身を無償で与える真の愛を体験する。無償の愛だけが、私たちを他者との真の出会いに導くのである。祈りとはこの無償性の体験そのものである。解放への実践は人間の力に頼るよりも、歴史において解放の働きをなす御父のみ業に身を委ねること、つまり、絶え間ない祈りを必要としている。

解放の霊性の第三の特徴は「終末における全面的解放の喜び」である。歴史における王であり、抑圧される人々の解放者であるキリストが、この世の力ある者との戦いを過越し、十字架を過越して永遠の命に入る姿を想い起こしながら、私たち自身も今の世で終末における解放の喜びに参加するよう招きを受ける。この喜びは私たちの全存在を満たすべきものであり、神と人、人間同士の真の交わりを生み出す。キリスト者は解放に至る途中で主の十字架の現実に出会うことにもなるが、この十字架の道は絶望的なものではなく、清めの道、主との一致の道、復活の喜びを伴う道、すなわち、いのちの源である御父に向かう民の歩む道である。(17)

グティエレスが示すこれら三つの特徴である「回心」、「無償性」、「終末論的解放」が、第2章で論述したマリアの御心崇敬の本質を成す「償い」と「奉献」による「全ての人の終末的救い」という三つの要素に重なることを根拠に、筆者は、マリアの御心崇敬の表れが解放の霊性であると考える。

第1章で述べた通り、マリアの御心崇敬の本質の一つである「回心（償い）」は、倫理的・道徳的罪からの回心というよりはむしろ、神からの離反、自己中心性といった状態から神のもとへの立ち返りを意味する。マリアの御心の中心に宿るイエスの聖心の愛に背き、イエスの愛から離れ、自己愛に傾きやすい人間の弱さに、マリアの御心崇敬は「回心」を求める。

マリアの御心崇敬のもう一つの本質として挙げられている「奉献」は、イエスのケノーシスを模範としたマリアの無償の愛による奉献であり、マリアは受胎告知の*"fiat"*から十字架の下に至るまで、御父のみ旨への完全な従順のうちに、聖霊の導きに従って御子の救いのみ業に参与した。マリアの御心崇敬は、神と神が愛した全人類に対するマリアの無償の愛と慈しみによる自発的な自己奉献へと促す。

こうしたマリアの御心崇敬の「回心」と「奉献」が向かうのは、御心崇敬の究極的な目的とも言えるキリストの救いのみ業の実現である。マリアの御心崇敬が目指すキリストによる救いは、抑圧や束縛からの解放であり、迫害からの自由であり、危機的状況からの救いなのである。マリアの御心崇敬の回心も奉献も救いも全てが神の恵みによるものであり、マリアの御心崇敬は、神の恵みに従順に謙遜に応え続けたマリア自身の解放への歩みに倣うキリスト者の生き方である。こうした意味で、マリアの御心崇敬の具体的生き方としてのマリアの御心の霊性は、マリア自身が生き、キリスト者にも模倣を求める「解放の霊性」と言えるだろう。

事実、ユードは著書 *Le cœur admirable de la très sacrée Mère de Dieu* の中で、マリアの御心崇敬の実践として挙げた霊性の一つに、慈しみの業を挙げている。貧しい人々、寡婦、孤児、外国籍の人々を支え、助けを必要とする人々を守り、苦しむ人々を慰め、病人や囚人を訪ね、抑圧された人々を解放する慈善こそ、慈しみ深い母の御心を喜ばせる行為であると記している。(18) ユードの考えによれば、抑圧された人々の解放は、恵みに満たされた母なるマリア自身の慈愛の行い（霊性）そのものであり、キリスト者もまた、マリアの御心崇敬を通してマリアの御心と同じ慈善の霊性へと招き入れられる。これはちょうど、第3章で既述したキリシタン時代の「ミゼリコルディアの組」のマリアの御心の霊性と重なる。

グティエレスは解放の霊性の集大成として「マニフィカト」を挙げ、主に愛されていることへの感謝と喜び（ルカ1・47参照）を、抑圧される者を解放し、力ある者をおとしいれる神の業（ルカ1・52—53参照）と密接に結びつけている。ここではマリア自身が抑圧された者の代表である。グティエレスによれば、抑圧される者こそ主に愛されており、真の解放や歴史の救いは、抑圧された者の手によって実現可能なのである。[19]

マリアが受けた社会的抑圧について言うならば、マリアが生きた一世紀初頭のユダヤ社会は抑圧そのものであった。そこは貧しい農耕社会で、ローマ帝国の植民地として経済的搾取に苦しみながら、その日暮らしをする人々がほとんどであった。彼らの多くがユダヤ教徒で家父長制を重んじ、ローマ帝国への諸税に加えて、エルサレム神殿税も課せられ、信徒の多くがローマ帝国の圧政に苦しめられていた。ローマ帝国では法律上、娘は父親の権威の下に留まり続け、慣習上は、妻は夫に従属するものと考えられる父権制社会の中で、女性の権利は男性の支配下に置かれ抑圧されていた。[20]

マリア自身、こうしたローマ帝国の圧政と伝統的父権制社会において、貧しさと女性差別に苦しむ中で、抑圧された貧しい人々や女性たちと連帯しながら託された使命を果たし続けた。マリアは神の母であると同時に、抑圧と差別を自ら体験し、ユダヤ社会の抑圧に苦しむ貧しい人々や、差別に苦しむ女性たちに慈しみ深く寄り添い、連帯し、弱者を守るナザレのマリアであった。マリアは被抑圧者でありながら、神の恵みに与って神の母としてイエスの救いのみ業に与り、自らも救われた者として真の解放者となったのである。

グティエレスと同様に、解放の神学の擁護者として解放の霊性を唱えたのが、教皇フランシスコである。教皇フランシスコは、カトリック教会の社会教説が現実の生活から遊離せず、より具体的なものとなるために、神の民が識別の受け取り手であり主体でもあるという前提に立って、科学との対話、諸宗教・諸教派間の対話を促した。カトリック教会の社会教説は社会的識別の枠組みとして、貧しい人々や民衆への奉仕のために、現実的・預言者的にならなければならないという見解を示しながら、貧しい人々のための選択を徹底することを目指した[21]。

教皇フランシスコの解放の霊性に大きな影響を与えたのが、当時ラテンアメリカで生まれた解放の神学の思潮の一つ「民の神学」であり、これはアルゼンチンの政治情勢や社会運動、種々の解放の神学との対話の中で、当地の教会で発展した神学である。民の神学の特徴は、現状を知り、現実を変えていく手段として、歴史、文化、宗教などのより統合的で解釈学的な視点を利用している点である。ラテンアメリカにおいて、民衆の文化を保持しているのは貧しい人々である。また、貧しい人々は民衆の歴史的記憶を保持し、構造的不正や組織的暴力のために抑圧された状況の中で、民衆の利益が正義と平和という共通した歴史的課題と一致していることを保証する人々でもある。アルゼンチンのイエズス会神学院で教鞭をとり、後の教皇フランシスコとなるホルヘ・ベルゴリオを指導した神学者ファン・カルロス・スカノーネは、教皇フランシスコの使徒的勧告『福音の喜び』がアルゼンチンの教会に広がった「民の神学」の影響を受けていると記している。ベルゴリオ枢機卿はかつてより、「福音を告げる」民衆の信仰と信心を非常に高く評価しており、現在の教皇文書に度々「神の忠実な民」(『福音の喜び』95、96)という特徴的な表現を用いている[22]。

スカノーネ氏は、教皇フランシスコが『福音の喜び』の中で高く評価しているカトリック教会の民間信心を「民の神学」の特色の一つとし、民の信仰に対する神学的・司牧的再評価の表れと記している。教皇フランシスコによれば、ラテンアメリカの教会にとって民間信心は、真に「小さな人々の文化に根を下ろした霊性」(『福音の喜び』124)、「道具としての理性よりも象徴的に信仰の内容を表し、信仰行為において、神のことを信じるよりも、神を信じることを重視している」(同)ものである。カトリック国の大衆文化が福音による改善を必要としている男性優位、アルコール依存、家庭内暴力、教会離れなどの現状からの解放や改善のためには、民間信心を最良の出発点としている(同69参照)。ただし、教皇は『教会憲章』第8章が明示したように、「真正な民間信心」と、「個人的で感傷的な信仰生活に特有の崇敬」(同70)とをはっきりと区別し[23]、民間信心の宗教性を浄化・成熟させる必要性を指摘している。真正な民の信仰の表れである民間信心は、単なる現実逃避を可能にさせるものではなく、神、キリスト、マリア、諸聖人との関係性を育む能力を持っているというものである[24](同90参照)。

教皇フランシスコはこうした民間信心理解に基づいて、解放の霊性をマリアの御心崇敬がラテンアメリカの文化に根を下ろしたしるしと見た。教皇フランシスコは、使徒的勧告『福音の喜び』(二〇一四年)の中で、解放のプロセスにおいてマリアの御心の果たす役割を見出だし、次のように記している。

マリアは、……心を剣で刺し貫かれたかかた、あらゆる苦しみを理解されるかたです。すべての者の母として、正義を生み出すまで生みの苦しみを味わうすべての民のしるしです。……真の母親として、マリアはわたしたちとともに歩み、ともに闘い、神の愛で絶え間なくわたしたちを包んでくださるのです。多くは巡礼地と結びついているさまざまなマリア崇敬を通して、マリアは福音を受けた各民族の歴史を共有して、彼らの歴史のアイデンティティの一部を形成し始めます。(286)

教皇は、精神的苦痛によってあたかも心を剣で貫かれたかのような苦しみを味わうマリアを、不義によって抑圧に苦しむ民衆の苦しみを理解する方として描いている。心を剣で刺し貫かれたその痛みは、正義による解放の実現に向けて全ての民が味わわなければならない苦しみそのものであり、全人類の母として民に代わって彼らの苦しみを受け取るマリアの無償の愛そのものを表している。マリアは抑圧された民衆と共に歩み、共に闘いながら、民衆の痛みを剣で貫かれた自分自身の愛の御心で温かく包み込む。こうして、マリアの御心崇敬は、不義によって抑圧された人々が回心によって神に立ち戻り、解放の恵みに与ることができるよう、キリスト者がマリアの無償の愛ゆえの奉献の苦しみを共に担い、終末的解放に向けてマリアと共に不正や抑圧と闘う解放の霊性となって現れた。

さらに、教皇フランシスコにとってマリアは、「権力ある者をその座から引き降ろし」、「富める者を空腹のまま追い返される」（ルカ1・52、53）神を賛美し、正義の探求に家庭的な温もりを注ぐ方であると同時に、「これらの出来事をすべて心に納めて、思い巡らす」（ルカ2・19）神の神秘の観想者である。マリアの正義と優しさの力、観想と他者に向かう力は、福音宣教の使命を果たす教会の模範である。マリアは聖霊に導かれて、救いや解放を求める人々のもとに「急いで」出かけ、彼らを神と出会わせ、イエスによる解放・救いへと促す（『福音の喜び』288参照）。教皇フランシスコは、イエスの神秘の観想者マリアの御心への深い崇敬を通して、構造的不正や組織的暴力に抑圧された人々や、性差別・アルコール依存症・暴力などの社会的諸問題によって抑圧された貧しい民衆の中に働く神の救いの恵みに、積極的に与るよう促すのである。ここに、教皇フランシスコが貧しい民衆の解放のために示したマリアの御心崇敬の実りとして、解放の霊性の表れを見ることができる。

グティエレスは貧しい人々の真の解放のために、特に現代のラテンアメリカ教会に「貧しい人々との真の連帯と、貧しさに対する現実の抗議[25]」を求めた。グティエレスや教皇フランシスコがマリアの御心崇敬の中に見出だした貧しい民のための解放の霊性は、マリアの心で、貧しい人々との連帯と、貧しさへの抗議を行う中で解放の実現を可能にする。

貧困、抑圧、疎外、神からの離反、自己中心性といった物質的・精神的貧しさは、ラテンアメリカだけではなく、現代の日本社会にも見られる現象である。特に、日本に顕著な神からの離反、無神論、自己中心性などの精神的貧しさからの解放のために、マリアの御心崇敬が果たす役割について見ていくことにする。

マリアの御心崇敬を語る上で、ファティマの聖母出現の出来事は欠かせない事実である。マリア崇敬とは馴染みの薄い日本人に、ファティマの聖母出現を通してマリアの御心崇敬を呼びかけたのが、ブラジル・サンパウロの教皇庁立カトリック大学の元教授、故プリニオ・コヘィア・デ・オリヴェイラ氏である。

オリヴェイラ教授は、ファティマの聖母が憂慮した現代最大の国際共産主義と社会主義との間の思想戦の手段として、一九六〇年にブラジルＴＦＰ（Society for the Defense of Tradition, Family and Property「伝統、家庭、私有財産権擁護協議会」）を創立し、優れた指導力を果たした。オリヴェイラ教授の働きかけにより、後に南北アメリカ、ヨーロッパ、アフリカ一四か国と、五大陸においては、ＴＦＰあるいはそれに準ずる組織が設立されることになった。[26]

3．現代の日本社会における抑圧からの解放とマリアの御心崇敬

現代の日本社会では、人間性を除外した富と名誉と権力の下で、私たち一人ひとりに働く神の恵みに全く気付かないほどの迅速性、利便性、功利主義、個人主義、自己中心性に埋没し、そこから排斥された弱者、すなわち貧しい人々、女性、子供、高齢者、病人、障害者、外国籍、性的マイノリティーの人々などに対しては、排他的差別や抑圧が行われている。この日本社会の現実に、マリアはどれほど御心を痛めていることだろうか。どのようにすれば、マリアの御心の愛は、現代の日本社会に生きる人々、権力や暴力による差別者にも被差別者にも届くのだろうか。日本社会の解放のために一つの可能性を示したキリスト者が前述のオリヴェイラ氏である。

オリヴェイラ氏は、ファティマの聖母出現八〇周年にあたる一九九七年、ブラジル人アントニオ・アウグスト・ボレッリ・マシャド著 *Simples relato do que se passou em Fatima, quando Nossa Seghora apareceu* の邦訳『ファチマの聖母　そのメッセージは希望の預言か？　悲劇の預言か？』の出版にあたり、ＴＦＰの活動の一環として序文とエピローグを特別寄稿した。序文の中でオリヴェイラ氏は、現代世界にはびこるあらゆる混乱と無秩序のさな

かで、多くの問題と困難に直面し、進むべき道の選択に迫られている日本と日本の教会に対して、ファティマの聖母のメッセージに従ってマリアの御心崇敬を行うようメッセージを向けた。

オリヴェイラ氏は生前、マリアの汚れなき御心への深い崇敬とファティマの聖母出現への崇敬を示していた。第1章で既述した通り、ファティマの聖母の預言の中心は、物質的繁栄に目をくらまされて道徳的災いへと転落していく世界の中で、ロシアが誤謬を悔い改めることがなければ、いくつかの国がその犠牲として滅亡に追いやられること、ロシアが悔い改めてカトリック教会がロシアをマリアの汚れなき御心に奉献し、初土曜日に五か月続けて償いの聖体拝領を行うならば滅亡が避けられること、最後にはマリアの汚れなき御心が勝利を収めることであった。オリヴェイラ氏の著作や講話は、現代における悪の不吉な脅威に関して、「最後にはマリアの汚れなき御心が勝利を収めるでしょう」との聖母の預言に確信を抱いていた。オリヴェイラ氏は、現代世界の特徴をあらゆる種類の混乱と無秩序だと指摘し、日本と日本の教会に対しても、前途に待ち構える試練を可能な限り未然に避け、マリアの汚れなき御心の勝利の夜明けを早めるために、マリアの御心に対する崇敬を深め、世界平和と戦争の終結を願って毎日ロザリオの祈りを唱え、罪の償いを果たし、神のおきてを守ることによって、全ての人に霊的刷新を強く呼びかけた[27]。

オリヴェイラ氏の日本と日本の教会への呼びかけから三〇年余りたつが、世界においても日本においてもその現状は、平和とは程遠い無秩序、混乱、悪、不正が巣食ったまま、戦争に向けての不穏な動きが感じられるのも事実である。

終戦から七五周年を迎える今年、私たち日本人はもう一度、第二次世界大戦がもたらした悲劇を思い出さなければならない。それは、東京大空襲、沖縄戦、広島・長崎原爆投下などの被害者として受けた深い傷跡だけではなく、開戦以来、太平洋の島々や東南アジアの占領地域で日本兵が行ってきた資源や食料の分捕り、強制労働、日本語教育の強制、天皇崇拝の強要、虐殺、従軍慰安婦の強制連行など、数々の愚行の加害者であったことも決して忘れてはならない。こうした日本軍の加害の根本にあるのは暴力による支配と差別であり、特に、慰安婦問題については、日本軍が占領地において女性の尊厳を完全に無視した性差別の表れである。

慰安婦問題は、一九三一年満州事変から一九四五年第二次世界大戦敗戦までの一五年間、日本軍が駐屯するほとんどの地域に専用の慰安所を作り、現地の膨大な数の女性たちの性的搾取を公然と行った人権侵害である。日本軍による強制徴集、強制収容、慰安婦強制などの事実を示す証拠書類をもとに、一九四六年には極東国際軍事裁判（東京裁判）が行われ、戦争犯罪の罪に問われた二八名が裁かれたものの、慰安婦制度を立ち上げた日本軍と政府高官の法的責任は問われることはなかった。その後、元慰安婦の多くが心身に深い傷を負って生きていかなければならなくなり、彼女たちに対する日本政府からの心からの謝罪も、十分な賠償も行われることはなかった。

約半世紀にわたる慰安婦問題に対する政府の沈黙と並行して、日本軍による性暴力の被害者女性たちの高齢化が進む中、彼女たちは生きている間に人間としての尊厳を回復し、晩年のわずかな幸せを取り戻すことを願って、一九九一年以降、日本政府に謝罪と賠償を求めて次々と裁判を起こしたが、解決済みを理由に全てが棄却された。ようやく政府は、一九九三（平成五）年の調査結果発表の際に、官房長官を通して当時の日本軍によって多くの女性の名誉と尊厳を深く傷つけた事実に対して謝罪と反省を表明した。一九九五（平成七）年には「女性のための平和国民基金」（通称「アジア女性基金」）を設立して、その後は慰安婦問題に対する経済的償いを果たしてきたことを繰り返し、強く主張するだけであった。[28] こうした日本政府の慰安婦問題への誠意のなさは、国連を始め諸国からの非難の的となり、韓国を始め周辺諸国との間に溝を深め、緊迫した国際関係へと発展していった。

エゴがもたらす暴力による弱者や女性支配構造から抜け出すことのできない日本国家に対する抗議のために、日本カトリック司教団は新しい千年紀を迎えるにあたって、一人ひとりの命の尊厳を訴えるメッセージ『いのちへのまなざし』を発表した。同メッセージの中で、日本司教団は高度経済成長以降、慰安婦問題をはじめ日本国家がもたらしたアジアの開発途上国の貧しい女性たちに対する性の搾取の問題について、「わが国の社会全体の感覚の異常性[29]」の表れという表現で厳しく批判している。つまり、司教団によれば、日本の従軍慰安婦問題や第三世界の女性の性の搾取の問題の根源は、「支配欲と攻撃性に裏打ちされ、『性』の快楽の対象として女性を品物のように扱うことを許容している文化が、今なお温存されている日本の社会の[30]」感覚の異常性にあるのである。

一般女性の市民運動 wan（アクティブ・ミュージアム、女たちの戦争と平和資料館）もまた、日本の暴力的女性支配に対して声をあげた。wan は国連やアジア諸国と協力して戦時性暴力を再記憶し、ジェンダー正義の視点から平和と非暴力によって解決し、暴力と差別のない平和な未来を実現することを目指した。

国連拷問禁止委員会は二〇一三年、日本政府に対して、慰安婦問題について国としての法的責任を公に認めることを始めとした勧告を出したが、日本政府は国連の勧告に法的拘束を認めず、従わない旨の答弁書を閣議決定した[31]。国連は、その後も二〇一四年の自由権規約委員会、人種差別撤廃委員会を通して、日本政府に厳しい勧告を下した。

二〇一五年一二月二八日の日韓外相会談において、日本政府が被害者の主張を抜きに政治的妥協を突き付けることによって、慰安婦問題について最終的に不可逆的に合意に至ったと発表した。これを受けて、wan は一人でも多くの元慰安婦女性が存命中に、一人ひとりの尊厳が回復され、真の意味で慰安婦問題の解決に至るために、アジア太平洋各地の被害者及び被害国支援団体と協力して立ち上がり、具体的な提言作成に積極的に携わった。wan が日本政府に呼びかけた提言には、政府が日本軍の慰安婦に対する責任を繰り返すこと、総理大臣から被害者女性に直接謝罪し反省すること、日本軍による慰安所設置の事実と人権侵害を謙虚に認めること、日本政府からの謝罪の証しとしての被害者の意に沿った方法で経済支援を行うことなどの具体的働きかけを行った[32]。

さらに、国連人種差別撤廃委員会は、二〇一八年八月三〇日付の第一〇回・一一回合同定期報告書に関する総括所見（27、28）の中で、日本政府が二〇一五年の韓国との慰安婦問題に関する合意に向けての努力に留意する一方で、本来最優先されるべき被害女性の人権侵害に対する責任を果たしておらず、被害者中心のアプローチによって、あらゆる国籍の慰安婦を包摂した慰安婦問題の永続的な解決を確保するよう日本政府に勧告した。また、次回の定期報告において、生存する慰安婦とその家族に対する十分な施策を示した上で、慰安婦問題の解決を果たす努力について詳細な情報を要請した。総括所見において国連は、慰安婦問題に対して真摯に向き合おうとしない日本政府に対して、その原因を公人自身の深層に潜む人種差別意識として鋭く厳しい指摘を行っている(33)。

日本政府は、国連の拷問禁止条約委員会・社会権限委員会・自由権規約委員会・人種差別撤廃委員会などの様々な条約委員会や、委員会が取り決めた条約に加盟しているという理由だけではなく、政治家である前に一人の人間として、行政、NGO、市民と協力し合って、慰安婦をはじめとする一人ひとりの人権や人格を尊重し、差別のない平和な社会の実現に向けて、最低限の人道的行為を果たす義務が課されているのではないだろうか。日本政府が、国連が指摘するところの自身の「深層に潜む人種差別意識」を謙虚に認め、回心し、そこから解放されることを望まなければ、真の意味で戦争責任を果たしたとは言えないだろう。

第二次世界大戦以来、日本国家が女性に向けてきた暴力的支配欲と攻撃性による人権や尊厳の剥奪は、現代においては日本国家や人類に対してもその矛先が向けられるようになってきた。その顕著な表れが憲法九条改正問題である。日本は、第二次世界大戦の悲惨さと、自国の犯した人道に反する罪に対する深い反省に基づいて、一九四六年に平和主義を基本原則とする日本国憲法を発布した。中でも、侵略戦争や他国での武力行為を禁止し、戦力の不所持を宣言し、国の交戦権を否認した憲法九条は日本が世界に誇る宝である。敗戦後の日本をあらゆる戦争から守り、人命を尊んだ憲法九条を今後も守り生かすことは、日本国民の大切な責務であることを誰もが自覚している。

ところが、二〇一四年七月一日に、前安倍内閣は集団的自衛権の行使を容認する閣議決定を行った。これに対して日本カトリック司教協議会は、憲法九条改正が憲法の基本原則を根底から揺るがすもので、軍備増強と武力行使を招きかねない提案として直ちに抗議声明を発表した。さらに、同司教協議会は、戦後七〇年にあたる二〇一五年二月に司教団メッセージを発表し、政府が特定秘密保護法や集団的自衛権の行使容認により、事実上、憲法九条の内実を変更し、他国での武力行使、あるいは他国の侵略戦争への参加を可能に仕向けようとしていることを厳しく非難した。(34) 司教団の主張は、憲法九条がいのちを尊重するキリストの福音そのものである戦争放棄に基づくものであり、九条によって憲法の不戦の理念を支持し尊重するのは当然であり、人類全体にとっても手放すことのできない理想であるというものである。司教団は今もなお教導職の教えに従って、世界に戦争拒否と関係改善のための粘り強い対話と交渉を訴え続けている。

現代の教導職の中でも、祖国ポーランドのナチス占領とユダヤ人大虐殺などの悲惨な戦争を体験した故教皇ヨハネ・パウロ二世の、平和に寄せる思いと世界平和を脅かす核兵器廃絶への願いは顕著である。世界が冷戦下にあった一九八一年、来日した教皇ヨハネ・パウロ二世は、被爆地広島で、第二次世界大戦終戦後も依然として増え続ける各国の核兵器によって、世界を巻き込む全面核戦争の可能性に警告を鳴らし、核保有国を強く非難した。教皇は、各国の指導者たちに向けて「平和アピール」として次のように訴えた。

戦争は人間のしわざです。戦争は人間の生命の破壊です。戦争は死です。……核戦争の恐怖と、その陰惨な結末については、考えたくないという人がいます。当地でのできごとを体験しつつも、よく生きてこられた人々の中にさえ、そう考える人がいます。また、国家が武器を取って戦い合うということを、実際に経験したことのない人々の中には、核戦争は起こりえないと考えたがる人もいます。さらに、核兵器は力の均衡を保ち、恐怖の均衡を保つため、いたし方のないものだとする人もいます。しかし、戦争と核兵器の脅威にさらされながら、それを防ぐための、各国家の果たすべき役割、個々人の役割を考えないですますことは許されません(35)。

人間性の回復のために、かけがえのない生命への尊重のために、核兵器廃絶を願った教皇のアピールは、被爆した日本人の心と体に刻み付けられた痛みや苦しみとの連帯の表れであり、世界の平和の責任を担う各国家と個々人への回心と良心の目覚めと、託された尊い役割の遵守を訴える心からの願いであった。

二〇一九年、教皇ヨハネ・パウロ二世の被爆地での平和メッセージから三八年ぶりに、教皇フランシスコは「平和の使者」として同じ被爆地広島を訪れ、「核の傘下」にありながら平和について語る核保有国の偽善的態度に対し、さらに強い言葉で次のように厳しく非難した。

確信をもって、あらためて申し上げます。戦争のために原子力を使用することは、現代において、犯罪以外の何ものでもありません。人類とその尊厳に反するだけでなく、わたしたちの共通の家の未来におけるあらゆる可能性に反します。原子力の戦争目的の使用は、倫理に反します。核兵器を保有することもまた倫理に反します。……戦争のための最新鋭で強力な兵器を製造しながら、平和について話すことなどどうしてできるでしょうか。差別と憎悪の演説という役に立たない行為をいくらかするだけで自らを正当化しながら、どうして平和について話せるでしょうか(36)。

教皇フランシスコが指摘するように、核保有国には、一方では平和について語り差別と憎しみについて立派な演説を行うふりをしながら、他方、莫大な軍事費を注ぎ込んで核兵器を製造するという矛盾が見られる。現代の国際社会は核兵器を巡る緊張関係の中にあり、核保有国同士は「核」という威力を振りかざしながら自国の強大さをアピールし、他国を牽制している。核兵器禁止条約に締約していないインドやパキスタンや、当条約から脱退した北朝鮮は核実験を繰り返す一方で、核非保有国は核保有国の圧力に恐れながらも、保有国の傘下で自国の身の安全を図ろうとしている。

こうした教皇の核保有国に対する厳しい態度の根底には、暴力に対する拒絶があった。

二〇一七年一月一日第五〇回「世界平和の日」教皇メッセージで述べたように、教皇フランシスコは世界平和を実現する要素として、「非暴力」による政治体制を掲げた。同メッセージによれば、「非暴力」とは、人と人、人と社会、人と国際社会という各段階の関係の中で、単に暴力や破壊を拒否することではなく、武力に訴えず、愛に基づく対話による希望的・平和的な紛争解決の政策を意味するのである。[37] 教皇フランシスコは、核兵器という武器や暴力がこの地上にもたらすものは、不幸以外の何ものでもないことを、広島・長崎原爆の証言を通して確信しているのである。

核兵器廃絶による平和の実現は、私たち一人ひとりの姿勢にかかっている。一人では無力な人間も同じ志を持つ人々と連帯し核保有国を厳しく抗議することで、世界と国を変えることができるはずである。一九九八年のインド、パキスタンの核実験で核拡散に危機を募らせた被爆地長崎で創設された「高校生平和大使」は、毎年核兵器廃絶と世界平和の実現を求めた署名運動を行い、国連を訪れて核のない世界平和の実現に向けて、被爆国日本の声を伝えている。日本の高校生たちによる真剣な草の根運動は国連でも高く評価され、二〇一四年の高校生平和大使代表が、民間人としては初めてとなるスイス・ジュネーブ国連欧州本部での軍縮会議本会場で、世界に向けて核廃絶による世界平和を訴えるメッセージを発信したことも記憶に新しい。

平和大使の高校生たちは、世界の一人でも多くの人に被爆者の体験を語ることこそ被爆国日本に生まれた者の使命であり、平和の一歩に繋がるという確信をもって、核兵器に抗議し、微力な一人ひとりの連帯を通して核のない平和な世界を目指しているのである。この連帯と抗議の輪に私たち一人ひとりも招かれている。

日本と日本の教会はもう一度、オリヴェイラ氏の呼びかけに応えて、ファティマの聖母が勧めたマリアの御心崇敬に立ち戻りたい。マリアの御心崇敬は、

・日々自己中心性によって神から離れてしまう弱さを回心し、罪を悔い改めること
・マリアの御心に自分自身を日々奉献すること
・世界平和と戦争終結のためにロザリオの祈りを唱えること
・人類の償いのために初土曜日の信心を行うこと

こうしたオリヴェイラ氏の日本に対するマリアの御心崇敬の呼びかけを受けて、日本の教会のキリスト者はマリアの御心崇敬の意義を再確認すると共に、単なる個人的崇敬に終わることなく、自分たちが生きる社会の抑圧や不義、差別からの解放の実現のために真剣な取り組みが求められている。

同時に、オリヴェイラ氏の呼びかけはキリスト者に限らず、日本に生きる全ての人に向けられたものでもある。国家レベルにおいて、国連を始め諸国から批判を受けている現代日本の深刻な問題である人権侵害や人種差別、暴力的支配の撲滅のために、国民一人ひとりが自己中心性を放棄し、相手の人格を尊重し、尊厳を大切にするならば、そこにはすでに個人レベルで人権を擁護し、人種差別の撲滅に一歩を踏み出すことになるのである。宗教に関係なく、一人ひとりが心の奥底から響く愛の声（良心）に従って、自己中心性から回心し、他者の救いや解放のための小さな犠牲を惜しまず、平和を求めて祈り、個人・社会・国家・世界が犯している罪に気づいて謙遜に償いを願う

ならば、これこそマリアの御心を生きていることになる。

奇しくも日本の教会は、長いキリスト教迫害の間マリアの御心崇敬によって信仰を守られ、教会の復活と共に、日本と日本国民をマリアの汚れなき御心に奉献し、マリアの御心を日本の教会の擁護者と定めた。マリアの汚れなき御心に奉献された日本に住む私たち一人ひとりは、今、マリアの御心崇敬の意義を再確認し、その実践に真摯に取り組まなければならない。

日本社会や教会、家庭、学校、職場の隅々に見られる互いの不和や争いという抑圧の下で、多くの人々が苦しんでいる。戦争とは武器を手に争う次元のものだけではなく、目に見えない互いの憎しみや言葉の暴力、自分の心の奥にはびこる自分自身への非難というものまでも含んでいる。マリアは、キリスト者の行う御心崇敬を通して、これらの抑圧から日本の社会や教会や人々を解放する救いの協力者なのである。「最後はマリアの汚れなき御心が勝利するでしょう」というマリアのこの言葉は、マリアの汚れなき御心に宿るイエスの聖心によってこそもたらされる勝利を意味している。

―小結―

日本ではキリスト教迫害の激化と共に、教会が破壊され、外国人宣教者が国外に追放され、最後の日本人司祭が殉教したのが一六四四年。それから二〇〇年後の一八四四年、パリ外国宣教会のフォルカード神父は、日本への再上陸を試みるが実現せず、船上より将来の迫害収束の暁には、日本と国民を聖母の最潔き御心に奉献し、マリアの最潔き御心を日本の教会の擁護者とすることを宣言した。

二〇〇年の間に日本の教会の建物は全て壊され、一人の宣教師も、司祭も、修道者もいなくなり、信徒だけで信仰を守り続けたことになる。過酷なキリシタン弾圧下で、信徒たちの信仰を支えたのは、フォルカード神父によって奉献が予告されていたマリアの御心に対する崇敬であった。神は恵みによってキリシタンの心をマリアの御心崇敬へと向けさせ、全ての人の魂の救いのために命を捧げたキリストに対する彼らの信仰と愛を強め、殉教さえも受け入れる霊的・精神的強さを与えた。キリシタンたちは、いつ捕らえられ拷問を受けるともわからない迫害の恐怖に怯えながらも、ロザリオやメダイ、マリア像にすがりながら、マリアの保護ととりなしを熱心に祈り、マリアの御心に自分の全てを奉献していた。一八七三年の高札撤去により、完全な信仰の自由と解放の時を迎えたキリシタンにとって、マリアの御心崇敬こそが迫害という危機的状況から彼らを解放し、信仰の復活へと導いたことを確信した奇跡的出来事となったことだろう。

日本のキリシタンが体験したマリアの御心崇敬を通しての迫害からの解放は、ちょうど、一六世紀のグァダルペの聖母出現で混血民族が体験した抑圧からの解放と新しい教会の誕生の出来事と重なる。グァダルペの聖母の出来事の中心的メッセージは、征服者であるスペイン人と、征服されたディエゴをはじめとする先住民との間に誕生する新しい混血の民による、新しい世界、新しい教会における新しい福音宣教を表していることにある。それは、混血し合う両者が自己中心性を捨ててキリストのもとに立ち戻り、他を排除することなく互いに認め合うことで、キリストを中心に一つに結ばれ、福音を証しする新しい教会の姿を意味する。聖母は新しい教会の母として、誕生したばかりの新しい神の民の歩みに寄り添い、彼らと共に歩み、彼らの信仰を支え、苦しみを共に担いながら、キリストによる解放へと導いた。

混血民族の神学者エリゾンドは、現代のグァダルペ神学のテーマを「正義」あるいは「解放」に見出だした。彼はマニフィカトを引用して、聖母を通してディエゴと司教の立場が逆転されたことにより、互いが相手の尊厳を認め合い、解放を体験する中で、それぞれに託された福音宣教の使命に目覚めたと考えた。

グァダルペの聖母崇敬は、現代のあらゆる次元において解放を必要とする私たち一人ひとりのためにとりなす聖母に対する、キリスト者の感謝と賛美の表れである。キリスト者はグァダルペの聖母崇敬を通して、聖母が私たち一人ひとりを神に似せて作られた存在として見るように、私たちもまた自分自身と他者を愛と尊敬をもって認め合い、聖母と共に互いの解放と自由のために奉仕し合うのである。

エリゾンドのグァダルペ神学によれば、聖母による解放の思想は、すでに当時ラテンアメリカに広がっていた解放の神学の影響を受けていたと考えられる。ラテンアメリカにおけるマリアの御心崇敬は、解放の霊性との関係性の中で語られる。解放の神学の草分け的存在であるグティエレスとボフは、ブラジルとラテンアメリカに、「教会基礎共同体」を数多く結成した。この共同体は、キリスト者たちが都市、農村の貧困地帯に共に暮らしながら、社会的抑圧と貧困にあえぐ生活の中で、自分たちの生活を聖書に照らし合わせて分析し、その現実が神のみ旨に適ったものかどうかを識別し、福音的価値に基づく連帯や奉仕を行う中で、解放の神学を生み出した。

グティエレスは、解放の神学を基盤として具体的に福音を生きる道として「解放の霊性」を示し、三つの特徴として「回心」、「無償性」、「終末における全面的解放」を挙げた。解放の霊性を実際に生きているのが、ラテンアメリカの「教会基礎共同体」である。筆者は、グティエレスが示した解放の霊性の三つの特徴に、マリアの御心崇敬の本質である「償い」、「奉献」、「全ての人の救い」の重なりを見たことから、マリアの御心の霊性の基盤には「解放・救い」があるという推論をたてた。事実、グティエレスは解放の霊性の集大成として「マニフィカト」を挙げ、マリア自身が抑圧された者の代表であり、真の解放や歴史の救いは、抑圧された者の手によって実現可能であると捉えた。

教皇フランシスコは、心を剣で貫かれたマリアを不正によって抑圧された民衆の苦しみを理解する方のシンボルとして捉えた。心を剣で刺し貫かれたその痛みは、正義による解放の実現に向けて全ての民が味わう苦しみそのものであり、マリアは、全人類の母として民に代わって彼らの苦しみを受け取ることで、民に対する無償の愛を示した。マリアは抑圧された民衆と共に歩み、共に闘いながら、民衆の痛みを剣で貫かれた自分自身の愛の御心で温かく包み込んだ。こうして、マリアの御心崇敬は、抑圧された人々が回心によって神に立ち戻り、解放の恵みに与ることができるよう、キリスト者がマリアの奉献の苦しみを共に担い、終末的解放に向けて、マリアと共に不正や抑圧と闘う解放の霊性として現れた。

ラテンアメリカの物質的・精神的貧しさとしての現象は、現代の日本社会にも同じように存在する。二〇一三年度から二〇一八年度の間、国連は日本政府に対して、日本軍慰安婦問題をはじめ日本に見られる人権問題を指摘し、特に、慰安婦問題については国家レベルでの差別や人権侵害の改善を求め、特に被害者である元慰安婦個人に対する誠実な謝罪と対応を図るよう勧告した。しかしながら、日本政府は国連の勧告に対しては、法的拘束力の無さを主張し、人権侵害問題に取り組む真摯な姿勢を示していない。

日本カトリック司教団は、こうした日本社会の女性に対する人権侵害の要因を、男性の支配欲と攻撃性によって女性を「性」の快楽として物のように扱う感覚の異常性にあると厳しく指摘し、神の似姿に創られ、祝福された（創1・27参照）人格的存在として、一人ひとりの人間性を回復させるよう求めた。人間が本来抱くべき、超越的存在に対する畏敬の念と謙虚さへの無関心や、自己中心性などの精神的貧しさは、現代の日本社会が抱える諸問題の根本にあるのではないだろうか。そうした諸問題からの解放のために、マリアの御心崇敬が果たす意義は大きい。

マリアの汚れなき御心への深い崇敬を示していたオリヴェイラ氏は、今から三〇年ほど前にはすでに、マリアの御心崇敬が当時の世界と日本社会に抑圧からの解放をもたらすと指摘していた。オリヴェイラ氏は、ファティマの聖母のメッセージに従って、やがて訪れる試練からの解放のために、日本の教会に対してマリアの汚れなき御心崇敬を強く勧めた。あれから三〇年余りたつ現在、日本は依然として平和とは無縁の無秩序、混乱、不正、悪の支配下にある。第二次世界大戦での被爆国として、憲法九条を掲げて戦争放棄を世界に公言し、核兵器廃絶を訴えてきた一方で、平和が足元から揺さぶられる危機に直面している。マリアの汚れなき御心に奉献された日本と日本国民、マリアの汚れなき御心を擁護者と宣言した日本の教会は、平和を脅かすあらゆる抑圧からの解放を願って、ファティマの聖母の勧めに従って、マリアの御心崇敬の実践に真摯に励まなければならない。

キリスト者に限らず、宗教に関係なく一人ひとりが心の奥底から突き動かされる愛に従って、自己中心性から解放され、他者の救いのために自分にできる小さな犠牲を惜しまず、平和の実現のために祈り、社会や国家が犯している罪に気づいて謙遜に償いを願うならば、これこそマリアの御心崇敬の賜物と言えるだろう。

続く第2節では、危機的状況にある人々の中でも、特に女性に解放をもたらすマリア崇敬について論述したい。フェミニスト神学におけるマリア観について述べた後、日本における女性への抑圧の現状のいくつかを挙げ、教皇ヨハネ・パウロ二世が示す女性観から、マリアの御心の霊性の中枢とも言える自発的な「母性性」と「自己奉献」についての理解を深めていく。

第2節　女性に解放をもたらすマリア

創世記は人間の創造を、「主なる神は、土（アダマ）の塵で人（アダム）を形づくり、その鼻に命の息を吹き入れられた。人はこうして生きる者となった」（創2・7）と記す。神は、初めに「男」を創造したのではなく、「人」（アダム）を創造した。しかも、神は人間を神にかたどって、神に似せて創造された（創1・26–27参照）わけであるから、神の前で人間は男女の区別なく平等で、一人ひとりが尊い存在なのである。キリスト教人間論の原点がここにあるのは、第1章で既述した通りである。

1．フェミニスト神学におけるマリア観

二〇世紀後半、多くのフェミニスト神学者は、創世記の記す人間観と、創造と贖いの秘義に見られる男女平等性の規範に反して、女性の尊厳が虐げられている現状に対して、天地創造の神の意志の否定であり、キリスト教信仰に反するものとして、女性の人間性の回復を願って声を上げた。ここでは、女性の尊厳の回復のために、マリア崇敬に依拠したメキシコ系アメリカ人のメスティーソ・フェミニスト神学者たちと、マリア崇敬を否定しつつ、イエスのケノーシスに女性の人権の復活を見出だしたアメリカ人フェミニスト神学者、ローズマリー・ラドフォード・リューサー（Rosemary Radford Ruether 1936–）を取り上げる。

メキシコ系アメリカ人のフェミニスト神学者の間では、ここ十数年、既存のグァダルペの聖母についての解釈に新たな視点を加える動きが見られる。そのうちの一人ジャネット・ロドリゲス（Jeanette Rodriguez 1990–）は著書 *Our Lady of Guadalupe: Faith and Empowerment among Mexican-American Women* において、メキシコ系アメリカ人女性にとっての信仰表現の中でも、グァダルペの聖母が神の無償の愛と女性性を身にまとった神の顔のシンボルであると記している。実際、グァダルペの聖母は御子イエスを胎に宿した妊婦の姿で出現したが、これは出現の中心がイエスにあることを示すためであり、同時に、命の豊饒のシンボルである女性性の強調によって女性の尊厳を高めるためでもあった。Rodriguez は、女性が日々の生活と取り巻く環境の中で変化を目指して働きながら、ホアン・ディエゴが体験した解放の使命への招きにより完全に取り組むことができるよう、グァダルペの聖母のメッセージの中に深いチャレンジを読み取っていこうとした。[38]

メキシコ系アメリカ人作家のサンドラ・シスネロス（Sandra Cisneros）もまた著書の中で、グァダルペの聖母が伝統的なジェンダーの役割の断ち切りを提唱し、シスネロスの期待に応える存在として表されている。彼女自身、まだシカゴに住んでいた子供時代には、家族の中でも文化的にも女性の体や性について語られることはなく、女性の純潔や男性の性の乱れなどに対しても、グァダルペの聖母は神による制裁の基準と認められていた。しかし、メキシコのグァダルペ大聖堂を訪れて初めて、褐色の肌をしたメキシコ系アメリカ人とメキシコ人それぞれの中に宿る神の力の女性的表れとして、グァダルペの聖母の真の意味を理解し、女性の肉体的存在の全てを神に似せて創られたものと見ることができるようになった(39)。

さらに、女性神学者ピネダ－マドリッドは、メキシコ系アメリカ人フェミニスト神学者たちにとってのグァダルペの聖母による「解放」の解釈の重要性を述べる。彼女たちにとって聖母は、メキシコ系アメリカ人を支え彼らの自尊心を回復するための癒しと変容を、さらに、彼ら自身が人間とあらゆる被造物の相互関係をより深く理解するための解放をもたらした。彼女たちはこうした聖母と解放の関係性から、グァダルペの聖母が、キリストの贖いの神秘において果たすとりなしの役割の神学的根拠を示した(40)。

こうしたメキシコ系アメリカ人フェミニスト神学者たちは、メスティーソ（「混血民族」）としての女性性を強調したグァダルペの聖母の姿の中に、差別され、抑圧された混血女性の尊厳の回復の表れを見出だした。聖母は自らが混血の女性、妊婦の女性として現れることで、混血女性の自尊心を高めて癒しと変容をもたらし、豊かな命を生み育む女性だけに与えられた特別な使命に目覚めさせたのである。メスティーソ・フェミニスト神学者たちにとって聖母は、共に同じ抑圧・差別を受ける女性として、彼女たちの苦難に寄り添い、励まし、支えながら、キリストの救いの秘義にとりなし、彼女たちに内的解放・救いをもたらす真の解放者であった。

他方、アメリカのフェミニスト神学者たちは、アメリカのキリスト教が植民地時代から直面してきたジェンダー・パラドックスの影響を受けている。一九世紀のアメリカ社会では、女性には敬虔、純潔、従順、家庭的な「女性らしさ」求められていた。アメリカの教会もその影響を受け、数の上では圧倒的に女性が多いにもかかわらず、男性による支配や女性の宗教的シーダーシップに対する抑制などの様々な制限が加えられていた。[41]

アメリカのキリスト教教会では、様々の聖書の個所やキリスト教伝統、例えば、女性がアダムに合う助け手として創造されたこと（創2・18参照）、イエスが女性を使徒に選ばなかったこと、パウロが妻は全ての面で夫に仕えるべき（エフェ5・24参照）、婦人は教会では黙っているべき（一コリ14・34参照）と命じていることなどを取り上げて、女性のリーダーシップが否定された。こうした事実に対して、アメリカのフェミニスト神学者リューサーは、聖書とキリスト教伝統に女性の経験を包括させることで、聖書や伝統を再解釈しようとしたのである。[42]

リューサーが、キリスト教的伝統に浸透した家父長主義構造によって矮小化され、否定されている女性の人間性の解放のために用いたのが「預言者の原則」である。リューサーは、聖書に見られる預言者の神やイエスの預言的宣教の教えに従って、直面している世界の不正な体制と神の恵みを逆転させることで平和と正義が実現され、被抑圧者に救いがもたらされると考えた。神の身分でありながら、十字架の死に至るまで自分を無にして仕える僕の姿をとり（フィリ2・6―7参照）、権力ある者を引き下ろし、卑しいものを引き上げて（ルカ1・52参照）、抑圧された女性を自由にしたキリストの救いの業そのものに、女性の解放の原点を見出だしたのである。[43]

こうした聖書的キリスト教伝統の解釈によって、解放のメッセージを隠蔽しているイデオロギー的神秘化を見過ごすことなく、それを解体することがフェミニスト神学の役割であることをリューサーは強調する。フェミニスト神学は教会に対して、不正な権力の側ではなく、社会的正義の側に立つことで、聖書の中で預言者が貧しい者や抑圧された者を支持し、不正な社会的ヒエラルキーやその宗教的正当化を糾弾したことの意味を悟るよう求めたのである。こうした聖書による再評価を行っているのがまさしく、今日のラテンアメリカの教会基礎共同体である。[44]

リューサーは、キリスト教がヒエラルキーの宗教になり、やがて帝国の宗教になったことで、しもべとして受難するメシア像を改竄（ざん）し神秘化したと指摘する。イエスのしもべの姿は父なる神に忠誠を誓い、御父の望みを実現するために自分の命を投げ出すことさえ厭わず、尊厳を失った人間性を回復するために受難する覚悟ができている姿である。

しかし、あなたがたの間では、そうであってはならない。
あなたがたの中で偉くなりたい者は、皆に仕える者になり、
いちばん上になりたい者は、皆の僕になりなさい。
人の子が、仕えられるためではなく仕えるために、
また、多くの人の身代金として自分の命を献げるために来たのと同じように。
（マタ20・26―28）

このため、リューサーは預言者の原則に従って、イエスの示すしもべの姿に照らし合わせて、現行の社会秩序と宗教的・社会的・経済的権力のヒエラルキーを批判し、家父長制への非難を発展させ、未来において権力によって抑圧された人々を解放するメシア到来のビジョンを広げていった。

ところで、多くのフェミニスト神学者たちは、カトリック教会のマリア崇敬に対して、家父長制が作り出した従順で受動的女性像の強要の表れとして、一方的に否定的な態度を示している。リューサーは、マリアを歴史的・聖書的に再解釈することで、カトリック教会のマリア崇敬を客観的に批判しつつも、現代社会の諸問題においてマリア神学が果たしうる可能性を示しながら、著書『マリア――教会における女性像』に記した。

リューサーは教会の歴史的思想に見られるマリアのシンボルを、古代の女神、旧約のイスラエル、ユダヤ教の知恵、福音書、神の女性性の中に見出だした。マリアは、古代オリエントの女神像が地母神信仰と結びついてキリスト教に受け継がれたものと言われているが[45]、それは、旧約のイスラエルでは信仰の対象としては消えていった。しかし、そのイメージは隠喩やたとえの形で生き残り、マリアは旧約の神の花嫁であるイスラエルのかたどりと見られるようになった。同時にマリアは、旧約においては、神の創造・摂理・啓示・救済の仲介者としての神の「知恵」にも例えられた[46]。

やがて、リューサーは、新約聖書の中のマリアに具体的なイメージを見出だした。マリアはイエスの母として記されるが、イエスの母マリアは歴史上の人物としても、神学的シンボルとしてもあまり登場しない。ルカ福音書はマリアを、イエスの受胎を自らの意志で受け入れ、生まれた子の将来の使命を「思い巡らす」ことによって、神の救済の計画の中で積極的な役割を果たす女性に仕立て上げた。さらに、マリアの賛歌（ルカ1・46―55参照）から、マリアがこの世の歴史に神の啓示が示されようとする重要な出来事を、先頭に立って推し進めていく人物として捉えた。ルカ福音書におけるマリアは、新しいイスラエル、教会、そして、救われた民全体のシンボルであった。

カトリック教会においては、マタイとルカのイエスの誕生物語に出てくる処女懐胎の話の中心は、マリアが処女であったということではなくイエスが神の特別の意志によって、処女マリアの懐胎の瞬間から神に選ばれていたという点である。しかしながら、リューサーは、マリアがイエスを生んだことを除けば、他の点ではごく普通の、結婚した女であったと結論づけた[47]。

リューサーは、福音書に登場するいくつかの場面から、マリアにイエスを信頼せずイエスの宣教活動を妨げる母としてのイメージを当てはめた。「父は子と、子は父と、母は娘と、娘は母と、しゅうとめは嫁と、嫁はしゅうとめと、対立して分かれる」（ルカ12・53）や、「なんと幸いなことでしょう、あなたを宿した胎、あなたが吸った乳房は。……むしろ、幸いなのは神の言葉を聞き、それを守る人である」（ルカ11・27―28）は、イエスと家族の間にあった否定的関係の反映とし、イエスが家族や親族に対して敵対心を抱いていたことを強調する。イエスとマリアの関係についても同様で、共観福音書の十字架の場にも、復活の場にも母マリアが登場していないことから、イエスの生存中にはイエスの母はイエスを信じていないばかりか、イエスの宣教活動を妨げようとした人物として見られていたとする。

こうした聖書的根拠に基づいて、リューサーは、カトリック教会の崇敬するマリアが、清い処女でありながら慈悲深い母親として理解され、生涯にわたってイエスへの信仰と忠誠を貫き、救済の業においてはイエスに協力し、イエスと人類との仲介をする女性、神に対する教会の模範として描かれていることに対して反論する。リューサーは、カトリック教会が伝統の枠の中で作り上げた控え目で、従順で、奉仕の精神に満ちた女性らしさをもったマリア観を批判し、むしろ、教会の伝統の枠を破って情熱的な愛で大胆に十字架の下までイエスに従い、復活の第一の証人となったマグダラのマリアを高く評価した(48)。

以上のように、リューサーは、マリアを古代オリエントからユダヤ、ギリシアの文化や宗教を経てキリスト教に流れこんできた女性の宗教的イメージや役割を重ね合わせられた一人の女性として捉え、マリア神学を後代の神学的思索の産物とした。リューサーにとってマリア神学は、初期のキリスト教徒たちの目に映ったマリアという一人の信仰者の優れた宗教体験から生まれたものではなかった。

リューサーは、カトリック教会のマリア神学として、新しいエバ・永遠の処女、神の母、聖母被昇天、恩寵の仲介者、処女懐胎を挙げる。それぞれの教義についてはすでに第1章で紹介したのでここでの繰り返しを避ける。マリア神学は一六世紀の宗教改革を機に、プロテスタントの間から薄れていくが、それでも「無原罪の御宿り」と「聖母被昇天」の教義宣言以前のことであり、宗教改革者たちによるマリア神学への糾弾はまだなかった。むしろ、ルターでさえも神からの恩寵を謙遜、従順に受け入れた信仰にマリアの偉大さを見出だしている。ここでルターが強調したのが、マリアに対する特別な祝福はイエス・キリストの恵みによるものであり、マリア自身に功績があったからではないということであった。

リューサーは、現代のキリスト教教会が抱えている女性抑圧の原因は男性支配階級にあり、その女性抑圧の起源は支配する神と、支配され服従する世界の関係性に置かれていると指摘する。これは神の高い超越性から来る権力と、被造物の尊厳を低く見る抑圧との対比関係から生まれるものである。神の超越性は、神の似姿に近づこうとする全被造物の土台であり、被造物の新たな生命を渇望する力の源、男女がよって立つ出発点であり最終目的地である。人間同士の男女間の関係性については、支配と服従という関係を断ち切って、一人ひとりが性の区別なく完全な人間で、社会の一員として対等でバランスの取れた相互関係を築きながら、対話のできる平等な関係性を構築する必要性をリューサーは力説する。

しかし、こうしたキリスト教の男性支配階級の間でもマリアへの深い崇敬が見られることを理由に、リューサーが、男女間の対等な関係性の構築のために、男性からのアプローチの手段としてマリア神学を用いていることは注目に値する。リューサーにとってマリア神学は、圧倒的に強く能動的で男性的な立場にある「神」と、神の前では神からの恵みをいただく、弱く受動的で女性的な存在にすぎないキリスト者という関係性を基本にして、相手を敬いへりくだる姿勢を男性権力者に示すものなのである。リューサーはマリア神学を媒介にして、能動的であることが支配を意味せず、受動的であることが依存を意味しない「相互性」という新しい関係性の上に男性を立たせることで、本来は能動的イメージを与える男性に、真の意味での受動の女性性を体験させることを試みた。男性がマリア神学を受け入れ、それを生きる時、女性に対しても尊厳を認め、相互的で健全な人間関係を築くきっかけが生まれることになり、このことが女性と自分自身の自己実現に力を貸すことが可能になる。その実現のためにも、男女間の相互性が保証されうるような、社会や家庭における新しい役割分担と、活動の助け合いの精神が必要だとリューサーは強調する。(49)

男性性と女性性の相互性を見事に完成したのがイエス・キリストである。「神の身分でありながら、神と等しい者であることに固執しようとは思わず、かえって自分を無にして、僕の身分になり、人間と同じ者になられ……人間の姿で現れ、へりくだって、死に至るまで、それも十字架の死に至るまで従順」（フィリ２・６―８）であったイエスは、救いのみ業の完成のために王の支配的地位を捨て被造物の世界に聖霊を注ぎ、真の愛に満ちた相互的関係性を築いて彼らに奉仕し自己譲与を果たした。こうしてキリストの十字架は、旧約の時代から受け継がれてきた男性的な絶対的権能を持つ伝統的神理解を、女性的な仕える神のイメージへと変容させたのである。

リューサーがキリストとマリアの関係において最も強調した点は、キリストを通して示されるこの新しい神理解である。リューサーは、「思い上がる者を打ち散らし、権力ある者をその座から引き降ろし、身分の低い者を高く上げる」（ルカ１・51―53）ために、「自分を無にして、僕の身分になり、人間と同じ者になられた」（フィリ２・７）キリストに、真の神の表れを見ている。そこには、男性的な権力による支配の神はなく、一人ひとりをこよなく愛し、自分を無にして仕える女性性を伴った神としてのアイデンティティが明らかにされる。

このキリストの到来は、神の恵みそのものである。御父は、人間の心の奥底にある呻きを聞いた聖霊の働きによって、御子キリストを十字架上の愛の奉献に与らせ、御子を通して救いの恵みの賜物を無償で人類に与えられた。キリストは恵みによって、差別による抑圧を受けた人間全体（教会）を解放し救いに導く。リューサーは、こうした抑圧の中から解放された全ての人（教会）をマリアと重ねた。リューサーにとってマリアは、あくまでもキリストによって救われる受け身の側にあり、マリア自身に特別の栄誉が与えられることがあってはならないというマリア観を示したのである。

ここまで述べてきたリューサーのフェミニスト神学についてまとめると、彼女のフェミニスト神学の中心にあるのは、伝統的キリスト教会における女性差別の原因が、支配する神と支配される被造物の関係性に男性と女性を重ねたことによるものだということである。リューサーはキリスト教会における女性差別に対して「預言者の原則」を用いて、十字架の死に至るまで自分を無にして仕える僕の姿をとり、権力ある者を引き下ろし、卑しいものを引き上げて、抑圧された女性を自由にしたキリストの救いの業そのものに、女性の解放の原点を見出だし、男性性から女性性への転換を神概念に取り入れた。

リューサーがカトリック教会のマリア崇敬を厳しく批判するのは、恵みであるキリストの救いの業に与る人間の一人にすぎないマリアが、聖書的根拠が示されないまま過大評価されているためである。しかしながら、リューサーは、カトリック信徒としてマリア神学の有用性を認めている。マリア神学を痛烈に批判しつつも、同じものを生かすことでカトリック教会を再構築しようとする姿勢に、リューサーのフェミニスト神学の客観性が伺える。

リューサーの示すマリア神学は、現代社会や教会が抱える男性優位主義による性差別の問題に解決の糸口を与えてくれる。マリア神学は、差別されている女性だけではなく、教会で支配する立場にある男性権力者にも解放の道を開くことになる。なぜなら、教会の男性権威者にとっても身近なマリア神学は、キリストの救いの秘義におけるケノーシスを模範として、自己を無償で捧げながら人に奉仕し、相手の尊厳を大切にし、互いに助け合うマリアの女性的相互性を示すからである。

以上、メキシコ系アメリカ人のメスティーソ・フェミニスト神学者とアメリカ人フェミニスト神学者によるフェミニスト神学におけるマリア観について論述してきた。

メスティーソ・フェミニスト神学者は、女性性を強調したグァダルペの聖母自身の中に、混血民族として差別・抑圧された女性の尊厳の回復を見出だした。グァダルペの聖母崇敬は、身をもって混血女性たちの苦難に寄り添い、守り、支えながらキリストの救いのみ業の実現に向けてとりなし、真の内的解放と救いをもたらす真の解放者への賛美と感謝の祈りであった。

一方、アメリカ人フェミニスト神学者を代表するリューサーは、キリストの十字架の死に至るまでのケノーシスによって、仕える僕のすがたをとり、権力ある者をその座から降ろし（マニフィカト）、抑圧された女性を解放したキリストの救いのみ業に女性の解放の完成を見出だした。キリストのケノーシスは、従来のキリスト教の神概念を、男性的権力者として支配する神から、一人ひとりを愛するあまり自分を無にして仕える女性性を伴った神へと転換させ、キリストにおいて神の男性性と女性性の結合が実現した。リューサーは女性解放の中心を男性性と女性性を有する神としてのキリストにおき、あくまでもキリストによって救われる者として特別の栄誉が与えられるべきではないというマリア観を示した。

メキシコ系アメリカ人とアメリカ人フェミニスト神学者によるマリア観が明らかになったところで、第2節では、現代の日本社会において尊厳を奪われた女性の実状と、そこに働く解放者マリアについて論述していきたい。

2．現代日本において尊厳を奪われた女性の解放者マリア

第1節で既述した通り、第二次世界大戦以降の従軍慰安婦問題や、高度経済成長期のアジアの第三世界の女性の性の搾取問題と同様に、現代の日本社会には、女性の尊厳に対する意識の低さが依然として問題視されており、それを暗黙のうちに許す異常な感覚が蔓延し、その結果女性の自己肯定感の低さを招く悲惨な結果を生み出している。

日本社会における女性の社会的地位の低さは、国際的に見ても顕著である。世界経済フォーラムが公表した二〇一九年の「グローバル・ジェンダー・ギャップレポート」によれば、日本のジェンダー・ギャップの総合指数は

〇・六五二で、総合ランキング一五三か国中一二一位、主要先進国七か国中最下位と過去最低の順位となり、世界基準から見た日本のジェンダー格差はかなり深刻である。日本の分野別スコアによれば、教育と健康は〇・九八三（九一位／一五三中）と〇・九七九（四〇／一五三）とスコアは高いが、経済は〇・五九八（一一五／一五三）、政治に至っては〇・〇四九（一四四／一五三）と世界最低水準である。日本においては、政治、経済の分野での女性参画の低さが如実に表れている。[50]

世界の経済面のジェンダー・ギャップの要因としては、女性が管理職やリーダーになる割合が低いこと、女性の賃金低迷、低就労率、低所得などがあげられる。政治面のギャップの要因としては、閣僚数一三九位／一五三中、国会議員数一三五位／一五三中、という順位に見られるように、明らかに女性の政治参加者数の低さにある。政治参加者数の低さは、政策決定の場に女性の声が反映されず、女性差別の悪循環を生み出す。

日本国憲法は男女平等を理念に掲げ、法制上も「男女雇用機会均等法」などにおいて男女平等の原則が確立されている。しかしながら、日本には伝統的に男性が社会で働き、女性は家庭を守るという男女の役割が固定化されており、職場や家庭において様々の男女差別が生じているのが現状である。

国は「男女共同参画社会基本法」（平成一一年施行）、「配偶者からの暴力の防止及び被害者の保護等に関する法律」（平成一三年施行）、「女性の職業生活における活躍の推進に関する法律」（平成二七年）などを制定して、女性をあらゆる暴力から守って女性の権利を擁護し、雇用においても男女の均等な機会と待遇を確保し、男女平等を推進する教育・学習の充実を図ってきた。[51]

しかしながら、女性差別は国家レベルで法を制定するだけでは解決できるものではない。男性の心の奥底に潜む女性への偏見や差別や蔑視からくる暴力的支配、被害者となる女性の自信の無さや自己肯定感の低さ、諦めからくる男性への従属などの双方の根本的な問題が取り除かれない限り、女性差別は解決の糸口を見出だせない。ここ数年の日本のジェンダー格差が広がる傾向は、日本人男性の女性に対する尊厳の欠如がますます深刻化していることを表しており、国際社会においても、日本社会においても緊急に対処すべき課題である。男性の女性に対する尊厳の欠如は、女性蔑視や女性差別を生み出し、性被害へと発展して一生涯消えることのない心身の傷を女性に追わせてしまうことになる。

近年日本で多発している女性差別の表れとしては、性犯罪、配偶者からの精神的・身体的暴力（DV）、職場などでの性暴力や妊娠・出産を理由にした不利益取扱いなどがある。性被害を受けた伊藤詩織氏が刑事事件としては不起訴とされた後、顔と名前を出して民事訴訟を起こし勝訴し、加害者に賠償命令が下されたニュースは記憶に新しいだろう。特に性被害者が受けた被害を公にすることは心理的・精神的負担が大きく、泣き寝入りせざる得ないことが多い中で、伊藤氏が社会からの批判を受けながらも勇敢に戦ったことは、日本社会の多くの性被害者に声を上げる勇気と、加害者たちには女性の尊厳を訴える機会となった。伊藤氏は記者会見で、「性暴力を許さない社会にしていくために、周りの人たちも傍観者にならないで支えてほしい」と涙で訴えた。

性暴力の背景にある男性の女性蔑視や差別は、女性も男性と同じように神の似姿として創られた一人の人間として、尊重されるべき存在であるという意識の欠如からくる、加害者の自己中心性から起こる。加害者には、ストレスのはけ口や男性社会の都合のために利用される女性たちが、一生涯身に負っていかなければならない心と体の傷の深さを我身に置き換えて想像してほしい。

現代の日本における女性差別は、社会だけではなく教会にも見られる現象である。筆者が二〇二〇年三月に行ったアンケート回答から、伝統的カトリック教会に潜む女性差別の問題を指摘する声があった。

「女性」の問題を含め、これらの問題はいずれもカトリック教会によるカトリック教会自身の性の抑圧に起因しているものと思われ、教会全体の解放を要する課題の一つではないかと考えている。性の抑圧、偏見は、そこからの解放がイエスの福音の中心的な関心事とは言えないかもしれず、むしろ福音の精神からおのずと答えが導き出されるはずの一つの傍流的な課題なのかもしれないが、そうは言っても教会の全史にわたって付きまとってきた根深い問題であると思う。こんなことにいつまでも関わり続けなければいけないカトリック教会の状況が残念でならないが、教会が頑なである限りは仕方がないので意見を言い続けたいと思っている。(52)

カトリック教会における女性差別の原因が、教会自身の性の抑圧に置かれており、抑圧する側の教会全体の解放の必要性が強調されている。回答の中にはこの抑圧がどこからくるものかの具体的指摘はないが、伝統的に継承されてきた位階制の含みともとれる。しかし、こうした教会の現状を批判で終わらせるのではなく、カトリック信徒としてキリスト教信仰の原点、教会のあるべき姿へと立ち戻ることの重要性が指摘されているのが印象深い。

ここには、現代の日本社会や教会が抱える尊厳を奪われた女性の解放の実現のために、可能な解決策が示されていると思われる。すなわち、性の抑圧者と被抑圧者の解放と、双方を取り巻く人々の忍耐強い関心と協力としての抗議と連帯である。マリア自身、家父長制による女性蔑視の強いユダヤ社会において、抑圧や差別を受け、苦しんだ一人の女性でありながら、マリアは現代の日本社会における女性差別問題のただ中においても、不正に対しては抗議し、女性としての尊厳を奪われて苦悩する多くの女性の苦しみを自分のものとして引き受けながら共感し、連帯している。

これはちょうど、グァダルペの聖母自身が、スペイン征服によって抑圧され、人間としての尊厳を剥奪された混血女性、しかもイエスを宿した妊婦の姿をとることによって、救い主キリストの恵みによって、差別された混血女性たちの尊厳を回復し、彼女たちの自尊心を高めて癒しと変容を与え、彼女たちに外的・内的解放をもたらした事実に重なる。

グァダルペの聖母は、先住民を抑圧した征服者には、その自己中心性によって引き起こした罪の償いと神への立ち戻りを、抑圧・差別されて自尊心を失った先住民には、神の似姿として創造された自分自身の存在の否定という罪の償いと神への立ち戻りを求めることによって、それぞれにとっての真の解放者となった。同じように、マリアは現代の日本社会の中で、女性を蔑視し女性の尊厳を奪った抑圧者には様々の機会を通して諭し、その自己中心性と被害者に与えた心身の傷を心から償うよう求める。同時に、マリアは、深く傷つけられた女性の心に愛をもって寄り添い、慰め、励まし、癒すことによって、少しずつ怒りからの解放をもたらしていくのである。

現代の日本の社会や教会で、尊厳を奪われた女性を癒し苦しみから解放するマリアは、日本社会に生きる全ての人を、被害者である女性の救いの協力に招いている。被抑圧者である女性の怒りから癒しに至る解放のプロセスには、長い時間と善意ある人々の温かい支えを必要とするからである。人間は国籍や民族、宗教や価値観、世代や性差にかかわらず、賜物として心の中に愛情を受け、外的・内的環境でその愛を育み、その愛を善意として人々に分かち合うことができる存在である。全ての人が自己中心性からくる無関心から解放されて、尊厳を失った女性たちの声にならない心の叫びに耳を傾け、愛の心で彼女たちの苦しみに寄り添い、連帯し、不義に抗議することによって、彼女たち自身が自らの尊厳を回復し、キリストによる解放へと導かれていくことだろう。

ここまで、現代社会や教会における女性に対する差別・偏見からの解放について述べてきたが、差別・偏見の別の表れとして、女性や母親であるがゆえに第三者から強制的に求められる母性愛や自己奉献が問題視されている。マリアに深い崇敬を示し、マリアを女性の模範と掲げた教皇ヨハネ・パウロ二世と、フェミニスト神学者たちの「母性と奉献」の認識の違いから起こる問題に注目し、現代におけるマリアの御心崇敬の実践神学的意義を霊性の中に見出だしていくことにする。

3. 教皇ヨハネ・パウロ二世の女性観とマリアの御心の霊性――母性愛と自発的自己奉献

ここから取り上げる母性愛と自己奉献を巡る女性差別は、すでに第二次世界大戦中の日本において見られる現象である。女性史研究家である加納美紀代氏は著書『天皇制とジェンダー』の中で、第二次世界大戦中の日本において天皇制が母親たちに「母心」を押し付けていたことを厳しく批判している。戦時中、日本帝国はその根本理念に「八紘一宇」を挙げ、天皇による家父長的世界征服を目指した。加納氏は、戦時中の日本の母親たちに「無我」と「献身」を求めた「八紘一宇」の理念をこう記す。

この「神ごころ」を体し、「惟神の道に則って国を治め民をしろしめ給ふ」（『臣民の道』）のが天皇であってみれば、畏れ多くも「大御心」（天皇の心）は母心であり、母心は大御心である。その大御心、母心を、ひとり日本のみでなく、アジア、ひいては世界の民にまで及ぼそうというのが「八紘一宇」の御聖業なのである。いやしくも日本の母たるもの、すべからくこの大御心（天皇の心）を深く心にとめ、わが子をわが子としてではなく天皇（国家）の「大御宝」としていつくしみ深く育て、必要とあらばいつでも喜んで天皇にお返しする（捧げる）覚悟を持たねばならない。[53]

「八紘一宇」の理念によって、「わが日本の母は、子どものためには喜んで自己を犠牲にする『無我愛の太陽』である」（安積得也「大東亜戦争下の母」一九四二年四月全国放送）という日本特有の母性美風を生み出すのが狙いで、その結果、「母性讃歌」の氾濫をもたらしたという。こうした「無我」と「献身」を内実とする母性が、女性たちに多くの犠牲を強いたことに対して、加納氏は「つくられた母心」と厳しく非難し、普遍的母心の存在を次のように疑う。

しかしいま、人間も自然も切り裂き分断しつつ驀進する近代に、圧殺の恐怖を感ずるとき、〈母なるもの〉は限りなく魅力的である。生きとし生けるものすべての生命を、ただ生命なるが故に愛し許し、無限に抱擁するよう〈母なるもの〉――。わが子の死を思い描くとき、私の胸をえぐる喪失感、死の苦痛に対する生理的共有感を自分の中にみるだけに、それに依拠して自らを〈母なるもの〉に仮構したい誘惑にかられる。ただしそれがインチキであることは私自身がいちばんよく知っている。わが子への執着が〈母なるもの〉の原点だとしても、この原点から普遍的母心に至る道は、私には遠い。[54]

加納氏自身が普遍的母心、すなわち〈母なるもの〉への憧れを感じながらも、「無我」と「献身」を強いられた「つくられた母性」とのギャップ、そして、現実とのギャップに、〈母なるもの〉の存在に疑いを投げかける。「普遍的母心」など果たしてあり得るのだろうかと。加納氏は、戦時中に「八紘一宇」の理念によって「普遍的母心」を強いられ、大切な息子を、「天皇（国家）の『大御宝』として」誇りをもって戦場へ送り出さなければならなかった多くの母親の心の奥底に眠る断腸の思いを、決して見逃すことはできなかったのであろう。

加納氏の「『普遍的母心』など果たしてあり得るのだろうか」という痛切な問いへの答えには、「あり得ない」という答えしかないのだろうか。教皇ヨハネ・パウロ二世の女性観から、その現実的な答えを見出していきたい。

教皇ヨハネ・パウロ二世はマリア崇敬の盛んなポーランドの出身で、自らも熱心な崇敬を示してその霊性を生きた。教皇在位中には全教会にマリア崇敬を呼びかけて、一九八七年からの一年間をマリア年と定めた。マリア年に発表した回勅『救い主の母 *Redemptoris Mater*』の中で、教皇は、神に奉献された清い処女としてのマリアを女性の模範として示し、ラディカルな「母性」や「奉献」を女性に求めた。「奉献」については次のように記す。

教会は、マリアに倣って、いいなずけに忠実なおとめでもあります。「花婿に誓った忠実を清く完全に守り」（『教会憲章』64）ます。事実、教会は、パウロの手紙（エフェソ5・21―33、Ⅱコリント11・2参照）に見られるように、キリストのいいなずけです。……すなわち、この忠実は、「神の国のために」独身を守って、あるいは、神に奉献されたおとめとして（マタイ19・11―12、Ⅱコリント11・2参照）、神にすべてをささげることの模範でもあります。……神の子であるわが子についてことごとく心に留めて思いめぐらしていた（ルカ2・19、51参照）マリアに倣い、教会は、神のみことばを守り、懸命に見極めることによってその豊かさを深め、いつでも、だれにでも証言しようとしてきました。（43）

マリアを模範とした女性の奉献について教皇が強調しているのが、結婚の約束をした相手への忠実を清く完全に守ること、神に奉献された処女として神に全てを捧げること、そして、わが子についてことごとく心に留めて思いめぐらすことである。教皇は、一世紀の家父長制の強いユダヤ社会に生きたマリアを、神に奉献された清いおとめ、忠実で従順な妻、愛に満ちた慈悲深い母の姿で捉え、そのマリアに倣うよう世界の女性や母親たちに求めたのである。

さらに教皇は、マリアの母性については次のように述べる。

母性は、二つの人格間の絶対的関係を規定します。すなわち、母が子に対して有する関係、子が母に対して有する関係です。……どの子どももそれぞれに母性愛に包まれ、そこに教育と人間的成熟の根を下ろします。「恩恵の世界」での母性と、母子関係が明白な「自然の世界」の母性との間には類比が認められます。……このようにして、十字架のもとで、エルサレムの高間でマリアの役割となった霊による母性も等しく実現します。(45)

ここでは、自然な母子関係で母マリアが御子イエスに示す母性愛や、母子の人格間の絶対的関係性と、「恩恵の世界」でマリアが弟子たちに示す母性が強調されている。教皇の示したマリアの母性と奉献に多くの母親がマリアに共感を覚え、親しみを感じたことだろう。女性、特に母親には、大切な家族や子どもたち、身内でなくとも不遇な環境にある人々に対して自分を犠牲にしてまでも、見返りを求めることなく無償の愛を与え続けることのできる母性愛が備わっている。愛するわが子が十字架上で苦しむ姿を前にして、十字架の下でイエスの苦しみを共に担いながら必死に支えようとするマリアは、多くの母親にとっての模範であり、憧れでもある。

しかしながら、教皇を通してカトリック的イメージの中で作り上げられ、模範として示された女性の理想像に対して、女性の自立を求める現代のフェミニスト神学者をはじめ、世界中の女性たちからは厳しい非難が向けられた。リューサーもそのうちの一人であり、カトリック教会の伝承においてマリアは、清い処女でありながら慈悲深い母親として理解され、生涯にわたってイエスへの信仰と忠誠を貫き、救済の業においてはイエスに協力し、イエスと人類との仲介をする女性、神に対する教会の模範として描かれている。リューサーはこのようなイメージで描かれたマリアを、カトリック教会が崇敬していることに対して強く反論した。(55)

彼女たちの反論の理由には、教皇が用いた「母性と奉献」についての認識のずれがあったと思われる。いわゆる、他者から強制されたという認識で行う受動的「母性と奉献」、あるいは、喜びをもって自発的・主体的に行う「母性と奉献」の違いである。他者から強要された奉献は単なる権威への盲従に過ぎないが、自発的奉献は無条件の愛の表れそのものである。同様に、本人の意に反してステレオタイプ的に他者から無理に求められた母性は、様々の理由で母性性が発揮できない女性の人格を否定し、制限を加えて苦しめることになる。他方、主体的母性からにじみ出るのは愛と慈しみであり、見返りを求めない無償の愛となって現れる。教皇の女性観に対して批判したフェミニスト神学者をはじめとする女性たちにとって、カトリック教会の最高責任者である教皇から一方的に圧しつけられた「母性と奉献」と映ったことで、強い反発をもたらす結果となったのではないだろうか。

教皇は、多くの現代女性から受けた批判を改善するために、翌一九八八年のマリア年の終わりに、教皇は使徒的勧告『女性の尊厳と使命 *Mulieris Dignitatem*』[56]を発表し、カトリック教会におけるフェミニズムの見解をより明確に示した。教皇はその中で、キリスト自身が完全な自由さと自主性をもって行動し、当時のユダヤ社会で習慣化していた女性差別に反して、全ての行動において女性の尊厳と使命を強調していたことを記している（26項参照）。

教皇は、さらに踏み込んだ女性観を「女性への手紙」（一九九五年）としてまとめた。「女性への手紙」（7）の中で、人間が神にかたどって創造された（創1・27参照）というキリスト教の人間論に基づいて、男女同等の権利と責任を大前提とした上で、男女はそれぞれの「男性らしさ」、「女性らしさ」を生かしながら相互補完的に奉仕し合う存在であることを明確にした。女性は日常生活の中で他者への奉仕に愛と喜びをもって身を捧げることで、自らの女性らしさの賜物を示し、偉大さと限界を備えた他者の存在にいち早く気づき、助けに向かうことができる。女性らしさによる他者への献身的奉仕こそ、教皇が女性の尊厳と使命として高く評価するものであると述べた[57]。

教皇は、こうした女性の奉献の最高の模範をマリアに置いた。教皇によれば、マリアは「存在全体で、御子のために身をささげ、決定的で超越的な目的地へ向かう人生の困難な旅路をともに歩んでほしいとご自分の導きを求める人々に深い信頼を覚え、全人類の子らのために身をささげて下さる」（「手紙」10）女性だからである。

教皇はここで、キリスト教人間論に基づいて男女の平等性を強調しながら、「女性らしさ」を生かした他者への献身的奉仕に女性の尊厳と使命を置いた。「女性らしさ」とは、女性として他者から求められるあるべき姿ではなく、一人の女性の内面から溢れ出る自然体であり、言葉を換えれば「女性性」である。それは、男性にしても同様で、男女の間に「らしさ」の優劣はない。教皇が女性らしさの中でも女性に特別の賜物として評価するのは、女性の「偉大さと限界を備えた他者の存在」に気づく素早さと敏感さと行動力である。それはまさしく、エリザベトを訪問したマリアと重なる。

さらに教皇は、女性らしさや女性性の源を、女性の「人を心で見る」（「手紙」12）女性の特別な能力にあると記す。多様な思想や政治体制などの取り巻く背景とは無関係に、先入観なく相手を心で見る女性に、賜物として与えられた能力を意味する。人や物事を心に映して見る女性の典型がマリアであり、マリアはイエスの聖心の愛に促されて、御心に映る全人類、特に困難の旅路を歩む人々、差別された女性、傷ついた被造物のありのままを母性で慈しみ深く包み込み、彼らの救いのために自分自身を奉献し、惜しみなく奉仕することで女性としての尊厳と使命を全うした。

このマリアの母性性は、他者との関係性においては「公平」であるのと同時に、「自立」している。マリアの自立は、現代女性の解放運動に見られるような女性の社会的進出や、男性からの経済的自立というよりもむしろ、神の恵みによる自己の存在意義への目覚めであり、真の自分になるために自己放棄する覚悟である。マリアは自立した人間の模範として、神の恵みを自由に受け入れ、神に最も深く開かれ、神の全人類の救済の業に完全に自己を放棄しながら真の自己を確立した。人格的存在そのものとして自立したマリアは、神の恵みによって神と人々との交わりにおける奉仕へと駆り立てられ、自己の完成へと向かったのである。

教皇が回勅『救い主の母　*Redemptoris Mater*』（45）に記したように、マリアは神の子を生み育てた生物学的母性と同時に、処女性を通して全人類の救いのみ業に参与する霊的母性をも併せもった自立した女性として、終末的救済、神の国の完成という教会の使命を果たした。しかし、マリアは神の母として完全な人間であったわけではなく、神の恵みの中で信仰のうちに神の救済のみ業に参与するプロセスの中で、母としての自立の完成に向かう旅路を歩み続けたのである。

教皇とフェミニスト神学者たちの間でも見られたように、「女性らしさ」や「母性と奉献」が能動的意識付けによるものか、あるいは、受動的意識付けによるものかによってその内実は大きく変わってくる。マリアや世の多くの母親たちの母性と奉献が、自発的意識からなされていることは明白であろう。しかも、母性と自発的奉献ははじめから完成されたものではなく、家族や社会との愛の交わりの体験を重ねていく中で、神の恵みによって、母親になっていく過程の中で形成されていくのではないだろうか。

母性と奉献は他者から強いられるべきものではないが、女性が母性と奉献を完全に締め出して自分中心に生きた場合、それは相互性の中で生きるべき神と他者との関係性を自分から断ってしまうことになる。たとえはじめは母性と奉献の意識付けが自発的ではないとしても、自己愛に陥りやすい自分の弱さを認めながら、まずは自主的に心を開くことである。心を他者に開き、自分の心の中から沸き起こる愛の促しがあってはじめて、自己愛から解放されて他者への愛へと自発的に向かい、自己奉献へと導かれていくのではないだろうか。

それは、受胎告知で*“fiat”*で示したマリアの神への心の開きであり、カナの婚礼で「この人が何か言いつけたら、そのとおりにしてください」（ヨハ2・5）と答えたマリアの神への心の開きである。救いのみ業は神の働きであり、それに対してマリアは完全に神に身を委ねた受動性の*“fiat”*でありながら、そこにはマリアの主体的・自発的意志が働いていた。その意味で、マリアの霊性の根本は極めて「能動的な受動性」にある。積極的に他者の苦しみや悲しみ、限界を引き受ける潔い愛から促されるものであり、この愛の源泉がマリアの御心と言えるだろう。

マリアの御心の霊性は、聖霊に導かれて神と人々に心を開いたマリアの深い愛に倣って、母性性から溢れ出る深い愛と慈しみをもって人々、特に悩み苦しむ人々のもとに積極的に出かけて行き、手を差し伸べ、彼らの苦しみに連帯しながら社会の不正に抗議し、キリストの救いの実現のために、自分自身を自発的に奉献する生き方である。それは、何よりもまずキリスト者に与えられる神の恵みである。キリスト者は聖霊の導きにしたがって、慈愛に満ち、謙遜で、潔く、自分のためには何も残さず、神と他者に完全に開かれたマリアの「汚れなき御心」を自らの内に再現しながら御心の霊性を生きるよう招かれている。

同時に、マリアの御心の霊性は、キリスト者の自発性から生まれる愛の行いである。キリスト者は母マリアの母性性に倣って、公平な愛で他者を受け入れ、特に救いや解放を必要とする弱者の存在に敏感に気づき手を差し伸べる。キリスト者はさらに、神との関係性や他者との関係性においては、深い愛の交わりにありながら、神に奉献された真の自分であるために自立した強い心で生き、自己を余すことなく奉献する覚悟が求められる。しかし、奉献とはキリスト者が努力によって勝ち取る闘いの結果ではない。痛みを伴う行為でありながらも、神と他者への真の愛があるならば、その奉献は内的促しを伴って自発的な愛の行為に変えられるのである。自己奉献の原点は、全人類に対する究極の愛の証しとして示した、十字架上での自己譲与によるキリストの死と復活にある。このキリストのケノーシスに最も近くで模倣したのが母マリアである。

こうしたマリアの御心の霊性に基づいて、加納氏の最初に問いに戻りたい――「普遍的母心」など果たしてあり得るのだろうか――。マリアの御心こそ「普遍的母心」であると筆者は確信している。戦時中に日本帝国が母親たちに求めた普遍的母心とは、無私と献身を伴う母性である。マリアは、イエスの母として、全人類の母として、イエスが救いを望む全ての人の救いのために、イエスの聖心と同じ御心で愛し、一人ひとりの苦しみに寄り添い、慰め、「普遍的母心」で救いへの道を共に歩んだ。マリアは他の母親たちと同様に一人の人間でありながらも、神の恵みによって神の子の母、全人類の母に選ばれ、心に思い巡らしながら神のみ旨を探求し続けたという点において、「普遍的母心」、真に〈母なるもの〉が可能なのである。

「普遍的母心」は神の恵みの働きによってマリアにおいて実現したが、私たち人間もまたこのマリアの愛の御心を崇敬し、さらに霊性として生きる時、そこには神の恵みの働きによって、社会変革としての解放が自己と他者の間にも実現する。マリアの御心の霊性の真髄にイエスの十字架と復活の秘義が宿る限り、マリアの御心の霊性を生きるキリスト者は、聖霊の助けによって、マリア自身がそうであったように無償で自己を捧げることができるのではないだろうか。

自己奉献の原点は、神が全人類に対する究極の愛の証しとして示した、十字架上での自己譲与によるキリストの死と復活であり、そのキリストのケノーシスを最も近くで学び、模倣したのが母マリアである。マリアの神に対する完全な自己奉献こそが、キリストに従う生き方の本質であり、このためマリアは、イエスの母としてキリストの死と復活の神秘にも深く与ることができたと言える。

「普遍的母心」はマリアの特権ではない。母性愛に満ち、自己奉献を伴うマリアの御心の霊性を私たち一人ひとりが自発的、積極的に生きる時、私たちのうちにも「普遍的母心」が実現する。マリアの御心の霊性による「普遍的母心」は、キリスト者や女性に限らず男性にも全ての人に開かれた無条件の愛そのものであり、この究極の愛こそエゴからの解放を促し、他者の救いと解放を可能にするのである。

―小結―

フェミニスト神学におけるマリア観について論述するために、メキシコ系アメリカ人のメスティーソ・フェミニスト神学者と、アメリカ人フェミニスト神学者の中からリューサーを取り上げた。メスティーソ・フェミニスト神学者は、グァダルペの聖母自身が混血女性の要素を身に帯び、メキシコ系アメリカ人の混血女性たちの苦難を共有することによって、彼女たちに征服者による抑圧からの心身の解放を与えた聖母への深い崇敬を示した。

他方、リューサーは、マリアが神の母としての崇高さは認めながらも、キリストによって救われた一人の人間に過ぎないというマリア観を示し、カトリック教会のマリア崇敬そのものに対しては否定的態度をとった。しかしながら、男性中心のカトリック教会において、男性の間でもマリア神学やマリア崇敬が大切にされることから、女性の尊厳回復のためにはマリア神学が効果をもたらすという見解を示した点は興味深い。リューサーのフェミニスト神学は、マリア崇敬ではなく、旧約聖書やイエスが示した「預言者の法則」に従って抑圧された者の解放を試みた。特に、キリストのケノーシスのうちに、従来の支配的な男性性の神概念を、慈しみ深く自分を無にして仕える女性性の神概念へと転換させることによって、キリストにおいて男性性と女性性の結合した新たな神概念を見出だし、女性解放の原点を見出だした。

フェミニスト神学者によるマリア観を明らかにした後、現代の日本社会において尊厳を奪われた女性の実態と、そこに働く解放者マリアについて論述した。近年、日本で多発している女性蔑視や偏見の問題として、性犯罪、配偶者やパートナーからの精神的・身体的暴力による支配（ＤＶ）、職場などでの性暴力や妊娠・出産を理由にした不利益取扱いなどが挙げられる。ここ数年の日本のジェンダー・ギャップは世界でも低迷しており、日本人男性の女性に対する尊厳の欠如が、ますます深刻化していることを表している。男性の女性に対する尊厳の欠如は、女性の尊厳への軽視や差別を生み出し、性被害へと発展して一生涯消えることのない心身の傷を女性に追わせてしまうことになる。

こうした現代日本の女性差別・抑圧の問題に対して、第1節で論じたグァダルペの聖母による解放の神学は有効な示唆を与える。すなわち、グァダルペの聖母は、スペイン人征服者には、その自己中心性による罪の償いと神への立ち返りを、抑圧され残忍な扱いによって自尊心を失っていた先住民には、神の似姿として創造された自己存在の否定という罪の償いと神への立ち返りを求めることで、抑圧者にも被抑圧者にも解放をもたらした。

同様に、マリアは、現代の日本の社会や教会でも、女性の尊厳を奪った抑圧者には厳しく償いを求め、他方、男性の権威と暴力によって抑圧され、傷つけられた女性に対しては寄り添い、慰め、癒しを与えることで、怒りや絶望から解放をもたらしていく。抑圧された女性たちがマリアによって真に解放されるためにも、キリスト者一人ひとりがマリアの御心崇敬を行うことによって、マリアと同じ愛の御心で、被害女性のために救いを祈り、その苦しみを共に担い、連帯して、女性への抑圧に対する不義に抗議していく使命を受けている。被害女性の痛みに寄り添い、愛の手を差し伸べ、連帯と不正への抗議によって被害者を支え、励ますことは、それ自体が解放と救いに向けての愛の行いであり、キリスト者に限らず全ての人に開かれた母性愛と自発的自己奉献の表れと言えるだろう。

女性や母親であるがゆえに他者、特に男性から強要される母性愛や自己奉献もまた、女性に対する偏見の一つの表れとして問題視されている。教皇ヨハネ・パウロ二世が回勅『救い主の母 *Redemptoris Mater*』（一九八七年）の中で、神に奉献された清い処女としてのマリアを女性の模範として示し、ラディカルな母性や奉献を女性に求めたことがきっかけとなって問題が浮上した。マリアを模範とした完全な奉献や母性愛が、フェミニスト神学者たちにとっては心理的重荷となってしまった。教皇からの「自発的」な母性愛と奉献の勧めが、フェミニスト神学者たちにおいては「強制的」母性愛と奉献へと方向性を変えてしまったためである。

教皇はこの問題を是正すべく、神に似せて創られた（創1・27参照）キリスト教人間論に基づいて、男女の平等性を強調しながら「女性らしさ」を生かした他者への献身的奉仕に女性の尊厳と使命を置いた。「女性らしさ」とは女性として他者から強いられるあるべき姿ではなく、一人の女性の内面から溢れ出る愛と慈しみであり、言葉を変えれば「女性性」である。それは、男性にしても同様で、男女の間に「らしさ」の優劣はない。教皇は、女性らしさや女性性の源を、女性の「人を心で見る」(「手紙」12)女性の特別な能力にあると記した。人や物事を心に映して見る女性の模範がマリアであり、マリアは御心に宿るイエスの聖心の愛に促されて、抑圧され、困難にある人々のありのままを、母性愛で慈しみ深く包み込み、彼らの救いのために自分自身を奉献し、惜しみなく奉仕することで、女性としての尊厳と使命を完全なものとしたのである。

マリアの御心崇敬とは、キリスト者が聖霊に導かれて、母マリアの御心から溢れ出る母性愛に倣い、特に弱い立場にある人々に寄り添い、助けの手を差し伸べ、キリストによる救い・解放へと導く術をマリアから学ぶ祈りの場であり、マリアを通してキリスト者と神との間に縦軸の関係性を結ぶ。

さらに、マリアの御心崇敬はキリスト者を、他者の救いのためにマリアの御心に倣う生き方へと招き、キリスト者と他者との間に横軸の関係性を結んでいく。これがマリアの御心の霊性である。マリアの御心の霊性を生きるキリスト者には、マリア自身が示した抑圧された人々、苦しむ人々への母性愛と、愛ゆえに自発的に受け入れた痛みを伴う自己奉献が求められる。キリスト者が聖霊に導かれ、マリアの御心に倣って苦しむ人々の解放を求めて母性愛と自己奉献を自発的に生きる時、救い主キリストはキリスト者自身の自己愛という最も困難なしがらみからの解放と共に、他者の救いと解放を可能にするのである。

二〇〇〇年前、神の恵みによってイエスの母としての選びを受け、信仰によって応え、イエスを産み、慈しみ深く育て、聖家族に惜しみなく奉仕し、イエスの救いの業に協力したナザレのマリアは、教会の母、全人類の母として、その御心を通して、時空を超えて、現代の日本でも同じ姿で私たちと共に生きて、祈りと恵みを私たちのためにイエスにとりなしている。マリアの御心崇敬はマリアを通してキリスト者がキリストの救いへと導かれる道であり、さらに、キリスト者がその崇敬を通して、マリアの御心に倣ってその霊性を生きる時、キリスト者は神の恵みによってキリストの救いの業にマリアと共に与ることができる。その実現のために求められるのが、マリアの御心の霊性の本質とも言える「母性愛」と「自発的自己奉献」であることが明らかになった。同時に、マリアの御心の霊性が示す母性愛と自発的自己奉献は、キリスト者に限らず他者の救いや幸せや解放を願う全ての人にも、エゴから解放されることによって実現するのである。

二五〇余年に及ぶキリスト教迫害を経て、マリアの汚れなき御心に奉献された日本の教会にとって、マリアの汚れなき御心の霊性は、教会とキリスト者のアイデンティティの中枢をなしている。同様に、「聖母マリアのいと潔きみ心」（現「聖母のみ心」）に捧げられた純心聖母会もまた、日本とブラジルでの使徒的活動を通して、マリアの汚れなき御心の霊性を生きることによって、人々の救いの実現のために福音宣教を行っている。

最後に、第3節では、マリアの汚れなき御心を生きる純心聖母会として、危機的状況にある人々の救いのために、本会に託された使命を再確認したい。現代の教会と社会において抑圧に悩み、信仰や命の危機にある人々が解放され、イエスの救いの恵みに与るために、本会はマリアの御心の霊性としての母性愛と自発的自己奉献をどのように生きるべきなのだろうか。

第3節　マリアの御心の霊性を生きる純心聖母会の使命

本会創立者ヤヌワリオ早坂久之助司教(58)は、一九二七年一〇月三〇日王たるキリストの祝日に、ローマの聖ペトロ大聖堂において、教皇ピオ一一世に初代邦人司教として祝聖された。教皇は新司教に、「貴国民の間にキリストの御国を拡張すべく力の限り務める」という言葉と共に、宣教国日本の福音化と日本人の改宗を託した。さらに、母校プロパガンダの歓迎式においては、布教聖省長官ヴィレム・マリヌス・ファン・ロッスム（Willem Marinus Van Rossum 1854-1932）が日本の福音化のために、新司教に次のような勧告を与えた。

私たちの仕事は、人間を人間として完成させることにある。人間として完成させることは、すべての人間を永遠の幸福に導かなくてはならないことだ。そのためには教育がいる。だから学校をたてなさい。しかし、人間は精神と肉体とからなっている。学校で精神を高めてゆくことは非常に必要だけれども、肉体的に苦しんでいる人を助けてあげなければならない。だから、学校を建て、社会福祉も合わせておこないなさい。これが日本における仕事ではないでしょうか。(59)

新司教は、ロッスム枢機卿の勧告の中に、日本での福音宣教の究極の目的が、「すべての人間を永遠の幸福に導くこと」であり、人間の永遠の幸福とはつまり、「人間を人間として完成させること」という人間の尊厳の実現にあることをしっかりと受け止めた。この尊い使命に応えるために修道会を創立し、その使命に生涯を捧げた。

教皇ピオ一一世とファン・ロッスム枢機卿から託された任務を双肩に担った早坂新司教は、一九三四年六月九日、聖母マリアのいと潔きみ心の祝日に、共同創立者シスター・マリア・マダレナ江角ヤス(60)と共に、殉教の地、長崎の大浦天主堂のサンタ・マリア像の前で、教育と福祉を使徒的活動とする邦人女子修道会を創立した。聖母マリアの御心に深い崇敬と感謝の念を抱いていた創立者は、新修道会を日本の教会の保護者である「聖母のいと潔きみ心」に奉献して「純心聖母会」と命名した。

創立者が本会を創立するにあたって受けたカリスマ「与え尽くす十字架上のキリスト」は、本会の霊的賜物、すなわち会のカリスマを形成する本質の源泉として創立から現在に至るまで大切に受け継がれてきた。本会の創立の目的は、創立者が教皇と布教聖省長官から託された「全ての人の救い」であり、「人を人として完成させること」であった。本会は、聖霊の導きによってその目的を果たすことができるよう、「聖体への信仰」、「マリアの汚れなき御心の霊性」、「日本の殉教者の精神」という三つの会の霊性を生きている。

この三つの霊性は、「与え尽くす」奉献を軸として一つに結ばれ、会員が聖霊に導かれながら聖体、マリアの御心、日本の殉教者の模範に倣って、人々の救いのために生きる指針とも言える。三つの霊性の中心となるのは、キリストの現存である聖体への信仰である。さらに、第3章で見てきたように、日本の殉教者の信仰を支えたのは、マリアの汚れなき御心への崇敬であり、本会の霊性においても、マリアの汚れなき御心崇敬を行い、その御心の霊性を生きることは、信仰のために命までも捧げた殉教者の精神を生きる上で、堅固な基盤となる。

殉教者の精神とマリアへの孝愛の精神は、本会の特質を構成する二つの大きな柱であり、こう記されている。

すべての修道会は、皆同じく完徳を目指しているが、各々固有の賜物を得、独自の道を歩む。純心聖母会にとって神の賜物ともいうべきもの、その容姿を形成し、その特質を構成するものは、われらの祖先が、殉教の証しを以て、主キリストに忠誠を示した、そのゆるぎない信仰と、聖母マリアに対する限りない孝愛の精神とである。(「純心聖母会の特質」1)

「聖母マリアに対する限りない孝愛の精神」とは何か。「孝愛」とは本来、カトリック教会が定めた七つの聖霊の賜物のうちの一つで、「神を愛する恵み」を意味する。教皇フランシスコは「孝愛」の賜物について、単なる隣人への同情や憐れみではなく、キリスト者が神に属し、神と深く結びついていることを表すより深い次元のものであると述べている。キリスト者の心に息づく神との深い結びつきは、神との友情によるものである。孝愛の賜物はキリスト者の心に真の信仰、子としての神への信頼、謙虚な人に相応しい純真さと愛をもって祈る力を起こさせる。神との深い結びつきと交わりの中に招かれたキリスト者は、孝愛の賜物に促されて隣人に愛を注ぎ、彼らを兄弟姉妹として受け入れる。孝愛の賜物はキリスト者に柔和・謙遜な心を与え、喜ぶ人と共に喜び、泣く人と共に泣き、一人で苦しむ人に寄り添い、誤った道を歩む人を正し、傷ついた人を癒し、困っている人を助ける愛の奉仕へと彼らを駆り立てる。(61)

したがって、本会が生きる「マリアに対する限りない孝愛の精神」とは、何よりもまず会員の心に息づくマリアの母性愛との深い結びつきである。聖霊は、会員がマリアに抱く孝愛の精神によって、神に対する信仰とマリアに対する信頼と愛を深めさせる。同時に、聖霊はマリアへの孝愛の精神によって、会員をマリアの慈愛に満ちた母性愛に倣って、現代社会の中に生きる人々、特に悩む人、苦しむ人、泣く人、自己中心的に生きる人、傷ついた人、困った人に分け隔てなく寄り添い、励まし、マリアと共に救い主キリストのもとに導くのである。

マリアへの孝愛の精神を深めるため、本会はマリアの汚れなき御心崇敬を大切にしている。マリアの御心崇敬は、マリアの御心を通して行うキリストの聖心への崇敬とも言える。会員は聖霊の導きに従いながら、キリストの聖心から溢れる愛に促され、崇敬から霊性へと駆り立てられて福音宣教の使命に向かう。

創立者がロッスム枢機卿からの勧めに従って始めた教育と福祉活動は、本会の使徒的活動の中心であり、のちにシスター江角の手になる「会員の祈り」には本会の福音宣教の対象が明らかに記されている。

御身が私どもにお委ねくださいました子どもたちの教育と、み心にかけ給う老いた人々、なやむ人々への奉仕の使命を、大きな喜びと誇りとをもってお受けいたします。主よ、この高貴な使命を果たすに必要な力と勇気とを、弱い私どもにお恵みくださいますことを確信し、御身に信頼いたします。彼らに御身と御母との御慈し

みを知らせ、心の支えとおなりくださいｒ。（「純心聖母会 会員の祈り」一部抜粋）

本会の教育・福祉活動は、「なやむ人々への奉仕」の使命を含んでいる。本会が教育の場、社会福祉の場で特に福音宣教の対象としている「なやむ人々」が、具体的にどのような人々を指すのかについてはこれまで本会において度々議論されてきたが、明確な答えはまだ示されていない。

筆者は一〇年ほど本会の教育現場で生徒や学生に身近に関わってきたが、そこには多くの問題を抱えた「なやむ」若者たちがいた。友人関係、家族の病気や不和、両親の離婚、経済的な問題、不登校、保健室登校、うつ病、リストカット等など。彼女たちの多くは様々の形でＳＯＳを発しながら助けを求めていた。授業中には見えてこない彼女たちの素顔には、沢山の悩みや苦しみ、涙や傷跡が見え隠れしていた。こうした彼女たちの沈んだ顔にどれくらい気付き、声にならない叫びに耳を傾け、声をかけて寄り添ってあげることができたのだろうかと振り返るたびに心が痛む。あれから一〇年以上がたち、現代のより複雑化した本会の教育の場で、生徒や学生たちが抱える諸問題はますます深刻になっているのではないかと案じている。

本会はキリストの愛に基づいて、聖母マリアを理想とする教育を行っている。会員は、託された人々が真理を求め、神の似姿に造られた命（創1・26―27参照）を大切にし、喜んで奉仕し、平和のために貢献できるように園児・生徒・学生を育てることを目指している（「会憲」50参照）。本会の学園は、託された人々に聖母マリアの母性愛と献身的奉仕の精神を理想とする教育を行っている。この教育精神は、「マリア様、いやなことは　わたくしがよろこんで」という学園標語で表されており、教育する側も教育される側も互いの尊厳を大切にしながら、奉仕し合う愛の精神を目指す。

また、第二次世界大戦での長崎原爆投下により、本学園の学徒隊員・教職員二一四名の尊い命が犠牲となった苦難を風化させないために、それぞれの学園では平和教育を大切にしている。平和教育とは、世界の平和だけではなく、その基盤となる一人ひとりの尊厳が大切にされる心の平和を目指す教育でもある。教育に携わる会員はマリアの母性愛に倣って、心の平和を失って悩み苦しむ園児、生徒、学生たちを温かく包みこみ、彼らが真理であるキリストの愛に触れ、神の似姿である自分と他者の命の尊さに目覚め、人に奉仕する喜びを体験できるよう、マリアの愛の心で彼らに寄り添い、励まし、慈しみ深く育てる使命を託されている。

一方、福祉活動に関して、本会の老人福祉は長崎で被爆して亡くなった学園の生徒たちの親を中心とした原爆ホームに加えて、老人ホーム、居住介護支援センター・ヘルパーステーションなどで利用者の介護に当たっている。原爆ホームの利用者も高齢化が進む中、毎年本学園の生徒たちや、多くの修学旅行生を受け入れて、悲惨な戦争体験と平和と命の尊さを子どもたちと世界に語り継いでいる。被爆者が戦争で受けた心身の傷を言葉にできるまでには長く辛い時間を要したが、自分たちには原爆の恐ろしさ、戦争の愚かさ、平和のありがたさ、命の尊さを後世に伝える使命があると自分自身に言い聞かせながら、そのつらさを捧げていることを決して忘れてはならない。

本会の社会福祉は、「わたしがあなたがたを愛したように、あなたがたも互いに愛しあいなさい」（ヨハ13・34）というみことばに従った福祉を目指している。福祉活動に携わる会員は、聖母に倣って関わる人々に寄り添い、彼らがいのちの尊厳を保ち、幸せに生きて、永遠の救いに導かれるよう奉仕する（「会憲」51参照）。会員は病気・老齢で苦しむ人々に寄り添い、一人ひとりが神に愛されたかけがえのない存在であることを自覚し、多くの苦労を乗り越えた後の幸せを味わい、魂の救いのために奉仕する使命を受けている。

本会の福音宣教は、創立者のカリスマである「与え尽くす十字架上のキリスト」を霊的原動力として、学校や施設、教会などで関わる「なやむ人」をはじめ全ての人が、かけがえのない一人の人間としての尊厳が回復されることによって、魂が救われることを目指している。その使命の実現のために、マリアの御心の霊性は不可欠な手段であり、その霊性の基盤には、「与え尽くす十字架上のキリスト」のケノーシスの精神がある。キリストのケノーシスが完全な無償の愛の現れであるのと同じように、マリアの御心の霊性もまた、マリアの御心に宿る母性愛の溢れとして、自発的奉献を伴うのである。

マリアの御心の霊性を生きる本会の会員もまた、どのような状況に置かれても最期まで、マリアの御心崇敬を通して、与え尽くしたマリアの愛の御心に倣い、苦しみの中にある一人ひとりに手を差し伸べ、彼らが抑圧や差別から解放され、神の似姿が回復されることを目指す。会員はマリアの慈悲深い母性愛に倣い、学校や福祉施設や教会で託された人々、出会う人々、特に「なやむ人々」のために祈り、彼らの心の叫びに耳を傾け、温かく寄り添い、その人の魂の救いと解放のために献身的に奉仕しながら、救い主キリストのもとに導いていく福音宣教の使命を果たしていくのである。

―小結―

「聖母マリアのいと潔きみ心」（現「聖母のみ心」）に捧げられた純心聖母会は、現代の日本とブラジル社会で、マリアの汚れなき御心の霊性を生きることによって、人々の救いのために使徒的活動を行いながら福音を宣教する尊い使命を受けている。本会が教会から託された教育、社会福祉、教会奉仕の場で出会う人々の中には、家庭の不和や家族の問題、職場や学校での人間関係、病気や障害、孤独や女性差別などの身近な問題に苦しむ人々、さらには、国や社会が抱える諸問題の犠牲となって、社会的抑圧・差別・偏見の中で重荷を担わされた多くの人々がいる。本会は、ロッスム枢機卿の言葉で表現するならば、「人として完成させること」、つまり人間としての尊厳の回復を必要とする人々の救いのために福音宣教の使命を果たす。

こうした様々な苦しみや悲しみ、絶望の中にある現代の人々といつも共にいて、守り、導くのが母マリアである。マリアは、肉体と霊魂を伴って天に上げられた元后（「レジナ・チェリ」）として、時代と空間を超えてあらゆる人々と共に生き、人々とキリストとの間で祈りと恵みをとりなす方である。母マリアは、日本でもブラジルでも現代社会や教会において、苦しみ悩む人々一人ひとりに母性愛で慈しみ深く寄り添い、助け、守り、彼らの解放のために自発的に自らを捧げながらキリストの救いの神秘に共に与らせる。

本会会員もまた、「与え尽くす十字架上のキリスト」の究極の愛と自己譲与を模範とし、マリアの御心崇敬を行うことで、マリアと同じ慈愛の心で悩み苦しむ人々と共に生きるために、キリストによって日々派遣される。会員は、抑圧された人々の解放と救いを実現できるよう、彼らのために祈り、母性愛をもって関わり、その愛の充満による自発的自己奉献の霊性を生きることで、十字架上のキリストと十字架の下に立つマリアと共に「与え尽くす」心で福音宣教の使命を果たすのである。

第４章結論

本稿の最終章にあたり、現代におけるマリアの御心崇敬の実践神学的意義を見出だすことを目指した。このため、第1節では危機的状況に解放をもたらすマリアへの崇敬、第2節では女性に解放をもたらすマリア崇敬、第3節ではマリアの御心の霊性を生きる純心聖母会の使命について論述した。

第1節で「危機的状況」として取り上げたのは、日本のキリスト教迫害とグァダルペの聖母出現のきっかけとなったスペイン人によるアステカ帝国征服である。

日本のキリシタン迫害とマリアの汚れなき御心崇敬の関係性については、パリ外国宣教会のフォルカード神父によるマリアの御心への日本の教会の奉献の予告から、フォルカード神父の遺志を受け継いだジラール司教による実現まで、全てが神の摂理の中で準備されていった。最後の日本人司祭殉教からフォルカード神父による予告を経て、ジラール司教による実現までの約二二〇年間、司祭や宣教師、修道者は追放や殉教によって日本からは完全に姿を消した。こうした状況下で、司祭不在の信徒だけによる教会を支えたのは、イエズス会宣教師たちが追放される以前に設立していた信心会「組」の隠れた組織と、信徒の責任者である「帳方」、「水方」、「聞役」による共同体内での霊的支え合いであった。「こんちりさんのりやく」は、踏絵により神に背いた罪を悔い改めて償いを果たし、神のもとに立ち返る上で信徒の大きな慰めとなった。

「聖母の組」の設立は、当時の宣教師や信徒たちのマリア崇敬の表れであるが、信徒の隠れた共同体は二〇〇年もの間、聖体と赦しの秘跡に支えられ、密告や厳しい迫害に怯えながらも、ロザリオやメダイ、マリア像の信心具を頼りに、マリア崇敬を行いながらマリアのご保護と支え、とりなしを熱心に祈り求めたのである。こうしたマリア崇敬の基盤が固められた後、やがて、一八六二年のジラール司教による日本と日本国民の聖母の最潔き御心への奉献と、聖母の最潔き御心を日本の教会の擁護者とする宣言によって、日本の教会の再生と共に、マリアの御心崇敬が広がっていくことになった。一八六五年の信徒発見の出来事が大きな転換期となり、一八七三年の高札撤去によって、マリアの御心崇敬が日本の教会を迫害から保護し、解放と救いへと導いたことをキリシタンは悟ったのである。

日本のキリシタンを迫害から解放したのがサンタ・マリアであったのと同様に、一六世紀のスペインによるアステカ帝国征服以降、先住民たちの解放のきっかけとなったのが、グァダルペの聖母であった。混血女性の姿で現れた聖母自身が、混血民族という新しいアイデンティティによる、新しい教会における新しい福音宣教のシンボルであった。すなわち、聖母は、スペイン人と先住民の二つの民族の受容と融和によって形成される混血民族が、かつてのそれぞれの宗教を互いに否定することなく、調和のとれたキリスト教としての新しい教会を建立し、救い主キリストの十字架と復活による救いを宣教することによって、征服による抑圧から彼らを解放したのである。混血民族神学者エリゾンドは、グァダルペ神学の意義を「解放の神学」として見出だし、真の解放は混血する二つのアイデンティティの尊厳を認め、結合した新たなアイデンティティへの開きの中で実現するものであり、新しい福音宣教へと促すものと考えた。

エリゾンドが依って立つところとなった解放の神学は、その草分け的存在となったグティエレスとボフが、ブラジルとラテンアメリカに結成した「教会基礎共同体」の中で生まれたものである。この共同体は、貧しいキリスト者たちが社会的抑圧と貧しい生活の中で、自分たちを取り巻く現実社会を聖書に照らして読み解き、そこに真の神の望みが実現しているかどうかを識別する場である。グティエレスが解放の神学の具体的生き方として示した「解放の霊性」の三つの特徴は、マリアの御心崇敬の本質「償い」、「奉献」、「全人類の救い」と重なるところに、筆者はマリアの御心崇敬の中心が解放の霊性であることの論拠を見出だした。

教皇フランシスコもグティエレスと同様に解放の霊性を示したが、教皇は特に心を剣で刺し貫かれたマリアを、不正によって抑圧された民衆と共に歩み、共に不正に対して闘いながら、民衆の痛みや苦しみを自分自身の御心の愛で解放する母として捉えた。教皇のこうした理解から、マリアの御心の霊性が、終末的解放に向けて不正や抑圧と闘う解放の霊性の表れであることが明らかになった。

こうしたラテンアメリカにおける物質的・精神的貧しさから起こる不正や抑圧は、現代日本にも同様の現象であり、現代日本の諸問題の根源には、特に神からの離反や無関心、自己中心性が影響を与えており、そこからの解放を必要としている。マリアの汚れなき御心への深い崇敬を示していたオリヴェイラ氏は、一九一七年のファティマの聖母出現で受けたメッセージに従って、日本に対して目の前に立ちはだかる試練からの解放のために、マリアの御心崇敬を強く勧めた。日本のキリスト者は、迫害時代のキリシタンたちの信仰に立ち返って、マリアの御心に奉献された国と国民として、世界の平和を脅かす抑圧からの解放のためにマリアの御心崇敬の実践に励むよう促がされた。

同時に、オリヴェイラ氏が日本人に勧めるマリアの御心崇敬は、キリスト者に限らず全ての人に開かれている。国民一人ひとりが自己中心性を謙遜に償い、特に苦しむ人々の人権を大切にし、彼らの救いのために自発的に自分を捧げ、平和の実現のために祈る時、そこにマリアの御心崇敬を通して、立ち向かうべき試練からの解放が可能にされる。

第2節では、危機的状況にある人々の中でも、特に女性に解放をもたらすマリア崇敬について論述した。まず、女性解放に積極的なフェミニスト神学におけるマリア観について論じた後、日本における女性への抑圧や差別問題を挙げ、教皇ヨハネ・パウロ二世が示す女性観から、マリアの御心の霊性の中枢とも言える自発的な「母性性」と「自己奉献」についての理解を深めていった。

フェミニスト神学におけるマリア観を、メキシコ系アメリカ人のメスティーソ・フェミニスト神学者と、アメリカ人フェミニスト神学者の中からリューサーの神学の中に見た。グァダルペの聖母の神学について、メスティーソ・フェミニスト神学者は、聖母が混血女性の諸要素を身に帯びて出現したことに注目し、聖母がメスティーソ女性たちの苦難を身をもって体験し、共有したことにより、彼女たちが征服者たちから受けた抑圧や差別、女性の尊厳の軽視などから解放し、慰めと希望を与えたマリアに深い崇敬を示した。

他方、アメリカ人フェミニスト神学者の代表とも言えるリューサーは、神の母マリアに対する尊敬と賛美は示しながらも、あくまでもイエスを生み、育てた一人の人間としてマリアを捉えた。したがって、カトリック教会の過度なマリア崇敬や「無原罪の御宿り」や「聖母被昇天」などのマリア教義には批判的であった。リューサーのフェミニスト神学はマリアではなくキリストに集中しており、旧約聖書やイエスの示した「預言者の法則」に従って抑圧された者の解放を求めた。リューサーは特に、キリストのケノーシスが、旧約の神の男性性を、自己を無にして無償の愛を示した神の女性性へと転換させ、それらの調和によって男性性と女性性の結合した神概念を生み出すことで、女性解放を実現させたという見解を示した。

日本のキリスト教の間では、フェミニスト神学について公に語られる機会が少ないだけに、偏見や誤解があることは否めない。しかしながら、日本の社会には抑圧や差別、偏見で尊厳を奪われた女性についての問題は山積している。近年の日本のジェンダー格差はかなり深刻であり、日本人男性の日本人女性に対する尊厳の欠如の表れとして、女性差別や性被害などが大きな問題となっている。グァダルペの聖母が示した解放の神学に基づいて、現代の日本の女性における神の似姿性を回復するために、日本の教会のキリスト者はマリアの御心崇敬を行うことによって、マリアと同じ愛の心で性差別で抑圧された女性の苦しみに共感し、連帯し、不義や不正に対しては勇敢に抗議することで、キリストによる解放の実現のために献身する使命がある。こうした女性被害者に対する愛に基づく共感、連帯、そして不正への抗議による、被害者の解放のための積極的な奉仕は、キリスト者のみならず、全ての人にも開かれたマリアの御心崇敬のしるしである。

前述した現代社会における女性に対する差別や偏見、性被害とは別の次元の女性の問題もある。それは、女性や母親に押し付けられた偏見の問題である。多くの女性や母親が、特に男性から要求される「母性性」や「自己奉献」によって、現実とのギャップに苦しむ場合が多い。教皇ヨハネ・パウロ二世が回勅『救い主の母』の中で模範として記したマリアのラディカルな母性や奉献が、フェミニスト神学者をはじめ多くの女性たちからの反感を買う結果を招いた。教皇が意図したマリアの母性と奉献への模倣の勧めが、一部の女性たちにとっては模倣の強要ととられたためである。

本来、倫理神学を専門とする教皇ヨハネ・パウロ二世の結婚観は、男女のペルソナ同志の愛を伴う自己贈与による統合であり、夫婦の相互の肉体の譲渡は完全な均衡性の中で実現するというものであったが、この結婚観はそれぞれのペルソナを中心とする人間観に基づいている。さらに教皇はこの結婚観を、神と誓約によって生涯を神に捧げた奉献生活者との関係性にも当てはめた。奉献生活者の神に対する全面的・排他的自己贈与を、神の恩恵の働きの下でペルソナの内部に起こる霊的童貞性の過程を経た神との婚姻の愛のしるしと捉えることで、教皇の人間観の究極的な形が、性差を越えた一人の人格と神との間の霊魂と肉体の愛の結合にあることを明らかにした[62]。一人ひとりのペルソナを重視したキリスト教的人間観の模範をマリアに重ねた教皇は、一九八七年をマリア年と定めて回勅『救い主の母』を発表したわけであるが、教皇がマリアを強調すればするほど、フェミニスト神学者をはじめ多くの女性からは受け入れ難いものとされた。

教皇は、この問題を是正するために「女性への手紙」を発表し、女性の本来の姿は神に似せて創られた人間（創1・27参照）として、男女の平等性を強調した。教皇によれば、恵みとして女性に備わった「女性らしさ」は、「人を心で見る」（「女性への手紙」12）特別の力である。マリアこそ、神の望みとイエスの愛の聖心、そして、危機的状況の中で苦しむ人々の姿を汚れのない御心に映しながら心の目で見る女性の模範であり、母性愛に満ち溢れたマリアの御心は、心に映るあらゆるものを愛で包み、抑圧や危機や迫害の中で苦しむ人々をイエスの救いのみ業に与らせるために自己を惜しみなく奉献し、彼らに奉仕して、女性性を全うしたのである。

女性の母性と奉献について言うならば、女性の母性愛の溢れが自発的自己奉献を促すのであって、決して他者から強要された受動的なものであってはならない。マリアの母性と奉献は、神の恵みによる自発的なものであったからこそ、真の愛、真の奉献としてキリストの救いの神秘に協力することができたのである。教皇のこうした女性観に基づいて、キリスト者がマリアの御心を崇敬し、聖霊に導かれてマリアの愛の御心に倣ってその霊性を生きるならば、危機的状況にある人々に母性愛をもって寄り添い、愛の溢れから彼らを助け、守るために献身的に奉仕し、キリストによる救い、解放へと歩みを共にすることができるだろう。

さらに、マリアの御心崇敬とは無縁の非キリスト者であっても、他者の救いと解放の実現を願って母性愛と自発的自己奉献を実践する人は誰でも、マリアの御心の霊性を生きていると言える。こうして、マリアの御心の霊性の本質が、宗教や性差を越えて、母性愛と愛の溢れによる自発的自己奉献であることが明らかになった。

いよいよ第３節では、マリアの御心の霊性を生きる純心聖母会が、現代の日本とブラジルにおいて福音宣教の使命を果たす上で、その霊性の本質である母性愛と自発的自己奉献が誰に向けられていくべきなのかについて論述した。創立者早坂久之助は、日本における初代邦人司教としてローマで司教に祝聖された。その折に布教聖省長官ファン・ロッスム枢機卿から、教育と福祉活動の使徒的活動を通して「人を人として完成させること」を目的とした邦人女子修道会の創立を勧められた。使徒的活動の場で関わる全ての「人を人として完成させること」とは、つまり、使徒的活動の場で関わる全ての人を神の似姿として尊敬し、一人ひとりの尊厳を守ることと言える。

共同創立者であり初代会長シスターマダレナ江角ヤスの手になる「会員の祈り」に記された「なやむ人々」とは誰なのか。明確な答えが出ないままに、毎朝この言葉を繰り返し唱えてきたが、本稿においてようやく「なやむ人々」の姿が明確になってきたように思われる。それは、本会の教育、社会福祉、教会奉仕の場で出会う人々の中でも特に、家庭の不和、家族の問題、経済的な問題、人間関係、病気、障害、女性差別、孤独、いじめなどの身近な問題に苦しむ人々、さらに、国や社会が抱える諸問題の犠牲となって貧困、社会的抑圧や差別や偏見などで重荷を負わされた人々など、様々な人々を挙げることができる。しかし、あえて「人として完成させること」というロッスム枢機卿の言葉に注目するならば、「なやむ人々」とは、「人間としての尊厳の回復を必要とするなやむ人々」

なのではないだろうか。

本会会員は、マリアの汚れなき御心の霊性の本質である母性愛と自発的自己奉献を生きる上で、創立者のカリスマである「与え尽くす十字架上のキリスト」が示した究極の愛と、愛の溢れとしての自己譲与を完全な模範とする。本会会員の使命は、マリアの御心崇敬によってマリアの御心と親しみを深め、使徒的活動の場や日常生活においてマリアの御心の霊性を生きることで、マリアの御心に溢れる母性愛に倣って、人間としての尊厳の回復を必要とする「なやむ人々」のために献身的に奉仕し、彼らを救い主キリストによる救いと解放に導くことである。

こうして、第4章全体を通して「現代におけるマリアの御心崇敬の実践神学的意義」が明確になった。マリアの御心崇敬は、神の恵みに従ってマリアの御心に示される信仰と愛の模範へとキリスト者を促す内的・霊的姿勢である。マリアの御心崇敬とは、マリアの御心から湧き出る母性愛によって、危機的状況の中で苦しむ人々の叫びに耳を傾け、母の心で寄り添い、キリストによる救い、解放へと人々を招くマリアの御心に対する内的祈りである。マリアの御心崇敬を行うキリスト者は、聖霊に導かれてマリアの御心の霊性へと促され、母性愛と自発的奉献を生きることになる。

したがって、「マリアの御心崇敬の実践神学的意義」とはマリアの御心の霊性を意味し、その霊性を生きるキリスト者は、マリアの愛の御心に倣って、現代の危機的状況や抑圧下にある人々に母性愛をもって寄り添い、自発的に献身しながら彼らをキリストによる解放・救いへと導くことなのである。

註

（1）グァダルペの聖母と本会との関わりは、本会創立以前に創立者早坂司教が、メキシコのある司教から美しいグァダルペの聖母の絵を受け取ったことにある。創立者は、メキシコの古い教会を再建築するために取り外されたイコンを、メキシコの最初の聖人となった日本二六聖人殉教者の一人フィリポに捧げられた教会に安置してほしいという依頼を受けた。新しい教会が完成するまでの間、この絵は本会の聖堂に安置されることになり、一九四五年の長崎原爆投下で焼失するまでの一一年間、創設期の様々の苦難の歩みを共にしながら、本会を見守り、支え、希望の光を灯し続けた。（長崎純心聖母会『長崎純心聖母会の八十年』創立八〇周年記念誌委員会編、長崎純心聖母会、一七―一八頁）。

（2）ＮＨＫ「大航海時代」二〇一九年（https://www.nhk.or.jp/kokokoza/library/tv/sekaishi/archive/resume020.html　閲覧日二〇二〇年六月五日）。

（3）Antonio Valeriano, *Nican Mopohua*（Texto original de las apariciones de la Virgen de Guadalupe a San Juan Diego), ca.1560.「ニカン・モポウア」の著者は、メキシコ現地のナワ族出身のフランシスコ会士アントニオ・バレリアーノ（ca.1531-1605）。一九四九年一〇月七日ロザリオの聖母の記念日にメキシコで創立され、一九五六年に日本での宣教を開始した外国人宣教会のための「グアダルペ宣教会」（別称：メキシコの外国宣教会）は、来日五〇周年を記念して現代スペイン語に訳されていたNican Mopohuaを日本語に翻訳した。日本語全訳については、グァダルペ宣教会ＨＰ「ニカン・モポウア〈グァダルペの聖母御出現の物語〉」参照のこと。（http://mgjapon.sakura.ne.jp/nican_mopohua.html　閲覧日二〇二〇年六月五日）。

（4）T. M. Nguyen, *Our Lady of Guadalupe, an Icon not Madre by Human Hands*（December 11, 2019).（http://www.usccb.org/issues-and-action/religious-liberty/christ-the-king/our-lady-of-guadalupe-an-icon-not-made-by-human-hands.cfm#.Xst3CntV1sU.email　閲覧日二〇二〇年六月四日）。

（5）M. Sánchez, *Imagen de la Virgen María, Madre de Dios de Guadalupe: Milagrosamente aparecida en la ciudad de México: Celebrada en su historia, con la profecía del capítulo doce del Apocalipsis*（1648), (Spain:Biblioteca Virtual Miguel de Cervantes, 2010), p. 179, 191, 195, 200.

（6）T. Matovina, *Theologies of Guadalupe: from the Spanish Colonial Era to Pope John Paul II*, in theological

Studies 70 (2009), p. 68.（https://doi.org/10.1177/004056390907000103　閲覧日二〇二〇年八月七日）。

（7）A. M. G. Kintana, "The Spiritual Motherhood of Mary," in *A Handbook on Guadalupe*（New Bedford, Mass.: Franciscan Friars of the Immaculate, 1977）pp. 9-16.

（8）V. Elizondo, "María de Guadalupe: Star of the first and New Evangelization," in *Ephemerides Mariologicae* 56（2006）pp. 353-360.（https://ixtheo.de/Record/1645529177　閲覧日二〇二〇年八月七日）。

（9）T. Matovina, op. cit., pp. 82-83.

（10）グティエレスは一九二八月にペルーに生まれ、ベルギーのルーヴァン大学、フランスのリヨン大学で心理学と哲学を学んだ後、一九五九年司祭に叙階された。出身地のリマのカトリック大学で教鞭をとるかたわら、貧しさにあえぐ人々と共にスラムに住み、教会基礎共同体の運動を続けてきた。グティエレスは、「制度化された暴力」による抑圧と貧困に対する民衆の抵抗の中で、解放の神学を提起し世界に反響を起こした。

（11）レオナルド・ボフ『アシジの貧者・解放の神学』石井健吾訳、エンデルレ書店、一九八六年、一七三—一七四頁。

（12）グスタボ・グティエレス『解放の神学』関望・山田経三訳、岩波書店、一九八五年、三〇五頁。

（13）同書、四三—四五頁。

（14）山田經三「第二バチカン公会議と解放の神学に基づく世界の平和」『上智経済論集』第58巻第1・2号（二〇一三年）三頁。

（15）Paul VI, Encyclical *Populorum Progressio* on the Development of Peoples（n.20）, March 26, 1967.（http://www.vatican.va/content/paul-vi/en/encyclicals/documents/hf_p-vi_enc_26031967_populorum.html　閲覧日二〇一九年一二月三〇日）。

（16）セグンド・ガリレア「解放の神学」（片山悦子訳）『神学ダイジェスト』48号（一九八〇年）三一—三二頁。

（17）同書、二一一—二一六頁。

（18）*Le cœur admirable de la très sacrée Mère de Dieu*, op. cit., pp. 598-608.

（19）セグンド、前掲書、二一六頁。

（20）山口里子『マルタとマリア——イエスの世界の女性たち』新教出版社、二〇〇四年、三七—四四頁。

（21）ヨハン・フェアシュトラーテン「教皇フランシスコと教会の社会的識別——社会へと深く入り込みながら」（佐々木直子訳）『神学ダイジェスト』123号（二〇一七年）八—一六頁。

(22) ファン・カルロス・スカノーネ「教皇フランシスコと『民の神学』」（有村浩一訳）『神学ダイジェスト』123号（二〇一七年）一七―二四頁。
(23) 真正な民間信心と、個人的で感傷的な信仰生活に特有の崇敬を明確に区別するのは、「信仰者の信仰の感覚（sensus fidei fidelis）」である。マリア崇敬についても、キリスト者一人ひとりが、執着から起こる偽りのマリア信心の中から正しいマリア崇敬を相対化させるのは信仰の感覚によるものである（*Sensus Fidei*, no.64, op. cit.）。
(24) スカノーネ、前掲書、二八―二九頁。
(25) グティエレス、前掲書、三〇五頁。
(26) アントニオ・アウグスト・ボレッリ・マシャド『ファチマの聖母　そのメッセージは希望の預言か？　悲劇の預言か？』成相明人訳、「フマネ・ヴィテ」研究会、一九九七年、二頁。
(27) 同書、五―六頁。
(28) 外務省「慰安婦問題に対する日本政府のこれまでの施策」二〇一四年一〇月一四日（https://www.mofa.go.jp/mofaj/area/taisen/ianfu.html　閲覧日二〇二〇年八月四日）。
(29) 日本カトリック司教団『いのちへのまなざし――二十一世紀への司教団メッセージ』カトリック中央協議会、二〇〇一年、四〇頁。
(30) 同書。
(31) 国連人種差別撤廃委員会「国連人種差別撤廃委員会で厳しく問われた日本の〈差別〉」二〇一八年一〇月二六日（https://imidas.jp/jijikaitai/d-40-136-18-10-g752/3　閲覧日二〇二〇年八月四日）。
(32) アクティブ・ミュージアム　女たちの戦争と平和資料館（wam）「慰安婦問題を知ろう」（https://wam-peace.org/ianfu-mondai　閲覧日二〇二〇年九月一〇日）。
(33) 人権差別撤回委員会国際人権ＮＧＯ　反差別国際運動「日本の第一〇・第一一回合同定期報告書に関する総括所見１」二〇一八年九月三日（https://imadr.net/cerd_concluding-observations_2018/　閲覧日二〇二〇年八月四日）。
(34) カトリック中央協議会「戦後七〇年司教団メッセージ 平和を実現する人は幸い～今こそ武力によらない平和を」二〇一五年二月二五日（https://www.cbcj.catholic.jp/2015/02/25/5206/　閲覧日二〇二〇年八月六日）。
(35) 教皇ヨハネ・パウロ二世「広島『平和アピール』」一九八一年二月二五日（https://www.cbcj.catholic.jp/1981/02/25/3446/　閲覧日二〇二〇年八月六日）。

(36) 教皇フランシスコ「広島のスピーチ『原子力の戦争使用は犯罪』」二〇一九年一一月二四日。(https://www.nikkei.com/article/DGXMZO52552700U9A121C1CC1000/　閲覧日二〇二〇年七月二三日)。

(37) 二〇一七年一月一日、第五〇回「世界平和の日」教皇フランシスコメッセージ。テーマ:「非暴力、平和を実現するための政治体制」二〇一六年一二月八日付。原文:Messaggio del Santo Padre Francesco per la Celebrazione della Giornata Mondiale della Pace, 1° Gennaio 2017, "La nonviolenza: stile di una politica per la pace" (http://w2.vatican.va/content/francesco/it/messages/peace/documents/papa-francesco_20161208_messaggio-l-giornata-mondiale-pace-2017.html　閲覧日二〇二〇年九月一一日)。

(38) J. Rodriguez, *Our Lady of Guadalupe: Faith and Empowerment among Mexican-American Women* (Austin: University of Texas Press, 1994), p. 128, 168.

(39) T. Matovina, op. cit., p. 84.

(40) *Ibid.*, pp. 85-86.

(41) B. Welter, *The Cult of True Womanhood 1820-1860*, American Quarterly 18 (Summer 1966), pp. 151-174. (https://www.jstor.org/stable/i327382　閲覧日二〇二〇年八月七日)。

(42) R. R. Ruether, *Sexism and God-Talk: Toward a Feminist Theology* (Boston: Beacon Press, 1983), pp. 12-13.

(43) R・R・リューサー『性差別と神の語りかけ――フェミニスト神学の試み』小檜山ルイ訳、新教出版社、一九九六年、四七―五三頁。

(44) 同書、六〇頁。

(45) R・R・リューサー『マリア――教会における女性像』加納孝代訳、新教出版社、一九八三年、二一一―二一二頁。

(46) 同書、二八―四二頁。

(47) 同書、四四―五四頁。

(48) 同書、五六―六六頁。

(49) 同書、一二八―一三八頁。

(50) 小原擁「男女平等ランキング」二〇一九年一二月一七日付「日経ビジネス」(https://business.nikkei.com/　閲覧日二〇二〇年五月一日)。

(51) 法務局「令和元年版人権教育・啓発白書――第一章平成三〇年度に講じた人権教育・啓発に関する施策」、二〇一

九年、二三―二〇頁。(http://www.moj.go.jp/JINKEN/jinken04_00205.html　閲覧日二〇二〇年五月一日)。

(52) アンケート設問３Ⓒ「現代の日本のカトリック教会の中に抑圧があるとすれば、抑圧されている人が解放されるために、あなた自身が取り組んでいること、あるいは、取り組みたいと思うことがありますか?」。アンケートの詳細については註８を参照のこと。

(53) 加納美紀代『天皇制とジェンダー』インパクト出版会、二〇〇二年、一三五頁。

(54) 同書、一五〇頁。

(55)『マリア――教会における女性像』、前掲書、五五―六六頁。

(56) 教皇ヨハネ・パウロ二世使徒的書簡『女性の尊厳と使命』カトリック中央協議会、二〇一四年。

(57) 教皇ヨハネ・パウロ二世「女性への手紙」、一九九五年六月二九日(『女性の尊厳と使命』一四六―一四七頁)。しかしながら、教皇ヨハネ・パウロ二世の主張は、男女が平等としながらも、それぞれの役割が異なることを強調しすぎたため、依然、フェミニスト神学からは問題視された。

(58) 早坂久之助(一八八三―一九五九年)は、一八八三年九月一七日に仙台市名掛丁に誕生し、元寺小路教会にて受洗し、聖ヤヌワリオを洗礼名として受けた。一九〇五年に日本人最初のプロパガンダ・ウルバノ大学に奨学生としてローマに留学し、六年後の一九一一年六月一〇日にローマで司祭に叙階された。帰国後は函館教区の司牧に従事するが、一九二一年には駐日ローマ教皇使節の秘書に任命された。一九二七年一〇月三〇日の王たるキリストの祝日に、聖ペトロ大聖堂において教皇ピオ一一世により司教に叙階された。翌一九二八年四月二五日、長崎教区長として大浦天主堂にて着座した早坂司教は、長崎教区の司牧に献身した。一九三四年六月九日、純心聖母会を創立。本会創立から三年に満たない一九三七年二月、創立者早坂司教は病のために長崎教区長を辞任し、郷里仙台に帰って療養に励んだ。しかし、一九四五年八月九日の長崎原爆投下により、失意の底にあった共同創立者シスター江角をはじめ本会会員の霊的援助のため、一九四八年に病をおして純心聖母会の避難先であった長崎県大村市に戻り本会の霊的支えとなった。やがて、一九五九年一〇月二六日に郷里、仙台市のスペルマン病院で帰天し、浦上天主堂で追悼ミサが行われた後、長崎市赤城聖職者墓地に埋葬された(長崎純心聖母会『創立者ヤヌワリオ早坂久之助司教の「使命」と長崎純心聖母会の「創立のカリスマ」』、オリジナルカリスマ・プロジェクトチーム編、長崎純心聖母会、二〇〇九年、一九七―二一二頁/同著『長崎純心聖母会の八十年』、前掲書、ⅴ頁)。

(59) 純心聖母会『会報』８号、一九七七年、九九―一〇〇頁。

(60) 共同創立者江角ヤス（一八九九―一九八〇年）は、一八九九年に島根県簸川郡で生まれた。東京女子高等師範学校（現・お茶の水女子大学）を卒業後、当時女性に唯一門戸を開いていた東北帝国大学（現・東北大学）理学部数学教室に入学。大学在学中に『基督模倣（イミタチオ・クリスティ）』に心を動かされた彼女は、一九二四年に仙台市畳屋丁教会で受洗。京都府立第一高等女学校（現・鴨沂高校）数学科の教師として働いていた頃、観想修道会への修道召命を求めていたところに、早坂司教から新修道会参画の誘いを受け、新修道会設立準備のために一九三〇年にフランス・マルムチエの聖心会修練院に送られた。四年間にわたるフランス聖心会での修練を終え、一九三三年九月二四日に初誓願をたてたシスター江角とシスター大泉は、翌一九三四年の春に帰国の途に着いた。同年六月九日に本会創立の日を迎えた。共同創立者、初代会長として一九七三年までの約四〇年間にわたり本会を治めた。その間、一九三五年には純心女学院（翌年、長崎純心高等女学校に改名）を開設し、学校長就任後、本会の学校法人・宗教法人の理事長を経て、一九八〇年一一月三〇日に八一歳で帰天した（『長崎純心聖母会の八十年』、前掲書、vi頁）。

(61) Francesco. Udienza Generale "I doni dello Spirito Santo: 6. La Pietà", Mercoledì, (Giugno 04, 2014)（http://w2.vatican.va/content/francesco/it/audiences/2014/documents/papa-francesco_20140604_udienza-generale.html 閲覧日二〇二〇年六月一三日）。

(62) カルロ・ウォイティワ（後、ヨハネ・パウロ二世）『愛と責任』石脇慶総訳、エンデルレ書店、一九八二年、三五一―三五五頁。

結語

マリアの御心崇敬が、マリアの御心をとりなしとして、神と崇敬者（自己）との縦軸の関係性を築くとすれば、自己と他者の横軸の関係性を築くのが、一人ひとりの自発的生き方としてのマリアの御心の霊性である。キリストによる全人類の救いは、マリアの御心を仲介とした縦軸と横軸が織りなす相互関係の中で実現するのである。

本稿は、教派や宗教、時代や世代、国や場所、民族や性の違いを越えて、人間の自己中心性によって闇に陥った全ての人々が、マリアの御心崇敬を通して、キリストによる自らの救いと解放の恵みに与り、さらに、人々がマリアの御心を心としてその霊性を生きることによって、恵みを通して他者の解放と救いへの協力の道が開かれるところにマリアの御心崇敬の真価を見出だした。つまり、マリアの御心崇敬は一人ひとりの具体的生き方として現れる霊性を伴ってはじめて、御心崇敬の意義が見出だされるという結論に達した。

この結論を導き出すにあたり、全体を貫く問いとして、「キリストによる解放と救いの実現のために、マリアの御心崇敬が生み出すマリアの御心の霊性の必要不可欠の要素は何か」を挙げて、御心崇敬が向かうべき方向性の中で、救いの実現のために求められる御心の霊性の最も重要な要素を見出だすことを狙いとした。

その結果、御心崇敬の実りとも言える御心の霊性の中でも、その真髄をなすマリアの「無条件の母性愛」とその愛の溢れとしての「自発的自己奉献」が、この問いの答えとして明らかになった。これら二つの要素は、イエスのケノーシスを模範としており、一人ひとりがマリアの御心に倣って「母性愛」と「自発的自己奉献」を生きる時、全人類の救いという神の計画に与る恵みが与えられることにマリアの御心崇敬の真価を見出だしたのである。

本稿は、第1章ではマリア神学的観点、第2章ではキリスト論的観点、第3章では歴史的・土着化的観点、第4章では実践神学的観点からの帰納法的アプローチにより、マリアの御心崇敬の真価を探求した。結論に至る過程で明らかになったマリアの御心崇敬の三つの特徴は次の通りである。

1. マリアの御心崇敬は、「償い」と「奉献」を本質とする。

マリアの「奉献」の模範は、全人類に対するはらわたを突き動かされるほどの深い愛と憐れみ（「スプランクニゾマイ σπλαγχνίζομαι」）により、全ての人を救うために命までも十字架上で捧げ尽くしたイエスの自己無化、すなわちケノーシスである。マリアの御心崇敬は、人類が自己中心性によってイエスの愛の聖心を軽んじたことへの「償い」による神への立ち返りと、神と人々への愛の証しとしての「自己奉献」を通して、人々をキリストの救いへと導く。

2. マリアの御心崇敬は、全ての人に開かれている。

マリアの御心崇敬は、カトリック教会に限らず全ての人を回心へと招き、人々が慈愛深いマリアの御心を讃え、マリアのとりなしを願い、マリアの献身的母性愛に倣って自分を奉献することによって、キリストの救いに与ることができる。

3. マリアの御心崇敬は、マリアの御心の霊性を生きる人々によって、時代と空間を越えて土着化する。

日本においては、キリシタン迫害時代から深く根付いているマリアの御心崇敬が、現代の日本社会に生きる私たちを、神の恵みによって、分け隔てのない無条件の「母性愛」と、愛の溢れによって突き動かされる「自発的自己奉献」というマリアの御心の霊性へと促す。一人ひとりがマリアの御心の霊性を生きる時、抑圧・排斥・差別された人々、悩む人々の解放と救いに献身するマリアに協力することができる。

マリアの御心はイエスの聖心の映しである。したがって、マリアの御心崇敬はその源泉とも言えるイエスの聖心崇敬への立ち返りである。イエスの聖心の祭日に読まれる次の福音は、マリアの御心崇敬の真価を指し示すものとして深く味わいたい。

疲れた者、重荷を負う者は、だれでもわたしのもとに来なさい。休ませてあげよう。わたしは柔和で謙遜な者だから、わたしの軛を負い、わたしに学びなさい。そうすれば、あなたがたは安らぎを得られる。わたしの軛は負いやすく、わたしの荷は軽いからである。（マタ11・28―30）

ここには、イエスの救いが苦しむ人々への単なる同情ではなく、命令形を用いることで彼らの主体性に訴えて、自由、解放へと向かわせるイエスの真の愛と憐れみが伺える。イエスは、宗教も、性差も、出身も、社会的地位も何の条件も付けずに、疲れた者、重荷を負う者には「だれでもわたしのもとに来なさい」と命令形で呼びかける。彼らが救い主をただ一方的に、受け身で待つのではなく、自発的にイエスのもとへ立ち戻ってはじめて、イエスによる自由、解放、救いの一歩を踏み出すことになる。

イエスは「わたしの軛を負い、わたしに学びなさい」と、疲れた者、重荷を担う者に次のステップを命じる。イエスは彼らにかかる重荷の重圧を共に担うために、それを自分の軛として引き受け、彼らへの負担を軽くしようと望まれた。イエスは、彼らの重荷を完全に取り去ることができる神の子の力を有しながらも、柔和、謙遜な人の子として彼らと共に重荷を担い、ご自分のもとで休ませることを望まれた。

イエスの聖心の祭日の翌日にマリアの御心の記念日を記念する教会は、「これらのことをすべて心に納めておられた」（ルカ2・51）マリアの姿を黙想する。マリアはその御心を通して、イエスとの様々な出来事の中でイエスの無償の愛の深さ・広さを体験していった。神の恵みに満たされたマリアは、御心から溢れ出る汚れなく、真っすぐで、二心ない無償の愛を、神と人々に与え尽くし、キリストのケノーシスによって実現する特に「疲れた者、重荷を担う者」の真の自由、解放、救いのみ業にとりなしを行う。

マリアの汚れなき御心に奉献された日本の教会も、マリアの御心の霊性を生きる純心聖母会も聖霊の導きに心を開き、マリアの御心崇敬を通して御心に宿る母性愛に倣い、特に現代社会で差別され、人としての尊厳を奪われ、強い抑圧によって生きる希望を失った人々の心の傷に慈愛深く寄り添い、献身的に奉仕しながら、彼らを救い主キリストのもとに導く宣教の使命を生きるのである。

謝辞

本研究論文執筆にあたり、温かい激励と忍耐でご指導、ご鞭撻を賜りました上智大学神学部・神学研究科光延一郎教授に心より感謝申し上げます。光延教授には、筆者の神学研究科博士前期課程在学中より、七年にわたってマリア神学研究に関するご指導をいただきました。光延教授の現代の社会問題に関するご関心と深い洞察から、霊性神学の深みを教えていただいたことを心より感謝いたします。

貴重なご指導とご助言をいただきました上智大学神学部・神学研究科アイダル・ホアン・カルロス教授、原敬子准教授、角田佑一助教に心より感謝申し上げます。

上智大学神学研究科在学中、講義やご指導を賜りました上智学院理事長佐久間勤教授、神学研究科長具正謨教授、神学部学部長川中仁教授をはじめ諸先生方に心より感謝申し上げます。

本論文を進めるにあたり多くの貴重な助言を賜りましたグアダルペ宣教会イグナシオ神父様、ベリス・メルセス宣教修道女会シスター弘田しずえ様に心より感謝申し上げます。

アンケート実施にあたっては、アンケートの回答をお寄せいただきました皆さま方にこの場を借りて心より感謝申し上げます。

ご支援、ご協力をいただきながら、ここにお名前を記すことができなかったお一人おひとりに心より感謝申し上げます。

最後になりますが、博士前期課程・後期課程の長年にわって研究の機会を与え、霊的・物的・精神的な支えとなった純心聖母会総長シスター山野アヤ子をはじめ、全ての会員に心から感謝いたします。マリアの汚れなき御心の霊性を共に生きる会員として、本会にこの論文を捧げます。

参考文献

序論

〈洋書〉

Carroll, Eamon R. /Eds, "Devotion to Mary, Blessed Virgin", in *New Catholic Encyclopedia*, vol.9, Washington, D.C.: Thomson Gale, ^{2}2003.

Eudes, Jean. *Le cœur admirable de la très sacrée Mère de Dieu*, Paris: P. Lethielleux, ^{6}1935.

Eudes, Jean. *The Sacred heart of Jesus*, New York: P.J. Kenedy & Sons, 1946.

Eudes, Jean. *The admirable Heart of Mary*, New York: P.J. Kenedy & Sons, 1948.

第1章

〈和書〉

書籍

アウグスティヌス『アウグスティヌス神学著作集』（「キリストの恩恵と原罪」）金子晴勇・小池三郎訳、教文館、二〇一四年。

アウグスティヌス『アウグスティヌス神学著作集』（「恩恵と自由意志」）金子晴勇・小池三郎訳、教文館、二〇一四年。

荒井献・H・J・マルクス監修『ギリシア語新約聖書釈義事典Ⅱ』教文館、一九九四年。

アンリ・ド・リュバック『永遠に女性的なるもの』山崎庸一郎訳、法政大学出版局、一九八〇年。

エイレナイオス『キリスト教教父著作集　第3巻Ⅰ』小林稔訳、教文館、一九九九年。

江藤直純「義人にして、同時に罪びと」『罪と恵み——神の前に立つ人間』岩島忠彦・井上英治編、サンパウロ、一九九六年。

エミール・ブルンナー『ブルンナー著作集　第3巻教義学Ⅱ　創造と救贖についての教説』佐藤敏夫訳、熊澤義宣・川田殖共編、教文館、一九九七年。

カール・ラーナー『キリスト教とは何か』百瀬文晃訳、エンデルレ書店、一九九三年。

片岡小一郎編『聖母崇敬史大要』中央出版社、一九五四年。

金子晴勇『アウグスチヌスとその時代』知泉書館、二〇〇四年。

佐々木亘『トマス・アクィナスの人間論』知泉書館、二〇〇五年。

澤田昭夫『ルターはマリアを崇敬していたか』教文館、二〇〇一年。

ジョン・ヘンリー・ニューマン『聖母マリア——第二のエバ』日本ニューマン協会編・訳、教友社、二〇一三年。

ジョアン・ピエール・トレル『トマス・アクィナス——人と著作』保井亮人訳、知泉書館、二〇一五年。

デンツィンガー・シェーメンメッツァー（DS）『カトリック教会文書資料集（改訂版）』浜寛五郎訳、エンデルレ書店、二〇〇二年。

トマス・アクィナス『神学大全』（3）山田晶訳、創文社、一九七四年。

トマス・アクィナス『神学大全』（7）高田三郎・山田晶訳、創文社、一九六五年。

トマス・アクィナス『神学大全』（32）稲垣良典訳、創文社、二〇〇七年。

ニュッサのグレゴリオス『雅歌講話』大森正樹・宮本久雄・谷隆一郎・柴崎栄・秋山学訳、新世社、一九九一年。

朴憲郁「パウロの人間論——ローマの信徒への手紙7章を中心に」『罪と恵み——神の前に立つ人間』岩島忠彦・井上英治編、サンパウロ、一九九六年。

久松英二『ギリシア正教　東方の智』講談社、二〇一二年。

ヘルマン・テュヒレ他『キリスト教史6　バロック時代のキリスト教』上智大学中世思想研究所編訳・監修、平凡社、二〇〇六年。

三谷鳩子『トマス・アクィナスにおける神の似姿論』東北大学出版会、二〇一六年。

嶺重淑『NTJ新約聖書注解　ルカ福音書』日本キリスト教団出版局、二〇一八年。

ヤロスラフ・ペリカン『聖母マリア』関口篤訳、青土社、一九九八年。

リチャード アラン カルペパー『ＮＩＢ新約聖書注解４　ルカによる福音書』太田修司訳、ＡＴＤ・ＮＴＤ聖書注解刊行会、二〇〇二年。
『ローマ聖務日課』(Breviarium romanum)、聖母マリアの小聖務日課第一晩課の交唱「天主の聖母のご保護に」、一五六八年。

公文書

教皇ピオ一二世回勅『メディアトル・デイ』小柳義男訳、あかし書房、一九七〇年。

教皇パウロ六世使徒的勧告『マリアーリス・クルトゥス』井上博嗣訳、ペトロ文庫、一九七四年。

教皇庁教理省『ファティマ 第三の秘密』カトリック中央協議会、二〇〇一年。

雑誌

コルネリウス・ケッペラー「カール・ラーナー恩恵論の核心――アンリ・ド・リュバックとの対比において」(光延一郎訳)『神学ダイジェスト』100号(二〇〇六年)。

ジョージ・キーレンケリィ「信仰による義認」(宮井加寿美訳)『神学ダイジェスト』106号(二〇〇九年)。

トマス・F・オメアラ「ターザン、ラス・カサス、ラーナー――トマス・アクィナスの拡大された恩恵の理論」(別宮幸徳訳)『神学ダイジェスト』89号(二〇〇〇年)。

ファン・レアル「イエスの母がいた」(中村徳子訳)『神学ダイジェスト』33号(一九七四年)。

ヘルマン＝ヨゼフ・レーリク「神化――救済論のエキュメニカルなキーワード」(宮井純二訳)『神学ダイジェスト』94号(二〇〇三年)。

堀田雄康「ヨハネの『ロゴス』とパウロの『神の像』」『神学ダイジェスト』30号(一九七三年)。

メルガ・メルツァー＝ケラー「ルカ福音書のマリア――信仰の模範、弟子の典型、希望のしるし」(別宮幸徳訳)『神学ダイジェスト』92号(二〇〇二年)。

百瀬文晃「カール・ラーナーの神学と日本」『神学ダイジェスト』100号(二〇〇六年)。

ヨハン・バプティスト・メッツ「カール・ラーナー――人間の神学的名誉のための闘い」『神学ダイジェスト』78号(二〇〇三年)。

サイト

カトリック中央協議会 司教協議会事務部広報課「カトリック教会現勢二〇一九」二〇二〇年九月。(https://www.cbcj.catholic.jp/japan/statistics/　閲覧日二〇二〇年九月四日)。

〈洋書〉

書籍

Alonso, Maria Joaquin. “Cuore Immacolato”, in *Nuovo Dizionario di Mariologia*, a cura di Stefano de Fiores e Salvatore Meo, Borgano Torinese: San Paolo, 1986.

Aquinas, Thomas. *Summa Theologiae I*, vol.13, Lander, Wyoming: The Aquinas Institute for the Study of Sacred Doctrine, 2012.

Aquinas, Thomas. *Summa Theologiae*, vol.19, Trans. by Fr. Shapcote, Laurence, Ed. Mortensen, John and Alarcòn, Enrique, Lander, Wyoming: The Aquinas Institute for the Study of Sacred Doctrine, 2012.

Carroll, Eamon. R. / Eds., “Devotion to Mary, Blessed Virgin”, in *New Catholic Encyclopedia*, vol.9, Washington, D.C.: Thomson Gale, ^{2}2003.

Chereso, C. J. “Image of God”, in *New Catholic Encyclopedia*, vol.7, Washington D.C: Thomson Gale, ^{2}2003.

Corrado, Maggioni. *Benedetto il del tuo grembo. Due millenni dei pietà mariana*, Cassale Monferrato: Portalupi Editore, 2000.

De Fiores, Stefano. *Maria nella teologia contemporanea*, Rome: San Paolo, ^{3}1991.

J. Dutty, Stephen. “Grace”, in *The Modern Catholic Encyclopedia*, ed. Glazier, Michael and Hellwig Monika K., London: Gill & Macmillan, 1994.

Meo, S. “Mediatrice”, in *Nuovo Dizionario di Mariologia*, a cura di Stefano de Fiores e Salvatore Meo, San Paolo, 1986.

Murphy, F. John. “Immaculate Heart of Mary”, in *New Catholic Encyclopedia*, vol.7, Washington D.C.: Thomson Gale, ^{2}2003.

Rahner, Karl. *Nature and Grace*, trans. Dinah Whart, London: Sheed and Ward, 1968.

Rahner, Karl. *Mary Mother of the Lord, Hertfordshire* : Anthony Clarke, 1974.

Rahner, Karl. *Maria, Mutter des Herrn: theologische Betrachtungen*, Freiburg: Herder, 1957.

Rahner, Karl. *Theological Investigations* vol.1, Trans. by Cornelius Ernst, Darton: Longman & Todd, 1974.

Ratzinger, Joseph. "'Du bist voll der Gnade': Elemente biblischer Marienfrömmigkeit", in Joseph Ratzinger and Peter Henrici, ed. *Credo: Ein theologisches Lesebuch* (Cologne: Communio, 1992).

Ratzinger, Joseph. "'Erwägungen zur Stellung von Mariologie und Marienfrömmigkeit", in Joseph Ratzinger and Hans Urs Von Balthasar, *Maria*: Kirche im Ursprung (Freiburg, Basel, and Vienna: Herder, 1980).

Ratzinger, Joseph. "'Hail, Full of Grace': Elements of Marian Piety According to the Bible", in Joseph Ratzinger and Hans Urs Von Balthasar, *Mary, The Church at the Source*, Vatican: Libreria Editrice Vaticana, 1997.

Ratzinger, Joseph. "Thoughts on the Place of Marian Doctrine and Piety in Faith and Theology as a Whole": in Joseph Ratzinger and Hans Urs Von Balthasar, *Mary, The Church at the Source*, Vatican: Libreria Editrice Vaticana, 1997.

Regan, C. "Grace and Nature", in *New Catholic Encyclopedia*, vol. 6, Washington D.C: Thomson Gale, ^{2}2003.

ギリシア語電子聖書

Bible Works.

公文書サイト

International Theological Commission, *Sensus Fidei in the Life of the Church* (June 10, 2014) (http://www.vatican.va/roman_curia/congregations/cfaith/cti_documents/rc_cti_20140610_sensus-fidei_en.html　閲覧日二〇二〇年一月一五日)。

The Holy See, Congregation for Divine Worship and the Discipline of the Sacraments, *Directory on Popular Piety and the Liturgy – Principles and Guideline* (December 14, 2001). (http://www.vatican.va/roman_curia/congregations/ccdds/documents/rc_con_ccdds_doc_20020513_vers-direttorio_en.htm　閲覧日二〇一九年六月一三日)。

Pius PP. XII, Epistulae Encyclicae *Haurietis Aquas* de Cultu Sacratissimi Cordis Iesu (May 15, 1956). (http://w2.vatican.va/content/pius-xii/la/encyclicals/documents/hf_p-xii_enc_15051956_haurietis-aquas.html　閲覧日二〇一九年六月一二日)。

サイト

University of Dayton—International Marian Research Institute, *Immaculate Heart of Mary Devotion.* (https://udayton.edu/imri/mary/i/immaculate-heart-of-mary-devotion.php　閲覧日二〇一九年六月一一日)。

第2章

〈和書〉

書籍

『ＡＴＤ旧約聖書註解21　エレミヤ書』石川立訳、ＡＴＤ・ＮＴＤ聖書註解刊行会、二〇〇五年。

『ＥＫＫ新約聖書註解Ｉ／3　マタイによる福音書』小河陽訳、教文館、二〇〇四年。

『ＥＫＫ新約聖書註解Ｉ／4　マタイによる福音書』小河陽訳、教文館、二〇〇九年。

エバンヘリスタ解説・監修『みこころの信心』東京カトリック神学院聖心の兄弟訳、中央出版社、一九六二年。

カール・ラーナー『キリスト教とは何か』百瀬文晃訳、エンデルレ書店、一九九三年。

クラウス・リーゼンフーバー『中世思想史』村井則夫訳、平凡社、二〇一一年。

ゲイル・Ｒ・オデイ『ＮＩＢ新約聖書注解5』田中和恵・田中直美訳、ＡＴＤ・ＮＴＤ聖書注解刊行会、二〇〇九年。

デンツィンガー・シェーメンメッツァー（ＤＳ）『カトリック教会文書資料集（改訂版）』浜寛五郎訳、エンデルレ書店、二〇〇二年。

ボナヴェントゥラ『マリア神学綱要――聖母祝日説教集』関根豊明訳、エンデルレ書店、一九九三年。

ユリウス・シェニーヴィント『ＮＴＤ新約聖書註解――マタイによる福音書』量義治訳、ＮＴＤ新約聖書註解刊行会、一九八〇年。

雑誌・小冊子

祈祷の使徒編「きょうをささげる　祈りのしおり二〇一九」

デイヴィッド・M・ナイト「『み心の信心』の再生にむけて」（中井淳訳）『神学ダイジェスト』106号（二〇〇九年）。

〈洋書〉

書籍

Addis, William E. and Arnold, Thomas M. A, *A Catholic Dictionary – Doctrine, Discipline, Rites, Ceremonies, Councils, and Religious Orders of the Catholic Church*, New York: B. Herder Book co., 1951.

Alban, J. Dachauer. *The Sacred Heart: A Commentary on "Haurietis Aqcuas"*, Milwaukee: The Bruce Poblishing Company, 1959.

Cross, F. L. *The Oxford Dictionary of the Christian Church*, New York: Oxford University Press, 1997.

Eudes, Jean. *Le cœur admirable de la très sacrée Mère de Dieu*, Paris: P. Lethielleux, ^{6}1935.

Eudes, Jean. *The admirable Heart of Mary*, New York: P. J. Kenedy & Sons, 1948.

McBrien, Richard P. *The Harpercollins Encyclopedia of Catholicism*, San Francisco: Harper San Francisco, 1995.

McGRATTY, Arthur R. *The Sacred Heart – Yesterday and Today*, Ohio: Benziger Brothers Inc., 1951.

Moell, C. J. /Eds, "Devotion to Sacred Heart", in *New Catholic Encyclopedia* 12, Detroit: Thomson Gale, ^{2}2003.

Petazzi, Giuseppe M. *Rimaniamo! – La dottrina e la pratica della riparazione secondo gli insegnamenti dell'Enciclica "Miserentissimus Redemptor" di S.S.Pio XI –*, Milano: Casa Editrice S. Lega Eucaristica, 1933.

The Editors of the Catholic Encyclopedia, "Sacred Heart", in *The Catholic Encyclopedia Dictionary*, New York: The Gilmary Sociery, 1929.

公文書サイト

Leonis XIII. Litterae Encyclicae *Annum Sacrum* de Hominibus Sacratissimo Cordi Iesu Devovendis, (May 25, 1899). (http://w2.vatican.va/content/leo-xiii/la/encyclicals/documents/hf_l-xiii_enc_25051899_annum-sacrum.html 閲覧

日二〇一九年七月一九日）。

Leonis XIII. Epistola Encyclica *Iucunda Semper Expectatione*, (September 08, 1894)（http://w2.vatican.va/content/leo-xiii/la/encyclicals/documents/hf_lxiii_enc_08091894_iucunda-semper-expectationehtml　閲覧日二〇一九年七月二四日）。

Pius PP. XI. Litterae Encyclicae *Miserentissimus Redemptor* de Communi Expiatione Sacratissimo Cordi Iesu Debita, (May 08, 1928).（http://w2.vatican.va/content/pius-xi/la/encyclicals/documents/hf_p-xi_enc_19280508_miserentissimus-redemptor.html　閲覧日二〇一九年七月一九日）。

Pius PP. XI. Epistulae Encyclicae *Quas Primas* de Festo Domini Nostri Iesu Christi Regis Constituendo, (December 11, 1925).（http://w2.vatican.va/content/pius-xi/la/encyclicals/documents/hf_p-xi_enc_11121925_quas-primas.html　閲覧日二〇一九年七月一九日）。

Pius PP. XII. Litterae Encyclicae *Mystici Corporis* Christi de Mystico Iesu Christi Corpore Deque Nostra In Eo Cum Christo Coniunctione, (June 29, 1943).（http://w2.vatican.va/content/pius-xii/la/encyclicals/documents/hf_p-xii_enc_29061943_mystici-corporis-christi.html　閲覧日二〇一九年七月二三日）。

Pius PP. XII. Litterae Encyclicae *Sacra Virginitas* de Sacra Virginitate, (March 25, 1954).（http://w2.vatican.va/content/pius-xii/la/encyclicals/documents/hf_p-xii_enc_25031954_sa cra-virginitas.html　閲覧日二〇一九年七月二三日）。

Pius PP. XII. Epistulae Encyclicae *Ad Caeli Reginam*—Dignità Regale della Santa Vergine Maria, (October 11, 1954).（http://w2.vatican.va/content/pius-xii/it/encyclicals/documents/hf_p-xii_enc_11101954_ad-caeli-reginam.html　閲覧日二〇一九年七月二九日）。

Pius PP. XII. Epistulae Encyclicae *Haurietis Aquas* de Cultu Sacratissimi Cordis Iesu, (May 15, 1956).（http://w2.vatican.va/content/pius-xii/la/encyclicals/documents/hf_p-xii_enc_15051956_haurietis-aquas.html　閲覧日二〇一九年七月一九日）。

第3章

〈和書〉

書籍

浦川和三郎『日本に於ける公教會の復活』天主堂、一九一五年。

浦川和三郎『祝祭日の説教集』中央出版社、一九五二年。

浦川和三郎『切支丹の復活』(前篇) 国書刊行会、一九七九年。

海老沢有道、H・チースリク、土井忠生、大塚光信「どちりな・きりしたん」『キリシタン書　排那書』岩波書店、一九七〇年。

海老沢有道、H・チースリク、土井忠生、大塚光信『キリシタン書・排耶書――日本思想体系25』岩波書店、一九七五年。

海老沢有道、井出勝美、岸野久『キリシタン教理書』教文館、一九九三年。

遠藤周作『深い河』講談社、一九九六年。

遠藤周作『私にとって神とは』光文社、一九八八年。

尾原悟『きりしたんの殉教と潜伏』教文館、二〇〇六年。

片岡弥吉『信仰に輝く日本婦人達』きりしたん文化研究所、一九四一年。

片岡弥吉『長崎の殉教者』角川新書、一九五七年。

片岡弥吉『長崎のキリシタン』聖母文庫、二〇一五年。

片岡弥吉『浦上四番崩れ――片岡弥吉全集3』智書房、二〇一九年。

片岡弥吉『ド・ロ神父 世界遺産 出津の福祉像』智書房、二〇一九年。

カトリック教区聯明編『公教会祈祷文』ドン・ボスコ社、一九五二年。

亀井孝、H・チースリク、小島幸枝『キリシタン要理――その翻案および翻訳の実態』岩波書店、一九八三年。

川村信三『キリシタン信徒組織の誕生と変容――「コンフラリヤ」から「こんふらりや」へ』教文館、二〇〇三年。

小坂井澄『お告げのマリア』聖母の騎士社、二〇〇七年。

シルベン・ブスケ『聖母マリアの傳圖解』三才社、一九二八年。

鈴木大拙『日本的霊性』岩波書店、一九七八年。

田中千禾夫、遠藤周作、田中澄江、曽野綾子、三浦朱門、椎名麟三『現代日本キリスト教文学全集10「母性と聖性」』教文館、一九七三年。

田村晃祐編著『日本仏教の宗派』中村元監、奈良康明編、東京書籍、一九八三年。

中園成生『かくれキリシタンの起源《信仰と信者の実相》』弦書房、二〇一八年。

日本カトリック司教協議会 常任司教委員会『カトリック教会のカテキズム 要約(コンペンディウム)』日本カトリック司教協議会常任司教委員会訳、中央協議会、二〇一〇年。

東馬場郁生『きりしたん受容史――教えと信仰と実践の諸相』教文館、二〇一八年。

福田勤『日本人と神』サンパウロ、一九九九年。

ベルナール・タデー・プティジャン『プティジャン書簡――原文・翻刻・翻訳――「エリア写本」より』長崎純心大学長崎学研究所編、長崎純心大学博物館、二〇一五年。

宮崎賢太郎『カクレキリシタン』長崎新聞新書、二〇〇八年。

結城了悟『キリシタンのサンタ・マリア』日本二六聖人記念館、一九七九年。

ロジェ・オーベール他『キリスト教史9』上智大学中世思想研究所編訳/監修、平凡社、二〇〇六年。

脇田登摩『主日祝日説教集』天主公教會、一九二八年。

雑誌
遠藤周作「サンタマリア信仰と日本人の宗教意識」『NHK歴史ドキュメント6』(一九八七年)。
小林利行「日本人の宗教的意識や行動はどうかわったか～ISSP国際比較調査「宗教」・日本の結果から～」NHK放送文化研究所『放送研究と調査』四月号(二〇一九年)。

サイト
カトリック大阪教区「聖マリアの汚れないみ心に大阪教区を捧げる祈り」(二〇一九年六月一二日)(http://www.osaka.catholic.jp/pdf/2019/190612_j1.pdf 閲覧日二〇一九年一一月一日)。

第4章

〈和書〉

書籍

アントニオ・アウグスト・ボレッリ・マシャド『ファチマの聖母　そのメッセージは希望の預言か？　悲劇の預言か？』成相明人訳、「フマネ・ヴィテ」研究会、一九九七年。

加納美紀代『天皇制とジェンダー』インパクト出版会、二〇〇二年。

カルロ・ウォイティワ（後、ヨハネ・パウロ二世）『愛と責任』石脇慶総訳、エンデルレ書店、一九八二年。

グスタボ・グティエレス『解放の神学』関望・山田経三訳、岩波書店、一九八五年。

長崎純心聖母会『創立者ヤヌワリオ早坂久之助司教の「使命」と長崎純心聖母会の「創立のカリスマ」』、オリジナルカリスマ・プロジェクトチーム編、長崎純心聖母会、二〇〇九年。

長崎純心聖母会『長崎純心聖母会の八十年』、創立八〇周年記念誌委員会編、長崎純心聖母会、二〇一四年。

日本カトリック司教団『いのちへのまなざし――二十一世紀への司教団メッセージ』カトリック中央協議会、二〇〇一年。

山口里子『マルタとマリア――イエスの世界の女性たち』新教出版社、二〇〇四年。

レオナルド・ボフ『アシジの貧者・解放の神学』石井健吾訳、エンデルレ書店、一九八六年。

ローズマリー・ラドフォード・リューサー『性差別と神の語りかけ――フェミニスト神学の試み』（Sexism and God-Talk-Toward a Feminist Theology, 1983）小檜山ルイ訳、新教出版社、一九九六年。

ローズマリー・ラドフォード・リューサー『マリア――教会における女性像』（Mary―The feminine face of the Church, 1977）加納孝代訳、新教出版社、一九八三年。

公文書

教皇ヨハネ・パウロ二世回勅『救い主の母』（45）、中央協議会、一九八七年。

教皇ヨハネ・パウロ二世「女性への手紙」（7）、（10）、（12）『女性の尊厳と使命』、ペトロ文庫、二〇一四年。

教皇ヨハネ・パウロ二世使徒的書簡『女性の尊厳と使命』（26）ペトロ文庫、二〇一四年。

雑誌
純心聖母会『会報』8号（一九七七年）。

セグンド・ガリレア「解放の神学」（片山悦子訳）『神学ダイジェスト』48号（一九八〇年）。

ファン・カルロス・スカノーネ「教皇フランシスコと『民の神学』」（有村浩一訳）『神学ダイジェスト』123号（二〇一七年）。

山田經三「第二バチカン公会議と解放の神学に基づく世界の平和」『上智経済論集』第58巻第1・2号（二〇一三年）。

ヨハン・フェアシュトラーテン「教皇フランシスコと教会の社会的識別――社会へと深く入り込みながら」（佐々木直子訳）『神学ダイジェスト』123号（二〇一七年）。

公文書サイト
教皇フランシスコ「広島のスピーチ『原子力の戦争使用は犯罪』」二〇一九年一一月二四日（https://www.nikkei.com/article/DGXMZO52552700U9A121C1CC1000/　閲覧日二〇二〇年七月二三日）。
教皇ヨハネ・パウロ二世「広島『平和アピール』」一九八一年二月二五日（https://www.cbcj.catholic.jp/1981/02/25/3446/　閲覧日二〇二〇年八月六日）。

サイト
アクティブ・ミュージアム　女たちの戦争と平和資料館（wam）ＨＰ「慰安婦問題を知ろう」（https://wam-peace.org/ianfu-mondai　閲覧日二〇二〇年九月一〇日）。

ＮＨＫ「大航海時代」二〇一九年（https://www.nhk.or.jp/kokokoza/library/tv/sekaishi/archive/resume020.html　閲覧日二〇二〇年六月五日）。

小原擁「男女平等ランキング」二〇一九年一二月一七日（https://business.nikkei.com/　閲覧日二〇二〇年五月一日）。

外務省「慰安婦問題に対する日本政府のこれまでの施策」二〇一四年一〇月一四日（https://www.mofa.go.jp/mofaj/area/taisen/ianfu.html　閲覧日二〇二〇年八月四日）。

カトリック中央協議会「戦後七〇年司教団メッセージ 平和を実現する人は幸い～今こそ武力によらない平和を」二〇一五年二月二五日（https://www.cbcj.catholic.jp/2015/02/25/5206/　閲覧日二〇二〇年八月六日）。

グアダルペ宣教会HP「ニカン・モポウア〈グァダルペの聖母御出現の物語〉」二〇〇五年四月七日（http://mgjapon.sakura.ne.jp/nican_mopohua.html　閲覧日二〇二〇年六月五日）。

国連人種差別撤廃委員会「国連人種差別撤廃委員会で厳しく問われた日本の〈差別〉」二〇一八年一〇月二六日（https://imidas.jp/jijikaitai/d-40-136-18-10-g752/3　閲覧日二〇二〇年八月四日）。

人権差別撤回委員会国際人権ＮＧＯ　反差別国際運動「日本の第一〇・第一一回合同定期報告書に関する総括所見１」二〇一八年九月三日（https://imadr.net/cerd_concluding-observations_2018/　閲覧日二〇二〇年八月四日）。

法務局「令和元年版人権教育・啓発白書──第一章平成三〇年度に講じた人権教育・啓発に関する施策」、二〇一九年。（http://www.moj.go.jp/JINKEN/jinken04_00205.html　閲覧日二〇二〇年六月五日）。

〈洋書〉

書籍

Eudes, Jean. *Le cœur admirable de la très sacrée Mère de Dieu*, Paris: P.Lethielleux，[6]1935.

Eudes, Jean. *The admirable Heart of Mary*, New York: P.J. Kenedy & Sons, 1948.

Gutierrez, Gustavo. *We Drink from Our Own wells*, New York: Orbis, 1984.

Rodriguez, Jeanette. *Our Lady of Guadalupe: Faith and Empowerment among Mexican-American Women*, Austin: University of Texas Press, 1994.

Sánchez, Miguel. *Imagen de la Virgen María, Madre de Dios de Guadalupe: Milagrosamente aparecida en la ciudad de México: Celebrada en su historia, con la profecía del capítulo doce del Apocalipsis*（1648）, Spain: Biblioteca Virtual Miguel de Cervantes, 2010.

雑誌

Kintana, Angel María Garibay. "The Spiritual Motherhood of Mary," in *A Handbook on Guadalupe*, New Bedford, Mass.: Franciscan Friars of the Immaculate, 1977.

Valeriano, Antonio. *Nican Mopohua*., c.1560.

サイト
Elizondo, Virgilio. “María de Guadalupe: Star of the first and New Evangelization,” in *Ephemerides Mariologicae* 56 (2006) pp. 353-360.（https://ixtheo.de/Record/1645529177　閲覧日二〇二〇年八月七日）。
Matovina, Timothy. *Theologies of Guadalupe: from the Spanish Colonial Era to Pope John Paul II*, in theological Studies 70 (Feb. 01, 2009), p. 68, pp. 82-83, p. 84, pp. 85-86.（https://doi.org/10.1177/004056390907000103　閲覧日二〇二〇年八月七日）。
Nguyen, Marie Theresa. *Our Lady of Guadalupe, an Icon not Madre by Human Hands*, (December 11, 2019)（http://www.usccb.org/issues-and-action/religious-liberty/christ-the-king/our-lady-of-guadalupe-an-icon-not-made-by-human-hands.cfm#.Xst3CntV1sU.email　閲覧日二〇二〇年六月四日）。
Welter, Barbara. *The Cult of True Womanhood 1820-1860*, American Quarterly 18, (Summer 1966), pp. 151-174.（https://www.jstor.org/stable/i327382　閲覧日二〇二〇年八月七日）。

公文書サイト
Francesco. Udienza Generale : *I doni dello Spirito Santo: 6. La Pietà* (Giugno 04, 2014)（http://w2.vatican.va/content/francesco/it/audiences/2014/documents/papa-francesco_20140604_udienza-generale.html　閲覧日二〇二〇年六月一三日）。
Francesco. Messaggio del Santo Padre Francesco per la Celebrazione della Giornata Mondiale della Pace, 1° Gennaio 2017, *La nonviolenza: stile di una politica per la pace* (Dicembre 08, 2016)（http://w2.vatican.va/content/francesco/it/messages/peace/documents/papa-francesco_20161208_messaggio-l-giornata-mondiale-pace-2017.html　閲覧日二〇二〇年九月一一日）。
International Theological Commission, *Sensus Fidei* in the Life of the Church no.64, June 10, 2014.（http://www.vatican.va/roman_curia/congregations/cfaith/cti_documents/rc_cti_20140610_sensus-fidei_en.html　閲覧日二〇二〇年四月一三日）。
Paul VI. Encyclical *Populorum Progressio* on the Development of Peoples (n.20), March 26, 1967.（http://www.

vatican.va/content/paul-vi/en/encyclicals/documents/hf_p-vi_enc_26031967_populorum.html　閲覧日二〇一九年一二月二〇日)。

坂本　久美子（さかもと・くみこ）

純心聖母会会員、長崎純心大学人文学部非常勤講師。

2000−2003年にローマ・教皇庁立サレジオ大学神学部にて、続く2003−2005年にはローマ・教皇庁立グレゴリアン大学神学部にて、霊性神学を専攻。2017年上智大学神学修士、2021年上智大学神学博士。研究テーマはマリア神学。

著書（共著）：長崎純心聖母会『創立者ヤヌワリオ早坂久之助司教の「使命」と長崎純心聖母会の「創立のカリスマ」』（オリジナルカリスマ・プロジェクトチーム編、長崎純心聖母会、2009年）。

カバーイラスト❖Sr. M.K.

聖母マリアの御心（みこころ）崇敬——歴史的展開とその日本的・現代的意義

発行日………2021年12月8日 初版

著　者………坂本久美子
発行者………阿部川直樹
発行所………有限会社 教友社
275-0017 千葉県習志野市藤崎6−15−14
TEL047（403）4818　FAX047（403）4819
URL http://www.kyoyusha.com
印刷所………モリモト印刷株式会社

ISBN978-4-907991-78-4 C3016